MW00676228

Miami

y lo mejor de

Florida

Ediciones Gaesa

Antonio Maura, 18. 28014 MADRID
Correo electrónico: gaesa@guiasazules.e.telefonica.net

ISBN: 84-8023-546-2
Depósito Legal: M-23536-2006

Esta guía ha sido elaborada por

GUÍAS AZULES DE ESPAÑA, S.A.

Texto:

Clemente Corona Méndez

Fotografías:

Archivo de Guías Azules de España

Cartografía

Victor Seguí Belloso
Oscar Pujol Pastor
Ángela Prieto Asensio
Joaquín González

Maquetación

Victor Seguí Belloso

INTRODUCCIÓN

Junto con California, tal vez ninguna otra parte de Estados Unidos representa mejor el ideal de la Nueva Vida, de la Remisión, que es una característica casi fundamental de la indiosincrasia estadounidense. Es en Florida donde acuden, ese socorrido tópico de las aves migratorias, centenares de miles de jubilados de toda Norteamérica, bien aburridos urbanitas de la costa de Jersey, o parejas hartas de las glaciares temperaturas del Sur canadiense: no es extraño hallar gentes que disfrutan en Amelia Island de la renta que proporciona su casa victoriana allá en la montrealesa rue Sherbrooke... también se puede hablar de las familias hispanohablantes, que han recuperado para la Vida Pública a una, hasta hace un par de décadas, languideciente Florida.

Y es que la famosa sentencia de “hay otros mundos pero están en éste” encuentra una de sus mejores corroboraciones en la península más erótica del globo. La naturaleza del estado es exuberante, lo que no quiere decir amable con la presencia humana: qué extraña razón llevaría a Ponce de León a suponer que la Fuente de la Eterna Juventud se hallaría en aquellos cenagales repletos de alimañas y una población hostil allá por el XVI, cuando sus botas fueron las primeras provenientes de Europa en hollar la tierra de los Miami. Desde entonces, La Florida se convertiría en el capricho de los grandes poderes imperiales de la época, permutando de bandera cada pocas décadas, hasta que el celebérrimo Napoléon decidió que sería más conveniente venderla a la nueva república que se extendía por la costa Atlántica del continente, así quedaran acadianos o criollos desamparados.

El Sur, tal como lo conocemos, se presenta claramente fuera de los grandes núcleos urbanos, incluso exacerbadamente. En el Panhandle, o en el centro del estado, hay poblaciones que acumulan polvo diríase de siglos, cuyos habitantes no tienen nada que envidiar a los hillbillies de más al norte; el clima es casi hostil, la pobreza se muestra en decenas de campos de tráilers, donde familias sin mucha fortuna se apiñan en casas prefabricadas y cajas de camión: las antípodas de la maravilla americana que se muestra en la fastuosa Orlando, la utópica ciudad dysneiana de Celebrity o los miles de embarcaciones de Fort Lauderdale; precariedad sacudida con una temerosa regularidad por huracanes, que arramblan siempre con miles de esas viviendas y amenazan con llevarse Miami Beach por delante, día que todavía está por llegar.

La presencia de los huracanes es a los floridanos lo que el Big One a los angelinos. El paradisíaco litoral del estado es, sobre todo el atlántico, una casi ininterrumpida sucesión de complejos turísticos, edificios de apartamentos y comunidades de jubilados. La naturaleza se muestra domada, con terreno ganado al mar o islas de barrera (esenciales para proteger las costas) en las que se yerguen pecaminosas cottages. Incluso el Parque Nacional de los Everglades, uno de los ecosistemas más ricos del continente americano, es cruzado por una carretera (la Alligator Alley o Callejón de los caimanes) donde las imponentes moles de los pick ups de un par de toneladas atropellan, hora sí y hora también, todo desgraciado bicho que se les cruce en el camino. Poco importa que se rompa el fragilísimo ecosistema que mantiene a los manatíes o los flamencos: el parque es una consagración a la explotación turística donde no faltan, además de todas las compañías de excursiones organizadas que imaginar se pueda, granjas donde se crían reptiles...

Florida es también la escenificación de hasta qué punto el ferrocarril influyó en el desarrollo de tan inmenso país. Un hombre de negocios, Henry Flager, fue quién en buena manera marcó la toponimia del estado. Su línea de ferrocarriles hizo que poblachos de cuatro casas se trocaran en centros vacacionales para las clases altas del Norte, un antecedente claro (aunque entonces no se sospechaba) de la que sería, junto con la agricultura, la gran fuente de ingresos del estado.

Al turismo ha contribuido mucho la imagen que los medios masivos han dado de Miami. La serie "Miami Vice", con aquel Don Johnson vestido por Adolfo Domínguez, que perseguía a los traficantes a bordo de un Testa Rossa por las calles de Miami Beach. Incluso las autoridades reconocen el impacto que aquella serie de televisión supuso para poner a Miami en el mundo: no es por ello de extrañar que en la ciudad se tenga tal devoción a la serie, del mismo modo que sucede con Spencer (Robert Urich) en la anglófila Boston.

Pero, en este cambio de agujas al que asistimos, una característica sobre todas las demás se eleva a la hora de glosar Florida. La presencia hispana. Se calcula que para 2020 casi la mitad de la población del estado será hispana, un desembarco que comenzó antes de lo que se cree, a mediados del siglo XIX, cuando los primeros cubanos llegaron a Miami. Éxodo que aumentó con el derrocamiento de Batista en 1959, y la gran migración de los años 80, que ha sido el auténtico motor del estado en la segunda mitad del siglo XX, y que es para el viajero español una delicia. Pasear por la mítica Calle Ocho es obligado, lo mismo que comprar El Nuevo Herald, para así entender el grado de identificación que tienen los cubanos con Miami y la Florida. Hay, sí, bipolaridad: aparte de cubanos pro-acción militar y los más integradores, hay ricos propietarios y peones hondureños sin papeles. Sucede en todo el país, sí, pero no es menos cierto que llaman a Miami la capital de Iberoamérica por nada.

Pueden estar seguros de que Florida no les va a desilusionar. Tanto si van buscando las atracciones de Disney o el museo Dalí, si las 500 millas de Daytona o el recuerdo de Hemingway en Key West, si la marcha del distrito art-decó o la rudeza auténtica de la Costa occidental del Golfo, hay para todos. Porque hay otros mundos, pero están en éste.

Florida

Atmore
Dothan
De Funiak
Sprs.
Crestview
Marianna
10
Quincy
Pensacola
Tallahassee
Lamont
Fort Walton
Beach
Wewahitchka
Panacea
Apalachicola
Golfo de México

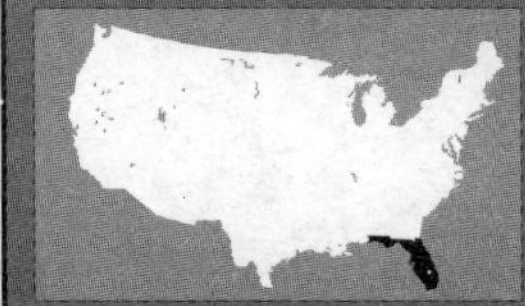

Valdosta
Jacksonville
Live Oak
Lake City
Middleburg
St. Augustine
Starke
Gainesville
Palatka
Palatka
Daytona Beach
Port Orange
Ocala
Leesburg
Eustis
Altamonte Sprs.
Inverness
Titusville
Cabo Cañaveral
Orlando
Melbourne
Lakeland
Haines City
Clearwater
Tampa
Lake Wales
Yeehaw Junction
Petersburg
Ruskin
Avon Park
Vero Beach
Sebring
Bradenton
Fort Pierce
Sarasota
Arcadia
Stuart
Lake Okeechobee
Punta Gorda
West Palm Beach
Belle Glade
Ft. Myers
Cape Coral
Boca Raton
Immorkalee
Fort Lauderdale
Naples
Hollywood
Marco
Hialeah
Miami
Everglades National Park
Biscayne National Park
Flamingo
Key Largo
Dry Tortugas National Park
Marathon
Key West
10
295
95
75
4

ANTES DEL VIAJE

CÓMO IR

EN AVIÓN

Varias compañías cubren la ruta Madrid o Barcelona-Miami: Iberia, Spanair, Continental Airlines, Delta, American Airlines y Air Europa. Habitualmente, un vuelo barato es el de Air Europa. Si el viaje es en temporada baja, especialmente en otoño, pedid a la agencia que se entere si British Airways, Air France están a punto de sacar alguna oferta especial, porque en esa época suelen hacerlas, y merecen la pena.

También compañías aéreas ofrecen a **través de Internet** sus mejores precios. Iberia (www.iberia.es), Spanair (www.spanair.es), Air Europa (www.air-europa.com), Air France (www.airfrance.es), Alitalia (www.alitalia.es), British Airways (www.britishairways.es) y Lufthansa (www.lufhtansa.es), por ejemplo, tienen webs donde anuncian y venden sus promociones para los vuelos desde España. Generalmente se trata de vuelos con plazas limitadas, sujetos a condiciones especiales y, salvo en el caso de las compañías españolas, las otras suelen hacer escala en el país al que pertenece la aerolínea, como ya hemos mencionado.

Algunas de las ofertas más interesantes de viajes combinados, vuelos y hoteles se pueden encontrar en las ***webs* de las grandes agencias**. Viajes Barceló (www.barcelo-viajes.es), Halcón Viajes (www.halconviajes.com), Viajes Iberia (www.viajesiberia.com), Viajes Marsans (www.marsans.es), Viajes Meliá (www.meliaviajes.com), Viajes El Corte Inglés (www.viajes.elcorteingles.es), Viajes Zeppelin (www.viajeszeppelin.com) o Nouvelles Frontières (www.nouvelles-frontieres.es), se benefician de acuerdos con las compañías aéreas y las cadenas hoteleras, o fletan vuelos chárter con precios muy competitivos.

En los **portales viajeros** -www.despegar.com, www.edreams.com, www.lastminute.com, www.atrapalo.com, www.muchoviaje.com y www.mundoviaje.com- también se consiguen gangas, sobre todo a través de las *subastas on line,* con descuentos de hasta el 70% sobre el precio oficial (www.filfog.com), y las ofertas de última hora (la especialidad de www.lastminute.com.

Varias **mayoristas**, como Catai (www.catai.es), Kuoni (www.kuoni.es) y Nobel Tours (www.nobel-tours.com), informan sobre sus programas a través de Internet, aunque, salvo en Kuoni, los viajes sólo se contratan en agencias.

COMPAÑÍAS AÉREAS

IBERIA: 6100 Blue Lagoon, Miami. ☎ 1 (800) 772 46 42. Sus oficinas están abiertas de lunes a viernes de 9.00 a 17.30. Para reservas de lunes a viernes de 9.00 a 21.00 h; los sábados y domingos de 10.15 a 18.45. Iberia vuela a más de 100 ciudades del mundo, y los servicios que presta desde el Aeropuerto Internacional de Miami son:

DESTINO	FRECUENCIA
❑ MADRID	10 VUELOS SEMANALES
❑ LOS ANGELES	VUELOS DIARIOS POR CARNIVAL
❑ CANCÚN	VUELOS DIARIOS
❑ PANAMÁ	3 VUELOS SEMANALES
❑ SAN SALVADOR	2 VUELOS SEMANALES
❑ MANAGUA	2 VUELOS SEMANALES
❑ SAN JOSÉ, COSTA RICA	5 VUELOS SEMANALES
❑ GUATEMALA	3 VUELOS SEMANALES
❑ SAN PEDRO DE SULA	2 VUELOS SEMANALES

AIR CANADÁ: Miami International Airport, ☎ 1 (800) 776 30 00. Abre todos los días de 7.00 a 21.00 h. Para reservas de 6.00 a 2.00 h. Tiene vuelos directos desde Miami a Toronto y Montreal

BRITISH AIRWAYS: 345 S.E. 1st Street. Miami. ☎ 1 (800) 247 92 97. Abre de lunes a viernes de 9.00 a 17.00 h. Para reservas están abiertos las 24 horas.

AIR FRANCE: 1001 S. Bayshore, Suite 1706, Miami. ☎ 1 (800) 237 27 47. Abre las oficinas de lunes a viernes de 9.00 a 17.00 h. Para reservas de lunes a sábados de 8.00 a 9.00 h. y los domingos de 10.00 a 18.00 h.

AEROMÉXICO: 999 Ponce de León Boulevard. Suite 100. Coral Gables. ☎ 1 (800) 237 66 39. Abre de lunes a viernes de 9.00 a 17.30 h. Para reservas tiene un servicio las 24 horas al día. Desde el aeropuerto de Miami tiene vuelos diarios a Mérida, Guadalajara, Cancún, Acapulco y a la ciudad de México.

AVIANCA AIRLINES: 320 E. Flagler Street. Miami. ☎ 883 51 51. Abre de lunes a viernes de 9.00 a 20.00 h. y los sábados y domingos de 9.00 a 17.00 h. Tiene desde Miami vuelos directos a Bogotá, Medellín y Cali.

LACSA: 1600 N.W. Le Jeune Road, 2nd floor. Miami. ☎ 1

(800) 225 22 72. Abre de lunes a viernes de 9.00 a 17.00 h. Para reservas de 8.00 a 20.00 h todos los días. Con 14 vuelos semanales a San José, Costa Rica.

TACA INTERNATIONAL AIRLINES: Miami International Airport, Terminal B. ☎ 358 00 66. Para reservaciones abre todos los días de 7.30 a 22.00 h. Tiene vuelos directos a San Salvador y conexiones a Centro América.

SAETA AIRLINES: 7200 N.W. 19th Street. Suite 402. Miami. ☎ 477 21 04. Para resrvas de lunes a viernes de 9.00 a 17.00 h y los sábados y domingos de 9.00 a 16.00 h. Con vuelos directos a Guayaquil y Quito.

AMERICAN AIRLINES: 150 Alhambra Plaza, Suite 100, Coral Gables. ☎ 1 (800) 433 73 00. El teléfono para reservas funciona las 24 horas. Tiene vuelos desde Miami a Europa, Suramerica, America central y Estados Unidos.

CONTINENTAL AIRLINES: Miami International Airport, Concourse C. ☎ 1 (800) 525 02 80. Para reservas está abierto las 24 horas.

UNITED AIRLINES: 178 Giralda Avenida. Coral Gables. ☎ 1 (800) 241 65 22. El teléfono para las reservas trabaja las 24 horas. Con vuelos nacionales e internacionales.

ADUANA Y REQUISITOS DE ENTRADA EN EE UU.

Las autoridades estadounidenses someten desde el 30 de octubre de 2004 a los ciudadanos de **27 países europeos** –entre ellos España- a una serie de controles adicionales para la entrada en su territorio, como la toma de huellas digitales y de una fotografía, según el nuevo 'Programa de Visados Biométricos' aprobado por el Ejecutivo estadounidense tras los atentados del 11-S.

En todo caso, estas nuevas disposiciones excluyen a las personas que lleven pasaporte diplomático, a los menores de 14 años y a los mayores de 79 años. A partir del 26 de octubre de 2004 todos los viajeros, independientemente de su edad, deben llevar un pasaporte de lectura mecánica que cumpla con los requisitos de la Organización Internacional de la Aviación Civil (OACI). En caso de que el pasaporte no fuera de lectura mecánica, el viajero deberá solicitar un visado con anticipación a su viaje.

Los pasaportes expedidos en España en el nuevo formato a partir del 25 de julio de 2003 son legibles mecánicamente, si bien los del modelo antiguo no lo son. De esta forma, caso de no poseer este tipo de documento, el viajero deberá solicitar un visado en la Embajada estadounidense en su país, ya que todos los visados estadounidenses son de lectura mecánica.

Los Quince países de la UE antes de la ampliación, con la única excepción de Grecia, y otros 13 países europeos aliados de Estados Unidos gozaban hasta hace poco de la posibilidad de entrar en el país norteamericano sin visado si la estancia era inferior a 90 días.

Pero tras los atentados del 11-S, las autoridades estadounidenses pusieron en marcha un nuevo sistema de concesión de visados que incluye datos biométricos y cuyo objetivo es identificar rápidamente a todas las personas que hayan intentado violar la normativa de inmigración, tenga antecedentes penales o pertenezca a algunos de los grupos incluidos en la lista de organizaciones terroristas.

CONSEJOS AL LLEGAR A EE.UU.

Cuando lleguéis a Estados Unidos, os será entregado un formulario de declaración de Aduanas y Protección de Fronteras. **Hay que cumplimentarlo por entero y firmarlo a pie de página.** También pueden entregaros un formulario I-94 (blanco) o un formulario I-94W (verde). En este se os pedirá información básica sobre identificación, así como la dirección completa donde váis a permanecer durante vuestra estancia en Estados Unidos. Los viajeros pueden ser inspeccionados por un oficial de Aduanas y Protección de Fronteras del país. Debéis estar preparados para decirle al oficial cuál va a ser el propósito de vuestro viaje y cuánto tiempo tenéis previsto quedaros. **A la mayoría de los viajeros el oficial les tomará una fotografía digital y dos lecturas electrónicas de huellas dactilares.** Esto agregará sólo unos pocos segundos a la entrevista. Aseguráos de seguir las instrucciones del oficial de la CBP.

Algunos artículos pueden tener prohibida la entrada, y deberán cumplir con ciertos requisitos o requerirán una licencia o permiso. **Si tenéis pensado traeros algunos de los que a continuación se detallan, aseguraos de averiguar las reglas y regulaciones a que están sometidos:**

- Materiales biológicos
- Especies amenazadas de extinción y sus productos
- Animales salvajes
- Carne vacuna, aves, huevos y sus productos
- Frutas, hortalizas y plantas
- Materiales peligrosos
- Armas

No hay límite para la cantidad de moneda (estadounidense o extranjera) que podéis introducir o sacar. Sin embargo, **si tiene más de 10.000 dólares o su equivalente en moneda extranjera, debe informar esto al oficial de Aduanas y Protección de Fronteras al entrar y/o al salir**.

Las medicinas que contengan drogas adictivas deben ser identificadas claramente. Lleve consigo sólo la cantidad que usted normalmente necesita. **Llevad también una receta o declaración del médico que explique que la medicina es necesaria para vuestra salud**.

Los límites de tabaco y bebida que se pueden transportar son los siguientes (por persona): 200 cigarrillos, 50 puros (los **habanos** están prohibidos por el embargo comercial contra Cuba) y 2 litros de alcohol (los mayores de 21 años).

EQUIPAJE

En las compañías americanas, cada persona puede llevar encima dos bolsas pequeñas, que quepan debajo y en la parte superior del asiento, aunque esto puede variar si el avión está muy lleno. En cuanto al equipaje facturado, permiten dos maletas por persona cuyo peso no exceda más de 50 kilos cada una. Si vais a llevar mucho equipaje, lo más aconsejable es llamar a las compañías aéreas en España para pedir información, pues los excesos de equipaje pueden salir caros.

PRESUPUESTO

ALOJAMIENTO

Además de las alternativas más tradicionales (agencias de viajes organizados, paquetes de todo incluido), la aparición de Internet en la última década ha hecho que las páginas web dedicadas a la reserva de hoteles abunden. Son de navegación fácil y altamente recomendables www.hotels.com (para hoteles) y www.hostals.com (para hostales y albergues). Todos los estados y gran parte de las ciudades y pueblos mencionados en esta guía tienen también su correspondiente portal, desde el que poder reservar y echar un vistazo al establecimiento elegido.

La reserva puede hacerse por teléfono, fax, o e-mail. Lo habitual es que para confirmar la reserva pidáis el número de una tarjeta de crédito; así ellos pueden cargar esa noche en caso de que el huésped no se presente y se queden con la habitación colgada. La ventaja de efectuar la reserva con tarjeta es que, como tienen la garantía de que van a cobrar la habitación, la guardan toda la noche, no es preciso llegar antes de una hora determinada.

Otra posibilidad más cómoda es hacer la reserva a través de una agencia de viajes; ya hemos visto que de esa forma es muy probable que incluso se ahorre dinero. Si la agencia no dispone de un hotel que nos guste, es cuando se puede probar a reservar directamente.

EXPRESS HOTEL RESERVATIONS: ☎ (1-800) 950 68 35 (gratuito). Lunes a viernes de 10.30 a 19.00 h. No cobran por el servicio, viven de la comisión que les sacan a los hoteles. Trabajan con alojamientos medios-caros, así que hay que prever al menos 150 $ la habitación doble.

CENTRAL RESERVATION SERVICE: ☎ (1-800) 873 46 83 ó (1-800) 548 33 11 (gratuitos). Similar a la anterior, aunque con una mayor oferta de hoteles asequibles. No requiere pago previo y ofrece tarifas descontadas. Dispone de personal que habla español.

HOTEL RESERVATIONS: ☎ (1-800) 846 76 66 (gratuito) – (214) 361 73 11. Fax (214) 361 72 99.

ACCOMMODATIONS EXPRESS: ☎ (1-800) 9917666 (gratuito) – (609) 525 08 00, Fax (609) 525 01 11.

ACCOMMODATIONS PLUS: ☎ (888) 805 30 30. (gratuito) – (516) 798 44 44.

EXPRESS RESERVATIONS: ☎ (1-800) 356 11 23 (gratuito) – (303) 440 8 481. www.expressres.com

HOTEL CON-X-IONS: ☎ (1-800) 522 99 91 (gratuito) – 840 86 86, Fax. 221 86 86, www.taketime.com

HOTRES.COM: ☎ (203) 353 43 58, Fax (203) 356 03 71, www.hotres.com

Las características del negocio hostelero estadounidense son distintas a las vuestras. Las grandes compañías copan el mercado, si bien en los últimos diez años un gran número de establecimientos con encanto han abierto sus puertas, un éxito sin precedentes para un público viajero ávido de lugares con personalidad, alejados de las asépticas –pero perfectamente estandarizadas– habitaciones de las grandes cadenas. Así, cadenas como Holiday Inn, Marriot, Claridge o Days Inn siguen ofreciendo tarifas ajustadas en todo tipo de hoteles –céntricos, alejados del centro, en áreas de descanso de las carreteras– con precios que se ajustan bastante a lo que ofrecen: la misma calidad esté donde esté el establecimiento, lo mismo sea Daytona Beach que Pensacola. Pero como decimos, centenares de cottages, bed & breakfasts e inns han abierto sus puertas en la última década, situándose como una alternativa más que válida –así como sus precios– que estaba echándose en falta por parte del viajero –especialmente el europeo–.

Así, en esta guía hablaremos no sólo de los hoteles más destacados, o de mejor relación calidad/precio, sino también de alojamientos más económicos –albergues, hostales, campings–, lugares con más encanto –del tipo de los mencionados.

TERMINOLOGÍA

Conviene tener claro que no es lo mismo la *double occupancy rate* (precio por persona en una habitación doble) que la *double room rate*, es decir, el precio de la habitación para dos personas. Las habitaciones individuales se llaman *singles*.

También suelen diferenciar la habitación *double*, con una cama grande, de la *twin,* con dos camas. En algunos hoteles, la *twin* cuesta algo más que la doble. Y la cama puede ser normal, que es suficientemente amplia para dos; *queen size*, en la que dormirían bien tres personas; o *king*, en la que cabría una familia entera.

La pensión completa se denomina *American Plan.* La media pensión (desayuno o cena) es el *Modified American Plan* o *Half-board*. Sólo alojamiento se llama *European Plan*, y es lo habitual. *Maid service* es el servicio de limpieza y *Valet service*, el de lavandería. Dada la abundancia de lugares para comer en Estados Unidos no merece la pena coger media pensión. Muy pocos hoteles incluyen el desayuno en su tarifa; algunos sí lo hacen, pero lo normal es que se cobre aparte. A la hora de clasificar aquí los alojamientos por precios, se ha tenido en cuenta la *double room rate*, que es el sistema habitual en Europa. Y lo haremos en arreglo a la siguiente calificación por precios, siempre para la ocupación de una habitación doble en temporada alta:

Los precios con respecto a la temporada baja varían en torno al 25%.

B BARATO	**M MEDIO**	**C CARO**
hasta 75$	**de 75$ a 150$**	**más de 150$**

COMIDA

La oferta gastronómica de Estados Unidos es enorme, desde los puestos callejeros de perritos calientes y *pretzels* (lazos de pan salado que se venden en todas las esquinas) pasando por los numerosos Delis y Salads-Bar, hasta las cafeterías elegantes y los restaurantes de lujo. La variedad de precios es también amplia, pero es posible moverse dentro de lo asequible, y que la cuenta (*the check*) va a subir al final más de un 20 % a consecuencia de la propina (15 %) y los impuestos (depende de la ciudad).

Uno de los principales atractivos de Estados Unidos es probar la gastronomía de todas las etnias que viven en el país. También existen restaurantes de cocina regional americana, como la del Sudoeste, muy relacionada con la mexicana, la *creole* o *cajun*, propia de la zona de Nueva Orleans, y la *soul food*, que es la de los negros del Sur.

Un par de precisiones: por restaurante "continental" se entiende lo que en otros lugares se llamaría "internacional", es decir, la comida clásica de los hoteles de cierto nivel. Algunos de los más caros de Estados Unidos se sitúan entre los continentales, aparte de los franceses, claro, que son más caros que los demás porque a los americanos siempre les parece que francés es sinónimo de elegante.

Los "temáticos" son los que se centran en su decoración y ambiente en temas concretos: las motos, el deporte, el cine, la moda o un determinado estilo de música su decoración y ambiente general están dedicados a un tipo de música o un deporte; su comida es habitualmente la típica americana, con hamburguesas y cosas así.

PRECIOS

Ⓑ BARATO	Ⓜ MEDIO	Ⓒ CARO	Ⓛ MUY CARO
hasta 25$ por persona	de 25$ a 35$ por persona	de 35$ a 60$ por persona	más de 60$ por persona

Estos precios se refieren a una comida compuesta por el plato principal y un postre; como los platos principales suelen ir acompañados de una guarnición variada, suele ser innecesario pedir sopa o ensalada. Va incluida además la propina obligatoria y también una bebida normal, tipo cerveza o refresco; los aperitivos o el vino pueden subir mucho la cuenta.

Otro aspecto importante: la comida del mediodía, el *lunch*, suele ser más barata que la cena (*dinner*), como un 20 ó 25 % menos.

INFORMACIÓN GENERAL

PERFIL GEOGRÁFICO

GEOGRAFÍA

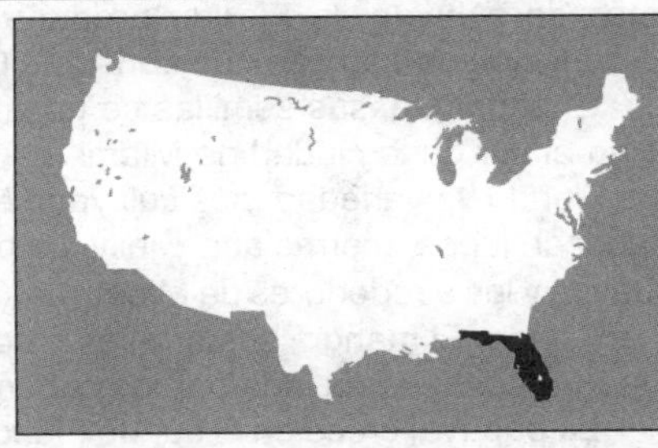

La Florida esta dividida en 67 condados. Miami es la ciudad más importante del condado de Dade, está situada en la costa sureste de la peninsula de la Florida. Limitada al norte por el condado de Broward, y al este los condados de Collier y Monroe. Con una extensión de 2.109 millas cuadradas. La población en el censo de 1990 era de casi dos millones de habitantes. La altura máxima sobre el nivel del mar es de 15 ft. El promedio anual de lluvias es de 57.75 in.

Miami a pesar de no ser la capital del estado, se la puede considerar como la ciudad más famosa. Su población es una mezcla de americanos, cubanos, latino-americanos y europeos.

El nombre del condado de Dade, viene del oficial del ejército americano Francis Langhorne Dade que murió en una sangrienta batalla a manos de los indios Seminoles. Al condado de Dade pertenecen además de Miami las ciudades de Miami Beach, North Miami, Coral Gables, Key Biscayne y Hialeah.

AGRICULTURA

Después del turismo, la agricultura es la segunda fuente de ingreso de la Florida. La industria cítrica es la más desarrollada y la que durante años más auge ha tenido. Se sabe que la semilla de la naranja procede de Oriente, la trajo al continente Americano Cristobal Colón, y años más tarde cuando Don Pedro Menéndez, llegó a San Agustín se encontró con árboles de naranjas que se desconoce de qué forma llegaron. Se piensa pero no se tiene constancia de que los indios fueron los que lo plantaron.

El estado de la Florida produce la mitad de los cítricos de Estados Unidos. La gran mayoría de la producción de naranjas es la conocida por “Valencia” usada en sus famosos zumos.

Otros cítricos que se cultivan son, el limón, la lima, la mandarina, el pomelo y el kumquak. Esta última es una naranja pequeña, muy sabrosa que se utiliza para confitería, mermeladas o decoración.

Además de los cítricos, se cultivan las manzanas, especialmente en el sur de la Florida, su piel es roja y de sabor dulce aunque algo patatosa. La sandía, es junto con la naranja una de las frutas que más se cultivan, la Florida produce alrededor del 25% de la producción de sandías que consume Estados Unidos.

El aguacate, sus semillas se trajeron de México y crece muy bien al sur de la ciudad de Miami. La uva se cultiva en el centro de Florida, la variedad más cultivada es la uva negra, con ella se fabrican jugos, mermelada y jelly. La piña, crece en el sur, en los Cayos y los alrededores de Miami. Las fresas, se dan en el Centro de Florida. El mango, sus árboles crecen en el sur de Florida, es una fruta muy apreciada por los cubanos.

La papaya, crece en el sur de Florida, su piel es fina y de color verde-limón, con su pulpa se fabrican cremas para el cutis y siropes. El tamarindo, crece en el sur de Florida, con su pulpa se fabrican adobos para carne y pescado.

La banana, es muy popular y se da bien en el sur de la península, es uno de los productos básicos en la dieta cubana. Los plátanos son los que se consumen para postre, otros de mayor tamaño de color verde o amarillo pasado, conocidos por plátano maduro o plátano verde se utiliza para cocinar. La carambola, esta fruta procede de Oriente, por fuera es amarilla, con ella se hacen jugos. La guayaba, con ella se fabrica pasta y mermelada, es uno de los postres preferidos por los cubanos. La sapodilla, su piel es de color marrón, se utiliza en postres.

Además de estas frutas se cultivan patatas, tabaco, cacahuetes, pepinos, maíz, berenjena, calabaza, tomates, judías verdes y rabanetas.

Algunos de las estadísticas que ha publicado el Instituto de Agricultura de la Florida muestra datos tan curiosos como;

- El 70% del zumo de naranja que consumen los americanos proviene de la Florida.

- La Florida ocupa el segundo lugar en la producción de naranjas del mundo.
- Una de cada seis naranjas del mundo crece en el Estado de la Florida.
- La Florida ocupa el segundo lugar en producción de plantas ornamentales, flores y helechos.
- El 85% de todas las plantas verdes que se venden en Estados Unidos proceden de la Florida.
- La Florida vende un promedio al año de 3.4 millones de poinsettias o plantas de Navidad y más de 3 millones de geranios.
- La Florida es el segundo estado de EE.UU: en la producción de carne de ternera.
- El 85% de la leche que se consume en la Florida procede de las vacas de ese mismo estado.
- El promedio de vacas por granja en EE.UU. es de 50, en el estado de la Florida el promedio es de 500 vacas por granja.
- La mitad de las frutas y verduras de invierno que se consumen en EE.UU. crecen en la Florida.
- Todos los tomates que se consumen en EE.UU. durante los meses de noviembre a mayo, proceden de la Florida.
- El estado de la Florida es el número uno de EE.UU. en la producción de fosfatos.
- La Florida produce el 80% de la producción de fosfatos de EE.UU. y el 30% del mundo.
- Los árboles cítricos de la Florida necesitan anualmente 6.5 millones de libras de fosfatos.
- Una de cada cinco cucharadas de azúcar que se consume en EE.UU. se produce en la Florida.

Una de las diversiones en Miami los fines de semana, a partir del mes de enero es ir a recoger fresas y otras frutas o vegetales, en las granjas de los alrededores. En los periódicos del viernes anuncian qué granjas están abiertas y qué productos se pueden recoger. Sólo es necesario llevar unos zapatos viejos y una bolsa o cesta. Además de divertirse resulta muy económico.

VEGETACIÓN

Florida tiene un clima subtropical, con periodos de grandes lluvias en la primavera y el verano y sequías en el invierno. Para la protección y mejoramiento del medio ambiente, suministro de agua, protección contra inundaciones y protección de la calidad del agua, se creó en 1972 La Ley de Recursos de Aguas Aprovechables de la Florida.

La ciudad de Miami se abastece en épocas de sequía del lago Okeechobee, situado al norte cerca de Orlando. Con una superficie de 1.891 kilómetros cuadrados, y en extensión ocupa el segundo lugar entre los lagos de agua dulce situados dentro de los Estados Unidos. El distrito tiene 2.595 kilómetros de canales con 18 estaciones de bombeo que mueven el agua hacia dentro o fuera de las áreas de embalse, proporcionando un suministro de agua como una protección contra las inundaciones. Cuando las condiciones de sequía crean niveles de agua muy bajos, evitan la entrada de agua salada que amenaza los suministros costeros. Las áreas de conservación de aguas también permiten la retención del sistema de canales, evitando la pérdida de agua, que de otra manera se hubiera perdido en el mar.

Esta maravillosa obra de ingeniería es la consecuencia de años con problemas y al hecho que hace sólo cien años el sur de la Florida y Miami estuviera constantemente bajo 25 cm de agua.

Las lluvias se producen torrencialmente durante la primavera y el verano, produciendo acumulación de agua en tierra absolutamente plana. Creándose zonas pantanosas, inhabitables y con una proliferación increíble de mosquitos. Estas condiciones, y las enfermedades propagadas por los mosquitos hicieron por muchos años estas tierras inaccesibles para las condiciones de supervivencia humanas.

Los indios fueron los primeros en establecerse en el sur de la Florida. Su forma de vida se adaptó a estas tierras. Los descubridores españoles evitaron las zonas pantanosas del sur y se establecieron en el norte. En los 300 años de dominación española, las tierras del sur de la Florida continuaron siendo pantanosas.

Para evitar esta situación y poblar las tierras del sur, el gobierno donó seis millas de extensión a los lados del ferrocaril para quien lo construyera. Las compañías de ferrocarril tuvieron que comenzar con obras de drenaje, para disponer de terrenos secos donde colocar los rieles. De esta forma empezaron a llegar los inmigrantes y colonos a las tierras deshabitadas del sur de la Florida.

Todos los inventos para drenar las extensas tierras eran bien acogidos. Uno de los más originales y con unas consecuencias imprevisibles fue la importación de millones de semillas de un árbol australiano llamado *Melaleuca,* que se plantó en el sur de la

Florida por medio de un avión, que soltó sus semillas desde el lago Okeechobee hasta los Everglades. Este árbol de una fortaleza increíble tiene la virtud de absorber cantidades ingentes de agua y drenar el terreno.

En los primeros años su éxito estuvo asegurado, por que además de solucionar el problema del agua empantanada, es un árbol de gran belleza. Su altura es imponente en cuanto alcanza algunos años de vida, el tronco es de color crema claro y está formado por pequeñas láminas, sus hojas son pequeñas y abundantes de un color verde intenso.

Lo que desconocían es su capacidad de reproducción. La Melaleuca empieza a producir semillas en dos años, germinando cinco veces al año. Cada vaina tiene unas 250 semillas y al florecer suelta de 15 a 20 millones de semillas. Con estas cifras se calcula que hay unos 6.000 millones de Melaleucas en el sur de la Florida.

Ni las inundaciones, insectos o fuegos han podido con ella, ya que al absorber de 7 a 8 veces más agua que los árboles de sus alrededores su corteza es muy húmeda y bastante resistente al fuego.

En Australia, su país de origen, no ha causado este problema ya que la variedad de insectos lo destruyen manteniendo el equilibrio, cosa que no ha sido posible en el sur de la Florida.

En la Universidad de Gainesville al norte de la Florida se está llevando a cabo un experimemto através de unos hongos que parece que en unos años podrían solucionar este problema. De lo contrario, se calcula que para el año 2006 la mitad de los árboles del Parque Nacional de los Everglades será Melaleucas.

FAUNA

Uno de los animales que más llama la atención a los visitantes de Florida, son los racoon o mapaches, abundan en las playas especialmente en las de Key Biscayne. Son del tamaño de un perro pequeño, de pelo no muy largo y color gris y su característica más destacada es que en la cara llevan dibujado alrededor de los ojos un antifaz, su cola es peluda y a rayas gris y negra. Merodean por las playas y los pinares de los alrededores, esperando que alguien les de de comer o buscando en las sobras que dejan los visitantes. No conviene acariciarles, especialmente los niños, por que pueden trasmitir enfermedades.

Las ranas abundan en los meses de verano alrededor de los lagos y canales. Teniendo en cuenta que hay más de 2.500 Km de canales, os podéis imaginar cómo abundan, además de ser uno de los platos típicos de los restaurantes de las reservas de los indios y de los Everglades.

El aligator es familia de los cocodrilos pero de menor tamaño, junto con el flamenco son los animales más representativos de Miami. En la ciudad no se les ve, pero sí se han dado casos que ha aparecido alguno en algún canal o en los lagos de los campos de golf.

Los pelícanos abundan en las marinas de Miami Beach donde se puede ir a darles de comer, son dóciles y tranquilos, se dejan acariciar sobre todo cuando están bien alimentados.

Los mosquitos podrían ser la peor plaga de la ciudad, si no fuera por que en los meses de verano que es cuando abundan, fumigan las calles y carreteras por las noches y en caso necesario por avioneta. En los jardines y parques en las noches de verano pueden resultar molestos por lo que es necesario que os pongáis algún repelente.

HISTORIA

DOMINACIÓN ESPAÑOLA

Este territorio en el siglo XVI fue descubierto, colonizado y cristianizado por los españoles; era entonces su magnitud mucho mayor y sus límites terrestres imprecisos, pues comprendía todo lo descubierto al N de Cuba y al E de Nueva España. El bosquejo de sus costas comenzó en los últimos años del s. xv, pues aparecen de modo inconfundible y con abundantes topónimos en el mapa de Cantino de 1502. Se cree que la parte occidental O pudo ser alcanzada por la supuesta exploración conjunta de Pinzón (v.), Díaz de Solís (v.) y Vespuccio en torno al Golfo de México, y que la oriental fue reconocida en 1498 por Juan Caboto. A comienzos del S. XVI, varias disposiciones que autorizaban llevar a La Española indios de aquellos lugares donde no hubiese oro, permiten suponer que llegaron a Florida, (entonces considerada como isla bajo el nombre de Bimini) varios viajeros más, desconocidos, hasta que en la primera década de abril de 1513, Ponce de León tomó posesión de aquella supuesta isla dándole la denominación actual, bien por la belleza de su tierra o por la festividad de la Pascua Florida que allí celebraron. Ponce de León había oído leyendas de que en Florida se encontraba la Fuente de la Eterna Juventud y pasó su vida buscándola por toda la península. En 1516 Miruelo llega a las cercanías de Apalache; Hernández de Córdoba la alcanza, con Alaminos, en 1517; más tarde Grijalba (1518), Camargo (1519) y, sobre todo, Álvarez de Pineda, comprueban, al completar la exploración del Golfo de México, la continentalidad de Florida. Con las noticias dadas por estos descubridores, el Papa León X erige el 5 diciembre 1520 la diócesis de Santiago de la Florida, cuando en realidad no había en ella un solo cristiano; además, las expediciones depredadoras organizadas aquel año por Diego Caballero, Vázquez de Ayllón y Ortíz de Matienzos para coger esclavos, llevadas a la práctica por Gordillo y Quexos, eran una mala preparación para el establecimiento de la Iglesia en aquel lugar. A ello es debido que fuese rechazada la segunda expedición de Ponce de León, realizada en 1521, y que, de las heridas recibidas, éste muriera poco después. Buscando el estrecho de Anián recorrió Esteban Muñoz en 1525 las costas desde Terranova a Florida. El mismo año Vázquez de Ayllón envió a Quexos con dos naves y luego, en junio de 1526, salió él mismo, alcanzando el cabo Fear y muriendo en octubre del mismo año. La exploración de las tierras continentales comenzó con la desgraciada expedición de Narváez que en abril de 1528 desembarcó en las inmediaciones de Tampa. Núñez Cabeza de Vaca y cuatro supervivientes más cruzaron Norteamérica de este a oeste en un largo viaje de ocho años. En 1538 salió de España la expedición capitaneada por Hernando de Soto, que realizó una parecida epopeya descubridora, partiendo también de Tampa. En 1544 Julián de Sámano, hermano del secretario de Carlos V, y Pedro de Ahumada, hermano de S. Teresa, pretendieron conquistar Florida, pero el rey no dio la autorización por escrúpulos de conciencia. Sin embargo, poco después la concedía a fray Luis de Cáncer, compañero de Las Casas, para que la llevase a cabo con la sola predicación del Evangelio sin la intervención de las armas, pero antes de poder hacerlo, Cáncer pereció, al desembarcar en 1549. Tras este fracaso, Pedro de Santander propuso la colonización con gente remunerada para no abandonar a los indios, asegurar el paso de las flotas y evitar el asentamiento de enemigos. En 1558, Guido de Lavezares se estableció en la bahía filipina (Mobile) y el 14 de agosto de 1559 fondeó en Pensacola la expedición de Tristán de Luna, entre cuyos misioneros iba el gran defensor de los indios, Domingo de Salazar, luego obispo de Manila. Recorrido el territorio, no pudieron establecerse en él y fueron recogidos en 1561 por Ángel Villafañe, que intentó poblar Santa Elena (Carolina del Sur) sin conseguirlo.

La conquista definitiva se efectuó al fundar los hugonotes una colonia en la costa atlántica en 1562, la cual, abandonada poco después, se restauró por orden del almirante Coligny, aun teniendo noticias la reina de Francia por su hija, Isabel de Valois, que el esposo de ésta, Felipe II, no consentiría la presencia de herejes en sus territorios. Se pretendía con ello atacar la flota de Indias al cruzar el canal de las Bahamas; trasladar las guerras de religión al Nuevo Mundo y enfrentar la opinión francesa contra España. Menéndez de Avilés (v.) se encargó de eliminar estos problemas y lo hizo cumpliendo las durísimas órdenes que recibió del monarca. Tras la victoria, desplegó gran actividad y aseguró la colonización española; estableció fuertes en la bahía de Carlos, Tampa, Gualé y Santa Elena, asegurando su comunicación por mar; e hizo amistad con los caciques vecinos, a los que intentaron cristianizar los primeros jesuitas llegados al Nuevo Mundo a petición suya. Uno de ellos, el P. Martínez, fue sacrificado por los indígenas. Fracasada la evangelización en el sur de la península, los jesuitas se establecieron en 1570, totalmente solos, en la región de Ajacan (Virginia), donde fueron martirizados, librándose únicamente un niño de doctrina. En 1572 la Compañía de Jesús abandonó Florida, siendo sustituida por la Orden de San Francisco. La primera década franciscana fue una época turbulenta en la que se abandonaron los puestos misionales, aunque se volvieron a ocupar más tarde logrando su definitivo afincamiento. Cuando en 1586 Drake (v.) quemó San Agustín ya estaba erigida la iglesia parroquial y el ayuntamiento. En 1587 se habían fundado los pueblos de Tolomato, Topiqui, Nombre de Dios, San Sebastián, San Antonio, San Pedro y San Juan. En 1588 se intentó restablecer la misión de Ajacan. A mediados de septiembre de 1597 fueron martirizados cinco frailes, pero siete años después ya reinaba la normalidad, dando comienzo una maravillosa época de proezas misioneras y convirtiéndose por doquier pueblos enteros de indios. En 1607 los ingleses se establecieron en Virginia, cerca de la bahía de Chesapeake, y fundaron Jamestown. España consideró el hecho como una usurpación y una amenaza, y reaccionó de inmediato, aunque débilmente. En 1609 Felipe III envió una expedición contra este establecimiento al mando del capitán Pérez de Écija, pero dado que era insuficiente su fuerza no la atacó, limitándose a provocar las hostilidades de indios contra ingleses; esta técnica indirecta de guerra después revertiría contra el establecimiento español, y entonces no tuvo eficacia porque el rey de España, para atraerse a Inglaterra, contemporizó con sus colonos, pues esperaba que fracasasen por sí solos, lo que no aconteció. Mientras tanto aparecían nuevas misiones franciscanas entre los indios. Y así, en 1612, se crearon las de Georgia, y dos años después fueron 20 los pueblos de indios cristianos levantados en F. En 1633 comenzaron las misiones de Apalache, con las que, en 1634 ascendían a 44 los establecimientos de misioneros y a 30.000 los indios convertidos, repartidos en un territorio situado a más de 200 Km. del Atlántico. En 1675 el bucanero inglés John Davis saqueó San Agustín. Una rebelión de los indios apalaches provocó el retroceso de aquellas prósperas misiones. Mientras tanto los ingleses, aprovechando estas circunstancias, avanzaron hacia el sur poco a poco, y consolidaron sus posiciones al establecerse en 1670, y de modo definitivo, en Charleston (Carolina del Sur); en este territorio ya se habían infiltrado antes, hacia 1653. En 1674 aparecieron de nuevo los misioneros en la actual Georgia. Doce años después los españoles fundaron Pensacola, en el Golfo de México y en la bahía del mismo nombre, para protegerse contra un posible establecimiento francés. Pero pese a todos los esfuerzos, los franceses ocuparon y poblaron la colonia de Luisiana, separando así el virreinato de Nueva España y F. Durante la guerra de Sucesión española se combatió violentamente apoyándose cada contendiente en las tribus de indios vecinos. El fuerte de San Agustín fue incendiado en 1702 e igualmente fueron destruidas las demás misiones en la región de los Apalaches. Hubo un ataque franco-español contra Charleston en 1706, que no logró ningún fruto. Todas las misiones de la parte norte de Florida quedaron destruidas y deshabitadas, ocasión que aprovechó el inglés Oglethorpe para fundar la nueva colonia inglesa de Georgia, entre el río Savannah y Altamaba. De este modo fue reduciéndose progresivamente la extensión territorial de la primitiva Florida. Durante la guerra de Sucesión de Austria se volvió a combatir en la frontera del territorio español e inglés. En 1740, de nuevo Oglethorpe puso sitio a San Agustín, pero fracasó. En 1748 se consiguió de los indios de Creek. Choctaw y Chickasaw, que poblaban el territorio de los

Estados situados al sur del río Tennessee y al oeste de Georgia, que firmaran tratados con el rey de España, el cual se convirtió virtualmente en su protector. Un refugiado realista organizó la sociedad mercantil Panton, Leslie y Compañía, que estableció, con permiso español, puestos de comercio en la Florida y traficó con los indios proveyéndoles de armamento. Estas tribus se dedicaron a atacar los poblados fronterizos. La paz de París de 1763, que puso fin a la guerra de los Siete Años, hizo perder a España la F. que pasó a Inglaterra; Francia, para resarcir a España de sus pérdidas, le cedió la Luisiana y todos los derechos franceses sobre el territorio situado al O del Mississippí. La población española emigró a Cuba, pues no deseaba permanecer bajo dominio protestante y extranjero. Inglaterra reorganizó su nueva colonia, dividiéndola en F. Oriental y F. Occidental. La primera incluía la península hasta el río Apalachicola y Santa María, con la anexión de Georgia; la parte occidental se extendía al NO de la F. española, con Pensacola por capital e incluía una parte de Luisiana, hasta el Misisipí, llegando el límite al paralelo 32,28'. Inglaterra organizó su colonia desde el punto de vista institucional: mejoró las comunicaciones, fomentó la inmigración y economía intentando atraerse a los indios y comerciando con ellos. Así, F. se convirtió en un país puramente inglés y allí se refugiaron los ingleses leales a la metrópoli durante la revolución americana. Éstos pidieron ayuda a los españoles prometiéndoles la reconquista de la F. España aceptó y ordenó al gobernador de la Luisiana, Bernardo de Gálvez, invadir la F. Occidental, quien la conquistó, rápidamente. Después de las negociaciones de paz, España consiguió la entrega de ambas F. Pero antes de la cesión, Inglaterra y EE. UU. habían pactado que el límite de F. sería el paralelo 32028', si Inglaterra conservaba la F., y el 31°, si la cedía a España, lo cual abría un conflicto entre EE. UU. y España.

Cuando en 1783 España recuperó la F. se encontró con muchos problemas: dominaba una población de otra raza, lengua y religión, que además aborrecía la dominación española; por otra parte, EE. UU. exigía de España la renuncia al territorio situado al N del paralelo 31°. El gobierno de F., que antes dependía de Cuba, pasó a estar unido al de Luisiana, cuyos gobernadores, especialmente Esteban Muñoz y el barón Carondelet, atrajeron a las tribus indias oponiéndolas al influjo estadounidense. También se canalizó el comercio hacia los puertos del Golfo. Con todo esto y con la ayuda de sus diplomáticos en América, España mantenía sus derechos, hasta que Godoy (v.) cedió bruscamente, y por el tratado de S. Lorenzo de El Escorial (1795) el territorio hasta el paralelo 31° fue entregado a EE. UU. que con él crearon el nuevo Estado de Misisipí. España también había cedido la Luisiana a Francia, y cuando ésta la vendió a EE. UU. en 1803, empezó un nuevo conflicto, pues los estadounidenses interpretaron que la cesión a Francia incluía también la de F. Occidental, dados los términos del tratado de S. Ildefonso firmado en 1800.

Florida permaneció bajo la soberanía española hasta 1821, pero se hacía difícil mantener el orden y enfrentarse con la consciente tendencia expansionista de EE. UU., expresada en la invasión de A. Jackson y en la diplomacia de John Quincy Adams. Antes, una ley de 1804, dictada por orden de Jefferson, declaró perteneciente a Estados Unidos la costa de F. Occidental, entre el Mississippí y el río Perdido. Al final de 1813, toda la F. Occidental estaba en poder de los americanos, sin hallarse en guerra con España; en 1818, Jackson invadió la F. Oriental y este hecho le valió el apoyo popular y el del Gobierno; era presidente Monroe y secretario de Estado J. Q. Adams, quien, con el tratado transcontinental de 1819 (AdamsOnís), forzó a España a entregar lo que le quedaba de su territorio colonial al sur de Norteamérica a cambio de cinco millones de dólares no pagados, sino destinados a abonar reclamaciones estadounidenses contra España. La mayoría de los españoles emigraron a Cuba y la huella española acabó por perderse, siendo hoy escasa.

En 1812 había cesado formalmente la soberanía española en Florida, pero el cambio de banderas no tuvo lugar hasta 1821, año que marcó el comienzo de lo que es hoy el Estado más sureño de la Unión. El sudoeste de la Florida le debe mucho a la Línea Costera Atlántica de Hery Plant, que construyó en 1884 la línea de ferrocarril desde Sanford hasta Tampa. Tenía planeado la construcción de Naples hasta Miami cuando repentinamente murió. Henry Morrison Flagler otro enamorado de la Florida construyó el ferrocarril de Jacksonville a San Agustín, edificando en esta última ciudad el primero de sus hoteles en la Florida, el Hotel Ponce de León. En terrenos pantanosos que se hubieran considerado inhabitables, el Sr. Flagler continuó extendiendo por la costa este del estado, sus hoteles y ferrocariles. Después de Daytona Beach, la línea del ferrocarril llegó a West Palm Beach en 1894. En Miami en 1896 y para 1912 terminó el tramo hasta Key West. Las líneas ferroviarias construidas por Henry Plany y Henry Morrison Flagler unieron Miami con el resto de los Estados Unidos.

Carl Fisher tuvo visión de las probabilidades turísticas de la ciudad, eliminó los mangroves de las orillas, sacó grandes cantidades de arena del fondo del mar y las depositó en las playas, construyó hoteles, y lanzó una campaña publicitaria mostrando los templados inviernos en la ciudad y de esta manera comenzó el "boom" que durante los años veinte vivió esta ciudad.

Todo esto finalizó con la llegada de la terrible depresión de 29. A partir de esa fecha y hasta los años sesenta, el crecimiento del estado se sumió en un estancamiento del que no salió hasta la llegada de los primeros inmigrantes cubanos. A partir de este momento el crecimiento ha sido espectacular, situándose el estado de la Florida en el cuarto estado más poblado de la Nación.

GOBIERNO

Florida tiene un Senado formado por 40 miembros y un Congreso de 120 miembros. El actual gobernador es el republicano Jeb Bush, hermano del actual presidente George W. Bush.

A pesar de que Florida ha sido tradicionalmente un estado demócrata, en los últimos años el crecimiento demográfico ha traído con él muchos republicanos. A causa de su alta población y sus numerosos votos electorales, Florida es considerada por los analistas políticos como un estado clave ("swing state") en las elecciones presidenciales.

En Miami los demócratas-liberales luchan por el control con los cubanos ricos de la derecha y sus aliados del empresariado. Tampa era tradicionalmente un feudo demócrata, pero recientemente la situación se ha polarizado y es gobernada por los republicanos.

Excepto en los condados liberales de Miami-Dade, Broward y Palm Beach el partido demócrata de Florida tiende a ser socialmente conservador.

Florida es uno de los nueve estados que no impone impuestos sobre la renta. El impuesto estatal sobre las ventas es del 6 %. los gobiernos locales pueden hacer variar los impuestos sobre las ventas, situándose estos entre el 6-7.5 %.

ECONOMÍA

La economía de Florida se basa fuertemente en el turismo. El clima benigno durante la mayor parte del año y los muchos kilómetros de playas atraen a numerosos turistas de todas las partes del mundo. El parque temático de Walt Disney, el más grande de la cadena, localizado cerca de Orlando, concentra la actividad de la zona, junto a otros parques temáticos que se han ido instalando progresivamente, como los estudios Universal. La gran cantidad de impuestos sobre las ventas que recauda el estado es lo que permite a Florida el que no exista un impuesto sobre la renta. Otras industrias de importancia son los cítricos y la producción de zumos, la banca y la minería de fosfatos. Con la llegada del programa espacial al Centro Espacial Kennedy en los años 60, Florida ha atraído numerosas industrias aereoespaciales y militares.

POBLACIÓN

Según el último Censo del año 2000, la población del estado era de 15,982,378 habitantes. El U.S. Census Bureau, estimó para el 1º de Julio del año 2004,una población de 3,304,832 hispanohablantes, un incremento de un 4.5% con respecto al año anterior.

RELIGIÓN

Florida lo mismo que su variedad cultural, también tiene su variedad en cuanto a cultos religiosos. Los cubanos trajeron una religión, diferente a las demás, que nos llama la atención, es "La Santería". En Miami como en todos los Estados Unidos hay libertad de culto. Sin embargo la libertad de culto no la disfrutaron los santeros que tuvieron que practicar su religión y sacrificar los animales a escondidas. Hasta el 11 de junio de 1993, en que el Tribunal Supremo de los Estados Unidos, dictaminó que los practicantes a la santería podían realizar los sacrificios de animales. La primera iglesia santera está construida en Hialeah y se le conoce como Iglesia Lucumí Babalú Ayé. (Hialeah se encuentra dentro de Miami aunque con gobierno independiente).

La santería se introdujo en Estados Unidos, concretamente en Miami con la llegada de exiliados cubanos en los años 60. Actualmente se calcula que la practican unas 75.000 personas.

A Cuba la trajeron los negros esclavos procedentes de Nigeria, y durante años se practicó en secreto.

Los españoles tenían prohibido a los esclavos practicar su religión y para evitar represalias camuflaron a sus dioses bajo el aspecto de santos católicos. Por ejemplo su dios supremo es Olorun, que es el dueño del cielo. Chango está representada por Santa Barbara es la diosa del fuego. Yemayá es la Virgen de la Regla y simboliza la maternidad. Ochún está representada por la Virgen de la Caridad del Cobre, patrona de Cuba es la diosa del amor. Elégua es el Santo Niño de Atocha, para los santeros es el dios de los caminos. Orumila es San Francisco de Asís es el dios de la adivinación. Babalú Ayé es San Lázaro es el dios de los enfermos. Obatalá se representa en la Virgen de las Mercedes y es la diosa de la pureza.

Lo normal era practicar esta religión en las casas, pero ya existe en Hialeah una iglesia santera y con el tiempo y la bendición de la Corte Suprema no tardaran en aparecer más.

Su sacerdote de máximo rango es conocido como "babalao" y a su ayudante en las ceremonias es el "oriaté". La ceremonia de iniciación dura siete días, al iniciado le afeitan la cabeza y debe de vestir a lo largo del primer año solo de blanco.

Los animales que se necesitan para la iniciación son 24 pollos y seis animales de cuatro patas, que pueden ser cabritos, chivos, gallinas blancas, gallos, patos o tortugas, todo dependiendo de los gustos de los dioses, cada uno tiene su preferencia en cuanto animales.

Se les mata en una mesa alta con un cuchillo de 10 cm con el que se atraviesa la garganta (para gran dolor de la sociedad protectora de animales), la sangre se recoge en un cuenco y se ofrenda a los dioses.

Para las demás religiones existen iglesias o sinagogas a lo largo de todo Miami. Para información sobre horarios e idiomas en que se celebran, lo podéis encontrar en los periódicos de los sábados.

CULTURA

Estados Unidos es un país que ha crecido a base de emigrantes. Los auténticos ciudadanos americanos son los indios, con su cultura y sus costumbres propias. Todos los demás pobladores proceden de distintos países del mundo, que en oleadas sucesivas han llegado a este país.

Los motivos varían dependiendo de las circunstancias y los años, unos por persecución religiosa, por hambre, otros por ser perseguidos por su raza o color, pero todos trajeron sus costumbres culturas, las más arraigadas han sobrevivido durante años, dando esa característica tan original a todas las ciudades americanas con sus barrios étnicos tan bien delimitados.

Miami y la Florida ha sido fuente de inspiración para diversos escritores. Su ambiente tropical, cálidos veranos y bellísimos atardeceres han atraído la imaginación de diferentes autores como en el caso de Ernest Hemingway, que también describió la vida y ambiente en el sur de la Florida. La escritora Majorie K. Rawling que obtuvo el Premio Novel con su novela “The Yearling” donde narra la vida del campo en la Florida. Patrick Smith que recibió el premio de la Sociedad de Historiadores de Florida con su famosa novela “A Land Remembered” donde narra la historia de varias generaciones de colonos. Joan Gill con su novela inspirada en el sol “ Born of the Sun”.

GASTRONOMÍA

La gastronomía en Florida es como su cultura, una mezcla de los distintos países que en ella conviven. Siendo los cubanos una gran mayoría de sus habitantes, se pueden ver restaurantes con sus platos típicos repartidos por toda la ciudad. Además de americanos, hay magníficos restaurantes de comida sudamericana como, la argentina, nicaragüense, colombiana, brasileña o caribeña. La cocina europea está representada por restaurantes franceses, españoles, italianos, y alemanes.

Aparte de las cocinas étnicas, uno de sus mejores productos son los pescados, los más típicos son, el *grouper, bluefish, snapper, pompano, crevelle, spanish mackerel, kingfish.*

Entre los mariscos los mejores son, la langosta, las ostras, el escalop, los camarones, el *stone crab,* el *blue crab,* las almejas, la coquina, el conch (caracol marino).

Existen algunos diferencias entre los mariscos que nosotros conocemos en españa y los de las costas de la Florida que viven en aguas cálidas.

Por ejemplo la lagosta es de tamaño más pequeño, y de sabor menos intenso. Las mejores ostras en la Florida se pescan en el estado de Franklin, en la Bahía de Apalachicola, situada en la costa oeste del Golfo de México. Los camarones se pescan en abundancia alrededor de los Cayos, su diferencia respecto a las gambas es su tamaño, que es más grande, más insípido su sabor como la mayoría de los mariscos de aguas templadas y el color del camarón vivo que es rosa o blanco. El cangrejo, se pesca en las rocas de los alrededores de las playas. Los scallops en aguas interiores profundas, los mejores meses para conseguirlos son julio y agosto. El conch o caracol marino se pesca abundantemente en los Cayos, lo mismo que en las islas del Caribe es una de las especialidades de su menu. La coquina es un molusco que se encuentra entre medias de las ostras y las almejas, es muy apreciado por su intenso sabor para hacer sopas.

Entre los pescados los más consumidos son el grouper, sobre todo el que se le conoce por *red grouper,* se encuentra en las costas del Golfo, *el pargo,* lenguado, *catfish, ronco* o *porgy,* o la macarela más conocido por *mackerel.* Además del pescado la Florida es el paraíso de los cítricos, sobre todo la naranja. Sus frutas son deliciosas y tiene nombres tan exóticos como, papaya, carambola, mango, sapote o la sapodilla.

De todos los platos que se sirven, el único que se puede considerar auténtico de Miami, son los que preparan los Indios Miccosukee y Seminole, los demas han llegado con los emigrantes, exiliados o turistas que han elegido esa tierra para vivir. Los restaurantes con la comida tradicional de los indios, se encuentran en los Everglades, donde tienen sus reservas los indios. Sus platos más característicos son, el pan frito, el *catfish* y las ancas de rana.

VOCABULARIO BÁSICO

FRASES MÁS USUALES

BUENOS DÍAS	*GOOD MORNING*
BUENAS TARDES	*GOOD AFTERNOON*
BUENAS NOCHES	*GOOD EVENING*
POR FAVOR	*PLEASE*
MUCHAS GRACIAS	*THANK YOU VERY MUCH*
¿QUÉ HAY? ¿QUÉ TAL?	*HOW DO YOU DO?*
¿CÓMO ESTÁ USTED?	*HOW ARE YOU?*
HASTA LA VISTA	*GOOD BYE*
HASTA MAÑANA	*SEE YOU TOMORROW*
HASTA PRONTO	*SEE YOU SOON*
¿COMPRENDE USTED?	*DO YOU UNDERSTAND?*
¿HABLA USTED ESPAÑOL?	*DO YOU SPEAK SPANISH?*
¿CÓMO DICE?	*WHAT DO YOU SAY?*
HABLE MÁS DESPACIO, POR FAVOR	*SPEAK SLOWLY, PLEASE*
¿QUIÉN ES?	*WHO IS IT?*
¿QUÉ ES ESO?	*WHAT IS THAT?*
¿CUÁNTO?	*HOW MUCH?*
¿CUÁNTOS?	*HOW MANY?*
PERDONE, DISPENSE	*EXCUSE ME*

EL TIEMPO

SEGUNDO	*SECOND*
MINUTO	*MINUTE*
HORA	*HOUR*
DÍA	*DAY*
SEMANA	*WEEK*
FIN DE SEMANA	*WEEKEND*
MES	*MONTH*
AÑO	*YEAR*
LUNES	*MONDAY*
MARTES	*TUESDAY*
MIÉRCOLES	*WEDNESDAY*
JUEVES	*THURSDAY*
VIERNES	*FRIDAY*
SÁBADO	*SATURDAY*
DOMINGO	*SUNDAY*
ENERO	*JANUARY*
FEBRERO	*FEBRUARY*
MARZO	*MARCH*
ABRIL	*APRIL*
MAYO	*MAY*

JUNIO	*JUNE*
JULIO	*JULY*
AGOSTO	*AUGUST*
SEPTIEMBRE	*SEPTEMBER*
OCTUBRE	*OCTOBER*
NOVIEMBRE	*NOVEMBER*
DICIEMBRE	*DECEMBER*
INVIERNO	*WINTER*
PRIMAVERA	*SPRING*
VERANO	*SUMMER*
OTOÑO	*AUTUMN*
HOY	*TODAY*
MAÑANA	*TOMORROW*
AYER	*YESTERDAY*
ANTEAYER	*THE DAY BEFORE YESTERDAY*
PASADO MAÑANA	*AFTER TOMORROW*
¿QUÉ HORA ES?	*WHAT TIME IS IT?*
SON LAS NUEVE EN PUNTO	*IT'S NINE O'CLOCK*
LAS NUEVE Y DIEZ	*TEN PAST NINE*
LAS NUEVE Y CUARTO	*A QUARTER PAST NINE*
LAS NUEVE Y MEDIA	*... HALF PAST NINE*
LAS NUEVE MENOS CUARTO	*.. A QUARTER TO NINE*
MAÑANA	*... MORNING*
MEDIODÍA	*NOON*
TARDE	*.. EVENING, AFTERNOON*
NOCHE	*NIGHT*
MEDIANOCHE	*MIDNIGHT*

EL TRANSPORTE

ESTACIÓN	*STATION*
ANDÉN	*PLATFORM*
BILLETE	*TICKET*
TARIFA	*FARE*
AEROPUERTO	*AIRPORT*
CINTURÓN DE SEGURIDAD	*SAFETY BELT*
VUELO	*FLIGHT*
ASIENTO	*SEAT*
AUTOBÚS	*BUS*
METRO	*METRO, UNDERGROUND*
LLÉVEME A LA CALLE K	*TAKE ME TO K STREET*

EN EL HOTEL Y EL RESTAURANTE

HABITACIÓN	*ROOM*
HABITACIÓN DOBLE	*DOUBLE SIZE ROOM*
CAMA	*BED*
DESAYUNO	*BREAKFAST*
TOALLA	*TOWEL*
ESTO ES PARA LAVAR	*THIS IS FOR THE LAUNDRY*
MEDIA PENSIÓN	*HALF BOARD*
PENSIÓN COMPLETA	*FULL BOARD*
TENGO RESERVADA	*I HAVE BOOKED*
UNA HABITACIÓN	*A ROOM*
BOTONES	*VALET*
COMIDA	*DINNER*
CENA	*SUPPER*
CARTA	*MENU*
DIETA	*DIET*
¿A QUÉ HORA SE	*A WHAT TIME IT'S*
SIRVE LA COMIDA?	*THE DINNER SERVED?*
SUBA EL DESAYUNO	*SERVE MY BREAKFAST*
A LA HABITACIÓN	*IN MY ROOM*
TOMARÉ EL PLATO DEL DÍA	*I'LL HAVE TODAY'S MENU*
PÓNGALO EN MI CUENTA	*CHARGE IT ON MY BILL*
SERVILLETA	*NAPKIN*
VASO, COPA	*GLASS*
TAZA	*CUP*
CUENTA	*BILL*
TENEDOR	*FORK*

CUCHARA	*SPOON*
CUCHILLO	*KNIFE*
PLATO	*DISH*
SOPA	*SOUP*
CARNE	*MEAT*
PESCADO	*FISH*
MARISCO	*SHELLFISH*
VINO	*WINE*
FRUTA	*FRUIT*
¿ESTÁ LA PROPINA INCLUIDA?	*IT'S THE TIP INCLUDED?*
COCIDO	*BOILED*
FRITO	*FRIED*
ASADO	*ROASTED*
A LA PARRILLA	*GRILLED*
CRUDO	*RAW*
POCO, MUY HECHO	*RARE, WELL DONE*

EN LA CALLE

AVENIDA	*AVENUE*
CALLE	*STREET*
PLAZA	*SQUARE, CIRCLE*
CATEDRAL	*CATHEDRAL*
MUSEO	*MUSEUM*
CORREOS	*POST OFFICCE*
AYUNTAMIENTO	*CITY HALL*
COMISARÍA	*POLICE STATION*
BOMBEROS	*FIRE STATION*
JUZGADO	*COURT*
IGLESIA	*CHURCH, CHAPEL, TEMPLE*

LOS NÚMEROS

UNO	*ONE*
DOS	*TWO*
TRES	*THREE*
CUATRO	*FOUR*
CINCO	*FIVE*
SEIS	*SIX*
SIETE	*SEVEN*
OCHO	*EIGHT*
NUEVE	*NINE*
DIEZ	*TEN*
ONCE	*ELEVEN*
DOCE	*TWELVE*
TRECE	*THIRTEEN*
CATORCE	*FOURTEEN*
QUINCE	*FIFHTEEN*
DIECISÉIS	*SIXTEEN*
DIECISIETE	*SEVENTEEN*
DIECIOCHO	*EIGHTEEN*
DIECINUEVE	*NINETEEN*
VEINTE	*TWENTY*
TREINTA	*THIRTY*
CUARENTA	*FORTY*
CINCUENTA	*FIFTY*
SESENTA	*SIXTY*
SETENTA	*SEVENTY*
OCHENTA	*EIGHTY*
NOVENTA	*NINETY*
CIEN	*A, ONE HUNDRED*
DOSCIENTOS	*TWO HUNDRED*
TRESCIENTOS	*THREE HUNDRED*
CUATROCIENTOS	*FOUR HUNDRED*
QUINIENTOS	*FIVE HUNDRED*
MIL	*ONE THOUSAND*
UN MILLÓN	*A, ONE MILLION*

LOS COLORES

AZUL	*BLUE*
BLANCO	*WHITE*
MARRÓN	*BROWN*
NEGRO	*BLACK*

ROJO	*RED*
ROSA	*PINK*
VERDE	*GREEN*
AMARILLO	*YELLOW*
GRIS	*GREY*
NARANJA	*ORANGE*
CLARO	*LIGHT*
OSCURO	*DARK*

DE COMPRAS

¿CUÁNTO ES?	*HOW MUCH IS IT?*
ABRIGO	*OVERCOAT*
CHAQUETA	*JACKET*
CALCETINES	*SOCKS*
CAMISA	*SHIRT*
CAMISETA	*T - SHIRT*
CORBATA	*TIE*
PANTALÓN	*TROUSERS*
PANTALONES VAQUEROS	*JEANS*
FALDA	*SKIRT*
MEDIAS	*TIGHTS*
VESTIDO	*DRESS*
JERSEY	*PULLOVER*
TALLA	*SIZE*

INFORMACIÓN PRÁCTICA

EMBAJADAS EN ESPAÑA

EMBAJADA DE ESTADOS UNIDOS EN MADRID: Serrano, 75. ☎ 91 587 22 00. Fax 91 587 22 66. www.embusa.es

CONSULADO GENERAL DE EE.UU. EN BARCELONA: Paseo Reina Elisenda de Montcada, 23. 08034 Barcelona. Horario de atención al público: (de lunes a viernes): de 9.00 a 13.00 h ☎ 93 280 22 27. Fax. 93 205 52 06. No emite visados, solamente facilita solicitudes de visado.

AGENCIA CONSULAR DE EE.UU. EN SEVILLA: Paseo de las Delicias, 7. 41012 Sevilla. Horario : 10.00 a13.00 h. ☎ 954 23 18 85. Fax. 954 23 20 40.

AGENCIA CONSULAR DE EE.UU. EN VALENCIA: Dr. Romagosa, 1, 2, J. Valencia 46002. Horario: 10.00 a 13.00 h ☎ 963 51 69 73. Fax. 963 52 95 65. Facilita solicitudes de visado o pasaportes.

EN ESTADOS UNIDOS

EMBAJADA: 2375 Pennsylvannia Avenue, Washington DC. ☎ (202) 728 23 30. Fax (202) 728 23 02.

CONSULADO GENERAL DE NUEVA YORK: 150, East 58th St, 30th, Nueva York. ☎ (212) 355 40 80. Fax (212) 644 37 51.

CONSULADO GENERAL DE BOSTON: 545 Boylston St, apartamento 803. ☎ (617) 536 25 06.

CONSULADO GENERAL DE CHICAGO: 180 N. Michigan

Avenue, apartamento 1500. ☎ (312) 782 45 88.

CONSULADO GENERAL DE FLORIDA: 2655 Le Jeune, apartamento 203, Coral Glabes, Miami. ☎ (305) 446 55 11.

CONSULADO GENERAL DE NUEVA ORLEANS: 2102 World Trade Center 2, Canal Street, Nueva Orleans. ☎ (504) 525 49 51.

DIFERENCIA HORARIA

Existen cuatro husos horarios en Estados Unidos:

- **EST (EASTERN STANDARD TIME):** Atlanta (GA), Baltimore (MD), Boston (MA), Charlotte (NC), Cleveland (OH), Detroit (MI), Greenville/Spartanburg (SC), Miami (FL), Newark (NJ), New York (NY), Orlando (FL), Philadelphia (PA), Tampa (FL), Washington, DC

- **CST (CENTRAL STANDARD TIME):** Chicago (Il), Dallas (TX), Houston (TX), Memphis (TN), Milwaukee (WI), Minneapolis (MN), St.Louis, (MO), Tulsa (OK)

- **MST (MOUNTAIN STANDARD TIME):** Denver (CO), Salt Lake City (UT)

- **PST (PACIFIC STANDARD TIME):** Los Angeles (CA), San Diego (CA)

Cada uno de estos husos presenta una diferencia de una hora con respecto al huso subsiguiente, por lo que, cuando son las 7pm EST, son las 6pm CST, las 5pm MST y las 4pm PST. Existen en total tres horas de diferencia entre la costa oeste y la costa este de Estados Unidos. Esta es la hora actual en los cuatro husos horarios

MONEDA Y CAMBIO

MONEDA

El dólar plantea un problema: que todos los billetes, sean del importe que sean, tienen el mismo color, verde, y el mismo tamaño. De tal forma que conviene estar atento para no confundirse.

Estos son los billetes que existen, con el personaje que llevan retratado: 1 dólar (Washington), 5 (Lincoln), 10 (Hamilton), 20 (Jackson), 50 (Grant) y 100 (Franklin). Los americanos suelen ser

muy desconfiados con los billetes de 100 dólares, porque hace años hubo una falsificación, y a veces los comprueban con máquinas de rayos ultravioletas.

Las monedas son de 1 centavo (llamada popularmente penny y que no sirve para nada), 5 centavos (nickel), 10 centavos (dime), 25 centavos (quarter; ésta es muy útil, porque los teléfonos públicos y máquinas expendedoras funcionan con ella), medio dólar (muy rara, con el retrato de John F. Kennedy) y un dólar (con la cara de Susan B. Anthony; es también bastante rara, pero las máquinas de sellos de correos suelen darlas para cambios).

Como se sabe, prácticamente todo se puede pagar con dinero de plástico. La fórmula habitual para preguntar si se va a pagar con efectivo o con tarjeta es *cash or charge*?

CAMBIO DE MONEDA

En Estados Unidos no aceptan moneda que no sea nacional, de tal forma que vais a tener que cambiar euros por dólares americanos. Os recomendamos cambiar casi todo vuestro dinero antes de salir de España, porque allí hay pocos sitios que cambien moneda extranjera. También os aconsejamos que el dinero que llevéis cambiado sea en billetes pequeños; hay establecimientos, como gasolineras, tiendas o restaurantes rápidos tipo *McDonalds,* que no aceptan billetes de 100 dólares, solo de 20 ó menos.

Si tenéis que cambiar, podéis hacerlo en los aeropuertos, hoteles, en algunos bancos (Bank of America, por ejemplo) y en las oficinas de cambio. En EE.UU. no es como en España, que podéis cambiar en cualquier banco. Allí los bancos no cambian divisas, y suele ser difícil y complicado hacerlo. Hay muy pocas oficinas de cambio, y las pocas que existen suelen estar en los aeropuertos.

CHEQUES DE VIAJE

Los cheques de viaje *(travelers checks)* siguen siendo la forma más segura de llevar dinero sin necesidad de tener que llevar grandes cantidades en efectivo. Es importante que anotéis por separado los números de serie de los cheques. En caso de que se pierdan, con los números de serie podéis ir al banco a que os reembolsen el dinero. Tenéis la ventaja que en los EE.UU. aceptan los cheques de viaje en casi todas partes, incluyendo tiendas, restaurantes y hoteles.

TARJETAS DE CRÉDITO

Para sacar dinero con vuestra tarjeta de crédito, solo tenéis que ir a cualquiera de las sucursales de los bancos principales (en cualquier Bank of America no tendréis problema) y presentar la tarjeta de crédito al cajero y os darán la cantidad que esté autorizada en vuestra línea de crédito; esto se llama “cash advance”. Las tarjetas de crédito que más se usan son *Visa* y *Mastercard. American Express y Dinner's Club* no están tan extendidas además de que a los comerciantes no les gustan demasiado, porque cobran un porcentaje sobre las ventas más alto que las otras. Podéis usar las tarjetas de crédito en cualquier tienda, restaurante, hotel, farmacia, hospital, etc. En realidad se utilizan para pagar de todo y en cualquier sitio.

BANCOS ESPAÑOLES CON REPRESENTACIÓN EN LOS EE.UU.

BBVA: 1345 Avenue of the Americas, 45th St, Nueva York. ☎ (212) 728 15 00. One Vizcaye Tower 2, South Byscaine Boulevard, Miami. ☎ (305) 371 75 44.

BBVA: 320 Park Avenue, piso 20, Nueva York. ☎ (212)

605 98 00. 701 Brickell Avenue, apto. 1350, Miami. ☎ (305) 371 50 08.

BSCH (BANCO SANTANDER): 245 Park Avenue, Nueva York. ☎ (212) 557 81 00. 701 Bricknell Avenue, apartamento 2410, Miami. ☎ (305) 373 20 20.

BSCH (BANCO SANTANDER): 45 East, 53rd St. S, 9-10. Nueva York. ☎ (212) 350 35 00. 1000 Bricknell Avenue, Miami. ☎ (305) 530 29 00.

COMUNICACIONES

Las Oficinas de Correos ("Post Office") están abiertas de lunes a viernes de 8.00 a 17.00 h. Los sábados solo por las mañanas desde las 8.00 a las 12.00 h. En caso de que tengan otro horario, os lo indicamos.

Enviar una tarjeta postal dentro de los Estados Unidos cuesta 20 centavos y una carta 29. Las tarifas para España varían, de tal forma que lo mejor es informarse antes. La correspondencia tarda desde Estados Unidos a España entre 10 días y 2 semanas. Debéis aseguraros de que en el sobre ponga "Air Mail" que quiere decir, como ya sabréis, "por avión".

Si necesitáis mandar o recibir correspondencia urgente podéis usar el servicio "International Express Mail" que tarda de 2 a 3 días.

Para domiciliar vuestra correspondencia a la oficina de correos central de la ciudad en la que vayáis a pasar más tiempo, os tienen que escribir de la siguiente manera:

NOMBRE
GENERAL DELIVERY
MAIN POST OFFICE
(Ciudad, Estado, Código Postal)
U.S.A. (País)

TELÉFONOS

Es uno de los servicios que mejor funciona en EE.UU. El americano se moriría sin el teléfono ya que la mayoría de los servicios telefónicos funcionan estupendamente y casi todo lo que hace es mediante este medio, desde conseguir cualquier información hasta la compra diaria. El costo es muy bajo en comparación con Europa. No dudéis ni un segundo en usarlo. La gente está acostumbrada a atender por el teléfono, y es una forma rápida, barata y segura de conseguir la información que se busca.

Las llamadas locales, si se hacen desde un teléfono particular son gratuitas, y si se hacen desde un teléfono público cuestan 25 centavos, pero podéis hablar cuanto tiempo queráis.

El coste de las llamada también varía dependiendo de la hora, así como del día de la semana de que se trate. Entre las 18.00 y las 7.00 h, y los fines de semana, las llamadas son más baratas.

INFORMACIÓN POR TELÉFONO

Para pedir información local, podéis llamar desde cualquier cabina telefónica al 411 y preguntar cualquier número telefónico o dirección sin necesidad de poner los 25 centavos que es lo que cuestan las llamadas normalmente.

Si queréis información de otra localidad, tendréis que marcar el código de la ciudad y el teléfono 555 12 12. Por ejemplo si estáis en Miami y queréis conseguir información de algún teléfono en San Francisco, debéis marcar 1 (415) 555 12 12.

En el caso de que necesitéis hablar con la operadora para hacer alguna llamada a cobro revertido (colect call), o persona a persona (person to person), debéis marcar el 0. La llamada también es gratuita. Si se pretende hacer lo mismo pero para una llamada internacional, el número que hay que marcar el 01.

Cuando vayáis a hacer una llamada por operadora, tanto si es local, larga distancia o internacional, debéis marcar el 0 ó el 01 más todos los números restantes; así la operadora sabrá a qué número queréis llamar y os será mas fácil toda la operación. Por ejemplo, si deseáis llamar a cobro revertido a Barcelona, marcaríais 01 34 3 y el número. Saldrá una operadora a la que tendréis que decir que queréis hacer una llamada "colect", y darle vuestro nombre. Ella ya sabrá al número que estás llamando, y preguntará en dicho número si aceptan pagar por la llamada.

Cuando deseéis hacer una llamada de larga distancia o internacional desde una cabina, y no sepáis cuánto os va a costar, podéis marcar el número sin echar dinero, y la computadora os dirá cuanto tenéis que depositar para realizar la llamada.

LLAMADAS INTERNACIONALES

Para llamar a España directamente, hay que marcar el 011 34, el código de la provincia con el 9 (el 1 para Madrid, por ejemplo) y el número del abonado.

Las llamadas internacionales salen mucho más baratas pagándolas allí, pero también podéis llamar a cobro revertido (collect phone call) llamando al 01 34 prefijo de la provincia sin el 9 y el número. Una operadora contestará, y le tendréis que decir que queréis hacer esa llamada a cobro revertido. Esto sale más barato desde una cabina que desde un hotel. Para hablar con la operadora internacional, es necesario marcar el 01, haciéndolo desde una cabina no hay necesidad echar la moneda. De todos modos, nosotros os recomendamos que utilizéis las tarjetas prepagadas, mucho más sencillo y bastante económico.

LLAMADAS NACIONALES

Las llamadas a larga distancia son todas aquellas en las que el número al que llamáis está fuera del condado en el que os encontráis. Así puede ser larga distancia una llamada, aunque el teléfono al que se llama tenga el mismo código que el que estáis usando.

Para las llamadas de larga distancia tendréis que marcar el número 1, después el código que son 3 números, (305) para Miami, y luego los 7 números del número de teléfono.

Todas las llamadas de larga distancia tienen tarifa especial después de las 18.00 h y durante los fines de semana.

Cuando no se sepa el prefijo de algún estado, se puede buscar en las páginas amarillas (pag.12) o llamar a la operadora (marcando el 01).

DIFERENCIAS ENTRE AMBOS PAÍSES

Hay varias cosas que son diferentes en los teléfonos en EE.UU. En el aparato telefónico figuran unas letras, justo donde se marca; estas letras se usan en el marketing y la publicidad de las compañías. Podréis, en ocasiones, encontraros que el número de teléfono no lo dan con cifras sino con letras o frases hechas. Cada letra corresponde a un número, el cual podéis ver en cualquier aparato de teléfono. Por ejemplo, las letras A, B, C, corresponden al número 2. De esta forma se hacen frases o nombres para publicidad. Por ejemplo, la compañía de alquiler de coches "Value", en su publicidad pone que marquéis el 1 800 GO VALUE, lo que equivale a marcar el 1 800 468 25 83.

Los números cuyas llamadas son gratuitas, no empiezan con el 900 como en España, sino con el 1 (800).

Las cabinas de teléfono públicas tienen un número de teléfono propio al que se puede llamar como a cualquier otro número de teléfono. Dicho número lo encontraréis escrito en la parte frontal del propio aparato. De ahí que a nosotros nos resulte extraño cuando en las películas americanas, suena el teléfono de una cabina llamando a alguien.

INTERNET

Existen conexiones *wi fi* a Internet por todo el país, así que con un ordenador adaptado a ello, no habrá mayor problema. No abundan los cibercafés; en los hoteles, suele haber ordenadores conectados con tarifas que rondan los 2$ por cinco minutos.

HORARIOS

Los horarios varían dependiendo del pueblo o ciudad y de la clase del comercio de que se trate.

AGENCIAS DE VIAJES: de 9.00 a 18.00 h, de lunes a viernes. Algunas trabajan los sábados hasta el mediodía.

FARMACIAS: de 9.00 a 20.00 h. Los domingos de 12.00 a 17.00 h. Algunas farmacias grandes están abiertas las 24 horas durante los 7 días de la semana.

SUPERMERCADOS: de 9.00 a 21.00 h de lunes a sábados, y de 12.00 a 17.00 h los domingos. Algunos permanecen abiertos la 24 h.

CORREOS: de lunes a viernes de 8.00 a 16.00 h. Los sábados abren únicamente desde las 8.00 a las 12.00 h.

RESTAURANTES FAST FOOD: de 7.30 a 23.00 h.

RESTAURANTES: almuerzos 12.00 a 14.00 h. Cenas de 18.00 a 22.00 h.

OFICINAS: de 9.00 a 17.00 h, de lunes a viernes.

TIENDAS ESPECIALIZADAS: fuera de los centros comerciales varían mucho. Por lo general abren de 9.00 a 18.30 h.

MEDIDAS

LONGITUD

— 1 PULGADA (1 INCH) = 2,5 CM
— 1 PIE (1 FOOT) = 30 CM = 12 INCHES
— 1 YARDA (1 YARD) = 90 CM = 3 FEET (PIES)
— 1 MILLA = 1,6 KM

PESO

— 1 ONZA (1 OZ) = 28,35 G
— 1 POUND (1 LIBRA) = 0,454 KG
— 1 QUART = 0,951
— 1 GAL (1 GALÓN) = 3,8 LITROS

PROPINAS

La propina no es obligatoria en EE.UU, pero casi todo el mundo deja algo. En caso contrario, podríais veros sometidos a todo tipo de insultos. La razón es que los camareros carecen de salario fijo y viven de las propinas, así que si después de atender una mesa por dos horas no le dejan nada de propina, se pondrá de muy mal talante.

En la mayoría de los restaurantes la propina no esta incluida, pero debéis fijaros bien, pues en sitios turísticos ya están empezando a incluirla en la factura, debido a la cantidad de turistas que no dejaban nada. Si veis que la propina ya está incluida en la factura no tenéis que dejar nada extra.

La siguiente tabla orienta sobre lo que se debe dejar:

RESTAURANTES/BARES:	15%-20%.
PELUQUERÍAS:	10%-15%.
MANICURA:	$1.
PEDICURA:	$1-$3.
MALETEROS EN HOTEL/AUTOCAR/TREN:	$0.50 POR MALETA.
MALETEROS AEROPUERTO:	$1-$2 POR MALETA.
AMA DE LLAVES EN HOTELES:	$1-$2 POR DÍA.
TAXIS:	10%-20% (OPCIONAL).
GASOLINA:	ESTA INCLUIDO EN EL PRECIO DEL SERVICIO "FULL SERVICE".

COMPRAS

Muchos turistas que se encuentran de vacaciones en los Estado Unidos disfrutan buscando gangas. Existen varios artículos que son muy populares entre los compradores de otros países tales como wiskey americano, jeans de moda, ropa para niños además de toallas y ropa blanca. Puede encontrar muchas ofertas y gangas en los Estado Unidos si sabe donde comprar y como aprovechar las ventas.

Todavía existen algunas tiendas departamentales y áreas de compras en los centros de la mayor parte de las ciudades de los Estados Unidos pero los grandes centros comerciales y tiendas de descuento usualmente se encuentran en las comunidades suburbanas. Algunos de los "outlet centers" están localizados en las afueras a varios kilómetros de las ciudades. Es mejor contar con un automóvil si desea aprovechar las gangas en serio.

Las tiendas departamentales son grandes establecimientos que ofrecen una gran variedad de mercancía incluyendo ropa de alta costura, artículos para el hogar, aparatos eléctricos, equipaje y joyería. Normalmente ofrecen buena calidad de mercancía, marcas conocidas y ropa al último grito de la moda, y aquí no sen encuentran productos de baja calidad a precios bajos. Frecuentemente tienen ventas de temporada con atractivos descuentos. En estas ocasiones puede obtener productos de alta calidad a precios baratos. En julio y agosto tienen las rebajas. En noviembre, la venta del Día de Acción de Gracias en donde encontrará mercancía pre-navideña, este es uno de los días más activos para comprar en todo el año. Del 26 de diciembre a mediados de enero, tienen grandes ventas de después de la Navidad. En febrero, toda la mercancía del invierno se pone en barata. Además, se llevan a cabo muchas promociones especiales y ventas de liquidación.

Las grandes tiendas departamentales son típicamente parte de cadenas nacionales así que puede encontrar las mismas tiendas en diferentes ciudades. Normalmente tienen una tienda en el centro de la ciudad con varias sucursales en los centros comerciales de los suburbios. Estas son algunas de las tiendas departamentales mejor conocidas nacionalmente: *Lord & Taylor, Hecht's, Strawbridge's, Kaufmann's, Filene's, Macy's, Bloomingdale's, Burdine's, Lazarus, Rich's, Nordstrom's, Sak's, Dayton-Hudson's, Marshall's and Bergdorf-Goodman*. *Sears* y *JCPenny's* son dos grandes cadenas nacionales con tiendas en todos los Estados Unidos. Son similares a los grandes almacenes pero no ofrecen mercancía de alta costura o marcas de prestigio. En vez de esto ofrecen productos de buena calidad a precios alcanzables. Se les conoce particularmente por su selección de ropa para niños, artículos para el hogar, aparatos domésticos, etc. *Sears* es famosa por su variedad de herramientas y productos para la jardinería.

Las tiendas de descuento venden mercancía de buena calidad a precios bajos y algo de mercancía de baja calidad a precios muy bajos. Si a usted no le interesa lo último en la moda o las marcas más famosas o la mejor calidad, puede encontrar mercancía muy barata en estas tiendas de descuento. Algunas de las cadenas nacionales de tiendas de descuento a lo largo de los EEUU son *K-Mart, Wal-Mart, Target y Caldor*.

Los "**outlets**" o tiendas de venta directa de fábrica venden productos de alta calidad, de buenas marcas a precios de descuento. Usualmente ofrecen mercancía con pequeños defectos de fábrica y restos de la última estación o del año anterior. Ahí no vamos a encontrar ventas de barata de fin-de-temporada como en las tiendas departamentales ya que sus precios son normalmente de 20 a 40% mas bajos. Si aprovecha las ventas de temporada en las tiendas departamentales puede ser que encuentre mejores precios. El resto del tiempo los "outlets" son la mejor opción. Los centros comerciales de outlets tienen muchas tiendas de las marcas más conocidas como son **Levi's, Ralph Lauren, Timberland** y **Pioneer** y se pueden encontrar en la mayor parte de los estados, son el país de las maravillas de los cazadores de gangas.

El gobierno de los Estados Unidos no añade un impuesto al valor agregado como muchos otros países, pero la mayoría de los estados y algunas ciudades imponen impuesto de venta en todas las compras. Los impuestos estatales generalmente varían entre el 4% y el 8%. Algunas ciudades añaden un impuesto adicional del 2%. Recordad cuando compréis algo por $1dólar deberéis pagar al final $1.08. Algunos estados no tienen impuestos en alimentos ni ropa. Si compra algo grande como un automóvil o una motocicleta, aseguráos de especificar si será exportada para poder aprovechar la exención de impuestos.

Las tallas de ropa en los Estados Unidos basan sus medidas en pulgadas.

TALLAS

Existen cuatro tallas de ropa normalmente:

Pequeña o "small" (S). Mediana o "medium" (M). Grande o "large" (L). Muy grande o "extra large" (XL).

Estas medidas sirven igual en hombres, mujeres y niños. Si la ropa o los zapatos tienen numeración, entonces debéis mirar estos cuadros para hacer la conversión.

MUJERES							
BLUSAS —ESPAÑA—	40	42	44	46	48	50	52
BLOUSES —EEUU—	32	34	36	38	40	42	44
VESTIDOS —ESPAÑA—	36	38	40	42	44	46	48
DRESSES —EEUU—	8	10	12	14	16	18	20
ZAPATOS —ESPAÑA—	36	37	38	39	40	41	
SHOES —EEUU—	5,5	6	7	7,5	8,5	9	

HOMBRES							
TRAJES —ESPAÑA—	46	48	50	52	54	56	58
SUIT —EEUU—	36	38	40	42	44	46	48
CAMISAS —ESPAÑA—	36	37	38	39	41	42	43
SHIRTS —EEUU—	14	14,5	15	15,5	16	16,5	17
ZAPATOS —ESPAÑA—	39	40	41	42	43	44	45
SHOES —EEUU—	6,5	7	8	9	10	10,5	11

Si compra aparatos eléctricos o electrónicos en los Estados Unidos, recuerde que todos los artículos eléctricos son normalmente par 110v y 60hz. Aseguráos que el aparato eléctrico sea adaptable a su proveedor local. Las televisiones en los EEUU, las cámaras de vídeo y los teléfonos móviles usan diferentes estandares que en la mayor parte de los países y son incompatibles.

TRANSPORTES INTERNOS

POR AIRE

Estados Unidos puede cruzarse en avión en cinco horas de este a oeste y en dos horas de norte a sur. La fuerte competencia entre las distintas líneas aéreas ha facilitado que haya una gran oferta de tarifas. Las diferentes categorías de tarifas incluyen primera clase, clase económica, tarifa de excursión y tarifa de descuento. Los vuelos nocturnos son generalmente más baratos.

Los turistas se pueden beneficiar de una serie de *'planes de descuento'* para vuelos internos ofrecidos por algunas compañías como *Delta Airlines* o *American Airlines*. En el caso de *American Airlines*, el plan se llama VUSA (*Visiting United States of America*) y se pueden beneficiar aquellas personas que vuelen hasta Estados Unidos con *American, British Airways* o *Virgin Atlantic*. En el país de origen se pueden comprar una serie de cupones para volar por el interior del país con unas tarifas muy competitivas. Los cupones solamente se pueden comprar fuera de Estados Unidos. **Nota:** En Estados Unidos el equipaje permitido muchas veces está en función de su número y su tamaño, más que de su peso. Buenas direcciones para chequear precios son www.orbitz.com y www.cheaptickets.com

POR MAR/FLUVIAL

El país cuenta con una red muy extensa de transporte tanto marítimo como fluvial. El río Ohio una de las grandes vías navegables de tipo fluvial del mundo. Por los Grandes Lagos navegan tanto barcos de transporte de pasajeros como de excursiones turísticas desde los puertos de Duluth, Sault Sainte Marie, Milwaukee, Chicago, Detroit, Toronto, Rochester, Cleveland y Buffalo.

FERROCARRIL

Casi todos los trenes de larga distancia están gestionados por la compañía ***Amtrak*** (*National Railroad Passenger Corporation*), mientras que las distancias de tipo medio y los servicios de trenes de cercanías están en manos de compañías locales. Aunque la red ferroviaria norteamericana es muy vasta, ciertos trenes pueden ser lentos y no muy frecuentes. www.amtrak.com

Fuera de la zona noreste del país, que está densamente poblada, suele haber un tren diario de largo recorrido hacia destinos importantes. La ruta principal de *Amtrak* es la del corredor del noreste que une Boston- New York-Washington DC. Otras rutas discurren hacia el sur: a Florida y Nueva Orleans. También hay servicios entre Boston-Nueva York-Washington DC- Chicago. Desde Chicago hay servicios diarios a Seattle, Portland, Oakland (San Francisco) y Los Angeles (vía Omaha-Denver-Salt Lake City-Las Vegas o por la ruta de Kansas City-Albuquerque-Flagstaff-Nueva Orleans). Hay trenes desde Chicago a San Antonio, en el estado de Texas, (vía St Louis y Dallas/Fort Worth). También hay una conexión entre San Antonio y Los Angeles vía El Paso,Tucson y Phoenix. Hay un tren, con una frecuencia de tres veces por semana, que va desde Los Angeles a Nueva Orleans.

Amtrak también ofrece trenes de alta velocidad del tipo *ACELA Express* que son capaces de viajar a 240 km. por hora.

Para obtener mas información sobre horarios y tarifas, contactar con *Amtrak* ☎ (800) 872 7245 (para llamadas gratuitas desde Estados Unidos y Canadá) *ó* (212) 582 6875 (Nueva York); www.amtrak.com *Amtrak* ofrece gran variedad de rutas turísticas diferentes en diferentes estados. La mayoría de los trenes tienen departamento de primera clase y aire acondicionado. También se puede optar por cabinas o literas siempre que se pague un suplemento. Todos los trenes de largo recorrido tienen vagón restaurante. Si se cruza el país de este a oeste o viceversa los trenes ofrecen el aliciente de atravesar unos paisajes espectaculares. El *USA Rail Pass* está especialmente pensado para turistas y solamente se vende a nacionales de otros países (excluido Canadá). Este pase permite viajar de forma ilimitada por un periodo de 15 ó 30 días (se puede contratar a nivel nacional o regional). *National USA Railpass* permite utilizar toda la red de *Amtrack* en Estados Unidos y Canadá. El de 15 días cuesta 440$ EE UU y el de 1 mes 550$ EE UU (el precio es bastante menor si se compran los pases en la temporada baja, que suele comprender desde principios de septiembre hasta finales de mayo). Los niños menores de 2 años viajan gratis y los de 2 a 15 años sólo pagan la mitad de la tarifa. También se pueden comprar billetes para grupos, familias y fines de semana. Hay otras tarifas reducidas regionales como el *Northeast Region Pass*, el *East Region Pass*, el *Far West Rail Pass*, el *West Rail Pass*, y el *Coastal Rail Pass*. El precio puede variar pero aproximadamente puede salir por 180$ EE UU por 15 días, y 330$ EE UU por 30 días (con descuentos del 20% al 30% en temporada baja). Para comprar estos pases debe de presentarse el pasaporte, y los pases deben usarse antes de que transcurran 90 días desde su compra. Para tener una plaza en un tren concreto de *Amtrak* hay que hacer la reserva, que debe confirmarse 24 horas antes de la salida. Y si se quiere viajar en horas o días punta, la reserva debe hacerse con más antelación. Si se quiere viajar en vagón de categoría superior hay que pagar un suplemento. En la siguiente página web, encontrará una lista por países de las agencias de viajes que pueden proporcionar más información y vender billetes: www.amtrak.com/international/salesreps.html

POR CARRETERA

Conducir es una maravillosa forma de conocer Estados Unidos, aunque las distancias entre las ciudades pueden ser enormes. Antes de programar un itinerario en coche hay que calcular la duración de los trayectos para evitar acabar extenuado. Las carreteras son excelentes y llegan a todas las ciudades. El combustible es más barato que en Europa. *American Automobile Assocaition (AAA)* ofrece servicios guiados, mapas, asesoramiento y seguros, que son obligatorios en la mayoría de los estados, incluso para alquilar un coche (☎ (407) 253 9100; fax: (407) 253 9107; página web: www.aaa.com). Algunas asociaciones automovilísticas de otros países tienen acuerdos con AAA de forma que los clientes pueden disfrutar de las ventajas de la aseguradora norteamericana. Para más información consultar con la compañía aseguradora.

CONDUCIR EN LOS ESTADOS UNIDOS

CARNET DE CONDUCIR

Podéis conducir haciendo uso de vuestro carnet de conducir español por un período de 6 meses, o con el carnet internacional por un año.

Después de este plazo es obligatorio solicitar el carnet del estado donde os encontréis. Para obtenerlo, hay que ser mayor de 18 años, presentar dos formas de identificación (el pasaporte y el carnet de conducir español por ejemplo), y sufrir un examen teórico y otro práctico, así como un reconocimiento de la vista. Si no habéis tenido nunca carnet de conducir, deberéis pasar un cursillo sobre conducción.

También os pueden pedir que enseñéis algún documento que pruebe donde estáis viviendo (recibo de la luz, contrato de alquiler, etc.).

El examen se puede hacer en inglés o en español. Hay un librillo editado en ambos idiomas que debéis estudiar antes de hacer el examen. Os recomendamos que le echéis una ojeada, pues hay algunas cosas que no son iguales que en España, así como formas de expresión distintas (el libro en español está escrito para latinoamericanos y no siempre es fácil entender lo que dice). También las medidas, pesos, etc., están en términos americanos, así que tendréis que aprendéroslos en libras, pulgadas, etc.

Para más información sobre el carnet de conducir y como obtener el manual para el examen, debéis llamar a cualquiera de las oficinas del carnet de conducir (Driver's License Offices).

CONSEJOS PRÁCTICOS

Os podéis examinar varias veces en el mismo día de la prueba teórica. Si es el práctico, no podréis hacerlo el mismo día. Por último, deciros que hay unas colas considerables para sacarse el carnet, así que podéis llamar con antelación a la oficina que este más cerca y pedir una cita para el examen. Os darán una cita para un día y hora determinados y así no tendréis que esperar.

CARNET INTERNACIONAL DE CONDUCIR

No es realmente necesario, pero si lo queréis sacar, podéis dirigiros en España a:

FEDERACIÓN ESPAÑOLA DE AUTOMOVILISMO: Av. Menéndez Pelayo 67, Edificio Torre del Retiro, Madrid. ☎ 91 573 56 00.

REAL AUTOMÓVIL CLUB DE ESPAÑA: José Abascal 10, Madrid. ☎ 91 447 32 00.

NORMAS DE CIRCULACIÓN. ALGUNAS DIFERENCIAS

Existen una serie de normas de circulación que son diferentes a las españolas. Algunas de ellas son:

- **CEDER EL PASO EN LAS INTERSECCIONES: si no existen señales que indiquen lo contrario, en una intersección tiene prioridad el que primero llegue a ella. Si dos coches llegan a la vez, tendrá prioridad el que salga por la derecha. Hay veces que las intersecciones tienen cuatro señales de STOP. En estos casos también se aplica la misma regla, se pasa por orden de llegada.**

- AUTOBUSES ESCOLARES: cuando para un autobús escolar (son amarillos), todos los coches que circulan en sentido del autobús, deben parar también. Normalmente saldrá una señal de STOP en el lado izquierdo del autobús para indicar que no se le puede adelantar. Esto se aplica aunque la vía por la que se circule tenga dos carriles en el mismo sentido. Si la calle tiene doble sentido y la separación entre los dos es menor de 1,5 m y no está separada por una valla, los coches que circulan en sentido contrario también tienen que parar.

- COCHES FÚNEBRES: cuando hay una procesión de coches siguiendo a un coche fúnebre, esta caravana tiene prioridad sobre el resto del tráfico y llevarán las luces encendidas. Normalmente habrá un grupo de policías en moto que les irá abriendo camino y parando a los otros conductores en las intersecciones y semáforos. No os debéis cruzar ni meteros en medio de estas caravanas.

- GIROS CON SEMÁFORO EN ROJO: los giros a la derecha con el semáforo en rojo están permitidos, siempre y cuando no haya peatones cruzando o haya una señal que lo prohíba. Debéis ceder el paso a los que vienen por la izquierda.

- SEMÁFOROS INTERMITENTES: a partir de cierta hora de la noche la mayoría de las intersecciones se ponen con los semáforos intermitentes. En una dirección estará el rojo intermitente y en la otra el ámbar. En los dos casos se puede pasar con precaución, teniendo prioridad el que tenga el semáforo naranja.

- SEÑALES: son muy parecidas a las españolas por lo que no tendréis ningún problema en identificarlas. La única dificultad es que las señales en EE.UU tienen muchas excepciones y hay que leer lo que dicen. Por ejemplo, en el límite de velocidad impuesto en las inmediaciones de una zona escolar, los horarios varían. Así las horas en las que no se puede circular a más de 20 km por hora varían según los días de la semana y según cada colegio en particular. Estas variaciones hacen que haya que ir leyendo las señales para informarse de lo que puede o no hacerse en cada momento.

- CINTURÓN DE SEGURIDAD: es obligatorio en todo momento.

Tirar cosas por la ventanilla os puede suponer una multa de 500 dólares y hasta 60 días en la cárcel del condado.

El límite de velocidad en carretera es de 55 millas (88 Km.). En las autopistas suele ser de 65 (105 Km.), llegando a los 75 (120 Km.) sólo en algunas. Las multas son fuertes si no se respetan esos topes. También es muy estricto el nivel de alcohol en sangre permitido, por lo que es preferible no probar el alcohol si se conduce.

Todos los vehículos de alquiler son de cambio automático, sin pedal de embrague. Al pisar el acelerador, el propio motor va cambiando de marchas. Acostumbrados como estamos a las palancas de cambios y los embragues, al principio te haces un lío, pero al cabo de un rato ya le has cogido el truco y te acaba resultando cómodo. Una gran ventaja del cambio automático es que el coche nunca se cala.

La palanca se maneja en contadas ocasiones. La posición de estacionamiento está marcada con una P (*parking*). Para salir, hay que tener el motor encendido y el freno pisado, y meter entonces la posición R (*rear*, marcha atrás) o la D (*drive*, directa), pisando el acelerador para empezar a conducir. Para una parada breve, en un semáforo por ejemplo, se pasa a N (*neutral*, punto muerto). Las otras dos posiciones, 1 y 2 (a vaces señalada como L), sólo se usan para las cuestas pronunciadas.

Los faros de la mayoría de los coches de alquiler se quedan encendidos al poner en marcha el motor. No es una avería, sino que es para cumplir con la normativa de algunos estados, que obligan a conducir siempre con las cortas.

ALQUILER DE COCHES

Alquilar un coche en EE.UU resulta bastante más barato que hacerlo en España. El primer requisito es ser mayor de 21 años. En segundo lugar hay que estar en posesión de una tarjeta de crédito; en caso contrario os pedirán un depósito en efectivo por el coche y tendréis además que pagar el importe por adelantado.

Pedid un coche que no tenga límite de millas, aunque la tarifa sea más alta os saldrá más barato a la larga. Tened en cuenta que las distancias son muy grandes en EE.UU. Antes de entregar el coche, hay que recordar que se debe devolver con el depósito lleno y siempre será más barata la gasolina en la calle que lo que cobran las compañías de alquiler.

Os aconsejamos que alquiléis el coche en la ciudad y no en el mismo aeropuerto, ya que en este último lugar resulta más caro. Normalmente hay unos autobuses pertenecientes a las compañías de alquiler de coches que están dando vueltas constantemente en el aeropuerto. Buscad el que sea de la compañía deseada y cogedlo. Os llevará al lugar de alquiler de coches que está cerca del aeropuerto. El servicio, el del autobús, es gratuito. A la hora de devolver el coche, lo más acertado es dejarlo en el mismo lugar donde lo alquilásteis de tal forma que el mismo autobús os conducirá al aeropuerto. Si no lo hacéis así y lo devolvéis en el aeropuerto directamente, os cobrarán un suplemento.

Si tenéis tiempo y no vais a alquilar el coche nada más llegar, os recomendamos que llaméis por teléfono al número gratuito de la compañía de alquiler y reservéis el coche ya que esto tiene sus ventajas. En primer lugar, con una reserva de por lo menos 24 horas de antelación, conseguiréis los mejores precios. En segundo lugar, podéis llamar a varias compañías y averiguar cual es la más barata. Además, si por casualidad habéis hecho una reserva para un coche pequeño, por ejemplo, y cuando llegáis a recogerlo no tienen pequeños, os darán uno grande por el precio del pequeño. Si vais directamente sin reserva, y no tienen pequeño, tendréis que alquilar el que tengan al precio que sea.

CÓMO USAR UN COCHE SIN PAGARLO

En Estados Unidos es muy frecuente que alguien alquile un coche y lo devuelva en otro punto a dos mil kilómetros de distancia. Las agencias necesitan entonces gente que transporte el vehículo a su lugar de origen, dejando al conductor que lo use gratuitamente, eso sí, con unas limitaciones de kilometraje y de días para realizar la entrega. Si disponéis de tiempo y paciencia, podéis intentar aprovechar esa oportunidad.

Para ello, busca en las páginas amarillas *Automobile Transporters & Drive-Away Companies* y llama para preguntar si tienen algún *return*. Dos compañías que se dedican a esto en Nueva York:

- **AUTO DRIVEAWAY.** 264 W35th St. ☎ 967 23 44.
- **DEPENDABLE.** ☎ (1-800) 626 25 05.

COMPAÑÍAS DE ALQUILER DE COCHES

A los números siguientes podéis llamar para hacer las reservas de coches. Estas llamadas son gratuitas:

- **AVIS:** ☎ 1 (800) 831 28 47.
- **BUDGET:** ☎ 1 (800) 527 07 00.
- **SEARS:** ☎ 1 (800) 527 07 00.
- **DOLLAR:** ☎ 1 (800) 800 40 00.
- **HERTZ:** ☎ 1 (800) 654 31 31.
- **PASS:** 1 (800) 879 37 37.
- **THRIFTY:** ☎ 1 (800) 367 22 77.
- **VALUE:** ☎ 1 (800) 468 25 83.

ALQUILER DE CARAVANAS (RV)

Llamaremos a las roulottes o caravanas *RV,* que son las siglas que se usan en EE.UU para referirse a este tipo de vehículos. Las siglas RV vienen de las palabras "Recreational Vehicle".

Alquilar un RV y liarse a recorrer kilómetros puede ser una de las formas más divertidas de pasar unas vacaciones. Puede que no sea la forma más barata de viajar, pero desde luego es interesante, y si hacéis cuentas para un grupo de cuatro o seis personas, teniendo en cuenta que llevaréis encima el coche, la cama y la cocina, tal vez no sea tan caro.

Los problemas o inconvenientes de estos vehículos son principalmente el tamaño, pues si sois un grupo grande, el RV tiene que ser grande, y es difícil de conducir, de aparcar, y complicado a la hora de entrar en las ciudades. Otro problema es que lo tenéis que devolver en el mismo sitio donde lo alquilásteis.

En EE.UU y sobre todo en Florida existen muchos parques estatales donde se puede aparcar el RV y que tienen todo tipo de comodidades. Existen 105 de estos parques repartidos por todo el estado. Para calcular los gastos debéis tener en cuenta la entrada a los parques, que varía según el número de personas, el tamaño del RV y el número de personas, más los gastos de consumo de agua, gas y electricidad.

TIPOS DE RV

Hay diferentes estilos de RV que podéis alquilar en función de vuestras necesidades.

- CARA-VAN TRAVEL TRAILER: entre 29$ y 76$ diarios; pueden dormir hasta 5 personas. Necesitaréis un coche para tirar del trailer.
- CAMPERHOME: desde 52$ hasta 138$. Duermen hasta 3 personas y va encima de una camioneta.
- CARA-VAN: desde 58$ hasta 152$. Este es muy parecido al Cara-Van Trailer, pero viene con una furgoneta que podréis desmontar y usarla como coche cuando estéis en la ciudad.
- INTERMEDIATE MOTORHOME: entre 73 y 173 $. Capacidad hasta 5 personas. Esta es la tradicional, donde la cabina del coche está unida al resto de la caravana.
- LARGE MOTORHOME: desde 79$ hasta 184$. Capacidad hasta 6 personas. Ideal para las familias grandes o un grupo de amigos "bien avenidos". Cuenta incluso con microondas. Todo está unido como si fuese un autobús.
- DELUXE MOTORHOME: entre 91$ y 205$. Muy parecido al anterior, pero mucho más grande. Capacidad hasta 7 personas.
- MOTOR CABIN: desde 50$ hasta 65$ y con capacidad para dos personas. Resulta ideal para los que quieran mas movilidad y menos comodidad. Se trata de una camioneta que se convierte en una cabaña para dos. Esta muy bien de precios.
- CAMPING VAN: entre 90$ y 105$. Pueden dormir hasta 5 personas. Esta furgoneta viene equipada con una tienda de campaña nueva, ideal para los que quieran gozar de una mayor movilidad.

En temporada baja, desde el 26 de septiembre al 18 de diciembre podréis conseguir precios más baratos que en temporada alta, del 1 de enero al 25 de septiembre.

COMPAÑÍAS DE ALQUILER DE RV

✪ **BATES MOTOR HOME RENTAL NETWORK:** llamada gratuita, ☎ 1 (800) 732 22 83.

✪ **AMERICAN COMMITTEE:** ofrece gratis un paquete de información de RV, que incluye una lista de libros publicados para RV además de los servicios de alquiler.

✪ **P.O. BOX:** 2669, Dept., P, Reston, Va, 22090, ☎ (703) 620 60 03.

✪ **CRUISE AMERICA MOTORHOME RENTAL & SALES:** 7740 N.W. 34 Street. ☎ (305) 591 75 11.

✪ **PHOTO FINISH RV:** 820 N.E. 182nd Terrace. North Miami Beach. ☎ (305) 652 97 74.

Podréis también llamar al teléfono (305) 281 54 77 para conseguir más información sobre alquileres y parques a los que ir.

SEGUROS PARA EL COCHE

Todas las compañías de alquiler ofrecen un seguro a todo riesgo a la hora de alquilar el coche o RV. No es obligatorio acogerse a dicho seguro. La ley en Florida exige el seguro obligatorio y contra terceros para todos los vehículos de motor, pero no exige el seguro a todo riesgo. De todas formas, si os queréis ahorrar problemas en caso de accidente y dormir más tranquilos, sí resulta conveniente suscribir el seguro, aunque resulta un poco caro.

GASOLINA Y GASOLINERAS

La gasolina en EE.UU es toda sin plomo. Básicamente cuenta con tres tipos. La normal, de 87 octanos, la media con 89 octanos y la súper con 93 octanos. La gasolina es muy barata en comparación con España, costando alrededor de 3$ el galón (3,8 litros).

Las gasolineras funcionan de maravilla en todo el país. Son modernas y normalmente tienen tiendas del tipo de las de aquí, en las que se encuentran cosas de primera necesidad. Existen dos clases de servicios: auto servicio (self service) y servicio completo (full service). Las líneas de uno u otro servicio están indicadas.

SELF SERVICE: por supuesto, como su nombre indica, con este servicio, el usuario se sirve él mismo la gasolina. Con esto, podréis ahorrar hasta un 20%. Por lo general tendréis que pagar antes de echar gasolina (al contrario que en España).

FULL SERVICE: resulta más caro, pero como su nombre indica, se trata de un servicio más completo. Los empleados de la gasolinera se encargan de limpiar los cristales del coche, de revisar los niveles de aceite, agua, líquido de frenos, etc. La mayoría de las gasolineras están abiertas las 24 horas.

AUTOBUSES INTERURBANOS

Greyhound World Travel es la principal compañía de autobuses interurbanos y cubre todo Estados Unidos. Este servicio está reforzado por unas 11.000 líneas más por todo el país, todas ellas a precios bastante razonables y con servicios regulares. Todos los autocares disponen de aire acondicionado, servicios y asientos reclinables. *Greyhound* abarca los estados sureños, los estados del centro-sur y el sur de la zona de las Montañas Rocosas (*Rockies)* y además se extiende hasta México y Canadá. Normalmente en las estaciones se puede conseguir comida y dejar el equipaje a cualquier hora del día y de la noche. Los pasajeros no podrán pasar la noche en la terminal de autobuses, una vez que hayan acabado su trayecto. Para más información sobre tarifas y trayectos contactar con Greyhound Lines (☎ (1 800) 229 9424 (teléfono gratuito para llamadas efectuadas desde Estados Unidos) (402) 330 8552 (para llamadas internacionales); www.greyhound.com). *Greyhound Lines* ofrece el *International Ameripass*, un pase que permite viajar ilimitadamente por todo el país durante 7, 15, 30 ó 60 días. Se pueden hacer extensiones que se pagan por días. El pase debe de comprarse fuera del país a través de *Greyhound World Travel. Ameripass*, ofrece tarifas a mitad de precio para los niños de 2 a 11 años. En los billetes normales se pueden realizar todas las paradas que se desee. *Greyhound Lines* también ofrece reducciones en billetes sencillos. *Intra y Intercity Tours (Greyhire)* funcionan por todos los Estados Unidos. Para más información contactar con Greyhound Lines (☎ (212) 971 6300 (Nueva York) o (☎ (213) 629 8400 (Los Ángeles).

FLORIDA IMPRESCINDIBLE

❶ MIAMI

La capital de Hispanoamérica. Una urbe vibrante, multicultural y repleta de glamour. La calle 8 y South Beach, los dos lugares imprescindibles dentro de la ciudad.

— **DISTRITO ART DECÓ:** En Miami, un lugar patrimonio nacional repleto de construcciones de principios del siglo XX, inmortalizado en miles de películas.

— **LA CALLE 8:** Punto de encuentro de la comunidad cubana, la más activa del estado, que ha hecho de Miami su capital.

❷ LOS PARQUES DE ATRACCIONES

DisneyWorld, los parques de la Universal... una experiencia para niños y grandes, en Orlando, en el centro del estado.

❸ PARQUE NACIONAL DE LOS EVERGLADES

Un ecosistema único en el mundo: pantanos, caimanes, panteras...

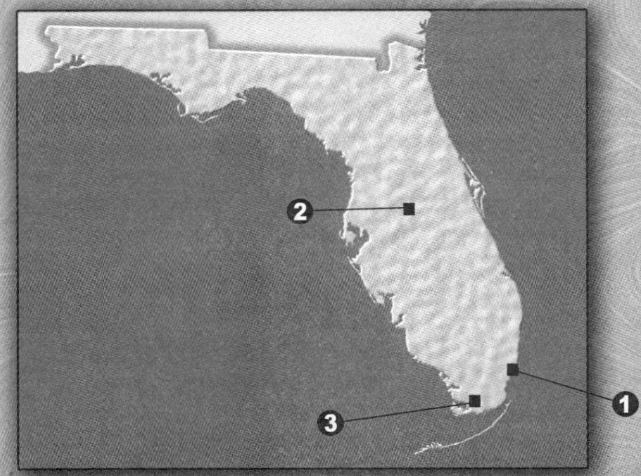

❹ SAN AGUSTÍN

La ciudad más antigua de los EE.UU. Una mezcla ineludible entre una villa castellana y una ciudad tropical.

❺ LOS CAYOS

Refugio de artistas, es el punto más meridional del país. Más cerca de Cuba que de Miami.

❻ TAMPA

Una ciudad moderna y repleta de vida, que muestra una de las caras más amables y disfrutables del país.

❼ PENSACOLA

Una florida distinta, más sureña, con un poco en común con la costa del Atlántico.

❽ JFK SPACIAL CENTER

La base principal de la NASA. Un lugar para soñar con otros mundos.

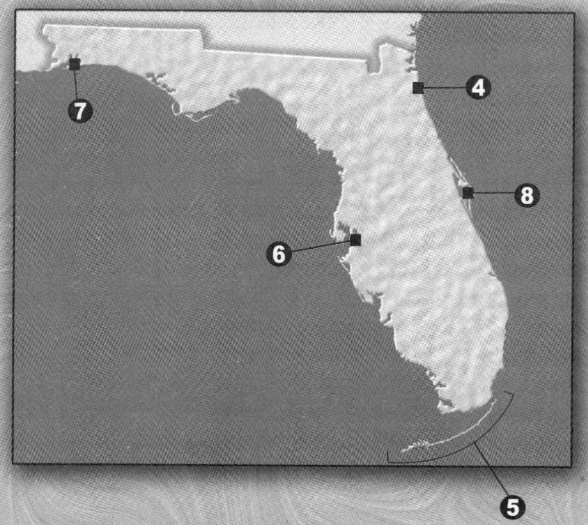

MIAMI

INTRODUCCIÓN

Miami es una moderna ciudad localizada en el sureste del estado de la Florida en el condado de Miami-Dade junto a las márgenes del río Miami. En la ciudad de Miami se asienta el gobierno condal y es la mayor de las ciudades incorporadas dentro del condado. Según el censo de 2000, la población de la ciudad era de 362.470 habitantes. Aunque la ciudad en sí misma no es grande ni de mucha extensión territorial, el área metropolitana de Miami comprende varias ciudades y centros poblacionales en su alrededor que la hacen la más importante de todo el estado. El nombre de *Miami* viene de una voz indígena que significa "agua dulce". Junto a la desembocadura del río Miami se establecieron importantes asentamientos de los indios Tequesta. En recientes excavaciones se han encontrado numerosos artefactos y restos que ofrecen una rica pero poco estudiada fuente arqueológica del área. En sus inicios el crecimiento de la ciudad de Miami fue lento. Solamente después de la extensión del ferrocarril de Henry M. Flagler hasta esta área, se aceleró el mismo en forma algo más notable. Durante la Segunda Guerra Mundial, la ciudad fue un importante centro de entrenamiento y concentración de tropas. Pero no fue hasta el 1959, según se hacía más manifiesta la orientación marxista de la Revolución de Fidel Castro en Cuba, que con la llegada de exilados cubanos, el crecimiento e importancia de Miami empezó a alcanzar sus más altos niveles y desarrollo continuado. El éxodo de cubanos no fue solo de familias acomodadas o antiguos miembros del régimen del dictador Fulgencio Batista, sino que incluyó una gran e importante parte de la clase media y profesional de Cuba. Junto con estos profesionales se establecieron también en Miami oficinas de corporaciones y entidades norteamericanas que anteriormente tenían presencia en Cuba. También después de la expulsión de 132 sacerdotes y religiosos católicos a bordo del vapor Covadonga el 17 de septiembre de 1961, así como del éxodo de muchísimos más, muchos se establecieron en la ciudad de Miami y sus alrededores para darle servicios pastorales y educacionales a los cubanos recién radicados en el sur de la Florida. La zona aledaña a la Calle 8, con sus pequeños negocios e intereses de cubanos emprendedores, comenzó a conocerse como la Pequeña Habana. El hecho de que Miami viniera a ser casi un área en gran parte bilingüe, fue un incentivo para la inmigración de muchas otras personas de países centroamericanos y de Sudamérica. Hoy en día Miami es una ciudad abierta al comercio internacional, especialmente con América Latina, siendo considerada el puente a las Américas. El puerto de

Miami es el más importante en los Estados Unidos en el servicio de cruceros turísticos. El aeropuerto que sirve a la ciudad es el Aeropuerto Internacional de Miami (MIA), el cual, con cuatro pistas de aterrizaje, es uno de los mayores de la nación. El turismo, el comercio internacional, la industria bancaria y financiera, así como la manufacturera son los más importantes centros de trabajo y fuentes de ingresos de la ciudad y del resto de la gran área metropolitana.

LA VISITA

DOWNTOWN

Es el centro de la ciudad, con impresionantes edificios y modernos rascacielos construidos en cristal y acero. Es el corazón del mundo de las finanzas, negocios y cultura. Se encuentra junto a la bahía. Es quizá una de las pocas zonas en Miami donde el tráfico es más denso, sobre todo a las horas de trabajo. No se puede considerar una zona residencial, si exceptuamos a Brickell, que se encuentra entre Coconut Grove y el Downtown. En el centro de la ciudad están las oficinas del Gobierno y las Cortes. El Downtown está considerado por los habitantes de Miami como zona de trabajo, no de residencia. Aquí se encuentran la mayoría de los bufetes de abogados, entidades bancarias a lo largo de la calle Brickell o centro de estudios como el **College Bayside Station o el Miami Dade Community College**. Al oeste del downtown esta situado el **Miami Arena** que es la sede del equipo de baloncesto de Miami, los Heat. Cerca del Miami Arena esta la zona de **Overtown**, es un barrio peligroso que no es recomendable entrar. Algunos de los edificios más llamativos del centro de la ciudad son el CenTrust Tower, el Southeast Financial Center, Miami Convention Center o el James L. Knight Center. Tiene dos de los parques más visitados de Miami, El **Bayfront Park** y el **Bicentennial Park**. En los dos se celebran festivales con desfiles y ferias. Entre los dos parques se encuentra uno de los centros comerciales más bonitos de Miami. El **Bayside Marketplace**, con infinidad de tiendas y restaurantes. Está rodeado por una marina llamada **Miamarina**, desde donde se pueden coger barcos de recreo para hacer excursiones por los alrededores o fiestas por la noche en alta mar. El Downtown tiene vida a las horas de trabajo pero por la noche es un barrio muerto y solitario, que no es muy recomendable recorrer. Todo el centro está muy bien comunicado por el Metromover y este a su vez se conecta con el Metrorail en la estación de Government Center

El río Miami separa el downtown de Brickell. Esta zona sí es residencial y está considerada como una de las más lujosas de Miami. Está situada enfrente a la Bahía Biscayne, sus edificios de oficinas y apartamentos son altos y espectaculares, están rodeados por un paseo de palmeras y todos ellos disfrutan de magníficas vistas al mar. Algunos han ganado premios como **"Villa Regina"** pintado por el artista Israeli Yacov Agam, o los impresionantes edificios de apartamentos de **"The Imperial"**, **"The Palace"** o el **"Atlantis"** famoso en el mundo entero, ya que aquí se rodó la serie de "Miami Vice". Es el edificio con la palmera en el centro. Al comienzo de la calle Brickell se encuentran las sedes de los Bancos más grandes del mundo, es el Wall Street de Miami.

COCONUT GROVE

Coconut Grove, es uno de los barrios más elitistas, divertidos y snob de Miami. Es el lugar de reunión y vivienda de bohemios, artistas, intelectuales, yuppis y gente sofisticada. Está situado al sur de Miami entre Coral Gables y el Donwtown. Es el vecindario más antiguo de Miami, su auténtico nombre era "Cocoanut Grove", que con los años se ha reducido a como se le conoce hoy. Sus primeros pobladores fueron emigrantes de Nueva Inglaterra, Key West y de las Bahamas. Y en sus calles aún hoy día se pueden ver al lado de residencias suntuosas, sencillas y humildes casas. Es un barrio de contrastes, lo que más llama la atención son sus tiendas, galerías, discotecas y restaurantes. Como todo barrio de moda tiene sus problemas, y este, es el aparcar el coche los fines de semana, tarea casi imposible. Uno de los lugares más concurridos es **CocoWalk**, un centro con tiendas, cafés, restaurantes, cines y con las discotecas de última hora. Tiene dos pisos, su construcción es de estilo mediterráneo, se inauguró en 1991, y es el lugar obligado de reunión a la salida del teatro, cine o espectáculos. Enfrente está situado el centro comercial **Mayfayr Shops**, uno de los más caros y sofisticados de Miami. En Coconut Grove se encuentra la iglesia más querida por los exiliados cubanos, **La Ermita de la Caridad**. Está situada en 3609 S. Miami Ave, justo enfrente del mar y mirando hacia Cuba. En el altar tiene un mural pintado por el famoso artista cubano Teok Carrasco y representa la historia de Cuba. La Virgen de la Caridad es una imagen pequeña,lo más significativo es su manto. Por eso la construción de la iglesia simboliza el manto de la Virgen y las seis columnas que tiene simbolizan la seis provincias de Cuba. En Coconut Grove abundan los parques, está el **Blanche Park** en Shipping Ave. **Munroe Park** en Florida Ave. **Kenneth Myers Park** en S. Bayshore Dr. situado enfrente de la marina en la Bahía de Biscayne, es uno de los lugares preferidos de los lugareños para practicar deportes como *jogging* o montar en bicicleta. **Peacock Park** en McFarlane Ave, el nombre de este parque es un homenaje a John Peacock, emigrante inglés que con su familia fundó el primer hotel en Coconut Grove. Este parque tiene magníficas vistas a la Bahía, y **Simpson Park** enfrente del Palacio de Vizcaya, más que un parque es una densa jungla tropical. El ayuntamiento de la ciudad de Miami o **Miami City Hall** se encuentra en Coconut Grove en 3500 Pan American Dr. es un edificio construido en 1934 de estilo Art Deco. A su lado están situados **Coconut Grove Convention Center**, el centro de exposiciones y ferias con 105.000 pies construidos. **Dinner Key Marina**, el embarcadero con capacidad para más de 550 barcos. Para los amantes de la vida sana y vegetariana no hay mejor lugar que el mercado al aire libre de **Coconut Grove Farmers Market**, que abre los sábados de 8.00 a 15.00 h entre las calles Grand Ave. y Commodore plaza, venden frutas y vegetales cultivadas con productos orgánicos, además de plantas y trabajos de artesanía. Uno de los edificios más antiguos es el cine, **Coconut Grove Playhouse**, construido en 1926, su fachada es de estilo rococó español, y tiene 1.100 asientos. Hoy día está restaurado y se utiliza para actuaciones musicales. Una de las visitas obligadas en Coconut Grove es el **Palacio-Museo y los jardines de Vizcaya**, con 70 habitaciones, de estilo renacimiento italiano construido en 1912 por un millonario americano, para pasar los inviernos en Miami. Camino hacia Key Biscayne está el **Miami Museum Of Sciences**, y el **Space Transit Planetarium**, los dos especialmente diseñados para el entretenimiento y diversión de los niños.

VIRGINIA KEY Y KEY BISCAYNE

Son dos islas unidas a Miami por el puente **Rickenbacker Causeway**, construido en 1947, actualmente este puente se utiliza para pescar ya que recientemente fue sustituido por otro más ancho y más alto, el **William Powell** de 75 pies de altura, que evita el tener que abrir sus compuertas cada vez que entra un barco grande. La primera isla Virginia Key, está al norte de Key Biscayne, en ella se encuentra el **Miami Seaquarium**, donde trabaja la famosa ballena Lolita y el delfín Flipper. El estadio marino, **Miami Marine Stadium**, con 6.500 asientos de capacidad, está situado al norte del Seaquarium, en el se realizan conciertos y espectáculos, lo más original es su escenario flotante en el mar. Virginia Key tiene dos playas, la de **Hobie Beach**, se encuentra nada más cruzar el Rickenbaker, su arena no es muy fina, está bordeada por palmeras y pinos. Es una de las mejores playas para practicar el windsurfing por la profundidad de sus aguas. Es muy frecuentada por los locales, sobre todo latinos, por que es en la única que está permitido hacer fiestas, con música muy alta, baile y comidas, sobre todo barbacoas los fines de semana. **La playa de Virginia Key** al sur oeste de la isla, era una antigua playa nudista, y magnífico lugar para practicar el windsurfing. Hoy día permanece cerrada por los destrozos que le ocasionó el huracán Andrew. **Key Biscayne** era una antigua plantación de coco. Hoy es una bella isla residencial, con magníficas mansiones y lujosos apartamentos. Por muchos años el ex Presidente Richard Nixon ha pasado sus vacaciones en esta isla, esta casa fue comprada por el cantante Raphael, está en la calle Matheson Dr. El edificio más antiguo que se conserva en la isla es el **Cape Florida Litghthouse**, conocido comunmente por "el Farito". fue construido en 1825, para evitar los continuos naufragios de los barcos por los alrededores. Bordeando el Farito se encuentra el **Bill Baggs State Park**, este parque y playa, junto con toda la isla, sufrieron severos daños por el Huracán Andrew, actualmente la playa está abierta al público pero el parque se calcula que se tardará varios años en reforestarlo. La otra playa de Key Biscayne es **Crandon Park**, situada al este de la isla, es un inmenso parque con mesas para picnic, barbacoas y baños, la playa es de arena fina de color blanca, agua color esmeralda, y bordeada por palmeras. Cuando está la marea alta se puede caminar varios metros sin que te cubra más que el tobillo. Está considerada como la novena playa mejor de EE.UU. Todos los años se celebra en **Key Biscayne tennis Center** el torneo Internacional de tenis Lipton, y diferentes campeonatos de golf en el **Key Biscayne Golf Course.**

KENDALL, SOUTH MIAMI Y WEST MIAMI

Se encuentran al sur de Miami. Son zonas residenciales y no se pueden considerar como áreas turísticas, pero tienen lugares de interés que merece la pena resaltar. **Parrot Jungle** o la jungla de las cotorras es una atracción muy visitada no solo por las gracias y habilidades de los 1.000 loros y pájaros que exhiben, sino por la jungla tropical que la rodea. **Miami Metrozoo**, tiene más de 1.000 animales repartidos en casi 300 acres. O el **Monkey Jungle**, donde los monos andan sueltos y los humanos protegidos por vallas. Para la gente jóven es interesante el **Miami Youth Museum**, está localizado en el tercer piso del centro comercial Bakery Center. Es una muestra de artesanía y objetos manuales realizado por niños. Para los aficionados a los aviones, el **Weeks Air Museum,** en South Dade, tienen expuestos aviones y displays de la Segunda Guerra Mundial. Uno de los edificios más originales del sur de Miami es **Coral Castle of Florida**, fue construido por un emigrante Lituano en 1920, utilizó para su construción roca de coral. Si algo caracteriza esta zona, es su magnífico comercio. Tiene cuatro centros comerciales, **The Bakery Center**, situado en Red Road esquina con Sunset Drive, es un centro comercial con tres pisos y pequeñas tiendas en las calles adyacentes. **Dadeland Mall** situado en N. Kendall Dr. Es un inmenso centro comercial con más de 175 tiendas, varios grandes almacenes de primera categoría como Saks Fifth Avenue, Lord & Taylor, Burdines donde tiene la sucursal más grande en USA. The Limited and Express y JCPenny, además de 16 restaurantes. Para hacer compras de moda, encargos o regalos, os recomiendo este centro comercial que además de encontrar de todo tiene una magnífica relación precio-calidad. **Town & Country Center** está en Kendall Dr. a la altura de la 117 Avenida. Está construido alrededor de un lago, cuenta con tiendas, varios almacenes, restaurantes, cines y discoteca. **The Falls Shopping Center**, situado al sur de Kendall en la U.S. Hwy y la 136 Avenida. Es uno de los centros más bonitos por su arquitectura, construido en madera oscura, de una planta, las tiendas están situadas alrededor de un lago con cascadas y fuentes; tiene una vegetación exhuberante. Sus precios son un poco más altos que la media de Miami, pero su calidad es de primera. Aquí se encuentra el famoso centro comercial Bloomingdale, además de 60 tiendas. El sur de Miami cuenta con dos parques **Tamiami Park**, situado en Coral Way junto a **Florida International University**, más conocida por FIU, y el **Art Museum of FIU.** Y **Tropical Park**, en la esquina de Bird Road y el Palmeto Expwy. Para los aficionados al golf, en Kendall tienen dos campos para practicar, **Briar Bay Golf Course** y **Palmeto Golf Course.**

DISTRITO ART DECÓ – MIAMI BEACH

Miami Beach es un grupo de 17 islas unidas por puentes y situadas a lo largo de la Bahía de Biscayne y el Océano Atlántico. Miami Beach no es Miami, son dos ciudades diferentes, construidas con diferente fin. La calle más importante es Ocean Drive, que va paralela al mar y es donde se encuentran la mayoría de hoteles, terrazas y restaurantes. En el punto más al sur se encuentra **South Point Park,** y en el más al norte, antes de Sunny Island, está **Halover Beach Park Marina & Golf Course.** Algunas de las islas que forman Miami Beach son, **Bay Harbor Islands, Indian Creek, Normandy Isles, La Gorce Island, Sunset Island y Belle Isla.** La primera persona que vio posibilidades turísticas a estas islas, fue el millonario Carl G. Fisher, que con mucho ingenio y dinero, transformó los antiguos manglares de Miami Beach en las preciosas playas que nosotros conocemos. La primera parte que se urbanizó fue la de South Beach. Durante los años 1930 y 1940 estaba de moda en decoración y construcción el estilo Art Deco, cuyos diseños, una mezcla del Art Nouveau y del Cubismo, formado por dibujos que semejan plantas, pájaros o mariposas redondeados. En arquitectura, las curvas predominan en los adornos de las fachadas, junto con la utilización de diferentes tonos con pinturas

de color pastel para resaltarlas. Los amantes de la arquitectura, salvaron esta zona de las grúas de demolición, la reconstruyeron y renovaron, bautizándola con el nombre de **Art Deco Distrist**. En la actualidad hay más de 600 edificios censados que pertenecen a esa época. Pero Miami Beach no siempre ha estado de moda, es una ciudad que ha sufrido grandes altibajos a lo largo de su corta historia. La Gran Depresión y la II Guerra Mundial, terminaron con su turismo dejándola estancada, como dormida. A finales de los 70 el auge turístico parecía estar otra vez en órbita, la ciudad se llenó de viejecitos que venían en invierno, de los fríos estados del norte, al calor tropical de Miami. En los 80, llegaron los exiliados cubanos procedentes del Mariel, conocidos por Marielitos. Se instalaron en South Beach, una de las partes más económicas de Miami en aquellos momentos, e hicieron de esa zona un centro de venta de drogas, robos y asesinatos. Hoy día todo eso ha cambiado, la ciudad poco a poco se ha transformado con el esfuerzo de las autoridades y los habitantes amantes de la tranquilidad. Actualmente South Miami Beach, se puede comparar con cualquier playa de moda del sur de Francia o España. Sus hoteles se han renovado, han surgido restaurantes por todas las esquinas, su comercio cada día es mejor, los mejores modistas abren sus tiendas, surgen galerías y exposiciones de arte. En sus terrazas, a la ori-

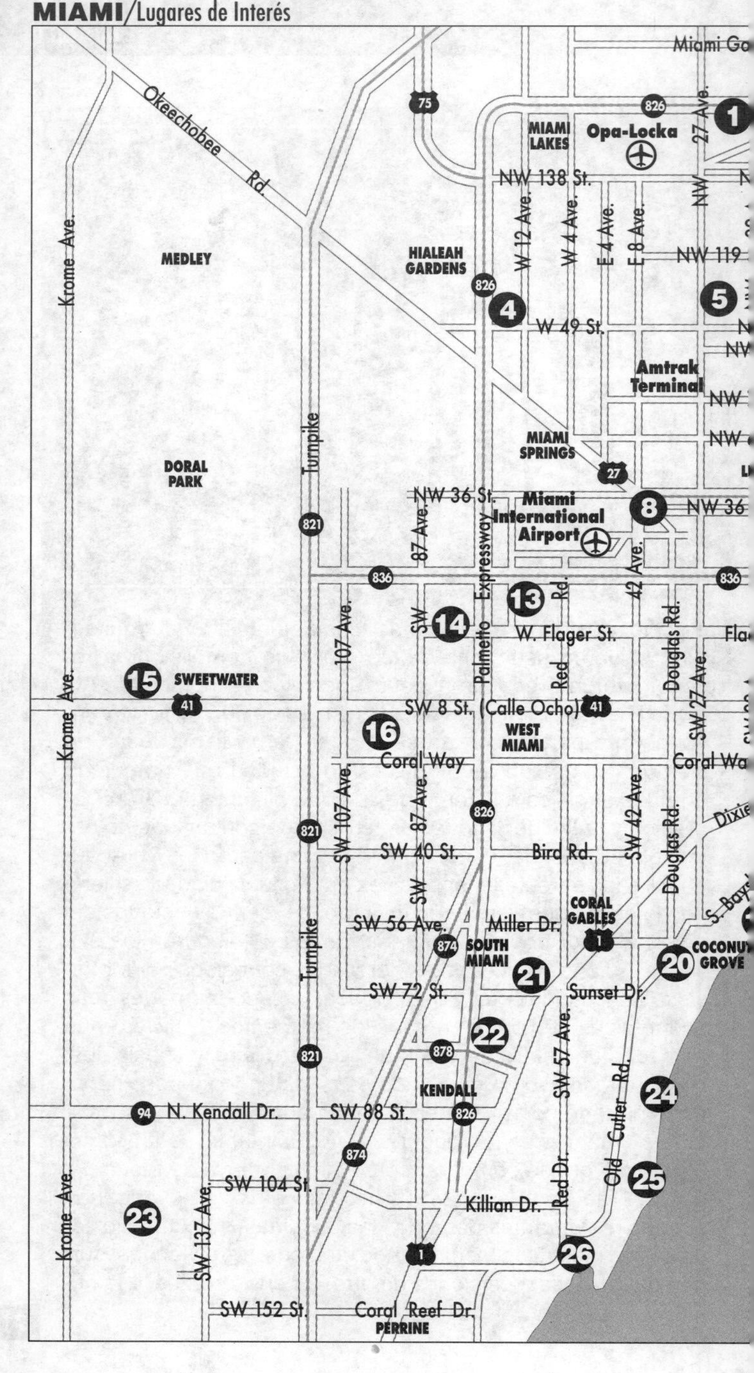
Miami Ga
Okeechobee Rd.
Krome Ave.
MEDLEY
DORAL PARK
Turnpike
MIAMI LAKES
Opa-Locka
27 Ave.
NW 138 St.
W 12 Ave.
W 4 Ave.
E 4 Ave.
E 8 Ave.
NW 119
HIALEAH GARDENS
W 49 St.
Amtrak Terminal
MIAMI SPRINGS
NW 36 St.
87 Ave.
Miami International Airport
NW 36
Palmetto Expressway
42 Ave.
107 Ave.
SW
W. Flager St.
Red Rd.
Douglas Rd.
SW 27 Ave.
SWEETWATER
SW 8 St. (Calle Ocho)
WEST MIAMI
Coral Way
SW 107 Ave.
SW 87 Ave.
SW 40 St.
Bird Rd.
SW 42 Ave.
Dixie
SW 56 Ave.
Miller Dr.
CORAL GABLES
SOUTH MIAMI
COCONUT GROVE
SW 72 St.
Sunset Dr.
SW 57 Ave.
Old Cutler Rd.
KENDALL
N. Kendall Dr.
SW 88 St.
SW 137 Ave.
SW 104 St.
Killian Dr.
Red Dr.
SW 152 St.
Coral Reef Dr.
PERRINE

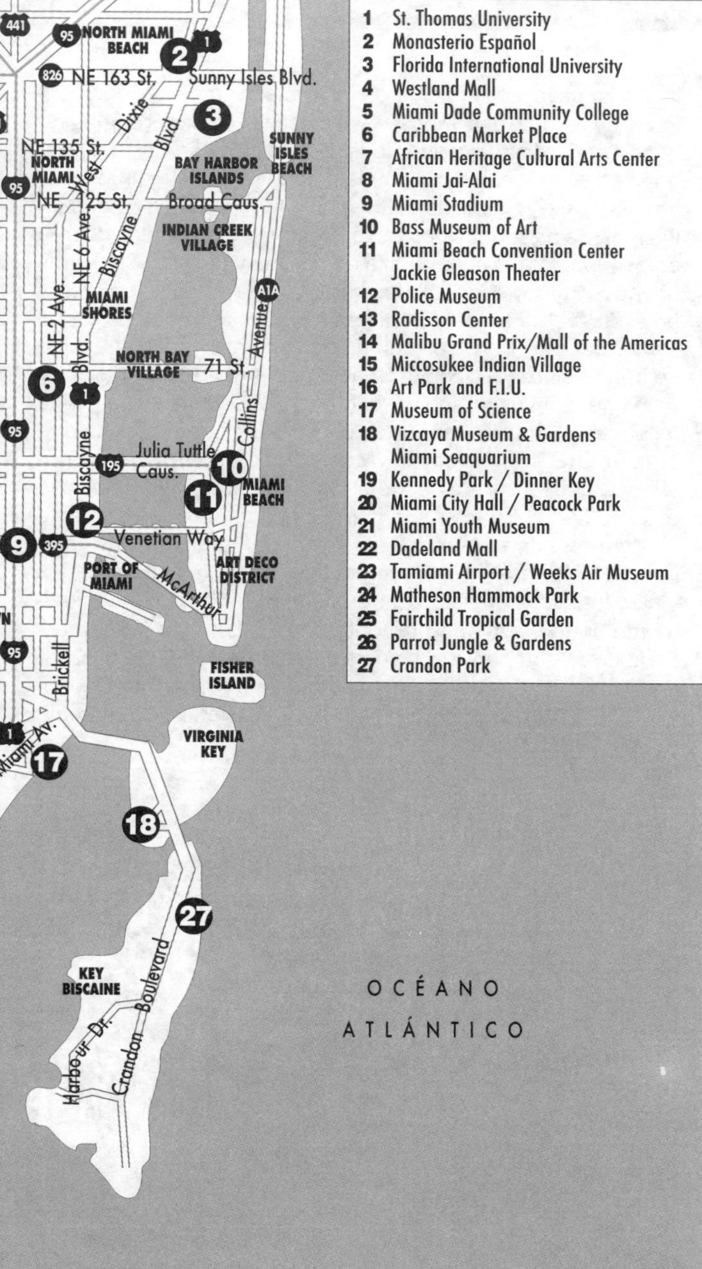

441
95
NORTH MIAMI BEACH
1
2
826
NE 163 St.
Sunny Isles Blvd.
Dixie
Blvd.
3
NE 135 St.
NORTH MIAMI
West
SUNNY ISLES BEACH
BAY HARBOR ISLANDS
95
NE 125 St.
Broad Caus.
INDIAN CREEK VILLAGE
NE 6 Ave.
Biscayne
NE 2 Ave.
MIAMI SHORES
A1A
Avenue
NORTH BAY VILLAGE
71 St.
Blvd.
6
1
95
Collins
Biscayne
Julia Tuttle Caus.
195
10
11
MIAMI BEACH
12
9
395
Venetian Way
PORT OF MIAMI
McArthur
ART DECO DISTRICT
95
Brickell
FISHER ISLAND
1
Miami Av.
17
VIRGINIA KEY
18
27
KEY BISCAINE
Boulevard
Harbour Dr.
Crandon
1 St. Thomas University
2 Monasterio Español
3 Florida International University
4 Westland Mall
5 Miami Dade Community College
6 Caribbean Market Place
7 African Heritage Cultural Arts Center
8 Miami Jai-Alai
9 Miami Stadium
10 Bass Museum of Art
11 Miami Beach Convention Center
Jackie Gleason Theater
12 Police Museum
13 Radisson Center
14 Malibu Grand Prix/Mall of the Americas
15 Miccosukee Indian Village
16 Art Park and F.I.U.
17 Museum of Science
18 Vizcaya Museum & Gardens
Miami Seaquarium
19 Kennedy Park / Dinner Key
20 Miami City Hall / Peacock Park
21 Miami Youth Museum
22 Dadeland Mall
23 Tamiami Airport / Weeks Air Museum
24 Matheson Hammock Park
25 Fairchild Tropical Garden
26 Parrot Jungle & Gardens
27 Crandon Park
OCÉANO ATLÁNTICO

lla de la playa, el ambiente es increíble. El mejor espectáculo es conseguir una mesa y ver pasar el desfile de modas, nunca mejor dicho, ya que South Beach es el tercer lugar después de New York y Los Ángeles, donde se encuentra el mayor número de agencias de modelos. Miami Beach es uno de los lugares preferidos por los fotógrafos profesionales de modelos, debido a la abundancia de sol, luz y belleza. Sus clubs privados y discotecas, son los que dictan la moda actualmente en el sur de la Florida. El ambiente en South Beach es liberal e informal. Hay una gran comunidad de gays y lesbianas que se han trasladado a South Beach, poniendo de moda sus lugares de reunión y discotecas. Miami Beach está unida a Miami por tres puentes-carreteras construidas sobre el agua que cruzan la Bahía Biscayne, **MacArthur Causeway,** se encuentra más al sur, va desde el Dolphin Expwy o 836 hasta la 5 St. de Miami Beach. La primera isla que cruza este puente es **Watson Island,** en esta isla se encuentra una de las compañías de aviación más antiguas del mundo, pionera de los viajes turísticos en avión entre Miami y las Bahamas. Actualmente tiene vuelos en helicóptero por Miami y alrededores. Es la única compañía que vuela con hidroaviones de Miami a las Bahamas. Las otras islas que cruza el MacArthur Causeway son, **Palm, Ibicus y Star Island.** El **Venetian Causeway**, va desde Biscayne Boulevard, hasta Dade Boulevard en Miami Beach. Y el **Julia Tuttle Causeway**, va desde 112 Airport Expwy a la 41 St, y Arthur Godfrey Rd. Una de las zonas más comerciales de South Beach está en **Lincoln Road Arts District**, son cinco manzanas donde se encuentran boutiques, galerías, restaurantes y tiendas. Aquí los viernes organizan un "Open Hou-

se", donde galerías, restaurantes y estudios de artistas abren sus puertas al público. A la altura de la calle 19 está situado el **Miami Beach Convention Center**, uno de los lugares más utilizados para ferias y exposiciones. Un poco más al norte en la Meridian Ave. está el **Holocaust Memorial**, un monumento y escultura que representa los 6 millones de judíos muertos en el Holocausto. El lugar preferido para presentarse los artistas y cantantes en Miami Beach es el **Jackie Gleason Theatre of the Performing Art**, está en 1700 Washington Ave. El museo más representativo de Miami Beach es el **Bass Museum of Art**, con obras de pintores como Henri de Toulouse-Lautrec. Tiene un campo de golf **Bayshore Golf Course**, entre las calles Alton Road y Pine Tree Dr. a la altura de la calle 34 St. Y un precioso parque **Flamingo Park**, entre Alton Road y Meridiana Ave, a la altura de la calle 11 St.

MIAMI BEACH

Es la zona comprendida desde el Distrito Art Decó hasta Bal Harbour. Al oeste tiene la Bahía de Biscayne y al este el Océano Atlántico. La construcción en North Miami Beach es completamente diferente a la del sur. Sus edificios, especialmente los hoteles, son en su mayoría construcciones grandes y relativamente nuevas. Toda esta zona se comenzó a edificar en los años 1950, su infraestructura se hizo pensando en la posibilidad de permitir el juego y los grandes espectáculos estilo Las Vegas. Cosa que no ha sido posible hasta la actualidad, por la negativa de la comunidad judía que reside en gran mayoría en esta zona. Esta comunidad se ha negado en todos los referendos a permitir el juego. La isla más grande es **Normandie Isles**, situada al este en la Bahía de Biscayne, aquí se encuentra el campo de golf, **Normandie Shores Golf Course**, entre las calles S. Shore Dr y N. Shore Dr, el campo de golf ocupa casi la mitad de la extensión de la isla. El otro campo de golf es uno de los más antiguos. Construido por el promotor de Miami Beach Carl Fisher, lo bautizó con el nombre de su buen amigo, Oliver La Gorce, presidente de la National Geographic Society. **La Gorce Golf Course**, es un campo de golf privado, situado en Alton Rd. entre la 51 St. y La Gorce Dr. Los puentes que la comunican con Miami son, **John F. Kennedy Causeway**, que cruza las islas de **North Bay Island** y **Treasure Island**, va desde la N.W. 79 St de North Miami, hasta la Normandy Dr o la 71 St. Y el **Broad Causeway**, que va desde N.E. 125 St de North Miami, hasta kane Concourse o la 96 St.

SURFSIDE

Surfside está localizado en Collins Avenue desde la 79th Street y Broad Causeway o la 96 St. Es una zona tranquila con los hoteles a lo largo de la calle Collins , situados enfrente del mar. Se encuentra muy cerca de la zona comercial de Bal Harbour.

BAL HARBOUR Y BAY HARBOR ISLANDS

Es una de las zonas más lujosas y elegantes de Miami. Están situadas al norte de Miami Beach entre Fort Lauderdale y North Miami Beach, al oeste tienen la Bahía de Biscayne y al este el Océano Atlántico. Al norte se comunica con **Sunny Isles** por la carretera A1A. Con North Miami por el puente **Broad Causeway**, que va desde Biscayne Boulevard o la US1, hasta la 96 St de Bal Harbour. Al sur de Bay Harbor Islans, se encuentra **Indian Creek**, isla conocida por casi todo el mundo por ser donde se encuentra la residencia del cantante Julio Iglesias. La mitad de Indian Creek está ocupada por el club privado **Indian Creek Country**. Uno de los más selectos y de más difícil acceso de la zona. La isla de Indian Creek se comunica con Miami Beach por medio del puente en la 91 St. En la mitad de Bal Harbour, está situado el centro comercial **Bal Harbour Shops**, considerado por muchos como el más exclusivo y caro, con tiendas de las más prestigiosas marcas como Cartier, Bulgari, Tiffany, Hermes, Louis Vuitton, Gucci... y rodeado por selectos restaurantes y *bistros.*

SUNNY ISLES

Están situadas entre Golden Beach y Bal Harbour. Tiene tres millas de playa con arena blanca y agua cristalina. Es un magnífico lugar para disfrutar de los deportes de agua, especialmente el submarinismo. Justo enfrente de sus costas se encuentra un arrecife artificial, construido con 50 módulos en concreto y roca de coral, situado a una profundidad de 68 pies. Este arrecife, lo mismo que los más de 350 colocados a lo largo de las costas de la Florida, tienen por intención preservar el medio ambiente marino y aumentar la población de peces, especialmente el *snaper* y *grouper* que habían disminuido últimamente. Sunny Isles se comunica con Hallandale, Hollywood y Fort Lauderdale por la carretera A1A. En la costa está situado el **Haulover Beach Park Marina / Golf Course**, un magnífico parque a lo largo de la playa con mesas para picnic, barbacoas y juegos. Enfrente, cruzado el Intercoastal Waterway se encuentra el **Oleta River State Recreation Area**, en la 3400 N.E. 163rd Street. Un parque estatal con grandes bosques de mangroves, zonas para pescar en agua salada y agua dulce, lugares para practicar canoa y vela en el río Oleta y más de 1.200 pies de playa.

NORTH MIAMI, NORTH MIAMI BEACH Y AVENTURA

Es la zona que va desde Miami Shores y Biscayne Park hasta Gulfstream Park. Está unida a Miami Beach, Surfside y Bal Harbour por los puentes, **William Lehman Causeway**, que une Aventura con Golden Beach, va desde Biscayne Boulevard o la US1 hasta la A1A. **Sunny Isles Boulevard**, une North Miami Beach y Sunny Isles, va desde N.E. 167 St. a Collins Avenue. **Broad Causeway**, une North Miami con Bal Harbour, va desde N.E. 125 St a la A1A o Collins Avenue. Y **John F. Kennedy Causeway**, une North Miami con Miami Beach, va desde la N.E. 79 St hasta Normandy

Dr. en Miami Beach. Por carretera está comunicado con el downtown por la I95, y a lo largo de la costa por Biscayne Boulevard. Tiene dos grandes centros comerciales, el **Aventura Mall**, situado en 19501 Biscayne Boulevard, este centro tiene 4 grandes almacenes, el más famoso es Macys, además de Lord & Taylor, JCPenney y Sears, incluye 200 tiendas entre boutiques, zapaterías, tiendas de juguetes, restaurantes,.. **The Mall at 163 rd Street**, está situado en la N.E. 163 St. Al norte de la 112 Airport Expwy se encuentra el **Desing District**, es una agrupación de anticuarios, galeristas y especialistas en artículos para decoración. Para los amantes del golf tienen dos campos, **Diplomat Presidential Golf Course** y el **Greynolds Park**. Una de las atracciones más notables es el **Monasterio Español**, situado en North Miami. fue construido por el rey Alfonso VII, estuvo habitado por los monjes Cistercienses hasta el 1834. Lo compró el millonario americano Randolph Hearst, y lo trajo a New York desmontándolo piedra por piedra, para posteriormente terminar en Miami. En esta zona se encuentran dos universidades **Barry University**, situada en la 11300 N.E. 2nd Ave. y **Florida International University, North Miami**, situada en la 300 N.E. 145th St.

LUGARES DE INTERÉS

PALACIO VIZCAYA: 3251 South Miami Ave. ☎ 579 28 13. Villa italiana con arquitectura de estilo renacimiento. Construida en 1916 por el magnate *James Deering,* natural de Chicago. El tal James contrató a más de mil artesanos especialistas en todas las ramas del arte para que le construyeran su casa de invierno. De sus innumerables viajes a Europa se trajo pinturas, muebles y piezas espléndidas como una de las fuentes que pueden observarse en el jardín que fue traída de un pueblecito italiano. El diseño de este palacio es totalmente original, está rodeado por 10 acres de jardines, con distintas esculturas, fuentes y lagos. Enfrente de la terraza principal con vistas al mar, hay un rompeolas, diseñado por *Stirling Calder.* Edificado en piedra, tiene forma de galeón. Rodeado por un tupido bosque, en el patio principal del primer piso hay una reproducción en hierro forjado de la carabela española *Vizcaya.* Este inmenso palacio (construido frente a la bahía Biscayne) es una de las residencias mas lujosas y mejor conservadas de los Estados Unidos. Solamente están abiertas al público 30 de las 70 habitaciones con que cuenta el palacio. Su decoración es magnífica a base de obras de arte. A la muerte del señor Deering, sus herederos donaron la casa al Condado de Dade en 1952. Abierto todos los días de 9.30 a 17.30 h. Entradas: Adultos y niños 4. No está permitido usar cámaras de fotos o vídeo dentro del palacio. Cuenta con un servicio de guías voluntarios que os explicarán la historia del palacio.

MIAMI SEAQUARIUM: 4400 Rickenbacker Causeway. Key Biscayne. ☎ 361 57 05. Una gran variedad de animales acuáticos. Esta es la casa del famoso delfín artista de la tele *Fliper.* También conoceréis a la temible ballena *Lolita,* y a los fieros tiburones. Abierto 9.30 a las 18.00 h. Entradas: unos 17 dólares los adultos y 12 los niños. Los menores de 3 años entran gratis.

MONASTERIO ESPAÑOL DE SAN BERNARDO: 16711 West Dixie Hwy. ☎ 945 14 62. Situado en North Miami, en la intersección, carretera 1. Es un monasterio medieval de estilo románico-gótico construido por el rey *Alfonso VII.* Estuvo habitado por los monjes cistercienses hasta 1834 fecha en que el gobierno español se lo confiscó. Años más tarde el millonario americano *Randolph Hearst* lo compró por 500.000 dólares para trasladarlo a una de sus propiedades. Fueron numeradas las 36.000 piedras que lo componen en el mismo orden que deberían ser colocadas en su nuevo emplazamiento. En su primera escala en Nueva York, el departamento de agricultura americano lo puso en cuarentena, ya que la paja que protegía las piedras, provenía de una de las zonas contaminadas por la triquinosis (enfermedad propia de los cerdos que hizo que desde entonces en EE.UU se prohibiese la entrada de los productos derivados de este animal). En 1951, a la muerte de Hearst, un millonario de Florida se lo compró al Gobierno. Cuando dio comienzo su reconstrucción, la numeración de las piedras había desaparecido creando serios problemas a los constructores. Después de un año en que trabajaron "como chinos", el monasterio quedó totalmente terminado presentando el mismo aspecto que tenía en su construcción original

PAROT JUNGLE: 11000 SW 57 Ave. ☎ 666 78 34. Una jungla tropical que acoge 1.200 pájaros de las más exóticas especies del mundo. Ofrece espectáculos diarios en los cuales los pájaros montan en bicicleta, patinan y, alucinad, juegan al póker. Es igualmente allí donde está el lago de los maravillosos flamingos. Abierto de 9.30 a 18.00 h. La entrada cuesta en torno a los 11 dólares para adultos y unos 6 dólares los niños.

LA ERMITA DE LA CARIDAD: 3609 S. Miami Ave, Coconut Grove. ☎ 854 24 04. Abre todos los días de 9.00 a 21.00 h. Está situada muy cerca del *hospital Mercy.* Se encuentra a la orilla del mar; la imagen que preside el altar es la de la "Virgen de la Caridad del Cobre", patrona de Cuba. Fue traída desde la isla por los exiliados cubanos. El mural que tiene como fondo la iglesia, cuenta la historia de la isla y está pintado por el pintor cubano *Teok.*

CRANDON PARK MARINA: 4000 Crandon Blvd. Key Biscayne. ☎ 361 11 61. Abre de lunes a viernes de 7.00 a 17.00 h. Los sábados y domingos de 7.00 a 18.00 h. Es un inmenso parque de 1.211 acres, con una magnífica playa y mesas tipo merendero. El parking vale 3 dólares.

CAPE FLORIDA LIGHTHOUSE: 1200 S. Crandon Boulevard. Key Biscayne. ☎ 361 58 11. Abre todos los días de 8.00 a 17.30 h. Los coches pagan una entrada mínima (un dólar). El faro más antiguo construido al sur de la Florida. Además de un inmenso parque, tiene una playa conocida con el nombre de *farito.* Está rodeada de pinos y ardillas juguetonas que están deseosas de que autóctonos o *guiris* saquen el bocata o la tartera para que las "inviten" a la fiesta.

CASA DE NIXON: 485 W. Matheson Drive. Pertenece actualmente al cantante *Raphael.* Hace años pasó largas temporadas en esta casa el Presidente de los Estados Unidos, *Nixon.* La casa ha sido restaurada y se le ha añadido un piso, en su puerta principal todavía conserva la inicial labrada en madera.

MONKEY JUNGLE: 14805 Hainlin Mill Drive, a la altura de la S.W. 216 Street. ☎ 235 16 11. Abre todos los días de 9.30 a 17.00 h. En esta jungla tropical de monos, lo que más llama la atención es que están sueltos pudiendo ser vistos por los visitantes a través de pasillos con rejas. Hay más de 400 monos pertenecientes a una gran variedad de especies. Durante el día se organizan varios espectáculos.

CORAL CASTLE: 28655 South Dixie Hightway. Homestead. ☎ 248 63 44. Abre todos los días de 9.00 a 21.00 h. El precio de la entrada es de 9 dólares los adultos y 5 los niños. Esta casa construida en roca de coral, fue erigida por un emigrante en 1920. Este personaje dedicó 30 años de su vida a terminar la casa ya que tanto los muebles del jardín como todo lo que la rodea son de coral.

ORCHID JUNGLE: 26715 S.W. 157th Ave. Homestead. ☎ 247 48 24. Abre todos los días de 8.30 a 17.30 h. El precio de la entrada es de 5 dólares los mayores y 4 los niños. El parque, inmenso, puede ser recorrido en tren. Una gran variedad de orquídeas típicas del clima tropical y distintas variedades traídas de otras partes del mundo.

VENETIAN POOL: Toledo Street y Almeria Ave. Coral Gables. Abre de lunes a viernes de 10.00 a 21.00 h y los fines de semana de 10.00 a 17.00 h. Está considerada como una de las piscinas más grandes del mundo. Tiene capacidad para un millón de galones de agua. Su diseño es de estilo veneciano, con cascadas. Zonas para niños.

FAIRCHILD TROPICAL GARDEN: 10901 Old Cutler Road. Coral Gables. ☎ (305) 667 16 51. Abre todos los días de 9.30 a 16.30 h. El precio de la entrada es de 5 dólares los adultos. Los niños menores de 13 años entran gratis. Es uno de los bosques tropicales más grandes de EE.UU. Además de la flora tropical de Florida, se han añadido árboles de todas partes del mundo. Se puede visitar este enorme parque en un tren que lo recorre todo. Durante los meses de verano, os recomiendo que llevéis provisiones de repelente contra mosquitos.

HOBIE ISLAND: Key Biscayne 33149. ☎ (305) 361 72 45. Abre todos los días de 9.30 h hasta el atardecer. En esta isla podéis alquilar catamaranes, tablas de *windsurfing* y tomar clases que cuestan 15 dólares la hora. Se encuentra a la derecha cruzando el puente que une Key Biscayne y Miami, llamado *Rickenbacker Causeway.* Además de practicar estos deportes podéis pasar el día en la playa rodeados de pinos y palmeras. Y lo que, seguramente nunca habéis visto, patos salados.

MATHESON HAMMOCK PARK: 9610 Old Cutler Road. Coral Gables. ☎ (305) 666 69 79. Horario: todos los días desde las 6.00 h hasta el atardecer. El parking de la playa es gratuito. Este parque de 100 acres, está rodeado de *manglares* (árboles de raíces largas que crecen en tierra y agua salada y evitan que el mar erosione la tierra. Son comunes en la zona del Caribe, y en la costa sur de la Florida). Tiene lagos, zona para picnic, playa y marina.

MUSEOS

BASS MUSEUM OF ART. 2121 Park Ave. Miami Beach. ☎ 673 75 33. Cierra los lunes y en las fiestas más importantes. Los demás días abre de martes a sábados de 10.00 a 17.00 h, los miércoles de 13.00 a 21.00 h y los domingos de 13.00 a 17.00 h. Tiene una colección permanente de pintura, escultura, muebles y objetos de arte, de grandes maestros. Además tiene una exhibición de pintura contemporánea de artistas americanos y europeos.

BERNACLE STATE HISTORIC SITE: 3485 Main Hwy. ☎ 448 94 45. La casa de *Commodore Ralph Munroe,* pionero de Coconut Grove. Reconstruida y súper bien decorada. Abre de jueves a lunes de 9.00 a 16.00 h. Entradas: adultos un dólar y la mitad los niños menores de 12 años.

CENTER FOR THE FINE ARTS. 101 West Flagler Street. Miami. ☎ 375 17 00. Cierra los días de Thaksgiving, Navidad y Año Nuevo, además de los lunes.

Los demás días abre los martes, miércoles, viernes y sábados de 10.00 a 17.00 h, los jueves de 10.00 a 21.00 h y los domingos de 12.00 a 17.00 h. Es la mayor institución cultural del estado de la Florida. Realiza de 15 a 16 exhibiciones de arte al año. Por sus salas han pasado cuadros de renombrados pintores como Auguste Rodin, Winslow Homer, Pablo Picasso, Henri de Toulouse-Lautrec, Joan Miró entre otros. Además organiza conciertos, lecturas, actividades para niños y viajes culturales. Tiene una tienda donde se venden reproducciones, libros, catálogos, joyas, pósters y juguetes.

CORAL GABLES MERRICK HOUSE. 907 Coral Way. Coral Gables. ☎ 460 53 61. Abre los domingos y miércoles de 13.00 a 16.00 h. Es la casa de George Merrick creador de la zona de Coral Gables. La casa construida alrededor de los años 1920 todavía conserva muchos de los muebles del Sr. Merrick.

HISTORICAL MUSEUM OF SOUTH FLORIDA: 101 W. Flagler Street y la 1st Ave. Miami. ☎ (305) 375 14 92. Abre los lunes, miércoles y sábados de 10.00 a 17.00 h. Los jueves de 10.00 a 21.00 h y los domingos de 12.00 a 17.00 h. El precio de la entrada es de 12 dólares los adultos y 10 los niños. Dedicada a ilustrar la vida de los distintos emigrantes que han conformado los pueblos de Florida. Hay objetos de la historia de los judíos, cubanos y españoles.

HOLOCAUST MEMORIAL. 1945 Meridian Ave. Miami Beach. ☎ 538 16 63. Abre todos los días de 9.00 a 21.00 h. Este holocausto es un homenaje a la memoria de los 6 millones de judíos víctimas del terrorismo Nazi durante la Segunda Guerra Mundial. El monumento es una gran escultura que representa una mano y a los lados del brazo están esculpidos algunos de judíos asesinados. Alrededor del monumento hay un corredor en mármol donde están los nombres de todas las personas asesinadas.

LOWE ART MUSEUM. University of Miami. 1301 Stanford Dr. Coral Gables. ☎ 284 35 36. Cierra los lunes. Abre de martes a sábados de 10.00 a 17.00 h, los domingos de 12.00 a 17.00 h. Tiene una colección de cuadros del Barroco, el Renacimiento y de los grandes maestros de la pintura Española, además de obras del siglo XIX y XX de la pintura americana. Cuenta con una sala de Arte Precolombino y Nativo Americano y arte Asiático.

MIAMI MUSEUM OF SCIENCE & SPACE TRANSIT PLANETARIUM. 3280 S. Miami Ave. Coconut Grove. ☎ 854 42 47. Cierra el día de Acción de Gracias y Navidad. Los demás días abre de 10.00 a 18.00 h. El Museo de Ciencias tiene alrededor de 150 juegos y experimentos donde la gente joven puede reproducir con sus manos los diferentes fenómenos científicos. El planetario tiene una demostración del los movimientos del los planetas y un show de rayos láser.

MIAMI YOUTH MUSEUM. Bakery Center, 5701 Sunset Dr. Miami. ☎ 661 30 46. Abre los lunes y viernes de 10.00 a 17.00 h, los martes, miércoles y jueves de 13.00 a 17.00 h y los sábados y domingos de 11.00 a 17.00 h. Está pensado para los niños, para que aprendan a través de los juegos. Tiene exhibiciones permanentes y otras que cambian. Además organizan clases y seminarios para niños en español e inglés.

MUSEO DE ARTE CUBANO: 1300 SW 12 Ave, en la pequeña Habana. ☎ 858 80 06. Este museo fue creado en 1976 para promover artistas cubanos. Acoge una colección de arte permanente con más de 200 pinturas y dibujos.

MUSEO DE CIENCIAS Y PLANETARIO: 3280 South Miami Ave. ☎ 854 42 47 ó 854 22 22. Enfrente de Vizcaya. Se trata de un observatorio que organiza un increíble "show" de rayos láser los fines de semana. Muy divertido para los niños ya que pueden experimentar sobre el terreno los conceptos que aprenden en el "cole". En el mismo recinto podréis ver y tocar más de 150 animales en el *Wildlife Center.* Hay una tienda de juguetes que hace las delicias de los "enanos". Horario: todos los días de 10.00 a 18.00 h. Entradas: 6 dólares los adultos y 4 los niños.

POLICE HALL OF FAME & MUSEUM: 3801 Biscayne Blvd. ☎ 573 00 70. El único museo dedicado a este tema. Para quienes estén interesados, decir que tienen todo el equipo que usa la policía además de otras muchas cosas. Horario: de 10.00 a 17.30 h. Precios: adultos 3 dólares y niños 1,50.

THE ART MUSEUM AT FLORIDA INTERNATIONAL UNIVERSITY. University Park, S.W. 8th St. 107 Ave. Miami. ☎ 348 28 90. Cierra los domingos. Abre los lunes de 10.00 a 21.00 h, de martes a viernes de 10.00 a 17.00 h, y los sábados de 12.00 a 16.00 h. Organiza exhibiciones y conferencias sobre artistas locales e internacionales.

WEEKS AIR MUSEUM. 14710 S.W. 128 St. Kendall. Miami ☎ 233 51 97. Abre todos los días de 10.00 a 17.00 h. Este museo está dedicado a la exhibición y conservación de los aviones utilizados durante la Segunda Guerra Mundial. Tiene 35 aviones y avionetas restauradas y en buenas condiciones para volar además de maquetas y vídeos. Tiene tienda de regalos y libros sobre la aviación.

PARQUES Y JARDINES

FRUIT AND SPICE PARK. 24801 S.W. 187th Ave. Homestead. ☎ 247 57 27. Abre todos los días de 10.00 a 17.00 h. Situado al sur de Kendall, en el centro de Homestead. fue inaugurado en el 1944. Además de museo y tienda de regalos es un parque con una increíble variedad de árboles frutales traídos de todo el mundo, plantas de especias y hierbas

BILL BAGGS CAPE FLORIDA. 1200 South Crandon Blvd. Key Biscayne. ☎ 361 84 87. Abre todos los días desde las 8.00 h hasta el anochecer. Está situado en el punto más al sur de Key Biscayne. Rodeado por las aguas del Océano Atlántico y las de la Bahía de Biscayne. El huracán Andrews le ha causado pérdidas que tardarán muchos años en recuperarse ya que ha perdido más de la tercera parte de su vegetación.

SOUTH POINT PARK. 1 Washington Ave. Miami Beach. Tiene canchas de volleyball, observatorio, y un restaurante con terraza.

MATHESON HAMMOCK PARK. 9610 Old Cutler Road. Miami. ☎ 666 69 79. Abre todos los días desde las 6.00 h hasta el anochecer. Está situado al este de Kendall. El parque tiene lagos, mesas para picnic, playa y marina.

CRANDON PARK. 4000 Crandon Boulevard. Key Biscayne. ☎ 361 11 61. Abre todos los días desde las 8.00 h hasta el atardecer. Tiene más de 1211 acres de parque con mesas para picnic, playa y marina. Entre Crandon Park y el parque de Bill Baggs, ocupan casi la mitad de la isla de Key Biscayne.

HAULOVER BEACH PARK. 10800 Collins Ave. North Miami Beach. ☎ 947 35 25. Abre todos los días desde las 8.00 h hasta el anochecer. Además del magnífico parque tiene campo de golf y playa.

OLETA RIVER STATE RECREATION AREA. 3400 N.E. 163rd Street. North Miami Beach. Situado en North Miami Beach entre Sunny Isles Blvd. Biscayne Blvd. y la Intracoastal Waterway. Es un bosque con áreas para montar en bicicleta, pesca en agua dulce o salada, montar en canoa, hacer picnic o bañarse en el mar. Alquila botes y canoas, tiene un pequeño museo.

LAS PLAYAS

Miami y sus alrededores tienen muchas playas, unas mejores que otras, unas con ambiente y otras familiares. La mayoría de ellas rodeadas de palmeras, y aguas de color azul turquesa. En Miami Beach corren paralelas a la carretera A1A, y todas tienen salvavidas, Excepto en Bal Harbour y Surfside. Siguiendo una dirección de norte a sur las mejores playas son:

HALLANDALE BEACH. Situada al norte de Dade en la frontera con el Condado de Broward, a la altura de Hallandale Boulevard. Da al Océano Atlántico. Es una playa tranquila con ambiente familiar. Tiene sillas y toldos para alquilar. El parking en fácil por los alrededores y cerca de la playa. Cuando hay viento es un magnífico lugar para practicar windsurfing.

NEWPORT FISHER PIER. Se encuentra al norte de Haulover Beach. Es una pequeña playa con ambiente familiar. Está abierta las 24 horas. Cuesta $3 los adultos y $1.50 los niños.

HAULOVER BEACH. Está situada a la altura de la 110 de Collins Avenue. Es una de las favoritas para los que practican el windsurfing los días que hay viento. Tiene mesas para picnic, y el costo del parking es de $3 dólares.

71ST STREET BEACH. MIAMI BEACH. Se encuentra a la altura de la 71 de Collins Avenue en Surfside. Es una playa grande y tranquila. Tiene por los alrededores restaurantes con terrazas y hoteles para comer. Es un magnífico lugar por su extensión para jugar al fútbol o juegos con raqueta y pelota. El parking es con parquímetros.

46TH STREET BEACH. MIAMI BEACH. Antiguamente esta playa se conocía como Eden Rock Beach, por estar enfrente de este hotel, a la altura de la 42 en Collins. En los años 70 y 80 estaba de moda entre la gente joven y era un buen sitio para ligar. Ahora la moda se ha movido hacia el sur y esta playa es frecuentada por familias con abundancia de niños. Tiene por los alrededores chiringuitos y locales de comida rápida. La playa es de arena fina dorada y aguas de color esmeralda. Cerca de la arena tiene zonas con hierba. Desde la 47.00 hasta la 21 en South Beach, tiene un paseo de madera a lo largo de toda la playa para trotar, hacer jogging, pasear, montar en bicicleta o patinar. El parking es de parquímetros.

SOUTH BEACH. Es una playa grande con palmeras, arena fina, bañada por las aguas de Océano Atlántico. Es el lugar de reunión, punto de moda y marcha de Miami Beach. Encontrar aparcamiento es complicado y difícil, la playa es ruidosa, siempre está llena, pero tiene el ambiente más elegante y extravagante de todo Miami. Entre su público hay muchos gays que pululan o viven por la zona. Es de las pocas playas no nudista en la que se usa el *topless*. En los jardines al lado de la playa se puede ver a jóvenes patinando, montando en bicicleta o jugando al volleyball. Tiene mesas para picnic. En los días con viento es magnífica para practicar el *windsurfing*. Alquilan tumbonas y sillas a $4 dólares por día.

HOBIE BEACH. Se encuentra en Virginia Key, nada más pasar el puente de Rickenbacker, da a la Bahía de Biscayne. Es una playa larga y estrecha bordeada por plameras y pinos, la arena no es muy fina y tiene alguna piedra. Es de las pocas playas con aguas profundas por lo que es la preferida por los aficionados a los deportes del *jet skiers* o *windsurfing*. Es la única playa de Miami donde está permitido hacer fiestas, por lo que la gente se va con su música y comida a pasar el día o la noche. Está vigilada por la policía pero no tiene salvavidas. Es frecuentada por los locales, no se suele ver a muchos turistas. El parking es fácil excepto los domingos que la cosa se pone más complicada. Tiene la ventaja que se puede aparcar en la misma arena cerca de donde uno se instala.

VIRGINIA KEY. Está situada en la costa este de la isla y bañada por las aguas del Océano Atlántico. Sus aguas son profundas y con vientos suficientes para practicar el windsurfing. Es una playa nudista.

CRANDON PARK. Sus aguas dan al Océano Atlántico. Es una playa de las más bonitas de Miami, es grande, de arena blanca y fina, agua poco profunda, transparente de color esmeralda, y con palmeras bordeándola. Su ambiente tiene una mezcla de gente joven, turistas y familias. Tiene un parque con abundancia de árboles, mesas para picnic, barbacoas y canchas para jugar volleyball. El parking cuesta $3 dólares.

BILL BAGGS STATE PARK. Está situada en el punto más al sur de Key Biscayne. Sus aguas dan al Océano Atlántico. Sus arena es fina y el agua de bonito color azul. Antes del huracán Andrew, estaba rodeada por una gran vegetación de pinos que desapareció con sus vientos. En la misma playa se encuentra el Cape Florida Lighthouse. Este faro es uno de los edificios más antiguos del sur de la Florida. fue construido en 1825. Para evitar que los barcos naufragaran en los arrecifes de sus costas. Esta playa es conocida por todos como "El Farito". La entrada cuesta $3.25 dólares por coche y la entrada al edificio del faro $1, el tour del faro y su visita subiendo los 122 escalones, es todos los días excepto los martes a las 13.00, 14.30 y 15.30 h.

MATHESON HAMMOCK. Situada en Kendall sus aguas dan a la Bahía de Biscayne. Es una playa familiar llena de niños pequeños. Tiene tres salvavidas y está muy vigilada. El agua está protegida por una franja de tierra, más parece un lago que una playa. No está recomendada para los aficionados de los deportes de agua. Rodeada de palmeras y árboles, sus personajes habituales son los racoones, unos animales del tamaño del conejo que parece que tienen un antifaz pintado en la cara, se pasean por la playa para ver si alguien les da comida. La entrada vale $3 dólares por coche.

DATOS PRÁCTICOS

SEGURIDAD

Las normas que edita el ayuntamiento de Miami para evitar problemas en las carreteras, máquinas de dinero automáticas o en el hotel son las siguientes:

- Mantened el coche siempre con el seguro puesto, aunque este conduciendo.
- No dejéis a la vista paquetes o bolsas de compras que puedan atraer a posibles ladrones. Guardad todo en el maletero.
- Conducid siempre que se pueda por las calles principales y las avenidas que estén bien iluminadas.
- Aparcad en zonas bien iluminadas. Si dejáis el coche de día y lo recogéis por la noche, fijaos que no lo tapen árboles o arbustos, comprobando que se encuentre preferiblemente en una zona despejada.
- Mantened las llaves preparadas en la mano al entrar al coche. Muchas mujeres, mientras buscan las llaves en sus inmensos bolsos, han dado tiempo a los ladrones a cogerlas desprevenidas y robarlas.

- No entréis nunca en el coche sin antes cercioraros de que el asiento de atrás esta vacío.
- El cinturón de seguridad es obligatorio en todo momento.
- Si alquiláis un coche, debéis llevar siempre con vosotros los documentos del alquiler; nunca los dejéis en el interior del coche.
- No dejéis olvidadas joyas u objetos de valor en la habitación del hotel. Usad siempre la caja fuerte.
- Cerrad la puerta de la habitación con pestillo.
- Tened controladas siempre la salida de emergencia o escaleras en el hotel.
- Conviene tener a mano una lista con los números de las tarjetas de crédito y los teléfonos de los bancos.
- En los cajeros automáticos, sacad solo si la zona está bien iluminada.
- Contad el dinero dentro del coche con el seguro puesto.
- Si os perdéis en calles o carreteras, preguntad sólo a la policía o en cualquier gasolinera.
- Si desde otro coche o moto os avisan que tenéis algún desperfecto en el coche, no paréis. Dirijíos a la gasolinera más próxima.
- Si el coche es alquilado y notáis que no funciona bien, conducid hasta una zona iluminada y llamad al Emergency Road Service ☎ 1-800-367-6767; la llamada es gratuita.
- No os detengáis a ayudar a un coche estropeado, lo mejor es parar en una gasolinera y avisar a la policía.
- Os aconsejamos no recoger nunca a personas en la carretera.

En Miami la zona más peligrosa se encuentra al norte de la ciudad. No es recomendable conducir por esas zonas y menos caminar. La autopista “I-95” cruza de norte a sur el condado, cerca de la zona de la costa. Conduciendo por la autopista no hay ningún tipo de riesgo. Pero se deben evitar las salidas entre la calle 62 del N.W. hasta la 125 del N.W. Si vais por la autopista 112, que va desde Miami Beach hasta el aeropuerto evitad bajaros en las salidas de las avenidas 12 y 17. Si algún coche os da un golpe por detrás no os paréis, continuad hasta que veáis un policía. En las salidas de las autopistas que normalmente hay que parar en algún semáforo en rojo, mantener los seguros de las puertas echados, y a la mínima sospecha moveros enseguida de la zona. No es recomendable pasear por el centro de la ciudad por la noche, excepto por Bayside.

ORIENTARSE EN MIAMI

Miami como todas las ciudades de Estados Unidos es realmente fácil para orientarse. Cuando te dicen una dirección, enseguida sabes si está al norte, sur, este o el oeste, es sencillo, solo es cuestión de un poco de práctica.

En Miami las calles se dividen en dos tipos, las que van de norte a sur, son avenidas (Ave.), y las que van de este a oeste llamadas calles (Streets). Existe una avenida llamada “Miami Avenue” que es la que se puede considerar de donde parten las demás avenidas. Hacia el este de Miami Avenue empezaremos a contar 1,2 3...y así sucesivamente las avenidas del Este (east), y al oeste de esta avenida haremos lo mismo pero llamaremos a las avenidas del Oeste (West). De esta forma tenemos las avenidas divididas en dos grupos de números, unas del este y otras del oeste.

Con las calles (street) se hace lo mismo. La calle cero se llama “Flagler Street”, y a sus lados se ordenan las calles norte o sur, según en que lado de la calle cero se encuentren.

En el punto “Cero” que es donde se cruza la calle cero “Flagler Street” y la avenida cero “Miami Avenue”, se encuentra en el centro mismo de la ciudad de Miami. Y también tenemos cuatro sectores del cuadrante, el noreste (Northeast o N.E.), el noroeste (Northwest o N.W.), el sureste (Southeast o S.E.), y el suroeste Southwest o S.W.). Todas las direcciones llevan algunas de estas iniciales que nos indican nada más verla en que parte de la ciudad se encuentra la dirección.

La mayoría de las ciudades de Estados Unidos están divididas por una cruz, la parte superior derecha seria Northeast N.E., la parte superior izquierda, Northwest N.W., la parte inferior derecha Southeast S.E. y la parte inferior izquierda Southwest S.W.

Si en una dirección pone 6230 S.W. 56 Ave. colocándoos en punto cero de la ciudad, quiere decir que tenéis que ir hacia el oeste (West) hasta la 56 avenida del oeste y luego hacia el sur hasta la 62 calle del sur. Los números que se ponen al principio de la dirección, por ejemplo 6230, significan varias cosas, los dos últimos significan el número de la casa, en este caso la casa es la nº 30. y los primeros es el número de la calle o avenida a la que se va. En este ejemplo iríais a la 56 avenida del suroeste, al número 6230, que quiere decir que esta entre las calle 62 y 63 en el número 30.

Esto no funciona en dos zonas de Miami, que aunque se encuentran en el centro de la ciudad son ciudades independientes. Son Coral Gables que como ya os he dicho sus calles tienen nombres de provincias y ciudaes españolas y Hialeh, una ciudad industrial dentro del área del gran Miami, que tiene el mismo cuadrante que todas las ciudades americanas pero que no coincide con el de Miami.

CALLES IMPORTANTES

FLAGLER ST: Es la calle que divide la ciudad en norte y sur. Va desde el centro de la ciudad o downtown, hasta los Everglades al oeste de la ciudad.

8 STREET: Calle ocho, comienza en el mar en Brickell Avenue, cruza toda la ciudad, los Everglades y en línea casi recta llega a la costa oeste de la península de Florida, a la ciudad de Naples. También se le conoce por Tamiami Trail, y es una de las arterias más transitadas de la ciudad. Es una de las más típicas con comercios y restaurantes.

U.S.1: Es una carretera paralela a la costa este del país, va desde Key West hasta Canadá. Cambia el nombre dependiendo por la ciudad que cruce. En Miami en el punto más al sur camino de Key West se llama "South Dixie Highway", en el centro de la ciudad cerca del dowuntown, "Brickell Avenue" y en el punto más al norte de la ciudad se llama "Biscayne Boulevard".

KENDALL DRIVE: Corresponde a la 88 Street del S.W. comienza en el mar, cruza las avenidas por la parte oeste y la U.S.1., en este cruce se encuentra Dadeland Mall, que es uno de los mejores centros comerciales de Miami.

BIRD ROAD: Corresponde a la 40 Street. Es una calle con mucho tráfico y llena de restaurantes. Cruza las zonas de Coconut Grove, Coral Gables y Sweetwater.

LAJEUNE ROAD: Es la 42 Avenida, va de norte a sur cruzando por el Aeropuerto Internacional de Miami, Coral Gables y Coconut Grove.

CLIMA

El clima y vegetación son típicamente subtropicales, aunque realmente no esté en el trópico por 160 km. Se encuentra en la misma latitud que los desiertos del Sahara y Arábigo. La temperatura media al año es de 22°C (77° Fahrenheit). Siendo la media en el verano de 28°C (82° Fahrenheit) y en invierno de 20°C (63° Fahrenheit). El clima es muy agradables en todo el año menos en verano. La cantidad de lluvia y humedad se hacen a veces insoportables, llegándose a alcanzar hasta 99% de humedad. Durante los meses de junio a septiembre junto con la lluvia es la época de tormentas eléctricas. A el estado de la Florida se le conoce como la capital de las tormentas. En 1986, 10 personas murieron y 37 resultaron heridas como consecuencia de los rayos. Desde el año 1959 hasta 1986 han muerto 269 por las mismas circunstancias. Por eso la expresión “que te parta un rayo” tiene aquí un carácter verídico y muy desagradable. Es recomendable que durante las tormentas con rayos, se evite permanecer debajo de los árboles tan abundantes en Miami. La temporada de huracanes comienza en el mes de agosto y termina en octubre. De este tema poco más hay que decir. Ya que me imagino que veríais las imágenes en televisión o en la prensa del huracán Andrew que pasó por Miami 24 de agosto de 1992. Afortunadamente los servicios metereológicos están tan adelantados, que cuando hay probabilidad de que se acerque un huracán, te lo avisan con antelación y se pueden tomar las medidas para evitarlo.

Miami goza de sol a lo largo de todo el año, sus temperaturas varían poco, pero el descenso de humedad en los meses de invierno lo hacen muy agradables. Para contrarrestar las altas temperaturas el funcionamiento de los aires acondicionados en centros comerciales, restaurantes o cualquier local es ha veces excesivo, y en verano pasaréis frío en la mayoría de ellos.

Los meses más agradables son de noviembre a abril, cuando el resto del país está pasando frío, en Miami se disfruta de una temperatura de 20° a 22° C. Las playas están deliciosas con un agua templada no tan caliente como en el verano. Hay algunos días que viene lo que llaman una “ola de frío”, en que baja el termómetro 41 o 51 por unos días pero pasada la ola vuelve a subir y mantener sus temperaturas templadas.

TRANSPORTES

Miami es sumanente extensa, en donde la mayoría de la gente se mueve en su propio autómovil. La ciudad tiene tres medios de transporte completamente diferentes pero complementarios, son: El Metrorail, El Metromover, El Metrobús y El Tri-Rail.

METRORAIL

La ciudad de Miami está construida de forma que una gran mayoría de gente trabaja en el centro de la ciudad (downtown) y vive por los alrededores. El centro de la ciudad no es una zona residencial, solo comercial o de negocios, aquí se encuentran las oficinas gubernamentales, cortes, la mayoría de las oficinas de abogados, bancos etc. Para organizar el tráfico de los alrededores al centro y evitar los embotellamientos *(rush hours)* a las horas de más densidad de coches, se creó el metrorail.

Al estar Miami al nivel del mar, no se pudo construir un metro subterráneo, por lo que se construyó por encima de las calles, una idea costosa pero muy original y necesaria.

El metrorail tiene 21 millas de railes elevados, que conectan con el metromover, el metrobús y el Tri-Rail. El precio es de $1.25 dólares por viaje y hay que llevar el cambio exacto. Para los estudiantes, personas mayores o minusválidos el precio es de $0.60 cents. El billete de metrorail es válido si se continua en el metromover. El metrorail funciona desde las 6.00 a 24.00 h. Pasa aproximadamente cada 15 minutos, en las horas "punta" cada 8 minutos.

ESTACIONES DEL METRORAIL

— **OKEECHOBEE:** 205 W. Okeechobee Road. Este recorrido es del norte al sur, hasta la siguiente estación en Hialeah cruza las calles de Red Road y Palm Avenue.
— **HIALEAH:** 115 East 21st Street.
— **NORTHSIDE:** 3150 N.W. 79 Street.
— **DR. MARTIN LUTHER KING:** 6205 N.W. 27 Avenida.
— **BROWSVILLE:** 5200 N.W. 27 Avenida.
— **EARLINGTON HEIGHTS:** 2100 N.W. 41 Street.
— **ALLAPATTAH:** 3501 N.W. 12 Avenida.
— **SANTA CLARA:** 2050 N.W. 12 Avenida.
— **CIVIC CENTER:** 1501 N.W. 12 Avenida.
— **CULMER:** 701 N.W. 11 Street.
— **OVERTAOWN:** 6th N.W. 1st Avenue.
— **GOVERMMENT CENTER:** 1501 N.W. 1 Street.
— **BRICKELL:** 101 S.W. 1 Avenida.
— **VIZCAYA:** 3201 S.W. 1 Avenida.
— **COCONUT GROVE:** 2780 S.W. 27 Avenida.
— **DOUGLAS ROAD:** 3100 S.W. 37 Avenida.
— **UNIVERSITY:** 5500 Ponce de León Boulevard.
— **SOUTH MIAMI:** 5949 Sunset Drive.
— **DADELAND NORTH:** 8300 South Dixie Highway.
— **DADELAND SOUTH:** 9150 Dadeland Boulevard.

Para más información podéis llamar al ☎ 638 67 00. entre las 6.00 y 23.00 h.

METROMOVER

El metromover esta conectado al metrorail en la estación de Govermment Center. En esta estación podeis solicitar informa-

ción y catálogos del transporte público en Miami. El metromover es un trenecito elevado, funciona sin conductor y recorre reiteradamente un circuito alrededor del centro de Miami. Tiene una extensión de 1.9 millas, recoge pasajeros cada 90 segundos. El precio es de $0.25 cents, para los estudiantes, personas mayores e inválidos, su costo es de $0.10 cents. Abre todos los días de 6.00 a 24.00 h.

ESTACIONES DEL METROMOVER

Las estaciones del metromover y los lugares que visita son los siguientes.

GOVERMENT CENTER

• Court House Cente:	175 N.W. 1st Ave.
• Dade County Courthouse:	73 W. Flagler St.
• Metro Dade Adsministration Bldg:	140 W. Flagler St.
• Metro Dade Center:	111 N.W. 1st St.
• Musewn Tower:	150 W. Flagler St.
• Professional Savings Bank:	33 S.W. 2nd Ave.
• Thomas Center:	172 W. Flagler St.
• U.S. Federal Building:	51 S.W. 1st Ave.

MIAMI AVENUE

• Biscayne Bldg:	19 W. Flagler St.
• City National Bank:	25 W. Flagler St.
• Concord Bldg:	66 W. Flagler St.
• Couthouse Tower:	44 W. Flagler St.
• Israel Discount Bank:	14 N.E. 1st Ave.
• Metromall:	1 N.E. 1st St.
• Roberts Bldg:	28 W. Flagler St.

FORT DALLAS PARK

• Downtown Center:	200 S. Miami Ave.
• McCormick Bldg:	111 S.W. 3rd St.
• U.S. Justice Building:	155 S. Miami Ave.

KNIGHT CENTER

• CenTrust Tower:	100 S.E. 2nd St.
• Consolidated Bank:	168 S.E. 1st St.
• DuPont Plaza:	300 Biscayne Boulevard Way.
• James L. Knight Center:	400 S.E. 2nd Ave.
• Republic Bank:	150 S.E. 2nd Ave.

BAYFRONT PARK

• AmeriFirst:	1 S.E. 3rd Ave.
• Exchange:	245 S.E. 1st St.
• Edward Ball Bldg:	100 Chopin Plaza.
• New World Tower:	100 N. Biscayne Boulevard.
• One Bayfront Plaza:	100 S. Biscayne Boulevard.
• One Biscayne Tower:	2 S. Biscayne Boulevard.
• Southeast Financial Center:	200 S. Biscayne Boulevard.

FIRST STREET

• Capital Bank:	71 E. Flagler Street.
• Chamber of Commerce Bldg:	141 N.E. 3rd Ave
• Congress Building:	111 N.E. 2nd Ave.
• Alfred I. DuPont Bldg:	169 E. Flagler St.
• Flagler Federal:	101 N.E. 1st Ave.
• Ingraham Bldg:	25 S.E. 2nd Ave.
• Olympia Bldg:	174 E. Flagler St.

BAYSIDE

• 330 Biscayne Building:	330 Biscayne Boulevard.

COLLEGE NORTH

• U.S. Couthouse Complex:	300 N.E. 1st Ave.

ARENA STATE PLAZA

• City of Miami Police Dept.:	400 N.W. 2nd Ave.
• Flagler Station U.S. Post Office:	500 N.W. 2nd Ave.
• State of Florida Reg. Svc. Center:	401 N.W. 2nd Ave.

METROBÚS

El sistema de autobuses, no es muy eficiente, si lo comparamos con el nuestro. Los autobuses son nuevos y magníficos, con un buen sistema de aire acondicionado, algunos con cámara oculta de televisión para seguridad de los usuarios. Pero el sistema es lento y tiene pocas rutas.

Con 63 rutas, de las cuales la gran mayoría trabajan en la zona de la playa y el *downtown*. El precio por viaje es de $1.25 dólares, es obligatorio llevar el cambio exacto. Para los estudiantes, personas mayores e inválidos la tarifa es de $0.60 cents. El metrobús trabaja de Lunes a viernes de 4.30 a 2.15 h. Para más información sobre rutas y horarios, llamad al ☎ 638 67 00.

Si vais a tomar más de una ruta para llegar a vuestro destino, podéis pedir un billete de conexión, llamado “Transfer”

RUTAS DEL METROBÚS

"CENTRO" LETRA "C", MIAMI BEACH-DOWNTOWN

Esta línea tiene paradas en Mt. Sinai Hospital, 41 Street, Lincoln Road, Downtown, Goverment Center, Centro Comercial y el Hotel Omni. Desde esta última parada se puede coger el metro.

LETRA "F", MIAMI BEACH-CIVIC CENTER

Sus paradas son en, Lincoln Road Mall, Omni International Mall, Miami Arena, Miami Dade Community College Medical Campus y Civic Center, desde donde podéis coger el metro.

LETRA "J", MIAMI BEACH-AEROPUERTO

Las paradas son en, 41 Street, Miami International Airport, Terminal de Coral Gables y Douglas Road, desde donde podéis coger el metro.

LETRA "B", DOWNTOWN-KEY BISCAYNE

Esta ruta tiene las paradas en, Goverment Center, Brickell, Key Biscayne, Miami Sequarium, Crandon Park y Cape Florida State Park.

"48", OMNI MALL-SOUTH MIAMI

Las parads son en, Goverment Center, Coconut Grove, Douglas Road, Miami University y South Miami.

"42", COCONUT GROVE (DINNER KEY)-OPA-LOCKA

Con paradas en, Miami City Hall, Duoglas Road, Miami International Airport y Hialeah.

"52" CORAL GABLES-DADELAND MALL

Las paradas de este ruta son en, Coral Gables, Miami Childen Hospital y Dadeland Mall.

TRI-RAIL

Es un moderno tren de dos pisos que comunica los alrededores del norte de Miami. El tri-rail está conectado a las estaciones del metrorail en el Downtown y South Beach, sin coste adicional. El precio del viaje es de $2.50 dólares, se pueden comprar libros de cupones por 12 viajes que salen más económicos. Para las personas mayores, estudiantes e minusválidos, vale la mitad de precio. Los niños menores de 5 años, viajan gratis. Funciona todos los días, excepto las fiestas de Thanksgiving y Chritsmas. Para más información sobre horarios y rutas, ☎ 1 800 874 72 45.

ESTACIONES DEL TRI-RAIL

West Palm Beach - Miami Airport:

- Miami Airport.
- Metrorail.
- Golden Glades.
- Hollywood.
- Fort Lauderdale Airport.
- Fort Lauderdale.
- Cypress Creek.
- Pompano Beach.
- Deerfield Beach.
- Boca Raton.
- Delray Beach.
- Boyton Beach.
- Lake Worth.
- Palm Beach Airport.
- West Palm Beach.

TREN

La compañía Amtrak, tiene su estación en Miami Station, 8303 N.W. 37th Avenida. Miami. Entre Liberty City y Hialeah. ☎ 800 878 72 45. El teléfono para información de salidas y llegadas es (305) 835 12 00. Para enviar mercancia, ☎ (305) 835 12 25.

La compañía Amtrak tiene dos trenes entre New York y Miami, el Silver Meteor y el Silver Star.

AUTOBUSES DE LÍNEA

La compañía Greyhound Bus Lines opera las líneas continentales desde Miami. Sus estaciones están en:

NORTH MIAMI BEACH

- 16250 Biscayne Boulevard, North Miami Beach. ☎ 945 08 01.
- 16250 Biscayne Boulevard, North Miami Beach. ☎ 945 08 02.

MIAMI

- 4111 N.W. 27th Street. Miami. ☎ 871 18 10.

BAYSIDE

• 700 Biscayne Boulevard. ☎ 379 74 03.

MIAMI BEACH

• 7101 Harding Avenida. Miami Beach. ☎ 538 0381.

HOMESTEAD

• 5 N.E. Third Rd. Homestead. ☎ 247 20 40.

DESPLAZAMIENTO DESDE EL AEROPUERTO

MINUBÚS: Es un servicio gratuito que ofrecen algunos hoteles y compañías de alquiler de coches. Se suelen parar a la salida de la puerta de viajeros internacionales. Tienen dibujado en sus puertas el logotipo de la compañía o del hotel.

TAXI: Se encuentran estacionados a la salida de la aduana. Si vais directamente al puerto de Miami a coger un crucero, el viaje tiene el precio fijo de $14 dólares por persona más un dólar por peaje. Hacia el centro de la ciudad o la playa, el precio es de alrededor de $12 a $20 dólares. El precio establecido es de $1.40 por milla, más $1.10 por bajada de bandera.

Las compañías más importantes de taxi son:

- Metro Taxi: ☎ 888 88 88.
- Dolphin Cab: ☎ 948 66 66
- Tropical Taxi Cab Company: ☎ 945 10 25.
- Miami Dade Yellow Cab: ☎ 633 05 03.
- Miami Springs Taxi: ☎ 888 85 41.
- Speedy Cab: ☎ 861 99 99.
- Yellow Cab: ☎ 444 44 44.
- Americam: ☎ 947 33 33.
- Sunshine: ☎ 445 33 33.
- Diamond: ☎ 545 75 75.
- Central: ☎ 532 55 55.

Miami es una ciudad muy extensa, si la estancia es prolongada resulta más económico alquilar un coche que coger taxis.

SUPPER SHUTTLE: Son unos minibuses que hacen el servicio de taxis múltiples, con tarifas más reducidas. Para que os vengan a buscar al hotel hay que hacer la reserva con tiempo y os recogerán con 2 horas de antelación. El precio hasta el centro de la ciudad es entre $5 y $10 dólares. El teléfono para reservas o información es (305) 871 20 00.

ALOJAMIENTOS

DOWNTOWN

Ⓑ **DAYS INN-DOWNTOWN.** 1050 N.W. 14th St. ☎ 324 02 00 o llamada gratuita al (800) 325 25 25. Fax 545 84 82. Las habitaciones son funcionales y sencillas, todas con servicio de cable en la TV, tiene reservadas algunas para no fumadores. Con piscina, tienda de regalos y restaurante.

Ⓑ **HOLIDAY INN CIVIC CENTER.** 1170 N.W. 11th St. ☎ (305) 324 08 00 o llamada gratis al (800) 465 43 29. Fax 547 18 20. Las habitaciones sencillas, con cable en la TV y secador de pelo, tienen algunas reservadas para no fumadores. Con piscina y jacuzzi, peluquería, tienda de regalos, servicio de habitaciones, bar y restaurante.

Ⓑ **MIAMI SUN HOTEL.** 226 N.E. 1st Ave. ☎ (305) 375 07 86 o llamada gratis a (800) 322 07 86. Fax 375 07 26. Está muy bien situado enfrente del centro comercial Bayside. La decoración del hotel es de estilo Art Decó. Las habitaciones son espaciosas y con muebles funcionales, todas con cable en la TV. Tiene habitaciones para no fumadores. Con restaurante, cafetería, bar y servicio de habitaciones.

Ⓜ **BEST WESTERN MARINA PARK HOTEL.** 340 Biscayne Blvd. ☎ (305) 371 44 00, o llamada gratis en EE.UU: al (800) 526 56 55. Fax 372 28 62. El hotel ha sido redecorado últimamente, tiene 199 habitaciones con TV con cable y control remoto. Cuenta con piscina, servicio de habitaciones, bar y restaurante.

Ⓜ **DUPONT PLAZA HOTEL.** 300 Biscayne Blvd. Way. ☎ (305) 358 25 41. ☎ gratis en US (800) 327 34 80. Fax 377 40 49. Está situado entre la Bahía de Biscayne y el río Miami. Tiene 292 habitaciones y 149 suites, todas con TV con cable y control remoto, y las suites con cocina y refrigerador. El hotel cuenta con 2 piscinas, servicio de habitaciones, alquiler de coches, bar y cafetería.

Ⓜ **HAMPTON INN.** 2500 Brickell Ave. ☎ (305) 854 20 70. Fax 854 20 70. Está situado entre el downtown y Coconut Grove, cerca de Key Biscayne. Es un pequeño hotel con 69 habitaciones, todas con cable en la TV y control remoto. Tiene piscina y servicio de guardería.

Ⓜ **HOWARD JOHNSON CONVENTION CENTER.** 200 S.E. 2nd Ave. ☎ (305) 374 30 00. Fax 374 30 00. El hotel ha sido renovado, tiene 254 habitaciones y 2 suites, todas con balcón y TV con cable. Además cuenta con piscina, servicio de habitaciones, sala de juegos, bar y restaurante.

Ⓜ MIAMI RIVER INN. 118 S, River Dr. ☎ (305) 325 00 45, o llamando gratis dentro de US al (800) 468 35 89. Fax 325 92 27. Es un pequeño hotel construido en 1906, tiene 40 habitaciones, con cable en la TV y control remoto, algunas tienen terraza. Cuenta con piscina y jacuzzi.

Ⓒ BISCAYNE BAY MARRIOTT HOTEL & MARINA. 1633 N. Bayshore Dr. ☎ (305) 374 39 00, o llamada gratis desde Estados Unidos al (800) 228 92 90. Fax 375 05 67. Está situado en la Bahía de Biscayne y cuenta con una magnífica marina. Las habitaciones son amplias y modernas, todas tienen TV con cable y minibar. La piscina tiene café y barbacoa, además cuenta con piscina de agua caliente, *whirlpool,* peluquería, gimnasio, servicio de habitaciones, niñera. Acoge 2 bares y restaurante.

Ⓒ CROWN STERLING SUITES MIAMI AIRPORT. 3974 N.W. S. River Dr. ☎ (305) 634 50 00. Llamada gratis en US al (800) 433 46 00. Fax 635 94 99. La arquitectura es de estilo mediterráneo con la fachada pintada en color salmón y blanco. Esta rodeado por un precioso jardín con plantas y fuentes. El hotel consta de 314 suites, todas con terraza, frigorífico y microondas. Tiene piscina de agua caliente, jacuzzi, servicio de habitaciones, transporte al aeropuerto, tienda de regalos, cafetería, discoteca y restaurante.

Ⓒ EVERGLADES HOTEL. 244 Biscayne Blvd. ☎ (305) 379 54 61, o llamada gratis en US al (800) 327 57 00. El hotel ha sido renovado recientemente y cuenta con 372 habitaciones. Tiene piscina, tiendas, sala de juegos, cafetería y restaurante.

Ⓒ HOLIDAY INN LEJEUNE CENTER. 950 N.W. LeJeune Rd. ☎ (305) 446 90 00. Llamada gratis en US al (800) 465 43 29. Fax 441 07 25. Es un edificio moderno con 304 habitaciones y 3 suites, amplias y funcionales, sin lujos. El hotel tiene piscina, sauna *whirlpool,* gimnasio, tienda de regalos, servicio de habitaciones, transporte al aeropuerto, bar y restaurante.

Ⓒ HOTEL SOFITEL. 5800 Blue Lagoon Dr. ☎ (305) 264 48 88, o llamada gratis en US al (800) 258 48 88. Fax 262 90 49. Está situado al sur de aeropuerto cruzando la 836. Tiene 285 habitaciones y 27 suites, amplias y decoradas con muebles de madera. El hotel cuenta con piscina de agua caliente, jacuzzi, 2 canchas de tenis iluminadas, gimnasio, sauna, servicio de habitaciones, niñera, transporte al aeropuerto, pub y 2 restaurantes.

Ⓒ MIAMI AIRPORT HILTON. 5101 Blue Lagoon Dr. ☎ (305) 262 10 00. Llamada gratis en

US ☎ (800) 445 86 67. Fax 267 00 38. Es un edificio nuevo de 14 pisos rodeado de jardines y por un gran lago. Tiene 500 habitaciones y 58 suites, todas con minibar y algunas con cocina. El hotel cuenta con piscina con bar y barbacoa, 2 saunas, jacuzzi, 3 canchas de tenis iluminadas, alquiler de *jet ski* o ski acuático para practicarlo en el lago, tienda de regalos, servicio de habitaciones, 18 salones de reuniones, transporte gratis al aeropuerto, cafetería, pub, discoteca y 3 restaurantes.

Ⓒ MIAMI INTERNATIONAL AIRPORT HOTEL. Miami International Airport, N.W. 20th Street y LeJeune Rd. Concourse E. ☎ (305) 871 41 00. Llamada gratis en US al (800) 327 12 76. Fax 871 08 00. Se encuentra situado dentro del aeropuerto. Tiene 260 habitaciones y 7 suites, amplias, decoradas con muebles modernos. Además el hotel cuenta con piscina con bar y barbacoa, piscina de agua caliente, sauna, *whirlpool,* jacuzzi, gimnasio, peluquería, tienda de regalos, servicio de habitaciones, pub, cafetería y restaurante en el último piso del hotel con magníficas vistas de la ciudad.

Ⓒ OCCIDENTAL PARK HOTEL. 100 S.E. 4th St. ☎ (305) 374 51 00. Llamada gratis dentro de EE.UU. al (800) 524 51 00. Fax 381 98 26. Está situado cerca del Miami Convention Center, a orilla del río Miami. Tiene 131 habitaciones y 87 suites, muy bien decoradas con camas grandes, todas con control y cable en la TV, secadora de pelo y minibar. Además cuenta con piscina con jacuzzi, gimnasio, servicio de habitaciones, sala y equipo para reuniones de trabajo, cafetería y uno de los mejores restaurantes de Miami, El Florencia especializado en la nueva cocina vasca.

Ⓒ OMNI INTERNATIONAL HOTEL. 1601 Biscayne Boulevard. ☎ (305) 374 00 00 o llamada gratis dentro de Estados Unidos al (800) 843 66 64. Fax 374 00 20. Está situado dentro de un centro comercial. Tiene 535 habitaciones y 46 suites, son confortables y con grandes camas, todas tienen TV con control remoto y cable, secador de pelo y minibar. El hotel cuenta con piscina, servicio de habitaciones, peluquería, cines, tiendas, bar, cafetería y restaurante.

Ⓒ RADISSON MART PLAZA HOTEL. 711 N.W. 72nd Ave. ☎ (305) 261 38 00. Llamada gratis en US al (800) 333 33 33. Fax 261 76 65. Es un edificio moderno de 12 pisos, situado al suroeste del aeropuerto cruzando la autopista 836. Tiene un centro de convenciones, donde se realizan una gran variedad de ferias y exposiciones. En el mismo hotel se encuentra el Miami International Merchandise Mart, son varios pisos de venta de artículos de regalo, accesorios y ropa al por mayor libre de impuestos. Cuenta con 334 habitaciones y 12 suites. Tiene piscina con bar, piscina de agua caliente, gimnasio, *whirlpool,* sauna. Transporte al aeropuerto, servicio de habitaciones, cafetería y 2 restaurantes.

Ⓒ SHERATON BISCAYNE BAY. 495 Brickell Ave. ☎ (305) 373 60 00 o llamada gratis en EE.UU. al (800) 325 35 35. Fax 372 98 08. Está situado entre el río Miami y la Bahía de Biscayne. Tiene 598.00 habitaciones y 14 suites, amplias y acogedoras decoradas con muebles modernos, todas con TV con cable, control remoto y secador de pelo. Para los no fumadores tiene sus habitaciones, lo mismo que facilidades para los incapacitados. Cuenta con barbacoa y bar en la piscina, piscina de agua caliente, tienda de regalos, servicio de habitaciones, servicio de niñera, bar y restaurante.

Ⓒ SHERATON RIVER HOUSE HOTEL. 3900 N.W. 21st St. ☎ (305) 871 38 00. Llamada gratis dentro de US (800) 325 35 35. Fax 871 04 47. Con 342 habitaciones y 66 suites, algunas con vistas al río Miami, decoradas amplias y funcionales sin grandes lujos. Con piscina con bar, piscina de agua caliente, 2 saunas, jacuzzi, gimnasio, servicio de habitaciones, 3 canchas de tenis iluminadas, pub, discoteca y restaurante.

Ⓒ THE EXECUTIVE CLUB CORPORATE APARTMENTS. 8290 Lake Dr. ☎ (305) 477 15 15. Fax 477 54 28. Este club, alquila apartamentos de lujo de uno o dos dormitorios con cocina completa, lavadora y secadora, TV con cable y control remoto. Además incluye 3 piscinas, whirlpool, 3 saunas, gimnasio, y 4 canchas de tenis. Se puede alquilar por días o meses.

Ⓒ THE GRAND PRIX HOTEL. 1717 N. Bayshore Dr. ☎ (305) 372 03 13, o llamada gratis en EE.UU. al (800) 872 77 49. Fax 539 92 28. Tiene 152 habitaciones todas con terraza y magníficas vistas a la Bahía de Biscayne. Espaciosas, con muebles modernos, todas tienen TV, secador de pelo y cafetera. Además el hotel cuenta con piscina con bar, piscina olímpica de agua caliente, jacuzzi, peluquería, centro de masaje, gimnasio, tiendas, servicio de habitación, cuidado de niños, sala de reuniones con equipo bilingue, bar, cafetería y 2 restaurantes.

Ⓛ DORAL RESORT & COUNTRY CLUB. 4400 N.W. 87th Ave. ☎ (305) 592 20 00. ☎ gratis en US (800) 223 67 25. Fax 594 46 82. En este hotel se encuentra uno de los campos de golf mejor diseñado del sur de la Florida. En el se celebran todos los años la competición del

Doral Ryder Open. Tiene 593 habitaciones y 58 suites. Las habitaciones son espaciosas y están magníficamente decoradas, todas con secador de pelo y minibar. Además el hotel cuenta con piscina con bar y barbacoa, 2 saunas, 2 jacuzzis, boutique, gimnasio, servicio de niñeras, servicio de habitaciones, 3 pubs, discoteca y 3 restaurantes.

Ⓛ **HOTEL INTER-CONTINENTAL MIAMI.** 100 Chopin Plaza ☎ (305) 577 10 00 o llamada gratis en EE.UU. al (800) 327 30 05. Fax 577 03 84. Está situado en la zona financiera de Miami. Tiene 644 habitaciones y 34 suites, amplias y confortables. Todas con minibar y cable en la TV con control remoto. Tiene piscina con restaurante y bar, piscina olímpica de agua caliente, peluquería, duty-free, servicio de habitaciones, servicio de guardería, 2 bares y restaurante.

Ⓛ **HYATT REGENCY MIAMI.** 400 S.E. 2nd Ave. ☎ (305) 358 12 34 o llamada gratis en EE.UU. al (800) 228 90 00. Fax 374 17 28. Es un edificio moderno de 24 pisos, situado a la orilla del río Miami y cerca del Miami Convention Center. Con 564 habitaciones y 61 suites. Las habitaciones son amplias y decoradas con muebles modernos. Algunas con minibar y secador de pelo. El hotel cuenta con piscina normal y de agua caliente, tienda de regalos, servicio de habitaciones, 2 bares y 2 restaurantes.

CORAL GABLES

Ⓑ **RIVIERA COURT.** 5100 Riviera Dr. ☎ (305) 665 35 28. Llamada gratis dentro de US. al (800) 368 86 02. Tiene 16 habitaciones y piscina de agua caliente.

Ⓜ **HOLIDAY INN, CORAL GABLES.** 2051 LeJeune Rd. ☎ (305) 443 23 01. Fax 446 68 27. Tiene 160 habitaciones sencillas, todas con secador de pelo. Cuenta con piscina, sauna, transporte al aeropuerto y restaurante.

Ⓜ **HOLIDAY INN, UNIVERSITY OF MIAMI.** 1350 S. Dixie Hway. ☎ (305) 557 56 11. Fax 667 56 11. Tiene 150 habitaciones funcionales, sin lujos y algunas con minibar. Además tiene piscina, sala de juegos y restaurante.

Ⓜ **HOWARD JOHNSON, CORAL GABLES.** 1430 S. Dixie Hway. ☎ (305) 665 75 01. Llamada gratis dentro de US. al (800) 635 46 56. Fax 662 29 03. Está situado enfrente de la Universidad de Miami. Tiene 80 habitaciones, amplias y sencillas todas con terraza. Piscina y restaurante.

Ⓒ **HOTEL PLACE ST. MICHEL.** 162 Alcazar Ave. ☎ (305) 444 16 66. Llamada gratis dentro de US. al (800) 247 85 26. Fax 529 00 74. Es un pequeño y confortable hotel, de dos pisos, con estilo europeo. Construido en 1926 en lo que era el antiguo Hotel Sevilla. Tiene 30 habitaciones, decoradas con muebles antiguos y ventiladores en los techos. Cuenta con servicio de habitaciones, pub y restaurant estilo *bistro.*

Ⓒ **DAVID WILLIAM HOTEL.** 700 Biltmore Way. ☎ (305) 445 78 21. Llamada gratis dentro de US. al (800) 327 87 70. Tiene 80 habitaciones y 8 suites, espaciosas y todas con balcón, y algunas con cocina. Lo más destacado de del hotel es su restaurante Chez Vendome, donde se come muy bien.

Ⓛ **THE BILTMORE HOTEL.** 1200 Anastasia Ave. ☎ (305) 445 19 26. Fax 448 99 76. Es uno de los hoteles más elegantes de Miami. fue construido en 1925, por George Merrick, su arquitectura es de estilo mediterráneo y renacimiento, coronado por una torre de 350 pies, copia de la Giralda de Sevilla. Está rodeado por jardines y un campo de golf. Tiene una impresionante piscina considerada como una de las más grandes construidas en EE.UU. En sus primeros años era el hotel de moda y lugar de reunión de millonarios y artistas. A los ocho meses de inagurarlo, un huracán destruyó los alrededores y jardines, siendo usado el hotel como refugio para los damnificados. Durante la guerra fue clausurado y se utilizó como hospital militar. Durante 45 años ha permanecido cerrado, hasta el 1987 qué volvió a abrir sus puertas. Actualmente se encuentra totalmente restaurado y con su antiguo esplendor. Tiene 375 habitaciones y 36 suites, amplias y magníficamente decoradas. En el Biltmore son famosos y espectaculares sus Brunch de los domingos amenizados con música clásica. Además cuenta con un campo de golf con 18 hoyos, 10 can-

chas de tenis iluminadas, gimnasio, tienda de regalos, peluquería, transporte al aeropuerto y atracciones, cafetería, pub y 3 restaurantes.

L THE COLONNADE HOTEL. 180 Aragon Ave. ☎ (305) 441 26 00. Llamada gratis dentro de US. al (800) 533 17 37. Fax 445 39 29. Este antiguo edificio era la oficina del fundador de Coral Gables, George Merrick. Está situado en el centro de la ciudad, en la parte comercial. Tiene 140 habitaciones y 17 suites, amplias, cómodas y bien decoradas, con minibar bien surtido y albornoz. El hotel cuenta con piscina, dos sauna, jacuzzi, peluquería, gimnasio, tienda de regalos, servicio de habitaciones, pub y 2 restaurantes.

L HYATT REGENCY CORAL GABLES. 50 Alhambra Plaza. ☎ (305) 441 12 34. Llamada gratis dentro de US. al (800) 233 12 34. Fax 441 05 20. Es un lujoso hotel de estilo mediterráneo, con 242 habitaciones y 50 suites. Decoradas con gusto exquisito todas con minibar. El hotel cuenta con piscina de agua caliente, jacuzzi, gimnasio, tienda de regalos, servicio de habitaciones, pub, discoteca y restaurante.

COCONUT GROVE

C DOUBLETREE HOTEL AT COCONUT GROVE. 2649 S, Bayshore Dr. ☎ (305) 858 25 00. Llamada gratis dentro de US. (800) 528 04 44. Fax 858 57 76. Está situado enfrente de la Bahía Biscayne. Tiene 170 habitaciones y 18 suites, la mayoría con magníficas vistas a la bahía. Todas con frigorífico, bar y secador de pelo. El hotel cuenta con 2 canchas de tenis iluminadas, piscina con bar y piscina de agua caliente, servicio de habitaciones y restaurante.

C GROVE ISLE HOTEL, YACHT & TENNIS CLUB. 4 Grove Isle Dr. Coconut Grove. ☎ (305) 858 83 00. Fax 858 59 08. Está situado en una isla privada rodeado de jardines. Tienen prioridad para su uso los miembros y amigos del Club privado Grove Isle Club. En la isla hay tres edificios, con un total de 500 apartamentos y el hotel. Cuenta con 40 habitaciones y 9 suites, increíblemente grandes y bien decoradas, todas con terraza, bar bien surtido, figorífico, cafetera, ventilador en el techo, algunas con cocina, secador de pelo, albornoz, librería y bombones Godiva. Cuenta con 12 canchas de tenis iluminadas, piscina olímpica, jacuzzi, peluquería, gimnasio, tienda de regalos, servicio de habitaciones, y 2 restaurantes, uno de ellos el Ships Deck, con terraza afuera y buenas vistas a la bahía. Los jardines que rodean a la isla están magníficamente cuidados y adornados con esculturas de Calder, Nevelson y Liberman. La isla tiene una pequeña pero preciosa playa.

Ⓛ MAYFAIR HOUSE HOTEL. 3000 Florida Ave. ☎ (305) 441 00 00. Llamada gratis dentro de US. al (800) 341 08 09. Fax 447 91 74. Es uno de los hoteles más lujosos, cosmopolitas y selectos de Miami. Está decorado con el más puro estilo Art-Nouveau. Tiene 176 suites y 6 penthouses, decorados con cama de estilo victoriano, bar, frigorífico, dos líneas de teléfono, escritorio, baños de mármol con TV incorporada, kimono japonés, maquillajes, secador de pelo, champán y zumo de naranja gratis. Las 50 suites tienen piano inglés antiguo en su decoración, todas con terraza y algunas con *jacuzzi* privado. La piscina con bar está situada en el último piso y brinda magníficas vistas. Además cuenta con un excelente comercio ya que se encuentra situado dentro del centro comercial Mayfair, con galerías, boutiques, joyerías, cafés... El hotel tiene salones para conferencias y reuniones con capacidad para 400 personas y servicio multilingue, restaurante y servicio de habitaciones.

Ⓛ GRAND BAY HOTEL. 2669 S. Bayshore Dr. ☎ (305) 858 96 00. Llamada gratis dentro de la Florida al (800) 327 27 88. Fax 858 15 32. Tiene 132 habitaciones y 45 suites, amplias y decoradas con un gusto exquisito y multitud de detalles como, TV, vídeo con películas, stereo y CD todos con control remoto, secador de pelo, plancha de vapor, maquillajes, bata de baño y frigorífico. Cuenta con piscina interior y exterior, sauna, whirlpool, jacuzzi, peluquería, gimnasio, servicio de habitaciones, pub, restaurante y la famosa discoteca De Regine.

VIRGINIA KEY Y KEY BISCAYNE

Ⓒ SONESTA BEACH HOTLE & TENNIS CLUB. 350 Ocean Dr. ☎ (305) 361 20 21. Se encuentra en primera línea de la playa. Sufrió grandes daños con el huracán Andrew. Tiene 290 habitaciones, 10 suites y 11 chalets, de 3, 4 ó 5 dormitorios, con cocina completa y piscina. Además cuenta con piscina olímpica, whirlpool, jacuzzi, gimnasio, 10 canchas de tenis, centro de masaje, tienda de regalos, pub, servicio de bar en la playa, restaurante y discoteca.

Ⓒ KEY ISLANDER EXECUTIVE SUITES. 290 Sunrise Dr. ☎ (305) 361 24 64. Fax 361 62 73. Son apartamentos de lujo amueblados, que se alquilan por semanas. Todos tienen salida privada a la playa, cocina completa con microondas, TV con video y mando a distancia, además tienen piscina y sala de lavandería.

Ⓛ SHERATON ROYAL BISCAYNE BEACH RESORT & RAQUET CLUB. 555 Ocean Dr. ☎ (305) 361 57 75. Llamada gratis desde US. al (800) 343 71 70. Fax 365 20 96. Tiene 278 habitaciones y 14 suites, decoradas con motivos tropicales, todas con minibar, secador de pelo y con unas vistas maravillosas al mar. Tiene piscina olímpica, jacuzzi, 10 canchas de tenis, de las cuales tiene iluminadas 3, gimnasio, servicio de guardería, peluquería, tienda de regalos, 2 pub, servicio de bar en la playa y 4 restaurantes. Entre ellos el Terrace café con maravillosas vistas al mar y The Royal Biscayne Caribbean Room, elegante pero con precios asequibles. Deportes de agua como la vela, pesca, navegación y windsurfing.

KENDALL, SOUTH MIAMI Y WEST MIAMI

Ⓜ THE HOTEL VILLA. 5959 S.W. 71st St. ☎ (305) 667 66 64. Llamada gratis desde US. al (800) 935 84 52. Fax 667 54 24. Está situado en South Miami, su decoración es tropical. Tiene 115 habitaciones y 2 suites, todas con refrigerador. El hotel cuenta con piscina de agua caliente, servicio de habitaciones, pub y restaurante. Este último llamado Restaurante Villa, tiene la particularidad de que es el único en Miami en el que sus camareros son estudiantes de escuelas de música clásica, y algunos han actuado en compañías de ópera profesionales. Mientras sirven la cena cantan fragmentos de ópera para satisfacción de los amantes del género que frecuentan el restaurante.

Ⓜ RAMADA LIMITED DADELAND. 7600 N. Kendall Dr. ☎ (305) 595 60 00. Llamada gratis dentro de US. al (800) 228 28 28. Fax 595 60 00. Está situado en Kendall, enfrente del centro comercial Dadeland. Tiene 90 habitaciones y 5 suites. Con piscina.

Ⓒ MIAMI DADELAND MARRITO. 9090 S. Dadeland Blvd. ☎ (305) 663 10 35. Llamada gratis dentro de US. al (800) 228 92 90. Fax 666 71 24. Está situado en el centro de Kendall, enfrente del centro comercial Dadeland. Tiene 300 habitaciones y 2 suites, decoradas con muebles modernos y agradables. El hotel tiene piscina, jacuzzi, sauna, gimnasio, alquiler de coches, servicio de habitaciones, pub y restaurante.

DISTRITO ART DECO — MIAMI BEACH

Ⓑ **LORD BALFOUR HOTEL.** 350 Ocean Dr. ☎ (305) 673 04 01. Se encuentra en primera línea del mar. Tiene 65 habitaciones y 2 suites, son sencillas y pequeñas, todas con refrigerador y vistas al mar.

Ⓑ **SASSON HOTEL.** 2001 Collins Ave. ☎ (305) 531 07 61. Llamada gratis dentro de US. al (800) 327 71 11. Tiene 170 habitaciones y 8 suites, todas con frigorífico. La mayoría con vistas al mar. Cuenta con piscina con bar, jacuzzi, cancha de tenis, tienda de regalos, café y restaurante.

Ⓑ **SAGAMORE HOTEL.** 1671 Collins Ave. ☎ (305) 538 72 11. Llamada gratis dentro de US. al (800) 648 60 68. Fax 674 03 71. Situado enfrente de la playa. Tiene 122 habitaciones y 8 suites, todas con frigorífico y terraza y algunas con cocina. El hotel dispone de piscina de agua de mar de tamaño olímpico, con servicio de bar y cafetería, piscina de agua caliente, servicio de habitaciones y restaurante.

Ⓑ **THE ADRIAN HOTEL.** 1060 Ocean Dr. ☎ (305) 538 00 07. Edificio de estilo Art Decó, está situado enfrente de la playa. Tiene 95 habitaciones. El hotel tiene sala de billares, bar y restaurante.

Ⓑ **SAN JUAN HOTEL.** 1680 Collins Ave. ☎ (305) 538 75 31. Llamada gratis dentro de US. al (800) 468 16 88. Se encuentra en la primera línea de la playa. Tiene 80 habitaciones con frigorífico, microondas, y algunas con cocina y vistas al Océano Atlántico. Con piscina.

Ⓑ **GOVERNOR HOTEL.** 435 21st St. ☎ (305) 532 21 00. Fax 532 91 39. Tiene 125 habitaciones. Con piscina olímpica, servicio de habitaciones y restaurante.

Ⓜ **BEACH PARADISE HOTEL.** 600 Ocean Dr. ☎ (305) 531 00 21. Llamada gratis dentro de US. al (800) 258 88 86. Fax 674 02 06. Situado enfrente del mar, tiene 38 habitaciones y 10 suites. Con terraza y restaurante.

Ⓜ **BETSY ROSS HOTEL.** 1440 Ocean Dr. ☎ (305) 531 39 34. Llamada gratis dentro de US. al (800) 755 46 01. Fax 531 52 82. Situado enfrente del mar. Es un cuidado hotel de tres pisos, con 74 habitaciones y 2 suites, decoradas con sencillez con colcha y cortinas de flores, algunas con frigorífico. Cuenta con piscina, bar y dos restaurantes, el Star & Stripes Café, con ambiente informal y el restaurante A Mano, uno de los más sofisticados de South Beach.

Ⓜ **BOULEVARD HOTEL & CAFE.** 740 Ocean Dr. ☎ (305) 532 03 76. Fax 674 81 79. Está situado enfrente de la playa. Tiene 40 habitaciones y 6 suites, con frigorífico y la mayoría con vistas al Océano Atlántico. Tiene peluquería, servicio de habitaciones, terraza en el paseo y restaurante.

Ⓜ **CENTURY HOTEL.** 140 Ocean Dr. ☎ (305) 674 88 55. Tiene 24 habitaciones y 6 suites. Situado enfrente de la playa. Con servicio de habitaciones y restaurante.

Ⓜ **ESSEX HOUSE TRAVELODGE HOTEL.** 1001 Collins Ave. ☎ (305) 534 27 00. Llamada gratis dentro de US. al (800) 553 77 39. Fax 532 38 27. Este hotel fue uno de los pioneros en la redecoración y ponerse de moda. fue construido por Henry Hohauser, arquitecto de la mayoría de los hoteles Art Decó de la playa. Está decorado al más puro estilo Art Nouveau, tiene un gran mural de los Everglades y adornos de plantas y dibujos egipcios realizados en hierro forjado. Tiene 60 habitaciones y 8 suites, con ventiladores en el techo y algunas con vistas al mar. Además cuenta con alquiler de coches y cafetería en el jardín.

Ⓜ **HOLIDAY INN, OCEANSIDE.** 2201 Collins Ave. ☎ (305) 534 15 11. Llamada Gratis dentro de US. al (800) 356 69 02. Fax 534 09 66. Situado enfrente de la playa. Con 347 habitaciones y 4 suites. Tiene piscina con servicio de bar, 2 canchas de tenis iluminadas, peluquería, sala de juegos, tienda de regalos, alquiler de coches, servicio de habitaciones, cafetería y restaurante.

Ⓜ **HOTEL 100 AT THE DECOPLAGE.** 100 Lincoln Rd. ☎ (305) 531 68 86. Llamada gratis dentro de US. al (800) 327 10 39. Fax 674 92 09. Tiene 210 habitaciones con cocina o frigorífico, y algunas con terraza. Además el hotel tiene piscina olímpica de agua caliente, transporte al aeropuerto y pub.

Ⓜ **LESLIE HOTEL.** 1244 Ocean Dr. ☎ (305) 534 21 35. Llamada gratis dentro de US. al (800) 338 90 76. Es un pequeño edificio de tres plantas de estilo Art Deco con su fachada pintada en color rosa y blanco, igual que un pastel de fresa y nata. Tiene 40 habitaciones y 4 suites, algunas con vistas al mar, decoradas con colores salmón y gris. Está situado en primera línea de la playa.

Ⓜ **PARK CENTRAL IMPERIAL HOTEL.** 640 Ocean Dr. ☎ (305) 538 16 11. Está situado enfrente del mar y su arquitectura es de estilo Art Decó. Tiene 109 habitaciones la mayoría con frigorífico. Cuenta con piscina, servicio de habitaciones y restaurante.

Ⓜ **SHELBORNE BEACH HOTEL.** 1801 Collins Ave. Miami Beach, Fl 33139. ☎ (305) 531 12 71. Llamada gratis dentro de US. al (800) 327 87 57. Fax 674 92 09.

Es un edificio moderno con 255 habitaciones, con vistas a la Bahía Biscayne y al Océano Atlántico. Los cuartos son amplios y confortables, algunos con cocina, frigorífico y terraza. El hotel tiene piscina de agua caliente con barbacoa y servicio de bar, peluquería, transporte al aeropuerto y restaurante.

Ⓜ **SURFCOMBER HOTEL.** 1717 Collins Ave. ☎ (305) 532 77 15. Llamada gratis dentro de US. al (800) 336 42 64. Fax 532 72 80. De arquitectura Art Decó, ha sido recientemente renovado. Tiene 194 habitaciones, algunas con refrigerador y la mayoría con vistas al Océano Atlántico. El hotel cuenta con piscina normal y de agua caliente, gimnasio, tienda de regalos, servicio de habitaciones, terraza con mesas en el paseo y cafetería.

Ⓜ **THE AVALON HOTEL.** 700 Ocean Dr. ☎ (305) 538 01 33. Llamada gratis dentro de US. al (800) 933 33 06. Fax 534 02 58. En primera línea de la playa, tiene 100 habitaciones y 6 suites, algunas con frigorífico y la mayoría con vistas al mar. Con café, terraza en el paseo y restaurante.

Ⓜ **THE BEACON HOTEL.** 720 Ocean Dr. ☎ (305) 531 58 91. Fax 674 89 76. Es un edificio de típica construcción Art Decó, con la fachada con dibujos geométricos de columnas egipcias, pintadas en colores rosa, salmón y blanco. La entrada del hotel es pequeña y decorada con ambiente tropical, con muebles de bambú, ratán y plantas. Cuenta con 80 habitaciones, sencillas, con muebles de madera en su color natural, colchas y cortinas de diseños de grandes flores, y la mayoría con vistas al mar. Tiene un restaurante estilo bistro con agradables mesas en pleno paseo enfrente de la playa, se llama American Bistro.

Ⓜ **THE COLONY HOTEL.** 736 Ocean Dr. ☎ (305) 673 00 88. Fax 532 07 62. Está situado enfrente de la playa. Tiene 36 habitaciones, con servicio de habitaciones, vistas al mar, bar, terraza y restaurante.

Ⓜ **TUDOR HOTEL.** 1111 Collins Ave. ☎ (305) 534 29 34. Fax 531 74 45. Situado cerca de la playa. Tiene 65 habitaciones y 4 suites, decoradas al estilo Art Decó lo mismo que el resto del hotel. La mayoría cuentan con cocina, microondas, frigorífico y vistas al Océano Atlántico. El hotel ofrece discoteca, bar y restaurante.

Ⓒ **CARDOZO HOTEL.** 1300 Ocean Dr. ☎ (305) 535 65 00. Llamada gratis dentro de US. al (800) 782 65 00. Fax 532 35 63. Es un edificio del más puro estilo Art Decó, de tres pisos de altura, con formas redondeadas en su fachada, pintado de color beige y blanco. fue construido en 1939 por el arquitecto Henry Hohauser, su nombre se debe a Benjamin N. Cardozo, miembro de la Corte de Justicia Suprema durante el mandato del Presidente Roosevelt. Pero la fama de este hotel, se debe a que sus actuales dueños, Gloria Estefan, cantante del grupo Miami Sound Machine y su marido, suelen estar en alguno de sus dos restaurantes, Larios y Allioli. En el mundo de Hollywood, también es conocido y recordado porque aquí se rodó en 1958 la película de Frank Sinatra, "A hole in the Head" cuya canción principal "High Hopes", alcanzó récords en sus tiempos. El hotel tiene 35 habitaciones y 6 suites, decoradas con auténticos muebles Art Decó, todas con TV, vídeo, mando a distancia, estereo y CD. Está situado enfrente de una de las playas más de moda en este momento. En la terraza que tiene el Hotel en la entrada, los fines de semana por la noche, tiene mucho ambiente con música en vivo, latina y caribeña.

❻ **CARLYLE HOTEL.** 1320 Ocean Drive. ☎ (305) 534 21 35. Llamada gratis dentro de US: al (800) 338 90 76. Fax 531 55 43. Es un edificio de tres pisos, de arquitectura Art Deco, con esquinas redondeadas, su fachada pintada en malva, salmón y blanco. Como la mayoría de los hoteles del Distrito Art Decó, ha sido totalmente restaurado. Las habitaciones son pequeñas, decoradas con muebles de la época en colores malvas, con cortinas de color salmón. Resultan verdaderamente horteras. Su restaurante, el Carlyle Grill, tiene como todos los de la calle tremendo ambiente por las noches y los fines de semana. Está situado en primera línea de la playa.

❻ **CAVALIER HOTEL.** 1320 Ocean Dr. ☎ (305) 534 21 35. Llamada gratis dentro de US. al (800) 338 90 76. Fax 531 55 43. Es un edificio de tres pisos, con la fachada en tonos beige, salmón y blanco. La entrada está decorada con típicos adornos Art Decó con motivos geométricos egipcios. Tiene 40 habitaciones y dos suites, no muy grandes pero agradables, con camas grandes y todo en color salmón, algunas con vistas al mar. No tiene música por la noche ni el ambiente festivo de sus vecinos, por lo que está indicado para los que les gusta acostarse pronto y no les gustan los ruidos. Situado en primera línea de la playa.

❻ **LAFAYETTE HOTEL.** 944 Collins Ave. ☎ (305) 673 22 62. Tiene 54 habitaciones, todas con TV por satélite y algunas con vídeo. De tamaño no son muy grandes pero resultan cómodas. Tiene bar con terraza.

❻ **RIANDE CONTINENTAL HOTEL.** 1825 Collins Ave. ☎ (305) 531 35 03. Llamada gratis dentro de US. al (800) 742 63 31.

Tiene 240 habitaciones y 10 suites, todas con minibar. Algunas con vistas al mar. Piscina de tamaño olímpico con barbacoa y bar, servicio de habitaciones y restaurante. Está situado en primera línea de la playa.

Ⓒ THE RALEIG. 1775 Collins Ave. ☎ (305) 534 63 00. Fax 538 81 40. Como todos los hoteles de este sector es de estilo Art Decó y su fachada está pintada en tonos pasteles. Tiene 114 habitaciones pequeñas pero agradables, todas con TV y vídeo con mando a distancia, estéreo y CD, la mayoría de habitaciones con frigorífico, algunas con vistas al Océano Atlántico. Cuenta con gimnasio, servicio de habitaciones, piscina con bar, terraza en el paseo y restaurante. Está en primera línea de la playa.

Ⓒ THE RITZ PLAZA HOTEL. 1701 Collins Ave. ☎ (305) 534 35 00. Situado enfrente del mar. Tiene 125 habitaciones y 4 suites. Con piscina, restaurante y terraza en el paseo.

Ⓒ WALDORF TOWERS HOTEL. 860 Ocean Dr. ☎ (305)531 7684. Llamada gratis dentro de US. al (800) 933 23 24. Fax 672 68 36. Su fachada está pintada en amarillo, rosa y blanco. La entrada y terraza del hotel está adornada con luces de neón según la moda de los años 40 y 50. Tiene 40 habitaciones y 2 suites, decoradas en colores rosa y verde con motivos Art Decó, las habitaciones y los baños como en la mayoría de estos hoteles de los años 40, son pequeñas. Tiene restaurante y una agradable terraza en la calle enfrente del mar.

Ⓛ MARLIN HOTEL. 1200 Collins Ave. ☎ (305) 673 87 70. Fax 673 96 09. Tiene 11 suites decoradas todas de forma distinta, de estilo tropical, con cocina y frigorífico. Además tiene servicio de habitaciones, tienda de regalos y restaurante, salón para reuniones y servicio de secretaría bilingüe.

MIAMI BEACH

Ⓑ LIDO SPA HOTEL. 40 Island Ave. Venetian Causeway. ☎ (305) 538 46 21. Llamada gratis dentro de US. al (800) 327 83 63. Fax 534 36 80. Tiene 90 habitaciones y 10 suites, decoradas con temas tropicales, todas con frigorífico. Cuenta con piscina de agua salada, piscina de agua caliente, sauna, whirlpool, jacuzzi, servicio de habitaciones, gimnasio, peluquería, cafetería y restaurante.

Ⓑ ATLANTIC BEACH HOTEL. 3400 Collins Ave. ☎ (305) 672 65 39. Llamada gratis dentro de US. al (800) 672 09 31. Fax 673 38 96. Se encuentra en primera línea de la playa. Tiene 44 habitaciones decoradas al estilo Art Decó, la mayoría con cocina, frigorífico y microondas.

Ⓑ **TARLETON HOTEL.** 2469 Collins Ave. ☎ (305) 538 57 21. Tiene 120 habitaciones en primera línea de la playa, todas con frigorífico. El hotel además cuenta con piscina de tamaño olímpico, servicio de habitaciones, servicio de guardería, *nightclub* y restaurante.

Ⓑ **RENDALE HOTEL.** 3120 Collins Ave. ☎ (305) 531 66 04. Llamada gratis dentro de US. al (800) 525 07 84. Fax 531 99 89. Tiene 100 habitaciones que han sido redecoradas recientemente, todas tienen cocina y frigorífico. Está situado enfrente de la playa, con piscina y servicio de habitaciones.

Ⓑ **PARADISE INN MOTEL.** 8520.00 harding Ave. ☎ (305) 865 62 16. Cuenta con 96 habitaciones, sencillas la mayoría con cocina. Piscina.

Ⓑ **DAYS INN BROADMOOR.** 7450 Ocean Terrace. ☎ (305) 866 16 31. Fax 868 46 17. Tiene 89 habitaciones y 4 suites decoradas con muebles de estilo Art Deco, la mayoría con frigorífico. Además cuenta con piscina, sala de juegos, servicio de habitaciones, cafetería y restaurante.

Ⓑ **BEACH MOTEL.** 8601 Harding Ave. ☎ (305) 861 20 01. Tiene 53 habitaciones, todas con cocina y frigorífico. Con piscina de agua caliente.

Ⓑ **INTERNATIONAL INN.** 2301 Normandy Dr. ☎ (305) 866 76 61. Llamada gratis dentro de US. al (800) 848 09 24. Fax 868 60 53. Se encuentra en la isla Normandy. Tiene 60 habitaciones con cocina, la mayoría con terraza. Además el hotel tiene piscina con servicio de cafetería y restaurante, servicio de habitaciones y restaurante.

Ⓜ **RAMADA RESORT DEAUVILLE.** 6701 Collins Ave. ☎ (305) 865 85 11. Llamada gratis dentro de US. ☎ (800) 327 66 56. Fax 865 81 54. Se encuentra enfrente del mar. Tiene 550 habitaciones y 9 suites, decoradas con muebles modernos e impersonales pero cómodas, la mayoría tienen terraza y magníficas vistas al Océano Atlántico y a la Intercoastal Waterway. El hotel tiene piscina olímpica, jacuzzi, peluquería, gimnasio, sala de juegos, 3 canchas de tenis, servicio de habitaciones, tienda de regalos, cafetería, bar y restaurantes.

Ⓜ **DAYS INN OCEANSIDE.** 4299 Collins Ave. ☎ (305) 673 15 13. Llamada gratis dentro de US. al (800) 356 30 17. Fax 538 02 27. Situado enfrente del mar, con 133 habitaciones la mayoría con frigorífico. El hotel tiene piscina con servicio de bar y de restaurante, piscina de agua caliente, bar y 2 restaurantes.

Ⓜ **MONTE CARLO OCEAN FRONT RESORT HOTEL.** 6551 Collins Ave. ☎ (305) 866 04 11.

Fax 861 47 73. Con 170 habitaciones y 15 suites, decoradas con muebles modernos, resultan bastante sosas e impersonales. Todas con magníficas vistas al mar y a la Intercoastal Waterway. Tiene la playa a pocos metros, piscina con servicio de bar y de restaurante, piscina de agua caliente, servicio de habitaciones, bar y restaurante.

Ⓜ **THE RONEY PLAZA APARTMENT HOTEL.** 2301 Collins Ave. ☎ (305) 531 88 11. Llamada gratis dentro de US. al (800) 432 43 17. Fax 538 71 41. Tiene habitaciones, estudios y apartamentos de uno o dos dormitorios, todos con cocina completa. El edificio se encuentra en primera línea de la playa. Además cuenta con piscina con servicio de bar y cafetería, piscina olímpica de agua caliente, peluquería sala de juegos, tienda de regalos y cafetería.

Ⓜ **SOVEREIGN HOTEL.** 4385 Collins Ave. ☎ (305) 531 53 71. Tiene 100 habitaciones y 2 suites con vistas al Océano Atlántico, la mayoría con cocina. El edificio está situado enfrente de la playa. Tiene piscina de agua caliente.

Ⓜ **HOWARD JOHNSON HOTEL.** 4000 Alton Rd. ☎ (305) 532 44 11. Llamada gratis dentro de US. al (800) 633 85 73. Fax 534 65 40. Tiene 140 habitaciones, el edificio está situado en la parte oeste de Miami Beach, con vistas sólo a la Bahía. Tiene 140 habitaciones. Además cuenta con piscina de agua caliente, servicio de habitaciones, transporte al aeropuerto, cafetería, bar y restaurante.

Ⓜ **THE GOLDEN SANDS BEACH RESORT AND HOTEL.** 6901 Collins Ave. ☎ (305) 866 87 34. Llamada gratis dentro de US. al (800) 032 03 33. Fax 866 01 87. Está situado en primera línea de la playa. Este hotel ofrece facilidades para practicar diversos deportes de agua, especialmente el submarinismo. Tiene un instructor con más de 20 años de experiencia en dar clases de submarinismo. El hotel alquila todo el equipo necesario y organiza excursiones por los arrecifes de los alrededores.

Ⓜ **HOWARD JOHSON HOTEL OCEANSIDE.** 6261 Collins Ave. ☎ (305) 868 12 00. Fax 868 30 03. Está situado enfrente de la playa con vistas al Océano Atlántico y a la Intercoastal Waterway. Tiene 150 habitaciones, alguna de ellas con frigorífico y microondas. Además cuenta con piscina de tamaño olímpico, servicio de habitaciones y restaurante.

Ⓜ **TRAYMORE HOTEL.** 2445 Collins Ave. ☎ (305) 534 71 11. Llamada gratis dentro de US. al (800) 445 15 12. Fax 538 26 32. Situado en primera línea de la playa. Tiene 80 habitaciones y 2 suites, todas con frigorífico. El hotel cuenta con piscina con servicio de bar y cafetería, piscina de agua caliente, jacuzzi, servicio de habitaciones, tienda de regalos, y el restaurante La Famiglia, de cocina italiana, con música en vivo todas las noches.

Ⓜ OCEAN PAVILION HOTEL. 5601 Collins Ave. ☎ (305) 865 65 11. Llamada gratis dentro de US. al (800) 624 85 80. Fax 868 57 79. Tiene 140 habitaciones con cocina y magníficas vistas al mar. Se encuentra en primera línea de la playa. Además cuenta con piscina de agua caliente, tienda de regalos, peluquería y cafetería.

Ⓜ DUNES. 7001 Collins Ave. ☎ (305) 947 75 11. Está decorado con estilo tropical con abundancia de platas y muebles de bambú. Situado enfrente del mar. Tiene 200 habitaciones, todas con cocina. Además el hotel tiene piscina, facilidad para deportes de agua, pub, discoteca y restaurante.

Ⓒ DORAL OCEAN BEACH RESORT. 4833 Collins Ave. ☎ (305) 532 36 00. Llamada gratis dentro de US. al (800) 223 67 25. Fax 532 23 34. Es un inmenso edificio de 18 pisos con la fachada de cristal, situado enfrente de la playa. Es uno de los hoteles que estuvo de moda en los años 60. Actualmente es propiedad de una compañía inglesa. Su entrada es espectacular, con mármol de color beige y grandes lámparas de cristal. Tiene 374 habitaciones y 44 suites, con bar, frigorífico, secador de pelo y maravillosas vistas al Océano Atlántico y a la Bahía de Biscayne. En las 2 suites presidenciales se han invertido $2 millones de dólares para seguridad de sus huéspedes. Para ello fue necesario la ayuda de los servicios secretos. Por ellas han pasado presidentes como Ronald Reagan, Bush y Bill Clinton. Además el hotel cuenta con 2 canchas de tenis iluminadas, piscina de tamaño olímpico con servicio de bar, barbacoa y restaurante, jacuzzi, whirlpool, sala de juegos, gimnasio, peluquería, servicio de habitaciones, servicio de niñera, 3 pubs y 2 restaurantes, uno situado en el último piso del edificio con impresionantes vistas del mar y la bahía.

Ⓒ SEVILLE BEACH HOTEL. 2901 Collins Ave. ☎ (305) 532 25 11. Llamada gratis dentro de US. al (800) 327 16 41. Fax 531 64 61. Situado en primera fila de la playa. Tiene 326 habitaciones y 8 suites, amplias y con la decoración recién renovada, todas tienen frigorífico y vistas al mar. Además tiene piscina de agua caliente de tamaño olímpico, con servicio de bar y restaurante, whirlpool, peluquería, gimnasio, tienda de regalos, servicio de habitaciones, servicio de niñera, facilidades para deportes de agua, cafetería, 2 bares y 2 restaurantes.

🅒 QUALITY SHAWNEE BEACH RESORT. 4343 Collins Ave. ☎ (305) 532 33 11. Fax 532 08 95. Es un inmenso edificio con 475 habitaciones y 4 suites. Está situado enfrente de la playa. El hotel tiene 3 canchas de tenis iluminadas, servicio de bar en la playa, piscina de niños y de agua caliente, servicio de habitaciones, peluquería, tienda de regalos, pub, cafetería y 2 restaurantes.

🅒 EDEN ROC HOTEL AND MARINA. 4225 Collins Ave. ☎ (305) 531 00 00. Llamadas gratis dentro de US. al (800) 327 83 37. Fax 531 69 55. Se encuentra en la primera línea de la playa. Ha sido renovado recientemente. Tiene 350 habitaciones y 45 suites. Cuenta con piscina de agua caliente con servicio de bar y de restaurante, piscina de agua salada de tamaño olímpico, servicio de habitaciones, peluquería, tienda de regalos, cafetería y restaurante.

🅒 CLARION CRISTAL BEACH SUITE. 6985 Collins Ave. ☎ (305) 865 95 55. Llamada gratis dentro de US. al (800) 423 86 04. Fax 866 35 14. Es un edificio nuevo, situado enfrente de la playa. Tiene 56 suites, todas con cocina, frigorífico, microondas y bonitas vistas al Océano Atlántico y a la Intercoastal Waterway. Además tiene piscina, gimnasio y *jacuzzi.*

🅒 SOL MIAMI BEACH RESORT HOTEL & SPA. 3925 Collins Ave. ☎ (305) 531 35 34. Llamada gratis dentro de US. al (800) 336 35 42. Fax 531 17 65. Su arquitectura es de estilo Art Decó. Está situado enfrente de la playa. Tiene 271 habitaciones, con cocina, minibar, frigorífico y microondas. Cuenta con piscina con servicio de bar y de restaurante, servicio de habitaciones, sala de juegos, peluquería, tienda de regalos, pub y 2 restaurantes.

🅒 MIAMI BEACH OCEAN RESORT. 3025 Collins Ave. ☎ (305) 534 05 05. Situado a la misma orilla del mar. Tiene 240 habitaciones y 2 suites. Con piscina de agua caliente y servicio de bar y de restaurante, tienda de regalos, servicio de habitaciones, peluquería, facilidades para practicar deportes de agua, bar y 2 restaurantes.

🅒 THE CASTLE BEACH CLUB. 5445 Collins Ave. ☎ (305) 865 15 00. Llamada gratis dentro de US. al (800) 352 32 24. Fax 865 57 04. Es un edificio grande de 17 pisos, situado en la orilla de la playa. Tiene 300 habitaciones amplias y con muebles modernos. Además el hotel tiene piscina con servicio de bar y de restaurante, piscina olímpica de agua caliente, piscina de niños, gimnasio y restaurante.

🅛 THE FONTAINEBLEAU HILTON RESORT AND SPA. 4441 Collins Ave. ☎ (305) 538 20 00. Llamada gratis dentro de US. al (800) 445 86 67. Fax 534 78 21. Es uno de los hoteles más llamativos y famosos de su época. Es un enorme edificio en forma de C, con vistas a la piscina y al Atlántico como queriendo abarcar toda la belleza de sus vistas. El hotel se renovó completamente, finalizando sus obras en 1992. El tamaño y la decoración de su entrada son espectaculares. Tiene 1.206 habitaciones y 60 suites, con magníficas vistas al mar. Cuenta con 2 piscinas, una de agua dulce y otra de agua salada. La de agua dulce es una de las piscinas más espectaculares de Miami, con una isla de palmeras en el centro, cascadas y bares situados estratégicamente, donde te preparan una deliciosas piñas coladas. Con servicio de restaurante en la piscina, 7 canchas de tenis iluminadas, 18 acres de playa, gimnasio, sala de masajes, 3 *jacuzzis,* sauna, peluquería, sala de juegos, centro comercial con 28 tiendas e internacional *duty free.* Servicio de habitaciones, marina con capacidad para 22 yates, facilidades para practicar deportes de agua como windsurfing, jet skis, ski acuático, vela o parasailing. Además tiene cafetería, pub, 6 restaurantes y una de las discotecas con mejores atracciones de Miami, el Tropigala, donde se ruedan programas de variedades para la TV. En este hotel se rodó la película de James Bond "Goldfinger" interpretada por Sean Connery.

Ⓛ SEACOAST TOWERS SUITE HOTEL. 5151 Collins Ave. ☎ (305) 865 51 52. Llamadas gratis dentro de US. al (800) 523 36 71. Fax 864 79 37. Es un magnífico hotel con una preciosa playa privada, rodeada de palmeras. Tiene 100 suites, grandes y decoradas con mucho gusto, todas con cocina y minibar. Además tiene 2 canchas de tenis iluminadas, 2 piscinas de agua caliente, jardín con barbacoa, tienda de regalos y comidas, marina y restaurante.

Ⓛ ALEXANDER HOTEL. 5225 Collins Ave. ☎ (305) 865 65 00. Llamada gratis dentro de US. al (800) 327 61 21. Fax 864 85 25. Está situado enfrente del mar. Decorado al estilo europeo con muebles clásicos y antigüedades. Tiene 150 suites, todas con cocina, minibar, secador de pelo y magníficas vistas al Océano Atlántico y a la Bahía de Biscayne. El hotel tiene dos preciosas piscinas con jardines sobre la misma arena de la playa, con servicio de bar y restaurante, 4 jacuzzis, gimnasio con personal especializado, sala de reuniones con capacidad para 400 personas, peluquería, tienda de regalos. Facilidad para deportes de agua como windsurfing, ski acuatico, jet skis y vela. Servicio de alquiler de yates y catamaranes. Cafetería, pub y el restaurant Dominique, un elegante restaurante especializado en cocina francesa.

SURFSIDE

Ⓜ **RODNEY OCEAN SUITES.** 9365 Collins Ave. ☎ (305) 864 22 32. Llamada gratis dentro de US. al (800) 327 14 12. Fax 864 30 45. Tiene 90 suites y 9 habitaciones. Las suites con cocina completa y frigorífico, y todas con vistas al mar. Además el hotel tiene piscina con servicio de cafetería, 2 piscinas de agua salada, servicio de habitaciones, sala de juegos y cafetería.

Ⓒ **BEEKMAN HOTEL.** 9499 Collins Ave. ☎ (305) 861 48 01. Llamada gratis dentro de US. al (800) 237 93 67. Fax 865 59 71. Situado en primera línea de la playa con un precioso jardín en la misma altura de la arena. Tiene 124 suites, todas con cocina y frigorífico. Decoradas con muebles modernos, cómodas y con exquisito gusto. Además el hotel cuenta con piscina con servicio de bar, piscina de agua caliente y playa privada.

BAL HARBOUR Y BAY HARBOR ISLANDS

Ⓑ **CORONADO MOTEL.** 9501 Collins Ave. ☎ (305) 866 16 25. Es un pequeño edificio con 41 habitaciones, situado en primera línea de la playa. Los cuartos tienen frigorífico y terraza con vistas al mar. El motel tiene piscina de agua caliente.

Ⓜ **BAY HARBOR INN.** 9660 E. Bay Harbor Dr. ☎ (305) 868 41 41. Fax 868 41 41; ext. 602. Es un pequeño hotel con 24 habitaciones y 12 suites. El hotel tienen piscina de agua caliente, pub y 2 restaurantes.

Ⓜ **SINGAPORE RESORT HOTEL.** 9601 Collins Ave. ☎ (305) 865 99 31. Llamada gratis dentro de Us. al (800) 327 49 11. Fax 866 23 13. Está situado en la misma línea de la playa. Tiene 238 habitaciones, la mayoría con cocina, frigorífico, terraza y todas con magníficas vistas al Océano. El hotel cuenta con piscina con servicio de bar, piscina de agua caliente para niños, piscina de agua caliente para adultos, sala de juegos, servicio de habitaciones, tienda de regalos, cafería, *nightclub* y pub.

Ⓒ **PALMS ON THE OCEAN.** 9449 Collins Ave. ☎ (305) 865 35 51. Llamada gratis dentro de US. al (800) 327 66 44. Tiene 165 habitaciones y 5 suites, situadas en primera línea de la playa. El hotel cuenta con piscina *jacuzzi,* gimnasio y restaurante.

Ⓒ THE SEA VIEW HOTEL. 9909 Collins Ave. ☎ (305) 866 44 41. Llamada gratis dentro de US. al (800) 447 10 10. Fax 866 18 98. Es un edificio de 15 pisos con 210 habitaciones y 10 suites. Algunas tienen cocina y todas con frigorífico y secador de pelo. El hotel tiene piscina con servicio de bar, piscina olímpica de agua caliente, servicio de habitaciones, tienda de regalos, pub y restaurante.

Ⓒ HARBOUR HOUSE. 10275 Collins Ave. ☎ (305) 864 22 51. Tiene 19 apartamentos de un dormitorio, decorados con muebles modernos y prácticos, la mayoría con terraza y magníficas vistas al mar. Además tiene piscina con servicio de bar y restaurante, canchas de tenis, tienda de regalos, peluquería, servicio de habitaciones, bar y restaurante.

Ⓛ SHERATON BAL HARBOUR BEACH RESORT. 9701 Collins Ave. ☎ (305) 865 75 11. Llamada gratis dentro de US. al (800) 325 35 35. Fax 864 26 01. Es un inmenso edificio situado entre la playa y el centro comercial Bal Harbour. Tiene 668 suites, con maravillosas vistas al Océano Atlántico, decoradas con muebles modernos y grandes camas, todas con minibar, vídeo y cafetera. El hotel cuenta con 2 piscinas con servicio de bar y restaurante, canchas de tenis, tienda de regalos, gimnasio, servicio de habitaciones, servicio de guardería, alquiler de coches, 3 pubs, cafetería y 2 restaurantes.

SUNNY ISLES

Ⓑ MONACO OCEANFRONT RESORT. 17501 Collins Ave. ☎ (305) 932 21 00. Llamada gratis dentro de US. al (800) 227 90 06. Fax 931 55 19. Situado enfrente de la playa. Con 113 habitaciones, la mayoría con cocina, frigorífico y microondas. El hotel tiene piscina con servicio de bar, piscina de agua caliente, piscina de niños, gimnasio, sauna, sala juegos, bar y cafetería.

Ⓑ BEACHARBOUR OCEAN RESORT. 18925 Collins Ave. ☎ (305) 931 89 00. Llamada gratis dentro de US. al (800) 643 08 07. Fax 937 10 47. El edificio está situado enfrente de la playa. Tiene 240 habitaciones, la mayoría con cocina, frigorífico y vistas al mar. El hotel cuenta con piscina de niños, piscina con servicio de bar, tienda de regalos y restaurante.

Ⓑ OCEAN ROC. 19505 Collins Ave. ☎ (305) 931 76 00. Llamada gratis dentro de US. al (800) 327 05 53. Está situado en primera línea de la playa. Tiene 100 habitaciones, con terraza y vistas al mar. El hotel cuenta con piscina con servicio de bar, piscina de niños, tienda de regalos, bar y restaurante.

Ⓜ **SUEZ OCEAN FRONT RESORT.** 18215 Collins Ave. ☎ (305) 932 06 61. Llamada gratis dentro de US. al (800) 432 36 61. Fax 937 00 58. Tiene 150 habitaciones situadas enfrente de la playa, la mayoría con cocina, frigorífico y secador de pelo. El hotel tiene piscina con servicio de bar y restaurante, piscina de agua caliente, piscina de niños y restaurante.

Ⓜ **DESERT INN.** 17201 Collins Ave. ☎ (305) 947 06 21. Llamada gratis dentro de US. al (800) 327 63 62. El edificio está situado enfrente de el mar. Tiene 156 habitaciones todas con frigorífico. El hotel tiene piscina con servicio de bar, canchas de tenis, tienda de regalos, bar, discoteca y restaurante.

Ⓜ **WAIKIKI.** 18801 Collins Ave. ☎ (305) 931 86 00. Llamada gratis dentro de US. al (800) 327 63 63. Tiene 339 habitaciones, situadas en primera línea de la playa. El hotel cuenta con piscina, bar y restaurante.

Ⓜ **MARCO POLO RESORT HOTEL.** 19201 Collins Ave. ☎ (305) 932 22 33. Llamada gratis dentro de US. al (800) 327 63 63. Fax 935 50 09. Situado enfrente de la playa. Tiene 550 habitaciones y 30 suites, la mayoría con cocina y todas con frigorífico. El hotel tiene piscina con servicio de bar, cafetería y restaurante, piscina olímpica de agua caliente, piscina de niños, peluquería, sala de juegos, tienda de regalos, servicio de habitaciones, bar, cafetería y restaurante.

Ⓜ **HAWAIIAN ISLE BEACH RESORT.** 17601 Collins Ave. ☎ (305) 932 21 21. Llamada gratis dentro de US. al (800) 327 52 75. Tiene 110 habitaciones decoradas con muebles de estilo tropical. El hotel está situado enfrente del mar, en primera línea de la playa. Tiene piscina con servicio de bar, canchas de tenis, facilidades para deportes de agua, playa privada con servicio de tumbonas y sombrillas, bar, discoteca y restaurante.

Ⓜ **THUNDERBIRD RESORT HOTEL.** 18401 Collins Ave. ☎ (305) 931 77 00. Llamada gratis dentro de US. al (800) 327 20 44. Fax 932 75 21. Tiene 170 habitaciones y 3 suites, en primera línea de la playa. Los cuartos amplios pero sosos de decoración, todos con frigorífico y algunos con cocina. El hotel tiene piscina olímpica de agua caliente, canchas de tenis, gimnasio, jacuzzi, servicio de habitaciones, peluquería, cafetería, pub, discoteca y restaurante.

Ⓜ **CHATEAU BAY THE SEA.** 19115 Collins Ave. ☎ (305) 931 88 00. Llamada gratis dentro de US. al (800) 327 06 97. Tiene 163 habitaciones en primera línea de la playa, la mayoría con terraza con vistas al mar y frigorífico. El hotel tiene piscina con servicio de bar, tienda de regalos, piano-bar y 2 restaurantes.

© RIU PAN AMERICAN OCEAN RESORT. 17875 Collins Ave. ☎ (305) 932 11 00. Llamada gratis dentro de US. al (800) 327 56 78. Fax 935 27 69. Tiene 144 habitaciones y 2 suites en la misma orilla de la playa. Todas con minibar, frigorífico y terraza con vistas al Océano. El hotel tiene piscina con servicio de bar y cafetería, piscina olímpica de agua caliente, 4 canchas de tenis iluminadas, gimnasio, peluquería, tienda de regalos, sala de juegos, servicio de habitaciones, bar, cafetería y 2 restaurantes.

© HOLIDAY INN NEWPORT PIER RESORT. 16701 Collins Ave. ☎ (305) 949 13 00. Llamada gratis dentro de US. al (800) 327 54 76. Fax 956 27 33. Tiene 327 habitaciones y 28 suites, decoradas con muebles modernos en color pastel, todas con frigorífico y terraza con vistas al Océano. Como todos los hoteles situados en la costa en Sunny Isles, su playa es de arena fina de color oro, agua transparente de color esmeralda y rodeada por palmeras. Además el hotel tiene piscina con servicio de cafetería, piscina de agua caliente, piscina de niños, jacuzzi, peluquería, gimnasio, servicio de habitaciones, servicio de niñera, marina, facilidades para practicar deportes de agua, cafetería y el restaurante Newport Pub Restaurante.

NORTH MIAMI, NORTH MIAMI BEACH Y AVENTURA

© THE JOCKEY CLUB RESORT & MARINA. 11111 Biscayne Boulevard. ☎ (305) 893 33 44. Fax 891 81 29. Está situado en North Miami. Tiene 48.00 habitaciones, 8 suites y 4 chalets, impecablemente decorados con cocina completa y frigorífico. El resort cuenta con piscina con servicio de bar, cafetería y restaurante, 4 piscinas de agua caliente, gimnasio, peluquería, 15 canchas de tenis iluminadas, marina con capacidad para 60 yates, tienda de regalos, servicio de habitaciones, agencia de viajes, alquiler de coches, cafetería y 4 restaurantes.

Ⓛ TURNBERRY ISLE RESORT & CLUB. 19999 W. Country Club Dr. ☎ (305) 932 62 00. Llamada gratis dentro de US. al (800) 327 70 28. Está situado en Aventura. Es uno de los resort más lujosos de Miami. Con más de 300 acres de terreno, playa privada, marina, campo de golf y construcción de estilo mediterráneo. Tiene 300 habitaciones y 42 suites, de gran tamaño, decoradas en tonos beige y madera en color natural. El resort cuenta con 4 piscinas,

24 canchas de tenis, de las cuales 18 están iluminadas. Campos de racquetball, gimnasio dirigido por expertos atletas, sauna, whirlpool, equipo de nutricionistas y tratamientos faciales. Baños de hierbas, marina con capacidad para más de 100 yates, facilidades y lecciones de deportes de agua, alquiler de equipos para windsurfing y transporte al aeropuerto. El campo de golf, de 18.00 hoyos, fue diseñado por el campeón de golf Robert Trent Jones, servicio de habitaciones, peluquería, 6 pubs y 5 restaurantes.

RESTAURANTES

Al ser Miami una ciudad básicamente turística, existe una increíble variedad en restaurantes, calidades y precios. La variedad étnica y las diferentes culturas de la población del sur de la Florida, se ve reflejada en la diversidad de los restaurantes de la ciudad. Para no confundir al lector, en vez de una división étnica de restaurantes, voy a seguir la misma división por zonas seguida en los hoteles, especificando la comida regional de cada restaurante. Uno de los mariscos más típicos en Miami, junto con la langosta, es el *Stone Crab* o muelas de cangrejo. La temporada del cangrejo va de mediados de octubre a mediados de mayo. Hay restaurantes que su plato principal es este marisco y cierran cuando la temporada termina, como por ejemplo el famoso Joe`s. En los restaurantes que lo recomendamos como uno de los platos favoritos, es solo durante la temporada. Otros restaurantes lo ofrecen durante el resto del año pero es congelado. Es una práctica muy usual en los hoteles y en algunos restaurantes de USA, que los domingos al mediodía preparen el brunch. Para los americanos es un desayuno abundante tardío, para nosotros es una comida. Por un precio fijo, relativamente bajo, se puede comer de toda una variedad de comida inimaginable. En los restaurantes de más categoría, la decoración suele ser espectacular. En algunos lugares con el almuerzo se puede beber cava gratis durante toda la comida.

En los restaurantes, es una costumbre muy americana pedir el "Doggy Bag" o bolsa para el perro. Esta tradición tan arraigada, no sólo funciona en restaurantes económicos, se puede ver hasta en los restaurantes de más lujo. En esta bolsa para el perro, que casi nunca es para el perro, si no para recenar en la casa, el camarero pone los restos de comida que quedan en el plato. A pesar de llevar más de 11 años viviendo en USA, como española es una costumbre que no acabo de entender y la encuentro práctica, aunque de mal gusto.

En Miami lo mismo que en todas las ciudades americanas, el precio de la comida al mediodía es 50% más barata que la cena. Todos los restaurantes tienen a la hora de la comida el "lunch" con un menú diferente y más asequible que el de la noche.

DOWNTOWN

Ⓑ **LATIN AMERICAN CAFETERIA.** Bayside Marketplace, 401 Biscayne Blvd. ☎ 381 77 74. Abre los domingos. Es un restaurante típicamente cubano. Tiene distintas localizaciones además de esta de Miami. Por muy poco dinero se puede comer raciones espléndidas. Sus platos más solicitados son "Las masitas de puerco", "La palomilla empanizada", o "El lechón asado". Todos servidos con abundante arroz, frijoles negros, yuca con mojo, platanito frito o plátano maduro. Una de las especialidades de esta casa es el "Sándwich cubano". Se prepara con abundancia de pavo, jamón, queso, pepinos, mostaza, mayonesa y pan cubano, se aplasta en una tostadora grande, y se come caliente, es para trogloditas.

Ⓑ **CAROLINA CAFÉ.** 201 N.W. 1st St. ☎ 579 09 30. Está situado enfrente del edificio del Government Center. Su cocina es americana y su mejor plato la carne a la barbacoa acompañada con maíz.

Ⓑ **MIAMI SUN CAFÉ.** Miami Sun Hotel, 228 N.E. 1stAve. ☎ 375 07 86. Abre los domingos. Prepara platos de la cocina francesa, como quiches, croisantes rellenos y ensaladas.

Ⓑ **TRIXIE'S.** 3600 N.E. 2nd Ave. Miami. ☎ 573 67 99. Cierra los sábados y domingos. Es un pequeño restaurante de comida casera. Sus mejores platos son las sopas, el pollo con vegetales y los postres.

Ⓑ **DICK CLARK'S AMERICAN BANDSTAND GRILL.** Bayside Marketplace, 401 Biscayne Blvd. ☎ 381 88 00. Abre los domingos. Se encuentra en el centro comercial Bayside, su cocina es americana. Sus mejores platos son las hamburguesas y las ensaladas.

Ⓑ **S & S RESTAURANTE.** 1757 N.E. 2nd Ave. ☎ 374 42 91. Su menú es de cocina americana. Sus platos cambian todos los días dependiendo del mercado, uno de los más aplaudidos es "El pavo asado relleno con salsa de arándanos". Sus precios son realmente bajos para la calidad y cantidad de su comida.

Ⓑ **CAFÉ CARIBE.** Hotel Days Inn-Central, 660 N.W. 81st St.

☎ 756 51 21. Es la típica cafetería de hotel. Sus platos son de cocina americana.

Ⓑ **STEAK & EGGS.** Days Inn-Downtown, 1050 N.W. 14th St. ☎ 545 91 57. Cocina americana. Está abierto las 24 horas del día.

Ⓑ **WEE BAG IT.** 200 S. Biscayne Blvd. ☎ 377 84 04. Cierra los fines de semana. Tiene platos de comida rápida, como bocadillos, sándwiches o ensaladas.

Ⓑ **GRUNBERG`S DELI & RESTAURANT.** 125 S.E. 3rd Ave. ☎ 371 55 20. Es el típico restaurante americano de comida rápida. Sus platos son carnes a la brasa, ensaladas o sándwiches.

Ⓑ **CAFÉ MJ`S.** Howard Johnson Convention Center Hotel, 200 S.E. 2nd Ave. ☎ 374 30 00. Cocina americana de comida rápida. En el desayuno prepara buffet hasta las 11.00 h.

Ⓜ **HARD ROCK CAFÉ.** Bayside Marketplace, 401 Biscayne Blvd. Este restaurante es uno de los más famosos y populares en USA. Es una cadena mitad inglesa y mitad americana. El primer Hard Rock café se inauguró en Londres en el 1971, su estilo y decoración nació cuando el cantante Eric Clapton le regaló una guitarra al dueño. Es uno de los pocos restaurantes en el que lo importante no es la comida, sino el ambiente, que es desenfadado, joven y divertido, la música es tan alta que más que hablar la gente grita. Está famosa cadena tiene restaurantes en 36 países. Y no hay ciudad que se precie en USA, que no tenga su Hard Rock Café. En Miami se inauguró a finales de septiembre de 1993, en el centro comercial de Bayside. El más grande y espectacular de los Hard Rock Café se encuentra en Orlando a la salida de Universal Studios. Estos restaurantes están decorados con objetos que tienen o que han tenido algo que ver con el mundo del rock. Como por ejemplo trajes de actuar bordados en lentejuelas de Elvis Presley, o de Elton John. Guitarras de artistas famosos como los Beatles o Los Rolling Stones. Según la casa de subastas Sotheby, estos restaurantes tienen la colección más grande de objetos relacionados con el mundo del Rock. En la parte superior del restaurante de Miami, tiene una guitarra de 65 pies de altura, que se mueve al ritmo de la música y se iluminan sus cuerdas durante la noche. Esta inmensa guitarra es desmontable en prevención de algún huracán o viento huracanado. Su cocina es americana y sus platos a base de "Hamburguesas" y "Patatas fritas". Pero en Miami han echo una excepción al añadir al menú platos de la cocina cubana, creole y cajún. Se calcula que en unas semanas, en cuanto se entrene el cocinero van servir hasta paella. Para conocerlo simplemente lo mejor es ir al mediodía entre semana. Para ver su ambiente ir los viernes, sábados o domingos por la noche, aunque las colas para entrar son a veces de más de dos horas.

Ⓜ **EAST COAST FISHERIES.** 360 W. Flagler St. ☎ 373 55 14. Abre los domingos. Este restaurante se encuentra en el río Miami. Con ambiente informal y sin grandes lujos la gente viene aquí a comer buen pescado y marisco. Algunos de sus mejores platos son la "Langosta a la brasa con salsa de ajo" y el "*Stone crab* o cangrejo de la Florida", cuando es la temporada.

Ⓜ **BAY VIEW RESTAURANT.** Biscayne Bay Marriott Hotel, 1633 N. Bayshore Dr. ☎ 536 64 14. Abre los domingos. Es un restaurante informal, desde sus mesas se difruta una magníficas vistas de la Bahía de Biscayne. Su cocina es americana y su mejor día el domingo con brunch desde las 12.00 h hasta las 14.30.

Ⓜ **ABERDEEN ANGUS STEAKHOUSE.** 1313 Coral Way. ☎ 857 07 71. Abre los domingos. Es recomendable hacer reservas. Su decoración es sencilla, su ambiente amable y agradable. Prepara cocina argentina y sus mejores platos son las carnes a la brasa con chimichurri y las pastas caseras. Los viernes y los sábados tiene espectáculos de tango, cierra a las 4 de la mañana.

Ⓜ **TONY CHAN'S WATER CLUB.** Grand Prix Hotel, 1717 N. Bayshore Dr. ☎ 374 88 88. Es necesario reservar mesa. Situado frente a la bahía, y tiene mesas en la terraza. Está especializado en la nueva cocina china. Alguno de sus platos más solicitados son el "Pato Peking" o el "*Blue crab* en salsa de frijoles negros". Es un restaurante que merece la pena visitarlo.

Ⓜ **EL ARRIERO.** 145 E. Flagler St. ☎ 358 15 56. Restaurante de cocina argentina, está situado en el subsuelo del Capital Mall. Decorado con curiosidades típicas de su tierra. Sus mejores platos son "El bife de chorizo el arriero", "Gnocchi milanesas" o la "Milanesas de pollo", como postre merece la pena destacar "Los panqueques el arriero" o "La sopa inglesa".

Ⓜ **ASHLEY'S BAYSIDE.** Sheraton Biscayne Bay, 495 Brickell Ave. ☎ 373 60 00. Abre los domingos. Es recomendable reservar mesa. Es un restaurante informal con magníficas vistas a la bahía. Su cocina es americana, sus mejores platos son los pescados frescos. De lunes a viernes al mediodía tiene buffet.

Ⓜ **GREENHOUSE RESTAURANT.** Holiday Inn, 1770 N.W. 11th St. ☎ 324 08 00. Abre los domingos. Es un restaurante sencillo sin ninguna pretensión. Su cocina es americana, los viernes, sábados y domingos, prepara buffet al mediodía.

Ⓜ **FIREHOUSE FOUR.** 1000 S. Miami Ave. ☎ 379 19 23. Cierra los domingos. Este restaurante era una antigua estación de bomberos. Su cocina es continental, sus mejores platos son los pescados frescos, las pastas y las ensaladas o salads bar.

Ⓜ **COCODRILE CANTINA.** Bayside Marketplace, 401 Biscayne Blvd. ☎ 374 74 17. Abre los domingos. Restaurante de comida mejicana, con decoración típica adornado con piñatas. Está situado en el edificio sur del Centro Comercial de Bayside. Uno de sus mejores platos, para el que le guste el cocodrilo, es el "Crocodile bits". Lo preparan con cocodrilo de los Everglades troceado y aderezado con una salsa de pimientos y tomate. Otra de las especialidades es el "Sidewinder Burrito", un gigantesco burrito hecho con harina de maíz, relleno con carne de pollo y res mezclado con frijoles negros y acompañado con lechuga, queso y pimientos jalapeños. Su ambiente es informal y alegre. Los domingos tiene mariachis en vivo y resulta un poco ruidoso. El servicio cuando hay bastante gente es muy lento.

Ⓜ **JOE`S SEAFOOD RESTAURANT.** 400 N.W. North River Dr. Miami. ☎ 381 93 29. Abre los domingos. Es conveniente reservar mesa. Es un restaurante informal, decorado con temas marineros pero sin ningún lujo. Se encuentra en el río Miami. Tiene una graciosa terraza de madera con mesas para comer encima mismo del río. Su especialidad son los pescados frescos y mariscos. Al entrar en el restaurante se puede ver y elegir el pescado, siendo todos frescos y de primera calidad. Durante la temporada preparan muy bien el "*Stone crab*".

Ⓜ **MOVIES RESTAURANT.** 8400 Biscayne Blvd. ☎ 757 03 71. Abre los domingos. Es recomendable reservar mesa. Está decorado con fotografías de artistas de Hollywood. Su cocina es alemana, su especialidad es el "Schnitchel".

Ⓜ **THE TERRACE CAFE.** Omni International Hotel, 1601 Biscayne Blvd. ☎ 374 00 00. Abre los domingos. La decoración es informal, su cocina internacional. Tiene buffet al mediodía de lunes a viernes, los domingos brunch de 11.30 a 15.00 con champán gratis.

Ⓜ **PALM GARDEN COFEE SHOP.** Everglades Hotel, 244 Biscayne Blvd. ☎ 379 54 61. Abre los domingos. Es el típico restaurante de hotel, decorado con muebles modernos y con cocina continental.

Ⓜ **BAYVIEW DINING ROOM.** Dupont Plaza Hotel, 300 Biscayne Blvd. Way. ☎ 358 25 41. Abre los domingos. Es un restaurante sin grandes lujos, lo mejor que tiene son sus vistas a la Bahía de Biscayne. Su cocina es americana con énfasis en las carnes.

© LAS TAPAS DE BAYSIDE. Bayside Marketplace, 401 Biscayne Blvd. ☎ 372 27 37. Abre los domingos. Está decorado al estilo de las tasca de lujo española. Como su nombre lo indica su especialidad son las tapas. Tiene una terraza con agradables mesas afuera. Los viernes y sábados se puede cenar hasta la 1.00. Está situado a la entrada del centro comercial de Bayside.

© THE FISH MARKET. Omni International Hotel, 1601 Biscayne Blvd. ☎ 374 00 00. Comidas de lunes a viernes, y cenas de lunes a sábados, hasta las 23.00 h. Es necesario reservar mesa. Recomendable llevar americana. La decoración es moderna, con sillas de tapicería en color rojo y sofá corrido en flores grandes del mismo tono, las paredes en color salmón dan un ambiente tranquilo y cómodo. Pero lo importante es la comida, su especialidad son los pescados frescos de la Florida. Entre sus mejores platos hay que destacar “Salpicón de langosta con alcachofas”, “Pómpano con salsa de perejil y naranja” o “Langosta con trufas negras y setas salvajes”.

© LOS RANCHOS DE BAYSIDE. Bayside Marketplace, 401 Biscayne Blvd. ☎ 375 81 88. Abre los domingos. Es recomendable reservar mesa. Es uno de los restaurantes más famosos de cocina nicaragüense. Su decoración es rústica típica latinoamericana, desde sus mesas se puede disfrutar de las vistas de la Bahía de Biscayne. Su especialidad son las carnes como “El churrasco a la brasa”, y de postre el “Tres leches”.

© BRICKELL CLUB. 1221 Brickell Ave. 27th floor. ☎ 536 90 00. Cenas de martes a sábados. Cierra los domingos y los lunes. Es recomendable llevar americana. Necesario reservar mesa. Está situado en el piso 27, con magníficas vistas de Key Biscayne y de la Bahía. Es un restaurante elegante decorado con muebles modernos, las mesas están situadas cerca de las grandes cristaleras para poder apreciar mejor sus vistas. Su cocina es continental y sus mejores platos son, los pescados y las pastas.

© RIVERWALK CAFÉ. Hyatt Regency Miami, 400 S.E. 2nd Ave. ☎ 358 12 34. Abre los domingos. Decorado con plantas al estilo tropical, desde las mesas tiene magníficas vistas al río Miami. Su cocina es continental, todos los días al mediodía tiene buffet.

© ROYAL PALM COURT. Hotel Inter-Continental Miami, 100 Chopin Plaza. ☎ 577 10 00. Abre todos los días de 7.00 a 22.30 h. Es un restaurante informal, la decoración muy típica de Miami con abundancia de plantas al estilo tropical. Su cocina es americana. Su mejor día es el domingo donde prepara un brunch desde las 11.30 hasta las 14.30 h. con champán gratis y música en vivo.

© ESPLANADE. Hyatt Regency Miami, 400 S.E. 2nd Ave. ☎ 358 12 34. Cierra los domingos. Es necesario llevar americana. Es un elegante restaurante, con decoración clásica. Prepara platos de la New Cuisine Americana, son originales y bien bien presentados. El servicio es rápido y eficiente.

© LE PAVILLON. Hotel Inter-Continental Miami, 100 Chopin Plaza. ☎ 577 10 00. Es necesario reservar mesa. Cierra los domingos. Es sofisticado y elegante. Tiene cocina francesa y buena selección de vinos. El servicio es eficiente.

© BRASSERIE BRICKELL KEY. 601 Brickell Key Dr. Claughton Island. ☎ 577 09 07. Este restaurante se encuentra en la isla de Claughton, entre el downtown y Brickell. Su cocina es italiana y sus mejores platos las pastas.

© LOMBARDI`S OF MIAMI. Bayside Marketplace, 401 Biscayne Blvd. ☎ 381 95 80. Es recomendable reservar mesa. Es un restaurante moderno e informal, especializado en cocina italiana. Sus mejores platos son las pastas frescas y los pescados de la Florida. Tiene una terraza muy agradable.

© EL MIRADOR. Occidental Park Hotel, 100 S.E. 4th St. ☎ 374 51 00. Abre los domingos. Con ambiente tropical, este restaurante prepara platos de cocina internacional. Tiene bonitas vistas al río Miami.

Ⓛ FLORENCIA. Occidental Park Hotel, 100 S.E. 4th St. ☎ 374 51 00. Comidas de lunes a viernes de 12.00 a 15.00 h. Cenas de lunes a sábados de 19.00 a 23.30 h. Cerrado los domingos. Es recomendable llevar americana. Reserva necesaria. La decoración es excelente con mezcla de muebles clásicos y modernos. El chef José Luis Langaríca, oriundo de Logroño, prepara platos de la New Cuisine Vasca, con mucho acierto y espléndida presentación. Durante el mes de noviembre, organizan la semana “Jornada Cultural de España”. Celebrándolo con deliciosos platos, vinos, y la presentación de personalidades que han sobresalido en la vida social española.

AEROPUERTO

Ⓑ LOS GALLEGOS. 6549 S.W. 40 St. ☎ 661 30 40. Abre los domingos. Se le puede considerar como uno de los mejores restaurantes de tapas en Miami. Su dueño Daniel Sánchez que de gallego no tiene nada, por que es de la Lanaja, provincia de Huesca, prepara las mejores tapas, chorizo y longaniza. Durante los años 1991 y 1992 ha recibido el primer premio y mención especial al mejor restaurante de tapas, otorgado por el "Miami News Times". Sus mejores platos son la tortilla de patatas, el salpicón de mariscos, las gambas al ajillo, los calamares rebozados y el chorizo y longaniza de la casa. La decoración es informal, como una tasca española, el servicio es inmejorable.

Ⓑ **VERSAILLES.** 3555 S.W. 8th St. ☎ 445 76 14. Abre los domingos. Es el más típico restaurante cubano. La fachada está decorada con columnas que parecen mármol y por dentro lleno de espejos. Sus platos más solicitados son "El puerco asado", "Los filetes de palomilla empanizada", "La ropa vieja" o "Las masitas de puerco", todos los platos vienen acompañados por arroz blanco o amarillo, frijoles negros, platanitos fritos o maduros, estos últimos conocidos por "tostones" y yuca con mojo. Las raciones son inmensas y los precios muy asequibles.

Ⓑ **CAFE FENNEL.** Renaissance Hotel, 3941 N.W. 22nd St. ☎ 871 17 00. Cocina americana sin lujos, agradable y buen precio.

Ⓑ **LA BORINQUEÑA.** 10305 W. Flagler St. ☎ 559 22 01. Es un restaurante de comida puertorriqueña. La decoración no vale gran cosa. La comida está bien a unos precios asequibles y el servicio es eficiente. Los platos más solicitados son, como aperitivo los antojos típicos borinqueños como "Las alcapurrias de jueyes", que es masa de plátano verde rellena de carne de juey. El plato principal de la casa es "El mofongo relleno con yuca y yautia", el relleno puede ser de langosta, camarones, pulpo, carne de res, cerdo o pollo, dependiendo del relleno varia el precio del plato. En cuanto al postre los más típicos son "El majarete" o "El tembleque".

Ⓑ **GUAYACAN RESTAURANT.** 1933 S.W. 8th St. ☎ 649 20 15. Se encuentra al sureste del aeropuerto en La Pequeña Habana. Con cocina nicaragüense, sus mejores platos son el "Churrasco asado" o "Los antojitos".

Ⓑ **BOBBY RUBINO`S .** Best Western Miami Airport Inn, 1550 N.W. LeJeune Rd. ☎ 871 64 10. Es un restaurante sencillo que está especializado en costillas y carne a la barbacoa.

Ⓜ **CAFÉ BARCELONA.** Crown Streling Suites Miami Airport, 3974 N.W. South River Dr. ☎ 634 50 00. Abre los domingos. Es conveniente reservar mesas para grupos. Está decorado con ambiente tropical. Su cocina es continental y tiene algún plato de la cocina española.

Ⓜ **94TH AEREO SQUADRON RESTAURANT.** 1395 N.W. 57 Ave. ☎ 261 42 20. Abre los domingos. Es recomendable reservar mesa. El edificio es una réplica de una granja rústica francesa del siglo pasado, rodeada por jardines y un lago. El interior es rústico y alegre, muy bien decorado. Toda la pared del frente es de ventanas francesas con vistas a la pista de aterrizaje del aeropuerto. Desde todas las mesas hay teléfonos antiguos donde se pueden oír las conversaciones de los controladores aéreos del aeropuerto. Su cocina es americana, está especializado en carnes a la brasa y pescados frescos. Los domingos al mediodía tiene brunch.

Ⓜ **PROVARE.** Doral Resort and Country Club, 4400 N.W. 87th Ave. ☎ 591 64 55. Abre los domingos sólo para la cena. Cocina italiana, sus pizzas son caseras y muy buenas. De lunes a viernes tiene al mediodía buffet de 11.30 a 14.30 h.

Ⓜ **THE PALM TREE RESTAURANT.** Holiday Inn Airport Lakes, 1101 N.W. 57th Ave. ☎ 266 00 00. Abre los domingos. Está decorado con estilo Art Nouveau. Desde las mesas tiene bonitas vistas al lago y los jardines. Su especialidad son las carnes a la brasa. De lunes a viernes tiene buffet al mediodía. Y los sábados y domingos tiene brunch de 11.30 a 14.00 h.

Ⓜ **THE GREEK HOUSE.** 1429 S.W. 107 Ave. ☎ 225 81 79. Este restaurante es de cocina griega, sus mejores platos son, el Saganaki, se toma para aperitivo y es queso horneado con jugo de limón y mantequilla, como plato fuerte la especialidad de la casa es "El Paikaia lamb chops" o chuletas de cordero cocinadas al carbón. Los fines de semana por la noche tiene música griega en vivo.

Ⓜ **THE OLIVE GARDEN.** 8201 W. Flagler. ☎ 266 55 00. Abren los domingos. Es una cadena de restaurante de comida italiana. Sus platos están muy bien preparados, son grandes y muy bien de precio. La decoración es agradable y las mesas están lo suficientemente separadas para no dar la sensación de estar comiendo en la mesa del vecino. Es un restaurante familiar que gusta mucho a los niños. En Miami hay algunos restaurantes que tiene el menú en Braille para ciegos, pero Olive Garden es la única cadena que tiene el menú en audiocasetes para los ciegos que no saben leer el sistema Braille. En las cintas se puede escuchar la variedad de platos que tienen de aperitivo, comida, cena y postres, así como las diferentes clases de cafés, calorías y grasas de cada plato. Los fines de semana suele haber cola para entrar.

Ⓜ **THE CORAL CAFÉ.** Miami Airport Hilton and Towers, 5101

Blue Lagoon Dr. ☎ 262 10 00. Abre los domingos. De cocina internacional, tiene buffet al mediodía de lunes a sábados, los domingos brunch de 10.00 a 14.00 h.

Ⓜ **FRIDAY'S.** 10603 N.W. 12th St. ☎ 592 76 66. La decoración es graciosa y cuidada, con abundancia de adornos en madera oscura, cuadros informales. Los platos son abundantes, con mezcla de la cocina mejicana y cajún. El que está en el aeropuerto se encuentra en el centro comercial International Mall.

Ⓜ **THE SPIRIT.** 7250 N.W. 11th St. ☎ 262 95 00. Abre los domingos. Es un divertido y extravagante restaurante decorado con objetos que tengan que ver con la aviación, por ejemplo los asientos pertenecen a aviones. La cocina es continental. Los fines de semana tiene música latina en vivo y los miércoles música caribeña.

Ⓜ **PALM FOREST.** Holiday Inn, LeJeune Center, 950 N.W. LeJeune Rd. ☎ 446 90 00. Su cocina es continental y su especialidad son las carnes y los pescados frescos de la Florida.

Ⓜ **COVADONGA.** 6480 S.W. 8th St. ☎ 261 24 06. Abre los domingos. Está situado al sur del aeropuerto. Es un restaurante de comida cubana, decorado con temas marineros.

Ⓜ **TRADERS.** Radisson Mart Plaza Hotel, 711 N.W. 72nd Ave. ☎ 261 38 00. Abre los domingos. Es un restaurante informal de cocina americana. Los domingos de 11.00 a 15.00 h. Tiene brunch.

Ⓜ **COURTYARD CAFÉ RESTAURANT AND LOUNGE.** Courtyard by Marriott, 3929 N.W. 79th Ave. ☎ 477 81 18. Abre los domingos. Es un restaurante sin pretensiones que ofrece platos de la cocina americana.

Ⓜ **STAGGERBUSH LAWN GRILL.** Doral Resort and Country Club, 4400 N.W. 87th Ave. ☎ 592 20 00. Abre los domingos. Es un restaurante informal con mesas en la terraza y vistas al campo de golf del Doral. Su cocina es típica americana, a base de hamburguesas y ensaladas.

Ⓜ **CHAMPION'S RESTAURANT.** Doral Resort and Country Club, 4400 N.W. 87th Ave. ☎ 592 20 00. Abre los domingos. Desde las mesas se puede disfrutar de la vista de los jardines y el campo de golf del Doral. Cocina americana, sus platos son sencillos y sin sofisticaciones a base de hamburguesas, ensaladas y sándwiches.

Ⓒ **RIVER CAFÉ.** Sheraton River House, 3900 N.W. 21st St. ☎ 871 38 00. Abre los domingos. Es recomendable reservar mesa. Es un elegante restaurante donde preparan platos de la cocina americana, caribeña y latina.

Ⓒ **IMPRESSIONS.** Radisson Mart Plaza, 711 N.W. 72nd Ave. ☎ 260 38 00. Cierra los domingos. Tiene platos de cocina continental. Su decoración es moderna y confortable. Las cenas están amenizadas con música de piano.

© LE CAFE ROYAL. Hotel Sofitel, 5800 Blue Lagoon Dr. ☎ 264 48 88. Es recomendable reservar mesa. Decoración elegante y servicio rápido y eficiente. Su cocina es francesa. Los domingos tiene brunch de 11.00 a 15.00 h. con champaña gratis.

© CASA JUANCHO. 2436 S.W. 8th St. ☎ 642 24 52. Abre los domingos. Este restaurante se encuentra al sureste del aeropuerto, en La Pequeña Habana. Sus platos son típicos de la cocina española, aunque haciéndoles algunas concesiones a los cubanos. Su decoración es española y muy bien conseguida. Una de las mejores en estilo rústico, sin toreros ni flamencos, con paredes de ladrillo visto cruzadas por vigas de madera antigua, mesas de madera rústica y cortinas de arpillera bordada en colores. Su menú tiene tapas variadas, buenas carnes y pescados frescos de la Florida. Los fines de semana por las noches, tiene música en vivo. Además cuenta con una magnífica barra.

© CENTRO VASCO. 2235 S.W. 8th St. ☎ 643 96 06. Abre los domingos. Está situado al sureste del aeropuerto, en La Pequeña Habana, casi enfrente de Casa Juancho. Quizás el nombre os pueda engañar, de vasco tiene poco, su cocina es mayoritariamente cubana y con algún plato de cocina española "descafeinado". Su dueño fue un vasco que vivió por muchos años en Cuba, y como miles de cubanos tuvo que dejar la isla por cuestiones políticas. De miércoles a domingos ofrece por las noches espectáculos de flamenco.

© LA CAVALLERIA RUSTICANA. 782 N.W. 42nd Ave. ☎ 443 55 09. Cierra los domingos. Es recomendable reservar mesa. Es un restaurante elegante decorado con madera oscura y grandes ventanales de estilo francés, la tapicería de las sillas y manteles son de color salmón. Su cocina es italiana, alguno de sus mejores platos son, "Risotto milanese al tartufo", "El grouper Rusticana con camarones y crema de Brandy" o la estrella de la casa "El osso bucco con polenta". Los fines de semana por la noche tiene música en vivo para amenizar la cena.

© TOP OF THE PORT. Miami International Airport Hotel, N.W. 20th St. and LeJeune Rd. ☎ 871 41 00. Abre los domingos. Es recomendable hacer reservas. Es un restaurante elegante adornado con cantidad de plantas que da la sensación de un jardín. Tiene bonitas vistas de la ciudad. Sus platos son de la New Cuisine Americana, están muy bien presentados. Por las noches las cenas están amenizadas con música de piano.

© THE COVE. Miami Airport Hilton and Towers, 5105 Blue Lagoon Dr. ☎ 262 10 00. Cierra los domingos y lunes. Con ambiente elegante y cuidado, este restaurante ofrece platos de la cocina americana. Su especialidad son las carnes y los pescados frescos de la Florida.

© EL CID. 117 N.W. LeJeune Rd. ☎ 642 31 44. Abre los domingos. Es conveniente reservar mesa. El edificio imita un castillo medieval español. Tanto en el exterior como el interior no han escatimado medios. Se trajeron artesanos españoles para tallar la piedra y pintar el restaurante. Las lámparas son de hierro forjado igual que las rejas, las paredes de piedras con escudos tallados, los toldos de la entrada con los escudos de castilla (igual que en la película del Cid), las sillas de cuero antiguo y hasta las copas son de peltre antiguo, lástima que la cocina no esté a la misma altura del espectáculo. Los platos son de la cocina cubana y española. Tiene una barra muy bien surtida. Los fines de semana tiene música en vivo.

© LA CASONA. 6355 S.W. 8th St. Miami. ☎ 262 28 28. Abre los domingos. Situado al sur del aeropuerto, en la famosa calle ocho. Su cocina es cubana aunque tiene algún plato de la cocina española. El edificio representa una típica hacienda cubana del siglo XIX.

© LA RIVIERA. Hotel Sofitel, 5800 Blue Lagoon Dr. ☎ 264 48 88. Abre Los domingos. Es recomendable hacer reservas para grupos. Es un restaurante alegre e informal decorado al estilo mediterráneo. Su cocina es francesa, el servicio es eficiente. Los domingos tiene brunch de 11.00 a 15.00 h. con champaña gratis.

© SANDPIPER STEAK & SEAFOOD RESTAURANT. Doral Resort & Country Club, 4400 N.W. 87th Ave. ☎ 592 20 00. Cierra los lunes. Es necesario hacer reservas. Es un restaurante elegante y sofisticado. Su especialidad son las carnes a la brasa pero también preparan exquisitos pescados frescos.

CORAL GABLES

Ⓑ LAS RÍAS GALLEGAS. 804 Ponce de León. ☎ 442 90 58. Abre los domingos. Es un restaurante sencillo. Decorado sin grandes lujos. Su cocina es española con abundancia de platos gallegos. La calidad de sus productos es de primera y su relación precio calidad muy buena.

Ⓑ HOWARD JOHNSON RESTAURANT. Howard Johnson

Hotel, 1430 S. Dixie Hwy. ☎ 665 75 01. Es un sencillo e informal restaurante de cocina americana.

Ⓑ **THE ISLAND RESTAURANT.** 2345 S.W. 37th Ave. ☎ 448 12 79. Es un restaurante económico especializado en carne y pescados a la barbacoa

Ⓑ **VILLA HABANA.** 3398 Coral Way. ☎ 446 74 27. Abre los domingos. Es un restaurante barato, frecuentado por familias, de comida cubana. El menú es original y el servicio rápido.

Ⓜ **IPANEMA GRILL.** 1771 Coral Way. ☎ 285 47 77. Abre los domingos. Es un restaurante brasileño. Está decorado con una pantalla gigante de TV que te muestra vistas del último Festival de Río. El menú no es grande pero sus platos son generosos. Algunos de los más originales son, "Rodizio" es una variedad de carnes sin limite, compuesta por rosbeef, butifarra, cordero, pollo, hígado... cocinadas a la brasa, el camarero te saca continuamente hasta que se le diga basta, el precio a la hora de la cena es de $15.95 dólares, al mediodía $10.95 dólares. "Feijoada completa", se compone de carne de cerdo, tasajo, huesos, frijoles negros, espinacas y farofa. Siendo brasileño la bebida más solicitada es la "Caipirinha" hecha con limón, hielo picado y cachaza. Los viernes y sábados el restaurante tiene un espectáculo típico brasileño con sambas y lambadas.

Ⓜ **HY-VONG.** 3458 S.W. 8 St. ☎ 446 36 74. Cierra los lunes. Solo abre para las cenas. Es un original restaurante de comida vietnamita. La decoración no se puede decir que sea sencilla, en realidad no tiene decoración simplemente mesas y sillas. Siempre hay que esperar para conseguir una mesa, cuando se consigue. Te proporcionan una baraja para que te distraigas en la espera, pero merece la pena. Algunos de sus mejores platos son, "Bahn cuon", son rollitos de carne de cerdo con sabor a menta fresca, "Lengua en salsa de jengibre" o "Thi kho", que consiste en carne de cerdo cocinada en leche de coco con cebolletas, jengibre y guisantes. Los precios son realmente buenos, la materia prima de calidad y el servicio lento.

Ⓜ **LA NOTTE RISTORANTE.** 65 Alhambra Plaza. ☎ 461 30 40. Abre los domingos. Es un restaurante informal especializado en cocina del norte de Italia. Durante los fines de semana tiene por la noche música en vivo.

Ⓜ **HOUSE OF INDIA.** 22 Merrick Way. ☎ 444 23 48. Abre los domingos. Es recomendable reservar mesa. Prepara auténtica cocina india. De lunes a sábados al mediodía tiene buffet, y los domingos de 12.00 a 15.00 h brunch con champaña gratis.

Ⓜ **RODEO GRILL.** 2121 Ponce de León Blvd. ☎ 447 63 36. Es un "Rodizio" brasileño, que por un precio fijo se puede comer toda la clase de carne a la brasa que se quiera o se pueda. También tiene salad bar.

Ⓜ **GIACOSA.** 394 Giralda Ave. ☎ 445 58 58. Cocina tradicional italiana, prepara muy bien las pastas y la ternera.

Ⓜ **DOMENICO'S.** 2271 Ponce de León Blvd. ☎ 442 20 33. Este restaurante es de cocina italiana pero con toques nuevos y modernos. Las raciones son grandes. El servicio es rápido.

Ⓜ **DOC DAMMERS BAR & GRILL.** The Colonnade Hotel, 180 Aragon Ave. ☎ 441 26 00. Abre los domingos. Es un restaurante informal especializado en cocina americana. El servicio es rápido. Los sábados por la noche tiene música de jazz en vivo. Los domingos de 11.00 a 15.00 h tiene brunch.

Ⓜ **BUGATTI RESTAURANT.** 2504 Ponce de León Blvd. ☎ 441 25 45. Cocina internacional. Prepara muy bien las carnes y pastas.

Ⓜ **CILANTRO.** 139 Giralda Ave. ☎ 444 68 58. Cocina mejicana. Sus mejores platos son las "Fajitas" y el "Filet mignon con pimientos poblanos y queso". El servicio es lento.

Ⓜ **RISTORANTE RIGOLETO.** 65 Merrick Way. ☎ 445 12 00. Abre los sábados para la cena y los domingos está cerrado. Este restaurante prepara platos de la cocina italiana. Tiene mesas al aire libre.

Ⓜ **LAS PUERTAS.** 148 Giralda Ave. ☎ 442 07 08. Abre los domingos sólo para la cena. Sus platos son de la cocina mejicana con algunos toques originales.

Ⓜ **LOUISIANA RESTAURANT.** 1639 Ponce de León. ☎ 445 04 81. Cierra los lunes. Es un restaurante clásico, decorado con antigüedades. Cocina francesa.

Ⓜ **GREENSTREET'S RESTAURANT.** Holiday Inn, 2051 LaJeune Rd. ☎ 445 21 31. Abre los domingos. Cocina americana, especializado en pescados.

Ⓒ **THE BISTRO.** 2611 Ponce de León Blvd. ☎ 442 67 71. Abre los domingos. Es recomendable reservar mesa. Es un cuidado y elegante restaurante, decorado con antigüedades, las paredes de color salmón, las sillas de madera color negro. En las mesas además de una lamparita se puede ver una magnífica vajilla china y paneras de plata. Su menú está formado por platos de la cocina continental. Los más solicitados son, "El foie gras con trufas", "La langosta de la Florida asada con hierbas" y "El prime rib marinado con mostaza, anís y ajos".

Ⓒ **CHARADE.** 2900 Ponce de León. ☎ 448 60 77. Abre los domingos. Es necesario reservar mesa. Es un magnífico y sofisticado restaurante. Decorado con muebles clásicos y antigüedades. En las paredes cuelgan retratos y pinturas al óleo antiguas. Las sillas son de tapicería. Además de los diferentes salones, el restaurante tiene una terraza interior graciosamente decorada con una fuente, plantas y muebles de hierro forjado. Todas las mesas tienen flores frescas. Su cocina es una mezcla de platos franceses y americanos. Los más solicitados son "Los caracoles al roquefort", "Los espárragos con salsa de vinagre de fresas", entre sus platos fuertes "Pato a la maltaise con naranjas, kiwis y pancakes de maíz". Los fines de semana por la noche tiene música en vivo. El servicio es rápido y correcto.

© DIDIER`S FRENCH RESTAURANT. 325 Alcazar Ave. ☎ 448 03 12. Es necesario reservar mesa. Es un restaurante sobrio, decorado en tonos blancos con abundancia de plantas. Las sillas son de anea pintadas en negro y en las mesas siempre se ven flores frescas. Su menú está formado por platos de la New Cuisine Francesa. Los mejores son "Raviolis de langosta con salsa Americana", "Pastel de cangrejo con salsa de mostaza" o "Scallops flambeados con Sherry con salsa de trufas y puerros".

© JOHNMARTIN`S. 253 Miracle Mile. ☎ 445 37 77. Abre los domingos. Es necesario reservar mesa. Es un restaurante y pub típico irlandés. Decorado con elegante y serio estilo clásico. Las paredes de color beige con cuadros de grabados antiguos, muebles y sillas de nogal estilo Reina Ana. Su cocina es continental, tiene platos tan sofisticados como, "Salmón ahumado Irlandés con pan negro casero" o "Gaelic sirloin steak flambeado con Whiskey y salsa de setas". Los viernes y sábados, las cenas están amenizadas con música de piano, y los martes tiene grupos de música típica irlandesa. Los domingos al mediodía prepara brunch.

© LE FESTIVAL. 2120 Salzedo Street. ☎ 442 85 45. Es necesario reservar mesa. El restaurante está decorado al estilo de La Belle Epoque. Las paredes con adornos de espejos y las sillas forradas en tapicería marrón. Las mesas con manteles blancos adornadas con flores frescas. Su cocina es clásica, sus mejores platos son, "Mousse de Salmón con crema de aguacate", "Pato a la naranja" y "Langosta de la Florida con salsa de champaña". El servicio es eficiente.

© RESTAURANT ST. MICHEL. 162 Alcazar Ave. ☎ 444 16 66. Abre los domingos. Es recomendable hacer reservas. Es un alegre e informal restaurante, decorado con antigüedades de estilo Art Nouveau, sillas de madera de respaldo alto, mesas con manteles rosas y flores frescas. Su cocina es internacional y prepara deliciosos platos como, "Langosta a la brasa con pasta y vegetales en salsa de pesto" o "Cangrejo azul de la Florida con linguinis con pimiente negra y crema de lima". Los domingos tiene brunch de 11.00 a 14.30 h.

**VICTOR`S CAFÉ.** 2340 S.W. 32nd Ave. ☎ 445 13 13. Abre los domingos. Es recomendable hacer reservación. Pertenece al mismo dueño que el Victor`s Café de New York. Es un restaurante elegante, su comedor más acogedor es el Mambo Room, es una imitación de un antiguo patio tropical con abundancia de plantas, sillas de bambú oscuras y una fuente de piedra adosada en la pared con adornos de ángeles. Su cocina es una mezcla sofisticada de las cocinas caribeñas y cubanas. La presentación de sus platos es original aunque en algunos casos demasiado recargada. Los fines de semana por la noche tiene música en vivo.

RISTORANTE LA BUSSOLA. 264 Giralda Ave. ☎ 445 87 83. Abre los domingos. Es recomendable reservar mesa. Es uno de los restaurantes más antiguos de Coral Gables, y ha sido reconocido como uno de los 25 restaurantes mejores del país. Su decoración es cuidada y muy selecta, en las paredes tiene pintados frescos de estilo renacentista en tonos ocres, reproducciones de esculturas romanas, las son sillas comodas y tapizadas en rallas. La cocina es italiana, sus platos muy cuidados y bien presentados. El menú lo cambian cada 6 meses. Algunos de sus mejores platos son "Fetuccini con langosta y crema", "Ternara al horno con salsa de pimienta" o "Zuccotti Bussola". En las cenas tiene música de piano.

CAFÉ CAZANDO. 101 Almeria. ☎ 446 19 26. Es necesario reservar mesa. Como el nombre del restaurante lo indica está especializado en platos de caza, de carnes como faisán, búfalo o alce. Está decorado con paredes en color ocre, en ellas tiene cabezas de animales disecados y cuadros de temas de animales. Las mesas con alegres manteles verdes y sillas de madera tapizadas en tono claro. Además de los platos de caza prepara pescados haciendo hincapié en los pescados originales del Caribe. Alguno de sus mejores platos son, "Conch Bahamian con crema de ginger", "Entrecote de búfalo con pimienta negra en salsa de whiskey" o "Filete de yellowtail con frutas del Caribe y crema de limón".

CAFFE BACI. 2522 Ponce de León. ☎ 442 06 00. Abre los domingos sólo para la cena. Es necesario reservar mesa. Es un restaurante alegre e informal. Decorado con muebles modernos. Las paredes en color crema, las sillas lacadas en negro con tapicería en crema, las mesas con mantel blanco y flores frescas, pero demasiado juntas, cuando el restaurante está lleno el salón resulta bastante ruidoso. Sus cocina es tradicional italiana y sus mejores platos son, “Funghi di bosco”, “El antipasto con berenjena, hongos y queso mozarela” y el “Swordfish marinado con aceite de oliva, basil y ajo”.

Ⓒ CASA ROLANDI. 1930 Ponce de León Blvd. ☎ 444 21 87. Abre los domingos. Es necesario reservar mesa. Es recomendable llevar americana. El restaurante es simple, rústico y sencillo. Decorados con paredes blancas encaladas y adornos de cerámica, sillas de madera en su color, manteles blancos con flores frescas en las mesas y vigas de madera adornando la estructura. Tiene un horno es el mismo comedor donde prepara un delicioso pan que saca a las mesas caliente y con aceite de oliva. La cocina es del norte de Italia. Sus mejores platos son, “Mousse de paté con crema de albaricoque” o “Ravioles negros con camarones”.

Ⓒ CAFFE ABRACCI. 318 Aragon. ☎ 441 07 00. Abre los domingos. Es necesario reservar mesa. El restaurante tiene un decorado sencillo y con exquisito gusto. Las paredes pintadas de color salmón, enmarcadas en madera oscura y con cuadros modernos, las mesas con manteles blancos y centros de flores naturales, las sillas clásicas, cómodas y tapizadas en verde oscuro. Recibió en los años 1990 y 1991 el premio como mejor restaurante de cocina italiana del sur de la Florida. Su cocina es tradicional italiana y alguno de sus mejores platos son, “Linguinis negros con mariscos”, “Mozzarella caprese”, preparada con aceite de oliva, tomate y albahaca, “Los agnolotti al pesto” rellenos con espinacas y queso rocotta. Para postre uno de los platos más solicitados es el “Tiramisu”.

Ⓒ ARAGON CAFE. Colonnade Hotel, 180 Aragon Ave. ☎ 448 99 66. Cierra los domingos y los lunes. Es recomendable reservar mesa. Es necesario llevar americana. Es un clásico y elegante restaurante situado en el Hotel Colonnade. Su decoración es tradicional, con salones amplios y de altos techos, las sillas de Luis XV de madera, tapizadas en tonos ocres y marrones, las mesas con manteles blancos y flores frescas. Su cocina es de la Nouvelle Cuisine, con mezcla de platos de la Florida y el Caribe.

Ⓒ TWO SISTERS. Hyatt Regency. 50 Alhambra Plaza.

☎ 441 12 34. Abre los domingos. Es necesario reservar mesa. Está decorado en tonos salmón y negro. La moqueta con diseño muy original es de esos mismos colores, las sillas amplias y cómodas de laca negra y tapicería salmón, las mesas lo suficiente-mente separadas unas de otras, con manteles blancos, flores frescas y en el centro con adornos de cerámica, las paredes en color salmón y con adornos de platos de cerámica. El comedor resulta luminoso y alegre. Su cocina es internacional, sus mejores platos son, "Muelas de cangrejo con aguacate y ali-oli", "Osso bucco con vegetales y vino de marsala" o "Langosta con pasta en crema de basil". Los domingos tiene brunch de 11.00 a 15.00 h.

Ⓒ DARBAR. 276 Alhambra Cir. ☎ 448 96 91. Preparan auténtica cocina india, sazonada sólo con una gran variedad de especias. La decoración es elegante y sofisticada, de estilo victoriano.

Ⓒ RAMIRO'S. 2700 Ponce de León Blvd. ☎ 443 76 05. La decoración es clásica y elegante. Su menú es de la Nouvelle Cuisine Española. Sus platos son originales y su presentación exótica. Es servicio es cordial y rápido.

Ⓒ GIACOSA RISTORANTE. 394 Giralda Ave. ☎ 445 58 58. Abre los domingos para la cena. Es un moderno restaurante especializado en cocina italiana. El servicio es rápido y efectivo.

Ⓛ YUCA. 177 Giralda Avenue. ☎ 444 44 48. Abre todos los días para la cena y de 12.00 a 18.00 h para la comida. Es necesario reservar mesa. Se puede considerar como el restaurante más original del sur de la Florida. Su decoración es fría y sobria. Tiene dos pisos con mesas de mantel blanco, siempre con flores frescas, paredes desnudas, alguna de ellas adornadas con *displays* luminosos, las sillas son de madera en su color, tapizadas en azul con un diseño modernista. Más que un restaurante parece una nave con mesas. Pero si su decoración es fría y desangelada, su comida es original y exótica, algo fuera de serie. Su dueño y chef Douglas Rodriguez, dice que sus platos no son de la Nouvelle Cusine como piensa la gente, si no obras originales mezcla de la cocina cubana y caribeña. Sus productos básicos son locales y las frutas de cada estación. Algunos de sus platos más solicitados son, "Puteria de mariscos en cesta de plátanos", es un fricasé de camarones y calamares, servidos en una cesta de plátanos fritos con aguacate, crema agria y tomate. "Filete de dorada empanado con mariquitas de plátano", servido con una salsa de tamarindo con fufú y pisto, o "El tamal de maíz relleno de cobo", cobo, es el caracol marino. Este plato viene acompañado por, tomate con aceitunas, queso criollo y pesto picante de jalapeño. Entre los postres destaca el "Tres leches de chocolate", que consiste en tarta de chocolate, merengue de chocolate, sorbete de chocolate y mousse de chocolate con crema de Kahlú, o el "Sorbete de coco", adornado con carambola y guayaba fresca. El Sr. Rodríguez ha sido recientemente nombrado como uno de los mejores chefs del país, y en el 1991 recibió el premio como Chef del Año. Además el ha creado los menús de la compañía de cruceros, Carnival Cruises. Este restaurante es frecuentado por profesionales y ejecutivos con mente amplia para las innovaciones culinarias. El servicio es rápido y atento, siempre que no este el restaurante lleno, que entonces los platos se hacen esperar un poco más. La presentación como la comida es fuera de serie. Es un restaurante que merece la pena visitarse.

CHRISTY'S. 3101 Ponce de León Blvd. ☎ 446 14 00. Abre los domingos. Necesario reservar mesa. Es un elegante y tradicional restaurante. En la calle, uno casi no nota su presencia, excepto por los bancos de madera que hay afuera para que la gente pueda sentarse mientras espera. La decoración es clásica, las paredes en color rojo. Las mesas con manteles blancos lo suficientemente separadas para no oír la conversación de los vecinos y con pequeñas lamparitas del mismo color que las paredes. El restaurante tiene el aspecto de un club privado inglés. Su cocina es americana y está especializada en carnes. Es uno de los mejores restaurantes de carne de Miami. Sus platos no son de confección o presentación sofisticada pero su calidad es de primera.

FIDDLER'S. 2728 Ponce de León Blvd. ☎ 441 93 93. Abre los domingos. Necesario reservar mesa. Es un elegante restaurante de comida húngara y alemana. Está decorado con muebles de madera oscura, con cuadros en sus paredes de un pintor húngaro y cortinas de encaje blanco en la entrada. Algunos de sus mejores platos son, "Cold sour cherry soup" o sopa de cereza agria fría, servida en el tradicional puchero. "Hungarian stuffed cabagge" son coles rellenas con carne de cerdo y arroz. Y para postre uno de los más deliciosos es el "Flambled crépes suzette gundel" rellenos de avellanas y salsa de chocolate. La factura te la entregan dentro de una pequeña caja de violín. El servicio es muy atento.

COCONUT GROVE

Ⓑ CAFÉ TERRACE. 3195 Commodore Plaza. ☎ 446 60 90. Abre los domingos. Es una terraza ubicada en una de las calles con más animación de Coconut Grove. Tiene algunos platos de cocina francesa, ensaladas, dulces y pastelería.

Ⓑ CIAO BELLA NAPOLI. 3115 Commodore Plaza. ☎ 445 32 66. Abre los domingos. Está situado en el centro de Coconut Grove. Su menú es sencillo, de cocina italiana. Sirven pasta, pizzas y sándwiches.

Ⓑ COSMIC CONNECTION. 3990 Commodore Plaza. ☎ 445 48 84. Abre los domingos. Es la típica terraza de Coconut Grove. Con comidas como ensaladas, pizzas y sándwiches. Además de comer se puede comprar libros, periódicos o regalos.

Ⓑ GREEN STREET CAFÉ. 3110 Commodore Plaza. ☎ 567 06 62. Abre los domingos. En este café se puede desayunar y merendar. También tiene algunos platos salados como, ensaladas, tortillas o sándwiches.

Ⓑ LE CAMEMBERT. 3425 Main Hwy. ☎ 443 73 75. Abre los domingos. Es el típico café francés con sándwiches un poco más elaborados que los demás. También sirven tartas y dulces.

Ⓑ FUDDRUCKERS. 3444 Main Hwy. ☎ 442 42 84. Los restaurantes Fuddruckers están considerados como los mejores en hamburguesas de Miami. La carne para las hamburguesas la cortan, pican y cocinan delante de los clientes, el tamaño se elige dependiendo del peso que quiera el cliente. El resto de la hamburguesa, queso, tomate natural, lechuga, cebolla, ketchup... es self service. Lo mismo que preparan la carne a la vista, los dulces y cookies se preparan delante del público. Están decorados informales y cómodos. La relación precio calidad es muy buena. El servicio es rápido a pesar de estar siempre llenos. El ambiente es familiar. Todos tienen grandes televisores para que los aficionados puedan seguir los partidos de fútbol.

Ⓑ LA PETITE PATISSERIE. 3045 Fuller Street. ☎ 442 93 29. Abre los domingos. Es el típico café francés con postres, dulces y sándwiches.

Ⓑ MANDARIN GARDEN. 3268 Grand Avenue. ☎ 442 12 34. Abre los domingos. Es un restaurante de la clásica cocina Szechuan China.

Ⓑ PAULO LUIGI'S. 3324 Virginia Street. ☎ 445 90 00. Abre los domingos. Es un sencillo restaurante de comida clásica italiana con ambiente familiar.

Ⓑ REINALDO'S LATIN-AMERICAN CAFETERIA. 2740 S.W. 27th

Ave. ☎ 445 60 40. Abre los domingos. Es el único restaurante de comida cubana en Coconut Grove. Sus precios son buenos y las raciones grandes.

Ⓑ **PEACOCK CAFÉ.** Peacock Plaza, 2977 McFarlane Rd. ☎ 442 88 77. Abre los domingos. Este café tiene una terraza muy agradable en la calle McFarlane. Su menú es de cocina continental, pero también tiene platos para los vegetarianos.

Ⓑ **SUSIE CHENG`S.** 3176 Commodore Plaza. ☎ 567 00 88. Abre los domingos. Es un pequeño restaurante de comida china que está especializado en pescados.

Ⓑ **TAISHO II.** 3480 Main Hwy. ☎ 443 84 98. Abre los domingos. Está decorado con un inmenso acuario y la típicos adornos de los restaurantes japoneses. Los platos del menú son de tradicional cocina japonesa. Su plato estelar tiene un precio fijo. Por este precio se puede comer toda la cantidad de sushi que se quiera o se pueda.

Ⓑ **TRATTORIA PAMPERED CHEF.** 3145 Commodore Plaza. ☎ 567 01 04. Abre los domingos. Es un restaurante de tradicional y casera comida italiana.

Ⓑ **SEÑOR FROG`S MEXICAN GRILL.** 3008 Grand Avenue. ☎ 448 09 90. Abre los domingos. Está situado enfrente de CocoWalk. Tiene una llamativa fachada pintada de verde. Es un restaurante de comida casera mejicana.

Ⓑ **ALESSANDRA`S AT MAYFAIR.** 2911 Grand Avenue. ☎ 445 96 55. Abre los domingos. Está situado en el primer piso del centro comercial Mayfair. Sus platos son muy económicos, a base de lasagna, pizzas, sándwiches o ensaladas.

Ⓑ **DELI LANE EXPRESS.** 3430 Main Hwy. ☎ 448 60 60. Abre los domingos. Es un pequeño restaurante, decorado con estilo Art Deco. Su cocina es sencilla con platos como tortillas, pizzas o ensaladas.

Ⓑ **COZZOLI`S IN THE GROVE.** 3421 Mian Hwy. Coconut Grove. ☎ 567 00 80. Abre los domingos. Esta es una cadena de restaurantes de comida italiana. Su mejor plato es la pizza.

Ⓑ **TOBACCO PLACE.** 3409 Mian Hwy. ☎ 442 17 04. Abre los domingos. Es un café con terraza fuera. Sus platos son de cocina americana, pero sirve el famoso "Sándwiche cubano". Los miércoles tiene música latina en vivo.

Ⓑ **TAURUS.** 3540 Mian Hwy. ☎ 448 06 33. Abre los domingos. Es una vieja taberna con platos de la cocina americana. Las ensaladas tienen un precio fijo y se puede comer toda la que se quiera.

Ⓑ **SHARKEY`S.** 3105 Commodore Plaza. ☎ 448 27 68. Abre los domingos. El menú de este restaurante es reducido y sencillo. Consta de unos pocos pescados, ensaladas y sándwiches.

B PITA AND EATS. 3138 Commodore Plaza. ☎ 448 82 26. Abre los domingos. Está situado en el segundo piso del edificio Grove Harbour. Prepara comida rápida como sándwiches con pan de pita y algunos platos de la cocina griega como los "Gyros" y "Falafel".

B MA FUDD'S PATIO. 3444 Main Hwy. ☎ 446 13 30. Abre los domingos. Es un café sencillo e informal, con terraza en la calle. Los platos de su menú son, pescado fresco y caracol marino o concho frito, alitas de pollo y ensaladas.

B GENE'S PLACE. 2700 S. Dixie Hwy. ☎ 448 53 58. Es un restaurante de comida rápida americana. Sirve tortillas, sándwiches, hamburguesas y ensaladas.

M TUSCANY. 3484 Main Hwy. ☎ 445 00 22. Abre los domingos. Es necesario reservar mesa. Cocina tradicional italiana. Tiene una terraza muy agradable. El servicio es eficiente.

M JAN JO'S RESTAURANT. 3315 Commodore Plaza. ☎ 445 50 30. Abre los domingos. Es un divertido y bohemio restaurante decorado como una isla tropical. Su menú es de la New Cuisine Americana. Los jueves y viernes por la noche tiene un guitarrista, los sábados por la noche música de jazz en vivo.

M CAFÉ MED. CocoWalk. 3015 Grand Ave. ☎ 443 17 70. Abre los domingos. Es un divertido restaurante de comida italiana. Su decoración es informal y alegre. Uno de sus platos más solicitados son las pizzas que son caseras y deliciosas. El ambiente es de gente joven. Las mesas están demasiado juntas, la música muy fuerte y resulta ruidoso.

M CAFÉ BRASSERIE. Doubletree Hotel, 2649 S. Bayshore Dr. ☎ 858 25 00. Abre los domingos. Este restaurante, situado en el Hotel Doubletree, tiene vistas a la piscina y a los jardines del Hotel, también tiene mesas en la terraza. Está decorado con estilo tropical con abundancia de platas. Su cocina es americana.

M RED LANTERN CHINESE RESTAURANT. 3176 Commodore Plza. ☎ 529 99 98. Abre los domingos. Es un restaurante de comida china. Está decorado con la típica decoración oriental. El servicio es rápido.

M CAFE TU TU TANGO. CocoWalk. 3015 Grand Avenue. ☎ 529 22 22. Abre los domingos. Está situado en el segundo piso de CocoWalk. Es un restaurante informal, moderno y divertido. Su cocina es internacional. Tiene una gran variedad de tapas originales y sabrosas.

M ZANZIBAR. 3468 Main Hwy. ☎ 444 02 44. Abre los domingos. Está situado en una esquina con mucho movimiento, en Commodore Plaza con Main Hway. La terraza cubre toda la esquina. Su menú es sencillo y sin pretensiones. La gente se sienta más en la terraza a ver que a comer.

Ⓜ **TULA RISTORANTE.** 2957 Florida Avenue. ☎ 441 18 18. Abre los domingos. Está situado al oeste del centro comercial Mayfair. Tiene un pequeño bar a la entrada y tres comedores. Está decorado alegre e informal. Prepara cocina italiana, uno de sus mejores platos son las pizzas.

Ⓜ **LIME IN THE COCONUT CAFÉ.** 2911 Grand Ave. ☎ 448 14 09. Abre los domingos. Está situado en el primer piso del centro comercial Mayfair. Parte de sus mesas están en el jardín interior del centro. Tiene un menú sencillo con platos de la cocina americana.

Ⓜ **BIG CITY FISH.** 3015 Grand Avenue. ☎ 445 24 89. Abre los domingos. Está situado en el segundo piso del centro comercial CocoWalk. Especializado en pescado fresco de la Florida. Además del comedor tiene una terraza con vistas al centro.

Ⓜ **MONTY`S RAW BAR.** Monty`s Marketplace. 2550 S. Bayshore Dr. ☎ 858 14 31. Abre los domingos. Es un restaurante muy popular en el Grove. Está situado enfrente de la marina de Coconut Grove y tiene vistas a la Bahía de Biscayne. El ambiente es tropical y las mesas son de madera corridas, protegidas con techos de paja o tikis. Su menú es muy barato a base de pescados fritos, ensaladas y patatas fritas, servido en cestas de paja. Los fines de semana tiene música en vivo.

Ⓜ **OAK FEED RESTAURANT.** 2911 Grand Ave. ☎ 447 99 00. Abre los domingos. Está situado en el centro comercial Mayfair. Decorado con temas marineros. Su menú es sano y bajo en calorías, la mayoría de sus platos son vegetarianos.

Ⓜ **HOOTERS.** CocoWalk, 3015 Grand Ave. ☎ 442 60 04. Abre los domingos. Está situado en el tercer piso del centro comercial CocoWalk. Es un restaurante informal. Su especialidad son las alas de pollo y la cerveza.

Ⓜ **FLANIGAN`S LOGGERHEAD.** 2721 Bird Ave. ☎ 446 11 14. Abre los domingos. Es un popular restaurante especializado el carne y costillas a la barbacoa.

Ⓜ **COCO BISTRO.** CocoWalk. 3015 Grand Ave. ☎ 443 17 70. Abre los domingos. Se encuentra en el primer piso de CocoWalk. Aunque tiene comida salada, este café es notorio por la variedad de sus dulces y tartas.

Ⓜ **VILLAGE INN.** 3131 Commodore Plaza. ☎ 445 87 21. Abre los domingos. Este restaurante tiene mesas en la terraza. Está especializado en cocina continental americana. Los fines de semana tiene música en vivo.

Ⓜ **CAFFÉ AMORÉ.** 3138 Commodore Plaza. ☎ 445 92 00. Abre los domingos. Este café se encuentra en el penthouse del edificio Grove Harbour, tiene mesas dentro y fuera con magníficas vistas de Coconut Grove. Su cocina es italiana casera.

Ⓒ **BUCCIONE RISTORANTE.** 2833 Bird Ave. ☎ 444 42 22. Abre los domingos. Es recomendable reservar mesa. Es uno de los restaurantes más antiguos de Coconut Grove. Su decoración es sencilla, de sus paredes cuelgan cuadros antiguos pintados al óleo, las sillas son clásicas francesas de rejilla y las mesas con manteles blancos y flores frescas. Su cocina es italiana. Las raciones son generosas y el servicio es efectivo.

Ⓒ **REGINE`S.** Grand Bay Hotel. 2669 S. Bayshore Dr. ☎ 858 96 00. Cierra los domingos y lunes. Es necesario reservar mesa. Hay que llevar americana. El menú que ofrecen tiene platos de la Nouvelle Cuisine. Está decorado con paredes de espejo y lámparas de cristal, las sillas cómodas de madera lacada en negro y tapicería color salmón, las mesas con manteles almidonados en blanco y flores frescas. Sus mejores platos son, "Risotto con esparragos, alcachofas y hongos silvestres" o "Cordero con crema de manzana, mango y ensalada de lentejas".

Ⓒ **KALEIDOSCOPE RESTAURANT.** 3112 Commodore Plaza. ☎ 446 50 10. Abre los domingos. Es recomendable reservar mesa. Es un alegre y divertido restaurante situado en el corazón del Grove. Está decorado con ambiente tropical con abundancia de plantas, con grandes ventanales hacia la calle más animada de Coconut Grove. Su cocina es una mezcla de platos de la cocina caribeña y americana.

Ⓒ **THE MAYFAIR GRILL.** 3000 Florida Ave. ☎ 441 00 00. Abre los domingos. Es necesario reservar mesa. Se encuentra en el segundo piso del Centro Comercial Mayfair. Está decorado en tonos salmón con moqueta en oscuro, las mesas muy bien preparadas con manteles color salmón y servilletas en gris, las sillas modermas e incómodas, con el respaldo en forma de concha, lacadas en color salmón. Sus platos son de la Nouvelle Cuisine Americana, muy bien preparados y con presentación original. Los domingos tiene brunch de 12.00 a 15.00 h.

Ⓒ **GROVE ISLE HOTEL, YACHT & TENNIS CLUB.** 4 Grove Isle Dr. ☎ 858 83 00. Cierra los sábados, domingos y lunes. Es necesario reservar mesa. Su menú es de cocina continental. Desde el comedor tiene magníficas vistas a la Bahía de Biscayne.

Ⓒ **CAFÉ EUROPA.** 3159 Commodore Plaza. ☎ 448 57

23. Cierra los lunes. Su cocina es continental. Es un elegante restaurante, tiene una terraza cubierta desde donde se puede ver el movimiento y ambiente del Grove.

© CHIYO RESTAURANT. 3399 Virginia St. ☎ 445 08 65. Abre los domingos. Es recomendable hacer reservas. Se encuentra en el segundo piso del Centro Comercial Mayfair. Es un moderno y sofisticado restaurante de cocina japonesa.

© MONTY'S STONE CRAB SEAFOOD HOUSE. 2550 S. Bayshore Dr. ☎ 858 14 31. Abre los domingos. El restaurante está situado enfrente de la Bahía de Biscayne, tiene magníficas vistas. Está especializado en mariscos y pescados aunque también tiene carnes. Durante la temporada de *stone crab*, ofrece a precio fijo el plato y se puede comer lo que uno desea o pueda.

© CAFE SCI SCI. 3043 Grand Avenue. ☎ 446 51 04. Abre los domingos. Es un elegante restaurante situado en el centro de Coconut Grove. Está decorado con lujo, los suelos son de mármol, los muebles clásicos, tiene antigüedades y pinturas del siglo pasado. Fuera tiene terraza en uno de los lugares más animados. Su menús de la Nouvelle Cuisine Italiana. Su presentación es muy cuidada y su servicio es lento.

© THE CHART HOUSE. 51 Chart House Dr. ☎ 856 97 41. Abre los domingos. Este restaurante tiene unas bonitas vistas a la Bahía de Biscayne. Su decoración es moderna. Cocina americana, tiene magníficas carnes y pescados frescos de la Florida. Sus raciones son muy generosas. El servicio es efectivo.

© CAFE TAVERNETTA. 3413 Main Hwy. Abre los domingos. Es un sencillo e informal restaurante de cocina italiana. Sus mejores platos son las pastas y los postres todos caseros.

Ⓛ THE GRAND CAFÉ. Grand Bay Hotel. 2669 S. Bayshore Dr. ☎ 858 96 00. Abre los domingos. Recomendable reservar mesa. Es necesario llevar americana. Es un restaurante elegante y sofisticado, por donde pasan lo mismo artistas famosos que políticos. Su decoración es elegante y sobria. Las sillas clásicas tapizadas en marrón, mesas con almidonados manteles blancos y centros de flores frescas, las paredes con grandes cristaleras que proporcionan una gran luminosidad al comedor. Su cocina es internacional, sus mejores platos por ejemplo, "Pasta con trufas, foie gras y hongos silvestres" o "Langosta de Maine con caviar, polenta y champaña". Los fines de semana tiene música para amenizar las cenas. Los domingos prepara brunch de 11.30 a 15.00 h.

Ⓛ BRASSERIE LE COZE. 2901 Florida Ave. ☎ 444 96 97. Abre los domingos. Es necesario reservar mesa. Es un restaurante de ambiente informal, decorado al estilo de los bistro del siglo pasado. Con una gran barra de cobre y zinc, paneles de caoba en las paredes, sillas de madera y cuero, apliques en las paredes y cortinas de encaje. Su cocina es francesa y merece la pena destacarse la preparación de sus pescados. Alguno de los platos del menú son, "Rabirrubia con escalibada", "Pez espada con variedad de lechugas como arugula, mache, radicchio o frisé". En una terraza cubierta que tiene, sirven tapas y sándwiches hasta el mediodía.

VIRGINIA KEY Y KEY BISCAYNE

Ⓑ **THE MISSING LINK.** 6700 Crandon Blvd. Key Biscayne. ☎ 361 04 96. Abre los domingos. Es un restaurante informal con bar y terraza. Su cocina es internacional. Los sábados por la noche tiene cantantes y bandas de música en vivo.

Ⓜ **SUNDAYS ON THE BAY.** 5420 Crandon Blvd. Key Biscayne. ☎ 361 67 77. Abre los domingos. Está situado en Crandon Park Marina. Se puede comer en sus mesas al borde mismo del agua o encargar la comida en el barco. El ambiente es informal y está decorado con madera vieja y temas marineros. Su cocina está especializada en pescados y mariscos locales frescos, como langostas, camarones, conch frito o *stone crab* cuando está en temporada. De jueves a domingos por la noche tiene música en vivo de grupos de reggae, música latina o jazz. Los domingos prepara brunch de 10.30 a 15.30 h. Merece la pena visitarlo, especialmente el domingo a la hora del brunch.

Ⓜ **RUSTY PELICAN.** 3201 Rickenbacker Cswy. Virginia Key. ☎ 361 38 18. Abre los domingos. Durante un año ha permanecido cerrado por causa de un incendio. Desde que volvió a reabrir sus puertas su éxito ha continuado. Está situado a la orilla del mar con magníficas vistas a la Bahía de Biscayne y el downtown. Su decoración es moderna y confortable con una gran cristalera para poder admirar las vistas. Su cocina es continental. Los domingos tiene brunch de 11.00 a 14.30 h con champaña y zumo de naranja gratis. Merece la pena visitarlo especialmente el domingo a la hora del brunch.

Ⓒ **ENGLISH PUB.** 320 Crandon Blvd. ☎ 261 88 77. Abre los domingos. Es recomendable reservar mesa. Su decoración es muy cuidada y clásica. La cocina es continental. Sus mejores paltos son los pescados frescos de la Florida y las carnes. El servicio es eficiente.

Ⓒ **TWO DRAGONS.** 6350 Ocean Dr. Key Biscayne. ☎ 361 20 21. Abre los domingos. Es necesario hacer reservas. Sólo sirve cenas. Está situado en el Hotel Sonesta Beach. Decorado como una antigua pagoda, su cocina es Scechuan, Cantonesa y mandarín. Los domingos prepara brunch de 11.00 a 14.30 h.

Ⓒ **THE PURPLE DOLPHIN.** Sonesta Beach Resort. 350 Ocean Dr. Key Biscayne. ☎ 361 20 21. Abre los domingos. Es recomendable reservar mesa. Decorado con ambiente tropical y tiene magníficas vistas al Océano Atlántico. Su cocina es americana. Cuenta con terraza al aire libre.

Ⓒ **STEFANO`S.** 24 Crandon Blvd. Key Biscayne. ☎ 361 70 07. Abre los domingos. Es recomendable reservar mesa. Está especializado en cocina italiana y sus pescados y pastas son deliciosos.

Ⓒ **LA CHOZA.** 973 Crandon Blvd, Key Biscayne. ☎ 361 01 13. Abre los domingos. Es recomendable reservar mesa. Cocina nicaragüense, uno de sus platos más famosos y solicitado es el churrasco a la brasa.

KENDALL, SOUTH MIAMI Y WEST MIAMI

Ⓑ **NUNZIO`S.** 11433 S.W. 40 St. ☎ 221 60 91. Cocina italiana. Sus platos caseros con ingredientes naturales están magníficamente preparados. El pan caliente recién salido del horno y los postres fuera de serie.

Ⓑ **EL INKA.** 11049 S.W. 40th St. ☎ 553 40 74. Abre los domingos. Es un sencillo restaurante de comida tradicional peruana. Está decorado con objetos típicos del país. Sus mejores platos son, “Aguadito de mariscos” es una especie de sopa con arroz de calamares, pulpo, mejillones y almejas, o “chorros a la criolla” que consiste en mejillones con tomate, cebolla y pimiento picante.

Ⓑ **BENIHANA.** 8727 S. Dixie Hwy. ☎ 866 27 68. Es un restaurante de comida japonesa donde los platos los preparan delante de los clientes. Los restaurantes están abiertos todos los días del año. Se come muy bien por un precio muy aceptable.

Ⓑ **LAS TOTORITAS.** 13031 N. Kendall Dr. (Kendall). ☎ 380 04 33. Los domingos no sirve cenas. Es un pequeño restaurante de comida peruana, decorado coquetonamente con maderas en su color y abundancia de plantas. Sus raciones son generosas y sus platos con abundancia de pescados y ceviche, están muy bien preparados.

Ⓑ **BLUE GROTTO.** 1674 S.W. 57th Ave. ☎ 264 55 17. Está

situado en West Miami. Es un sencillo restaurante de comida italiana con ambiente familiar.

Ⓑ **PARROT CAFÉ.** 11000 S.W. 57th Ave. ☎ 666 78 34. Está situado en South Miami, dentro del parque de atracciones Parrot Jungle. Su menú es sencillo y con platos de la cocina americana.

Ⓑ **JO ANNA`S MARKETPLACE.** 8247 S. Dixie Hwy. ☎ 661 57 77. Toda su cocina y repostería es casera. Tiene platos sencillos como gazpacho, quiches o ensaladas. Sus dulces y panes son sensacionales.

Ⓑ **SHORTY`S BARBECUE.** 9200 S. Dixie Hwy. ☎ 665 57 32. Se encuentra en South Miami. Es uno de los restaurantes más antiguos y con más tradición de la zona. Prepara comida americana. Su especialidad son las carnes, pollos y costillas a la brasa. Sus mesas son rústicas y corridas como para picnic.

Ⓑ **ROMANO`S MACARONI GRILL.** 12100 S.W. 88th St. ☎ 270 06 21. Está situado en West Kendall. Es un económico y familiar restaurante de comida italiana.

Ⓑ **ORIGINALE PANCAKE HOUSE.** 8722 Mills Dr. Kendall. ☎ 274 92 15. Es el típico restaurante americano de super desayunos a base de pancakes, huevos revueltos, tocino frito, french toast y tostadas.

Ⓜ **ALCAZAR RESTAURANT.** 7711 S.W. 40th St. Miami. ☎ 261 72 49. Abre los domingos. Es recomendable reservar mesa los fines de semana. Está situado en West Miami. Su arquitectura semeja a un cortijo andaluz de tres pisos. Su fachada tiene las paredes encaladas en blanco, los balcones con adornos de cerámica y barandillas de hierro forjado lo mismo que las rejas de las ventanas, el techo es de teja antigua española de barro cocido. Está rodeado por un jardín con palmeras y buganvillas y a la entrada tiene un pozo de cerámica española. Dentro su decoración es cuidada, con techos de ladrillo visto con forma abovedada en el bar, paredes decoradas con grandes barricas de vino, con los escudos labrados en madera de todas las provincias de España. La barra de madera vieja y cerámica, adornada con antigüedades rústicas traídas de España. Tiene dos grandes comedores, amplios y con las mesas lo suficientemente separadas para que no resulte incómodo y ruidoso. Decorado con lámparas de cristal de Toledo, ventanas de madera antigua con cristal esmerilado y sillas españolas de madera oscura. El del segundo piso para convenciones, cocktails o banquetes. La cocina es española, sus productos de primera calidad y buena presentación. El servicio es amable y rápido.

Ⓜ **VICTORIA STATION.** 7535 S.W. 88th St. ☎ 667 30 10. Estos dos restaurantes están decorados como si fueran unos vagones de ferrocarril. Los diferentes comedores son vagones transformados. El que está situado en Kendall, está dentro del Centro Comercial Dadeland. Su cocina es americana y su especialidad las carnes sobre todo el "Prime rib". Los domingos al mediodía tiene brunch.

Ⓜ **BENIHANA.** 8727 Dixie Hwy. ☎ 665 00 44. Abre los domingos. Es recomendable hacer reserva los fines de semana. Está situado en Kendall. Es un magnífico restaurante de cocina japonesa.

Ⓜ **FIDDLES CAFE.** 13611 S. Dixie Hwy. ☎ 232 17 51. Abre los domingos. Está situado en Kendall. Su cocina es continental y sus platos sencillos y sin pretensiones.

Ⓜ **EL MANARA.** 5811 Sunset Dr. ☎ 665 33 74. Abre los domingos. Es un restaurante con comida típica del Cercano Oriente. Está situado enfrente del centro comercial Bakery Center. Es un restaurante pequeño con solo 14 mesas, decorado muy sencillo con adornos en las paredes de las regiones a que pertenecen las comidas. Sus platos son muy aromáticos y están condimentados de forma original. Algunos de los más solicitados son, "Ensalada de perejil", "Sopa de lentejas", "Ensalada el manara" preparada con queso de cabra, aceitunas amargas, queso feta y hierbas. Uno de sus platos estrella es el "Kabod" que consiste en cordero picado con crema de yogourt caliente con ajo. Para postre uno de los mejores es el "Valava" que es hojaldre con almendras. Las raciones son generosas y el servicio rápido.

Ⓜ **LITTLE BISTRO.** 8075 S.W. 67th Ave. ☎ 669 41 69. Abre los domingos. Es un sencillo y familiar restaurante de cocina continental Los domingos prepara brunch de 9.00 a 14.00 h.

Ⓜ **CRAB HOUSE.** 8800 Sunset Dr. ☎ 598 27 22. Este restaurante está especializado en pescados y mariscos especialmente en muelas de cangrejo que las preparan de muchas formas.

Ⓜ **FUYIYA.** 13750 S.W. 88th St. ☎ 382 17 00. Cierra los lunes. Este restaurante de comida japonesa está situado en Kendall.

Ⓜ **FLEMING RESTAURANT.** 8511 S.W. 136 St. ☎ 232 64 44. Abre los domingos. De cocina danesa está situado al sur de Kendall. La fachada y decoración es de estilo Art Deco. El ambiente es sencillo y familiar. Sus mejores platos son el "Filete de arenque" crudo y marinado con vinagre aromático, acompañado por caviar y crema agria. Su plato estrella es el "Fresh Norwegian gravad laks" consiste en salmón crudo y seco acompañados con semillas de pimienta y eneldo. El servicio es efectivo y amable.

Ⓜ **CHAMPIONS RESTAURANT AND SPORT BAR.** 7199 S.W. 117th Ave. ☎ 273 99 79. Abre los domingos. Es un restaurante de comida típica americana decorado con objetos deportivos. Los domingos tiene brunch de 10.30 a 15.00 h.

Ⓜ **THE VILA RESTAURANT.** Hotel Vila. 5959 S.W. 71st. St. ☎ 669 91 08. Es recomendable reservar para la cena los fines de semana. Se encuentra en el Hotel Vila en South Miami. Está decorado con muebles rústicos. Su cocina es continental con platos europeos y brasileños. Su originalidad consiste en que sus camareros son estudiantes de la Escuela de Música Clásica, practican y cantan estrofas de ópera mientras sirven los platos. Por ese motivo este restaurante es muy frecuentado por los amantes de música clásica.

Ⓜ **ARCHIE`S.** 5859 S.W. 73 Ave. ☎ 663 54 33. Abre los domingos. Es un restaurante informal y con ambiente joven. Su clientela son aficionados a los deportes. Mientras cenan pueden ver en la TV los diferentes partidos. Su menú es internacional. Las raciones grandes y el servicio atento. Los jueves, viernes y sábados tiene música y baile, y un menú ligero para los que quieren re-cenar.

Ⓜ **IL PIATTO ITALIANO.** 13740 S.W. 84th St. ☎ 387 04 40. Cierra los lunes. Está situado al sur de Kendall. Es un restaurante familiar de comida italiana.

Ⓜ **CAFÉ COLIBRÍ.** 6901 S.W. 57 Ave. ☎ 665 24 21. Abre los domingos. Se encuentra en South Miami. Está especializado en comida natural y vegetariana. No prepara ningún plato de carne roja.

Ⓜ **BOCCACCIO.** 155 S.W. 107 Ave. ☎ 225 90 06. Su cocina es una mezcla de italiana, nicaragüense y cubana. Uno de sus mejores platos es el "Pescado tipitapa" de la cocina nicaragüense, lo prepara rebozado con pinol o harina de maíz y acompañado de una salsa de tomate y cebolla, con una ración de tostones y arroz.

Ⓒ **SAVANNAH MOON.** 13505 S. Dixie Hwy. ☎ 238 88 68. Abre los domingos. Es necesario reservar mesa. Está situado en Kendall. Es un elegante restaurante decorado con muebles modernos. Su menú es de cocina continental con gran influencia de la cocina de Georgia.

Ⓒ **LA CHOZA RESTAURANT.** 8279 S. Dixie Hwy. ☎ 663 13 22. Abre los domingos. Es recomendable reservar mesa. Es un restaurante de comida nicaragüense. Los domingos al mediodía tiene brunch.

Ⓒ **VALENTI`S.** 5775 Sunset Dr. South Miami. ☎ 667 04 21. Es recomendable reservar mesa.

Es un agradable restaurante de comida italiana decorado con muebles modernos. Durante la temporada de *stone crab*, tiene un menú con precio fijo que consiste en pasta, ensalada y *stone crab* sin limite. En los restantes meses, de mediados de mayo a finales de octubre, tiene la misma oferta cambiando el *stone crab* por langosta.

Ⓒ THE DEPOT. 5830 S. Dixie Hwy. ☎ 665 62 61. Abre los domingos. Está situado en South Miami. Sus platos son de cocina americana y sus raciones sabrosas y grandes. El servicio es rápido.

DISTRITO ART DECO — MIAMI BEACH

Ⓑ TROPICAL CAFÉ. 2301 Collins Ave. ☎ 531 88 11. Abre los domingos. Está situado en el Hotel Roney Plaza. El restaurante es muy agradable y con ambiente informal. Su cocina es internacional.

Ⓑ WORLD RESOURCES CAFÉ. 719 Lincoln Rd. ☎ 534 99 05. Abre los domingos. Está situado en la zona peatonal de Lincoln Road. Además de café es galería, exhibe y vende obras de arte. Su decoración es informal con alegres mesas de hierro forjado pintadas en negro y base de cristal. La comida es tailandesa. Todas las noches tiene música en vivo.

Ⓑ CONTINENTAL CAFE. 5101 Collins Ave. ☎ 861 38 31. Abre los domingos. Se encuentra en el Hotel Seacoast Towers Suite. Su decoración es sencilla e informal. Tiene vistas a la piscina y al mar. Su cocina es continental, los domingos prepara brunch de 10.00 a 15.00 h.

Ⓑ DORAL CAFE. 4833 Collins Ave. ☎ 532 36 00. Abre los domingos. Está situado en el Hotel Doral Beach Resort. Es un sencillo restaurante donde preparan platos de la cocina americana junto con pizzas y pastas.

Ⓑ CAFE DE LA MER. 6701 Collins Ave. ☎ 865 85 11. Abre los domingos. Pertenece al Ramada Resort Deauville. Es un restaurante con ambiente familiar, donde preparan platos de cocina americana.

Ⓑ SEABREEZE RESTAURANT. 4833 Collins Ave. ☎ 532 36 00. Abre los domingos. Está localizado en la piscina del Hotel Doral Ocean Beach Resort, con vistas al mar. Su cocina es americana. Sólo sirve comidas al mediodía.

Ⓑ SADIE'S. 4525 Collins Ave. ☎ 531 00 00. Abre los domingos. Se encuentra en el Hotel Eden Roc. Su cocina es continental. Sólo sirven desayunos y comidas.

Ⓑ LE CAFE. 4343 Collins Ave. ☎ 532 33 11. Abre los domingos. Está situado alrededor de la piscina del Quality Shawnee

Beach Resort. Tiene platos sencillos de cocina americana.

B GRANNY FEELGOOD'S. 647 Lincoln Rd. ☎ 673 04 08. Abre los domingos. Se encuentra en la zona peatonal de Lincoln Road. Está decorado con modernos toques en colores amarillo y salmón. Los cuadros que cuelgan en sus paredes son de la Galería de Barbara Gillman y están a la venta. Es un restaurante de comida natural, baja en sal y grasa. Preparan ensaladas, quiches o pizzas y platos de la cocina mejicana. Sus raciones son muy generosas. Los domingos tiene música en vivo.

B TARLETON HOTEL DINING ROOM. 2469 Collins Ave. ☎ 538 57 21. Es recomendable reservar mesa. Está situado en el Hotel Tarleton. Es un restaurante de comida kosher.

B JOHNNY'S JAY CAFÉ. 7450 Ocean Terr. ☎ 866 16 31. Se encuentra en el Hotel Days Inn Broadmoor. Está decorado siguiendo el estilo Art Decó. Desde la terraza tiene vistas al mar. Su cocina es americana.

B FUMANCHU. 325 71st St. ☎ 866 43 03. Está especializado en la cocina china cantonesa.

B SOBE BAR AND ROTISSERIE. 560 Washington Ave. Miami Beach. ☎ 531 71 70. Abre los domingos. Es un restaurante de moda que prepara platos de la cocina italiana de una forma muy personal. Su presentación es original y elaborada. Está decorado en negro, tiene una barra larga y bien preparada. El servicio es rápido.

B FOUR ONE ONE. 411 Washington Ave. Miami Beach. ☎ 673 58 73. Abre los domingos. Sólo sirve cenas. Es recomendable reservar mesa. Decorado al estilo europeo, prepara un menú mezcla de cocina americana y francesa.

B CHILI PEPPER. 621 Washington Ave. Miami Beach. ☎ 531 96 61. Abre los domingos. Es un restaurante moderno e informal. Decorado con ampliaciones de comics. Su cocina es continental con platos californianos. A partir de medianoche, mueven las mesas y se convierte en una discoteca de rock. La música es estridente y demasiado fuerte. El local es sólo para gente joven o amantes del rock.

B MAD MAX. 740 Ocean Dr. Miami Beach. ☎ 532 90 60. Abre los domingos. Además del restaurante tiene una terraza con vistas a la playa. Su cocina es del norte de Italia. El servicio es muy amable.

B BOOKING TABLE CAFÉ. 728 Ocean Dr. Miami Beach. ☎ 672 34 76. Abre los domingos. Su cocina está especializada en la preparación de pescados y mariscos. Durante la temporada tiene platos de langosta y cangrejo. Sirve comidas en la terraza. En el piso superior, hay situada una agencia de modelos por lo que se puede ver a gente “Bella” comiendo en el restaurante.

Ⓑ CRAWDADDY`S . 1 Washington Ave. Miami Beach. ☎ 673 17 08. Abre los domingos. Es recomendable reservar mesa. Es un clásico restaurante, decorado con muebles victorianos. Desde las mesas del comedor se puede ver el mar. Su especialidad son los pescados. El domingo prepara brunch de 11.00 a 15.00 h.

Ⓑ MARIO`S SOUTH BEACH. 1203 Washington Ave. Miami Beach. ☎ 538 12 42. Abre los domingos. Es un restaurante esnob. Sus platos son de la cocina italiana.

Ⓑ LARIO`S ON THE BEACH. 820 Ocean Dr. Miami Beach. ☎ 532 95 77. Este restaurante de comida típica cubana, pertenece a la cantante de Miami Sound Machine, Gloria Estefan. Tiene platos como “Palomilla con patatas fritas”, “Ropa vieja” o “Masitas de puerco fritas con tostones y yuca”.

Ⓑ CHRYSANTHEMUS. 1248 Washington Ave. Miami Beach. ☎ 531 56 56. Es recomendable reservar mesa. Es un moderno y sofisticado restaurante de comida china contemporánea. La mayoría de sus platos son de la cocina Scechuan. El servicio es amable, pero el restaurante resulta muy ruidoso.

Ⓑ SOCIETY HILL CAFÉ. 1447 Washington Ave. Miami Beach. ☎ 534 99 93. Abre los domingos. Sus platos son de la cocina americana. Tiene su clientela fija. Cierra a las 2.00 h.

Ⓑ BLUE STAR RESTAURANT. 1775 Collins Ave. Miami Beach. ☎ 534 63 00. Abre los domingos. Es recomendable reservar mesa. Está situado en el Hotel Raleigh. Además del comedor tiene terraza en la calle. Su cocina es americana. Los domingos de 12.00 a 15.00 h prepara brunch.

Ⓑ GERTRUDE`S. 826 Lincoln Rd. Miami Beach. ☎ 538 69 29. Tiene platos muy sencillos, la mayoría bajos en sal y grasas. Está rodeado de galerías y es un lugar típico de reunión para tomarse un café.

Ⓑ BEETHOVEN RESTAURANT. 2001 Collins Ave. Miami Beach. ☎ 531 07 61. Está situado en el Hotel Sasson. Su menú es de cocina internacional, servido estilo buffet.

Ⓑ CIELITO LINDO RESTAURANT. 1626 Pennsylvania Ave. Miami Beach. ☎ 673 04 80. Es un pequeño y gracioso restaurante de comida mejicana. Los domingos tiene brunch de 11.30 a 15.00 h.

Ⓑ GARDEN PAVILLION. 2201 Collins Ave. Miami Beach. ☎ 534 15 11. Está situado en el Hotel Holiday Inn. Está enfrente de la piscina, con jardines y mesas afuera. Su cocina es internacional.

Ⓑ 11TH STREET DINER. 1065 Washington Ave. Miami Beach. ☎ 534 63 73. Además del comedor tiene terraza. Su cocina es típica americana. Los viernes y sábados esta abierto las 24 horas.

Ⓑ THE LAZY LIZARD. 646 Lincoln Rd. Miami Beach. ☎ 532 28 09. Es un sencillo restaurante de comida mejicana.

Ⓑ SPLAS BAR AND RESTAURANT. 1111 Collins Ave. Miami Beach. ☎ 534 29 34. Está situado en el Hotel Tudor. Es un restaurante de comida americana. Es muy popular, ruidoso y siempre está lleno. Todas las noches tiene música en vivo hasta las 3.00 h.

Ⓑ KOO KOO ROO CALIFORNIA KITCHEN. 1517 Alton Rd. Miami Beach. ☎ 674 99 15. Prepara platos de la cocina americana. Tiene una gran selección de ensaladas.

Ⓑ LULU'S. 1053 Washington Ave. Miami Beach. ☎ 532 61 47. Sus platos son picantes y condimentados de la cocina cajun típica de Louisiana y New Orleans.

Ⓑ SIDEWALK CAFÉ. 1717 Collins Ave. Miami Beach. ☎ 532 77 15. Está situado dentro del Hotel Surfcomber. Sólo tiene platos sencillos de la cocina americana. Tiene terraza en el paseo.

Ⓑ SAGAMORE. 1671 Collins Ave. Miami Beach. ☎ 538 72 11. Está situado en el Hotel Sagamore. Prepara comida casera al estilo americano.

Ⓑ HARRY'S BAR. 1701 Collins Ave. Miami Beach. ☎ 534 35 00. Se encuentra en el Hotel Ritz Plaza. Cocina americana.

Ⓑ CAFÉ CENTO. 100 Lincoln Rd. Miami Beach. ☎ 531 68 86. Está situado en el Hotel 100. Es un pequeño café y restaurante donde sirven comidas sencillas, ensaladas y sándwiches.

Ⓑ SEASIDE CAFÉ & RAW BAR. 1671 Collins Ave. Miami Beach. ☎ 538 72 11. Está dentro del Hotel Sagamore. Este restaurante de comida americana tiene terraza al aire libre con vistas a la playa.

Ⓑ UNCLE SAM'S MUSIC CAFÉ. 1141 Washington Ave. Miami Beach. ☎ 532 09 73. Es un sencillo café-restaurante donde sirven platos de la cocina americana.

Ⓑ KEY EAST. 155 Lincoln Rd. Miami Beach. ☎ 672 36 06. Está situado en el Hotel Dilido. Tiene terraza sobre la calle, su menú es de cocina americana.

Ⓑ WPA RESTAURANT & BAR. 685 Washington Ave. Miami Beach. ☎ 534 16 84. Cocina americana. Los sábados y domingos prepara brunch de 11.00 a 17.00 h.

Ⓑ WOLFIE'S GOURMET. 2038 Collins Ave. Miami Beach. ☎ 538 66 26. Está abierto los siete días de la semana 24 horas. Tiene un menú muy variado y delicatessen.

Ⓑ BARRIO RESTAURANT. 1049 Washington Ave. Miami Beach. ☎ 532 85 85. Decorado y comida típica mejicana.

Ⓑ SPORT CAFÉ. 538 Washington Ave. Miami Beach. ☎ 674 97 00. Es un sencillo restaurante de comida casera italiana. Aquí es donde se reúnen todos los italianos aficionados al fútbol para ver los partidos.

Ⓑ FASHION CAFÉ. 834 Ocean Dr. Miami Beach. ☎ 674 13 30. Este restaurante italiano está abierto las 24 horas. Su relación precio calidad es buena.

Ⓑ FRONT PORCH. 1420 Ocean Dr. Miami Beach. ☎ 531 83 00. Está situado cerca del mar. Su cocina es sencilla también tiene ensaladas y sándwiches.

Ⓜ PALM GARDEN. 3025 Collins Ave. ☎ 534 05 05. Abre los domingos. Sólo sirve cenas. Es recomendable reservar mesa. Está situado en el Miami Beach Ocean Resort. Las ventanas del comedor dan a los jardines y a la piscina del Hotel. Su menú es continental.

Ⓜ STACY'S. 5445 Collins Ave. ☎ 865 15 00. Abre los domingos. Está situado en el Castle Beach Club. Prepara platos típicos de la cocina americana. El servicio es amable y servicial.

Ⓜ SEABREEZE TERRACE RESTAURANT. 6265 Collins Ave. ☎ 868 12 00. Abre los domingos. Pertenece al Hotel Howard Johnson Oceanside. Está decorado al estilo tropical. Su cocina es internacional. Durante las cenas tiene música de piano.

Ⓜ LA FAMIGLIA. 2445 Collins Ave. ☎ 534 71 11. Abre los domingos. Es recomendable hacer reservas. Se encuentra en el Hotel Traymore. Tiene vistas al mar. Su cocina es tradicional italiana. Las cenas están amenizadas con música de piano.

Ⓜ PATACON. 6734 Collins Ave. ☎ 865 56 95. Abre los domingos. Es un restaurante de comida típica colombiana. Está decorado con artesanía típica del país. Alguno de sus mejores platos son, "El ajiaco Bogotano" que es una sopa de pollo, papas, maíz, alcaparras y crema, o "La bandeja paisa" que es un enorme plato con carne, huevos fritos, arepas, frijoles y chicharrones. La estrella de la casa es el "Patacon pisao" que consiste en plátano verde aplastado y frito relleno con carne, pollo, guacamole, chicharrones y frijoles. Además prepara los jugos de frutas típicos de colombia como el de maracuyá o curuba.

Ⓜ SAN REMO ITALIAN RESTAURANT. 4343 Collins Ave. ☎ 531 41 59. Cierra los martes. Sólo sirve cenas. Es recomendable reservar mesa. Está dentro del Quality Shawnee Beach Resort. Es un restaurante de comida italiana. Durante las cenas tiene música de piano.

Ⓜ SALTY'S ITALIAN SEAFOOD RESTAURANT. 10880 Collins

Ave. ☎ 945 60 65. Abre los domingos. Es recomendable hacer reservas. Su cocina está especializada en los pescados frescos de la Florida. Además del comedor tiene una agradable terraza. Durante las cenas tiene música de piano. Los domingos prepara brunch de 10.30 a 15.30.

Ⓜ **PORCH RESTAURANT.** 4525 Collins Ave. ☎ 531 00 00. Abre los domingos. Sólo sirve cenas. Está situado en el Hotel Eden Roc. Es un elegante restaurante de comida continental. Desde sus mesas tiene magníficas vistas al mar.

Ⓜ **TROP-ART CAFE.** 4441 Collins Ave. ☎ 538 20 00. Abre los domingos. Se encuentra dentro del Hotel Fontainebleau Hilton. Sus platos son de la cocina americana. El servicio es amable.

Ⓜ **PLAZA CAFÉ.** 2901 Collins Ave. ☎ 532 25 11. Abre los domingos. Está situado en el Hotel Sevilla Beach. Su cocina es tradicional americana; desde su comedor tiene magníficas vistas al mar.

Ⓜ **GARDEN RESTAURANT.** 4343 Collins Ave. ☎ 532 33 11. Abre los domingos. Se encuentra en el Shawnee Beach Resort. Está decorado con ambiente tropical, desde al comedor tiene vistas al Océano. Sus platos son de la New Cuisine Americana.

Ⓜ **CAFE SOL.** 3925 Collins Ave. ☎ 531 35 34. Abre los domingos. Pertenece al Hotel Sol Miami Beach Resort. Está decorado al Estilo Art Nouveau. Su cocina es continental.

Ⓜ **MAIKO.** 1255 Washington Ave. Miami Beach. ☎ 531 63 69. Abre los domingos. Situado en Washington y la calle 12. Está decorado con paredes negras, una llamativa barra de sushi y mesas barnizadas en su color. Su cocina es japonesa. Se puede beber sake frío o caliente y las cervezas japonesas Asashi y Kirin. El plato más llamativo de su carta es el "Boat Chu", lo preparan para dos, consiste en un barco lleno de sushi con una gran variedad de pescados como anguila, pulpo, rabirrubia, salmón, camarón y atún. Para postre lo más original es "Helado Tempura". Es una bola de helado rebozado y frita, bañado con crema de chocolate y azuki, esto último es una especie de alubias dulces.

Ⓜ **ESCOPPAZO.** 1311 Washington Ave. Miami Beach. ☎ 674 94 50. Cierra los lunes. Sólo sirve cenas. Es un pequeño restaurante de cocina italiana. Su pared principal está decorada con un gran mural de estilo renacentista de un paisaje de italia. Sus platos son abundantes y bien elaborados. El servicio es amable.

Ⓜ **BAROCCO BEACH.** 640 Ocean Dr. Miami Beach. ☎ 538 77 00. Abre los domingos. Es recomendable reservar mesa. Está situado en el Hotel Park Central. Su decoración es sencilla, su cocina es casera y sabrosa. Sus platos son típicos del norte de italia. Los domingos prepara brunch de 12.00 a 16.00 h.

Ⓜ **PASSAGE TO INDIA.** 860 Washington Ave. Miami Beach. ☎ 538 84 44. Abre los domingos. Es un restaurante de comida india. Sus platos resultan demasiado especiados, su pan horneado en la casa es delicioso, tiene pasas de color amarillo y lo cocinan en la parrilla. Las cenas están amenizadas con música típica de la india interpretada con una cítara.

Ⓜ **I PAPARAZZI DI NOTTE.** 940 Ocean Dr. Miami Beach. ☎ 531 35 00. Abre los domingos. Su cocina es del norte de Italia. Tiene un elegante comedor y terraza con vistas al mar.

Ⓜ **NEWS CAFÉ.** 800 Ocean Dr. Miami Beach. ☎ 538 63 97. Está abierto las 24 horas al día. Es un restaurante informal estilo cafetería. Su cocina es continental. Tiene una variada selección de quesos importados.

Ⓜ **COMPASS CAFÉ AND MARKET.** 860 Ocean Dr. Miami Beach. ☎ 673 11 54. Abre los domingos. Está situado en al Hotel Waldorf Towers. Tiene una agradable terraza. Sus platos son naturales y de comida vegetariana. Con una gran variedad de ensaladas y frutas, también tiene algunos platos con pavo y pollo.

Ⓜ **RITZ CAFÉ.** 1701 Collins Ave. Miami Beach. ☎ 534 35 00. Abre los domingos. Está situado en el Hotel Ritz Plaza. Decorado con estilo Art Deco. Su cocina es continental.

Ⓜ **SOUTH POINT SEAFOOD HOUSE.** 1 Washington Ave. Miami Beach. ☎ 673 17 08. Está especializado en pescados cocinados al estilo americano. Tiene bonitas vistas al mar. Los domingos prepara brunch.

Ⓜ **THE STRAND.** 671 Washington Ave. Miami Beach. ☎ 532 23 40. Abre los domingos. Sólo sirve cenas. Su menú está compuesto por una variedad de originales platos de cocina tradicional americana.

Ⓜ **I TRE MERLI.** 1437 Washington Ave. Miami Beach. ☎ 672 67 02. Abre los domingos. Es recomendable reservar mesa. Lo más llamativo de su decoración, es su gran colección de botellas de vino, con las que rellena la mayoría de sus paredes. Su cocina es del norte de Italia. El servicio es amable y efectivo.

Ⓜ **BLACK BEANS ON THE BEACH.** 635 Collins Ave. Miami Beach. ☎ 531 71 11. Cierra los lunes. Es un restaurante de comida cubana. Su decoración es moderna y sencilla. Algunos de sus mejores platos son, "Garbanzos fritos", preparados en una salsa con chorizo, jamón y pimiento verde, y "Tostones rock and roll", que consiste en plátano maduro frito con caviar y crema agria. Las raciones son abundantes y los dueños que lo atienden muy amables.

Ⓜ **CASSIS BISTRO.** 764 Washington Ave. Miami Beach. ☎ 531 77 00. Abre los domingos. Es un elegante restaurante decorado con muebles clásicos. Sus platos son de la cocina francesa.

Ⓜ **BEACH VILLA RESTAURANT.** 600 Ocean Dr. Miami Beach. ☎ 531 00 21. Abre los domingos. Es recomendable reservar mesa. Está situado en el Hotel Paradise. Su cocina es china. Además del restaurante tiene una terraza con vistas al mar.

Ⓜ **THE COLONY BISTRO.** 736 Ocean Dr. Miami Beach. ☎ 673 67 76. Abre los domingos. Es recomendable reservar mesa. Está situado en el Hotel Colony. Su cocina es francesa. Además del comedor tiene una terraza con vistas al Océano.

Ⓜ **THE RIVIERA BAR.** 650 Ocean Dr. Miami Beach. ☎ 534 94 63. Está situado en el Hotel Imperial. Desde su terraza se pueden ver buenas vistas del mar y del paseo. Su cocina es internacional pero sus platos más solicitados son de la cocina italiana.

Ⓜ **SHABEEN.** 1200 Collins Ave. Miami Beach. ☎ 673 83 73. Está en el Hotel Marlin. Es un restaurante alegre. Sus platos son los más característicos de la cocina caribeña.

Ⓜ **AQUA CAFÉ.** 1400 Ocean Dr. Miami Beach. ☎ 534 52 88. Es recomendable reservar mesa. Pertenece al Hotel Winterhaven. Es un restaurante moderno y surrealista. Su cocina es americana. Tiene terraza para poder comer con vistas al Océano. Los sábados y domingos prepara brunch de 7.00 a 17.00 h.

Ⓜ **THE RIANDE RESTAURANT.** 1825 Collins Ave. Miami Beach. ☎ 531 35 03. Abre los domingos. Está situado en el Hotel Riande Continental. Además del comedor tiene terraza con vistas al mar. Su cocina es continental.

Ⓜ **TONY'S SUSHI BAR.** 1208 Washington Ave. Miami Beach. ☎ 673 93 68. Sólo prepara cenas. Es recomendable reservar mesa. Su cocina es tradicional japonesa y su especialidad es el sushi.

Ⓒ **JOE'S STONE CRAB.** 227 Biscayne St. Miami Beach. ☎ 673 46 11. Abre todos los días sólo para la cena. Cierra de mediados de mayo a mediados de octubre. Este restaurante es toda una institución en Miami, lleva 80 años abierto. Es el más famoso y legendario restaurante de marisco y pescado en el sur de la Florida. Su especialidad es el *stone crab* o muelas de cangrejo. El restaurante es dueño de una flota de barcos, con la que pescan diariamente en los cayos de la Florida y distribuyen el marisco, sirviendo lo mejor en el restaurante. Sólo está abierto durante la temporada de *stone crab* que va de mitad de octubre a mitad de mayo. Se calcula que se sirven diariamente un promedio de 1.200 cenas. En la puerta siempre hay clientes haciendo cola. El ambiente es selecto y normalmente se puede ver a gente famosa cenando en sus mesas. Su decoración es sencilla estilo bistro francés, con sillas de madera y grandes ventanales al jardín. Este restaurante está regentado por la misma familia desde que se inauguró. Es un lugar obligado para todo visitante que pase por Miami. Os lo recomendamos.

Ⓒ **THE COLONY BISTRO.** 736 Ocean Dr. Miami Beach. ☎ 673 67 76. Abre los domingos. Es recomendable hacer reservas. Es uno de los restaurantes y terrazas más populares en South Beach. El comedor está decorado al más puro estilo Art Deco, algo chocante para la vista, con paredes de color verde canario, una de ellas con chimenea y un gran cuadro del mismo estilo, sillas de bambú con rejilla en amarillo y verde, mesas con manteles blancos y flores frescas y grandes ventanales con vistas al Océano Atlántico. Su cocina es sensacional, alguno de sus mejores platos son, "Salmón con cantaloupe, honeydew y sandia", "Cordero con queso, patatas y crema de romero" o "Camarones con crema de piña".

Ⓒ **I. PAPARAZZI RISTORANTE.** 940 Ocean Dr. Miami Beach. ☎ 531 35 00. Abre los domingos. Sólo sirve cenas. Es necesario reservar mesa. Está situado en el Hotel Breakwater, enfrente de la playa de South Beach. Su decoración como su edificio es de estilo Art Deco. Lo más llamativo de su comedor, es su techo tapizado en organza verde. En el centro tiene un gran candelabro de cristal. Las paredes en color salmón, una de ellas con chimenea y un gran cuadro realista de un fotógrafo retratando el mar. Las sillas lacadas en negro con tapicería de colores, las mesas con manteles blancos y salmón con flores frescas. Desde el comedor tiene magníficas vistas al mar. Su cocina es del norte de Italia. El servicio es eficiente.

Ⓒ **THE STEAK HOUSE AND POODLE LOUNGE.** 4441 Collins Ave. ☎ 538 20 00. Abre los domingos. Es necesario reservar mesa. Se encuentra dentro de Hotel Fontainebleau Hilton. Está decorado al estilo Art Deco. Su cocina es americana, el servicio es rápido y efectivo.

Ⓒ **ALFREDO THE ORIGINAL OF ROMA.** 4833 Collins Ave. ☎ 532 36 00. Cierra los lunes. Sólo sirve cenas. Es necesario reservar mesa. Está situado en el penthouse del Hotel Doral Beach Resort. El comedor tiene grandes ventanales con magníficas vistas al Océano Atlántico, a la Intercoastal y a la playa. Está decorado con muebles modernos. El comedor es espacioso, sus paredes tienen grandes murales con escenas de Roma. Adorna la estancia diversas esculturas de leones. Las sillas lacadas en color salmón con tapicería en marrón, la moqueta de dibujo moderno en salmón y marrón. Las mesas con almidonados manteles blancos y flores frescas. Este restaurante es una sucursal del famoso restaurante Alfredo de Roma, el inventor de los "Fetuchinis Alfredo". Para preparar el plato importan la mantequilla y el queso de Rocca Parmesano de Italia. Las raciones son generosas y el servicio bueno.

© THE DINING GALLERIES. 4441 Collins Ave. ☎ 538 20 00. Abre los domingos. Es necesario reservar mesa. Está situado dentro del Hotel Fontainebleau Hilton. Es elegante y está decorado con antigüedades. Su cocina es continental Los domingos prepara uno de los mejores brunch de Miami, el horario es de 10.00 a 15.00 h.

© PACIFIC TIME. 915 Lincoln Rd. ☎ 534 59 79. Abre los domingos. La calle de Lincoln Rd. tiene una zona peatonal con abundancia de galerías, cafés y restaurantes. Una vez al mes, las galerías y estudios de artistas abren sus puertas de 18.00 a 21.00 h. Los restaurantes de los alrededores preparan un menú especial para esa noche. Uno de estos restaurantes es el Pacific Time, sus paredes sirven para exhibir piezas y cuadros de la Galería de Barbara Gillman. Está decorado con estilo Art Deco con mesitas redondas, el techo pintado de azul oscuro con ventiladores de aspa en negro, y una larga barra de bar en madera. Su cocina es una mezcla de platos franceses y japoneses. El ambiente es moderno e informal. El servicio es bueno.

© PAESANO`S RESTAURANT. 300 72nd St. ☎ 866 96 18. Abre los domingos. Es un restaurante familiar de cocina italiana con abundantes raciones y servicio atento. Decorado al más puro estilo Art Deco. La originalidad de este restaurante es el servicio de limusina gratuito que tiene. Te va a buscar y te devuelve, siempre que sea en algún lugar de Miami Beach o Hallandale. Las cenas están amenizadas con música de piano.

© CAFE NOIR. 1741 Collins Ave. Miami Beach. ☎ 538 57 11. Es necesario reservar mesa. Está situado dentro del Hotel Marseilles. Es una mezcla de restaurante y espectáculo teatral. Durante la cena un grupo de actores interpretan una obra de intriga. El cliente que adivine la trama de la obra recibe un premio. Suele ser una camiseta. Sobre las mesas hay unos sobres para dejar la propina a los actores. El precio de la cena es fijo de $39 dólares por persona. El servicio es ineficaz y lento y la cena muy floja. El restaurante ofrece algo nuevo pero sólo para los amantes de las novelas de suspense.

ⓒ **CARLYLE GRILL.** 1250 Ocean Dr. Miami Beach. ☎ 532 53 15. Abre los domingos. Sólo sirve cenas excepto en los meses de noviembre a junio en los que sirve comidas. Es necesario reservar mesa. Se encuentra en el Hotel Carlyle. Situado en primera línea del mar. Su decoración es clásica con toques de Art Nouveau. El color que predomina en su comedor es el salmón, las paredes y cortinas en ese tono en contraste con las sillas Art Deco tapizadas en granate, las mesas demasiado cerca una de otra, con manteles en blanco y salmón. Desde sus grandes ventanales se puede ver el Océano. Su cocina es tradicional italiana, sus platos están bien presentados.

ⓒ **FAIRMONT GARDEN RESTAURANT.** 1000 Collins Ave. Miami Beach. ☎ 531 88 77. Abre los domingos. Sólo sirve cenas. Es necesario reservar mesa. Está situado en el Hotel Fairmont. Tiene terraza con mesas en el jardín y un comedor dentro decorado en rosa y gris, con ventiladores en el techo, sillas negras, paredes en gris, toldos y manteles en rosa. Su cocina es continental. Los domingos al mediodía tiene brunch. Por la noche tiene música en vivo y baile.

ⓒ **JOHNNY'S MIAMI BEACH.** 915 Lincoln Rd. Miami Beach. ☎ 534 32 00. Abre los domingos. Sólo sirve cenas. Es recomendable reservar mesa. Está decorado sobriamente con muebles modernos, las paredes en color salmón y adornadas con estilizados cuadros de frutas. Las sillas lacadas en negro con tapicería en salmón y estratégicamente colocados, grandes centros de flores. Además cuenta con terraza y bar de ambiente más informal. Su cocina es italiana y está especializado en pescados frescos de la Florida.

ⓒ **ALLIOLI.** 1300 Ocean Dr. Miami Beach. ☎ 538 05 53. Abre los domingos. Es recomendable reservar mesa. Este restaurante ha sido uno de los últimos en abrir sus puertas. Está situado en el Hotel Cardozo, enfrente de la playa, en una de las calles de más moda en South Beach. Es propiedad de la cantante Gloria de Miami South Machine y de su marido Emilio Estefan. Tiene capacidad para 200 comensales. Está decorado con una mezcla de barroco y Art Nouveau. Las sillas y cortinas con atrevidos colores azul, naranja y violeta. Columnas de mármol, los frontis de las puertas tienen grandes dibujos Art Decó. El bar es moderno, con luces de neón moradas por todos los lados. La cocina es mediterránea con platos españoles e italianos. Alguno de los mejores son, “Ensalada de cuatro vegetales”, que consiste en un gran plato con lechuga, berros, radiccio, palmito y espárragos, aliñado con una salsa de mostaza y naranja. “Filete de pargo”, preparado con champiñón, alcachofas, alcaparras, crema agria y patatas fritas. También tienen “Pimientos del piquillo rellenos con mousse de bacalao”. Por supuesto tiene paella. El ambiente es agradable y algo sofisticado. El servicio atento.

AMERICAN BISTRO. 720 Ocean Dr. Miami Beach. ☎ 672 73 60. Abre los domingos. Es recomendable reservar mesa. Su terraza es un lugar muy de moda y siempre lleno de gente. Es difícil conseguir mesa. Tiene cocina es continental. Los precios altos para lo que ofrece. El servicio es lento.

MEZZANOTTE. 1200 Washington Ave. Miami Beach. ☎ 673 43 43. Abre los domingos. Es recomendable reservar mesa. Es un restaurante moderno con ambiente sofisticado y esnob. La decoración es sencilla, la música excesivamente fuerte y el servicio algo lento. Pero está de moda y siempre suele estar lleno. Su comida es una versión original de la cocina italiana. Las raciones son generosas.

STARFISH. 1427 West. Miami Beach. Es necesario reservar mesa. Es uno de los últimos restaurantes que abren sus puertas en South Beach. Está situado en lo que era el antiguo y legendario restaurante Gatti`s. Este renonbrado club era el lugar de reunión y donde atracaban los yates de la mejor sociedad de principios de siglo en Miami Beach. Sus nuevos propietarios han conservado el glamour de la casa. En los frondosos jardines han instalado una agradable terraza. La decoración del comedor es en tonos pastel con muebles de hierro forjado pintados en blanco. Su cocina está especializada en pescados y mariscos. Los postres, todos caseros, son algo fuera de serie.

PENROD`S BEACH CLUB. 1 Ocean Dr. Miami Beach. ☎ 538 11 11. Abre los domingos. Desde su comedor y terraza se pueden ver salir a los grandes de cruceros que se dirigen hacia las aguas del Mar Caribe. Su cocina está especializada en pescados y mariscos. Los fines de semana tiene música caribeña en vivo. Los sábados y domingos prepara brunch de 11.00 a 14.00 h.

CAFFÉ MILANO. 850 Ocean Dr. Miami Beach. ☎ 532 07 07. Abre los domingos. Es recomendable hacer reservas. Es un elegante restaurante con terraza. Su cocina es del norte de Italia. El servicio es atento.

Ⓒ A FISH CALLED AVALON. 700 Ocean Dr. Miami Beach. ☎ 532 17 27. Abre los domingos. Es necesario reservar mesa. Está situado en el Hotel Avalon. Además del restaurante tiene una terraza con ambiente más informal. Su platos pertenecen a la Nouvelle Cuisine Americana. Su presentación es original aunque las raciones no muy grandes. El servicio es amable y atento.

Ⓒ BANG RESTAURANT. 1516 Washington Ave. Miami Beach. ☎ 531 23 61. Abre los domingos. Es recomendable hacer reservas. El restaurante está decorado con grandes y alegres murales. Su cocina es original y sus platos son especialidades de diferentes islas del mundo. Tiene música en vivo los domingos hasta las 2.00 h.

Ⓛ A MANO. 1440 Ocean Dr. Miami Beach ☎ 531 62 66. Sólo sirve cenas. Cierra los lunes. Es necesario reservar mesa. Está situado en el Betsy Ross Hotel, enfrente de la playa de South Beach. Es un moderno y elegante restaurante decorado con muebles y adornos estilo Art Nouveau, tiene suelos de terracota, sillas art deco lacadas en negro con tapicería gris y mesas con manteles blancos y flores naturales. Sus platos son de la Nouvelle Cuisine. Están presentados muy originalmente aunque las raciones son realmente pequeñas. El servicio es efectivo y experto.

Ⓛ THE FORGE. 432 Arthur Godfrey Rd. ☎ 538 85 33. Abre los domingos. Sólo sirve cenas. Es necesario reservar mesa. Es el restaurante más tradicional y lujoso de la playa. Tiene siete comedores, magníficamente decorados con una colección antigua de candelabros. Lujosos muebles y sillas tapizadas en terciopelo color salmón. En sus paredes cuelgan valiosas pinturas. Tiene una de las mejores bodegas del sur de la Florida, con más de 250.000 botellas, algunas de cosechas de finales del 1700. Los diferentes comedores están separados por grandes mamparas de cristal esmerilado. Su cocina es internacional. La presentación de los platos es buena, el servicio amable y atento.

**Ⓛ DOMINIQUE`S.** 5225 Collins Ave. ☎ 861 52 52. Abre los domingos. Es recomendable reservar mesa. Es necesario llevar americana y corbata. Está situado en el Hotel Alexandra. Pertenece al mismo dueño que el famoso Dominique`s de Washington. Está lujosamente decorado, con paredes de madera de nogal trabajadas, sillas Luis XVI tapizadas en terciopelo marrón y suelo de mármol recubierto por magníficas alfombras persas. Su cocina es continental y tiene un buen servicio. Las cenas están amenizadas con música de piano. Los domingos prepara brunch al mediodía.

BAL HARBOUR Y BAY HARBOR ISLANDS

Ⓛ CAFÉ CHAUVERON. 9561 East Bay Harbor Dr. Bay Harbor Island. ☎ 866 87 79. Abre los domingos. Sólo sirve cenas. Es recomendable reservar mesa. Es necesario llevar americana y corbata. Cierra de mayo a septiembre. Es un elegante y sobrio restaurante, decorado con sofás de tapicería marrón, sillas en madera negra y tela gris, paredes en color salmón y cuadros modernos. Las mesas con manteles blancos y centros de flores frescas. Sus platos se preparan con las tradicionales recetas de la cocina francesa. Son reconocidos y admirados sus famosos soufles especialmente el de castaña.

Ⓛ MIAMI PALM RESTAURANT. 9650 East Bay Harbor Dr. Bay Harbor Island. ☎ 868 72 56. Abre los domingos. Sólo sirve cenas. Es necesario reservar mesa. Cierra de julio a septiembre. Pertenece a los mismos dueños que el Palm Restaurante de New York, toda una institución que abrió sus puertas en 1929. Su decoración es sencilla y puede parecer hasta anticuada. Con techos de madera trabajada y pequeñas lámparas que no dan mucha luz. Sillas de madera sencillas como las de los bares de los pueblos, y paredes adornadas con fotos de famosos, caricaturas y recuerdos. Su comida es de primera. Prepara platos de cocina italiana y americana. Su calidad es indiscutible y el servicio bueno y rápido.

Ⓜ B.C. CHONG SEAFOOD GARDEN AND LONDON BAR. 9601 E. Bay Harbor Dr. Bay Harbor Island. ☎ 866 88 88. Abre los domingos. Está situado a la orilla del agua con magníficas vistas a Indian Creek. Su cocina es china.

Ⓜ THE BAL HARBOUR BAR & GRILL. 9701 Collins Ave. ☎ 868 25 18. Abre los domingos. Está situado en el Hotel Sheraton Bal Harbour Resort. Su cocina es americana y sus mejores platos las carnes.

SUNNY ISLES

Ⓑ TERRACE CAFÉ. 17875 Collins Ave. ☎ 932 11 00. Abre los domingos. Se encuentra en el Riu Pan American Ocean Resort. Sus platos son de cocina americana.

Ⓑ MARCO POLO RESORT HOTEL COFFEE SHOP. 19201 Collins Ave. ☎ 932 22 33. Abre los domingos. Es un sencillo e informal restaurante perteneciente al Hotel Marco Polo que prepara platos de cocina continental.

Ⓜ PIERRE`S. 19201 Collins Ave. ☎ 932 22 33. Abre los domingos. Se encuentra en el Marco Polo Resort Hotel. Sus platos son de cocina continental.

Ⓜ BARRIO. 1041 Washington Ave. ☎ 532 85 85. Abre los domingos. El ambiente de este restaurante representa muy bien el espíritu de South Beach. Su comida es una mezcla de cubana y Tex-mex. Su originalidad es el espectáculo que monta los lunes por la noche. Su "Drag night", en que todos sus camareros, que son trasvestis, se disfrazan con sus mejores trajes de noche, joyas y plumas. Organizan su número, imitando a artistas famosos. Todo un espectáculo para el que le guste este ambiente tipo de espectáculo.

Ⓜ L`HORIZON. 18925 Collins Ave. ☎ 931 89 00. Abre los domingos. Está dentro del Beacharbour Ocean Resort. Tiene bonitas vistas al mar. Sus platos son de la cocina continental.

Ⓜ NEWPORT PUB RESTAURANT. 16701 Collins Ave. ☎ 949 13 00. Abre los domingos. Es recomendable reservar mesa. Se encuentra en el Holiday Inn Newport Pier Resort. Sus platos son de la cocina americana y su especialidad las carnes, sobre todo el "Prime rib".

Ⓜ THE OASIS. 18215 Collins Ave. ☎ 932 06 61. Abre los domingos. Es recomendable reservar mesa. Está situado en el Suez Oceanfront Resort. Es un restaurante informal con platos de la cocina americana.

Ⓒ CHRISTINE LEE`S GASLIGHT. 18401 Collins Ave. ☎ 931 77 00. Abre los domingos. Sólo sirve cenas. Es necesario reservar mesa. Se encuentra en el Hotel Thunderbirrd. Está considerado como uno de los mejores restaurantes de comida china del sur de la Florida. Está decorado con ambiente oriental, los asientos son sofás de terciopelo salmón y el resto cómodas sillas lacadas en negro. Una de las paredes es de espejo, con adornos tallados de dibujos chinos y las mesas con almidonados manteles blancos. La presentación de su platos es cuidada y original; el servicio es eficiente.

NORTH MIAMI, NORTH MIAMI BEACH Y AVENTURA

Ⓑ SHUCKERS BAR & GRILL. 1819 79 th Street Cswy. North Bay Village. ☎ 865 71 00. Abre los domingos. Es un restaurante decorado con ambiente tropical, con platos típicos de la cocina americana. Tiene magníficas vistas a la Bahía de Biscayne. Los fines de semana por la noche tiene música en vivo con bandas de reggae y blues.

Ⓑ **RITA`S.** 7232 Biscayne Blvd. ☎ 757 94 70. Abre los domingos. Es un pequeño y acogedor restaurante de comida tradicional italiana.

Ⓑ **HOWARD JOHNSON NORTH MIAMI RESTAURANT.** 16500 N.W. 2nd Ave. North Miami. ☎ 945 26 21. Es un restaurante familiar con cocina continental.

Ⓑ **LAURENZO`S PASTA GRILL.** 2255 N.E. 164 St. North Miami Beach. ☎ 948 80 08. Es un restaurante informal con platos de la cocina italiana.

Ⓑ **GOURMET DINER.** 13900 Biscayne Blvd. North Miami Beach. ☎ 947 22 55. Es un restaurante sin pretensiones, pero tiene unos platos de la cocina francesa magníficamente preparados. Sus raciones son generosas.

Ⓑ **THE GARDEN.** 17 Wesward Dr. Miami Spring. ☎ 887 92 38. Con platos de la cocina natural, bajos en sal y grasa.

Ⓜ **THE CRAB HOUSE SEAFOOD RESTAURANT.** 1551 79th Street, Cswy. North Bay Village. ☎ 868 70 85. Abre los domingos. Es un restaurante informal especializado en mariscos y pescados frescos. Tiene salad bar a precio fijo sin limite de consumición.

Ⓜ **PLACE FOR STEAK.** 1335 79th Street, Cswy. North Bay Village. ☎ 758 55 81. Abre los domingos. De cocina americana, está especializado en carnes. Por las noches tiene música en vivo.

Ⓜ **PRINCE HAMLET.** 19115 Collins Ave. North Miami Beach. ☎ 932 84 88. Abre los domingos. Es un restaurante tradicional que prepara platos de la comida danesa.

Ⓜ **BILLY`S ON THE BAY.** 1601 79th St. Cswy. North Bay Village. ☎ 866 90 38. Abre los domingos. Es necesario reservar mesa. Se encuentra en el puente Kennedy Causeway. Está especializado en mariscos sobre todo en muelas de cangrejo o *stone crab*. Por un precio fijo se puede comer todo el cangrejo que se tenga ganas. Desde las mesas tiene magníficas vistas a la Bahía de Biscayne.

Ⓜ **RUTH`S CHRIS STEAK HOUSE.** 3913 N.E. 163rd Street. North Miami Beach. ☎ 949 01 00. Abre los domingos. Es recomendable reservar mesa. Su cocina prepara platos típicos de la cocina americana.

Ⓜ **SHULA`S STEAK HOUSE.** N.W. 154th Street. Miami Lakes. ☎ 822 23 24. Abre los domingos. Es recomendable reservar mesa. Se encuentra en el Don Shula Hotel & Golf Club. Está situado en el campo de golf y tiene bonitas vistas al campo. Su menú es de cocina americana, está especializado en carnes.

Ⓜ **L`ORANGER.** 3957 N.E. 163rd Street. North Miami Beach. ☎ 940 04 99. Abre los domingos. Es recomendable reservar mesa. Es un acogedor restaurante de comida francesa. Tiene magñificas vistas a la Intercoastal Waterway.

Ⓜ **MIKE GORDON`S SEAFOOD RESTAURANT.** 1201 N.E. 79th Street. North Bay Village. ☎ 751 44 29. Abre los domingos. Cocina americana. Está especializado en mariscos y pescados.

Ⓜ **DON SHULA`S ALL STAR CAFÉ.** N.W. 154 th Street. Miami Lakes. ☎ 362 74 87. Abre los domingos. Es recomendable reservar mesa. Su menú es de cocina americana, está especializado en mariscos y pescados. Los domingos prepara brunch al mediodía.

Ⓒ **CHEF ALLEN`S.** 19088 N.E. 29th Ave. North Miami Beach. ☎ 935 29 00. Abre los domingos. Sólo sirve cenas. Es necesario reservar mesa. Es un restaurante moderno decorado con espejos y dibujos estilizados en las paredes, el techo adornado con luces de neón. Sillas lacadas en negro y manteles blancos, con flores frescas. Su menú es de la New Cuisine Americana, mezclando muy bien sabores y extrañas combinaciones. El servicio es eficaz.

Ⓒ **PAPAGAYO.** 11500 Biscayne Blvd. North Miami. ☎ 895 37 30. Sólo sirve cenas. Cierra los domingos de abril a noviembre. Es necesario reservar mesa. Es un restaurante de comida italiana, decorado en tonos rosa, con paredes, manteles y maderas del mismo color. Las sillas son de diseño moderno en madera. Además de los tradicionales platos italianos tiene un menú especial de bajas calorías.

Ⓒ **UNICORN VILLAGE.** 3565 N.E. 207th Street. ☎ 933 88 29. Abre los domingos. Es recomendable reservar mesa. Es un moderno e informal restaurante decorado con ambiente tropical con sillas de bambú, madera en su color y abundancia de plantas. Desde las mesas tiene magníficas vistas a las aguas de Waterways Harour. La fama de este restaurante no es su decoración, sino su comida toda natural y de primera calidad. Sus precios son muy buenos y el servicio es atento y rápido. Merece la pena visitarlo.

Ⓒ **LANGOSTA BEACH.** 1279 N.E. 79 Street. North Miami. ☎ 751 12 00. Abre los domingos. Es recomendable hacer reservas. Está situado en el puente de la 79th, Kennedy Causeway. Es un restaurante romántico. Está decorado al estilo tropical, con suelos de madera pintados de blanco. Techos rústicos de paja tejida y sillas de colores. Al atardecer ponen toldos transparentes para poder admirar la puesta del sol en el mar. Su menú está especializado en pescados y mariscos típicos de la zona, sobre todo langosta, que la preparan de mil maneras todas ellas deliciosas. Las cenas en el comedor de dentro, están amenizadas con romántica música de piano.

Ⓒ LA PALOMA RESTAURANT. 10999 Biscayne Blvd. North Miami. ☎ 891 05 05. Cierra los lunes de mayo a noviembre. Es necesario reservar mesa. Es un elegante restaurante decorado con muebles clásicos y antigüedades. Su menú es continental con platos de la cocina francesa. Durante las cenas tiene música de piano.

Ⓒ RINALDO`S BACKSTAGE AT FACADE. 3509 N.E. 163rd St. North Miami Beach. ☎ 947 99 88. Cierra los lunes y martes. Sólo sirve cenas. Es necesario reservar mesa. Es un lujoso restaurante especializado en cocina del norte de Italia.

Ⓛ MARK`S PLACE. 2286 N.E. 123rd Street. North Miami. ☎ 893 68 88. Abre los domingos. Sirve cenas todos los días y comidas de lunes a viernes. Es necesario reservar mesa. La decoración del restaurante es seria y sobria. Las paredes pintadas en dos tonos de beige. La separación de los diferentes comedores es por columnas. Las sillas son sencillas pintadas en beige. Tiene grandes ventanales y techos negros con ventiladores de aspas. Los platos de su cocina son los más representativos del sur de la Florida. La base de sus platos son productos locales, como ancas de rana de los Everglades o los pescados y mariscos de la zona. Combina la carta con productos y platos del Caribe.

Ⓛ IL TULIPANO. 11052 Biscayne Blvd. North Miami. ☎ 893 48 11. Cierra los domingos. Sirve cenas de lunes a sábados y comidas de lunes a viernes. Es necesario reservar mesa. Cierra el mes de septiembre. Es un alegre restaurante decorado sencillamente, con paredes de ladrillo visto pintado en blanco. Sillas tapizadas en negro y mesas con manteles almidonados, con flores frescas, normalmente tulipanes. Su cocina es la tradicional italiana. El servicio es amable y efectivo.

COPAS

BARES Y COCKTAILS

Por ley ningún menor de 21 años puede consumir bebidas alcohólicas. En algunos de estos lugares existe el “Happy hour”, que consiste en determinadas horas, en las cuales por el precio de una copa te invitan a otra. El horario suele coincidir con el de las salida de las oficinas. El horario de cierre, varía dependiendo de la zona donde se encuentre. En las zonas con más ambiente suelen estar abiertos hasta las 4 de la mañana, o como algunos en South Beach, no cierran. La mayoría tienen servicio de restaurante y pueden servir comidas o pequeños refrigerios. En la parte de la playa, en South Beach, es donde hay más bares y discotecas para gays y lesbianas. Algunos funcionan con música enlatada, y otros tienen música en vivo.

COCONUT GROVE

THE HUNGRY SAILOR. 3064 Grand Avenue. ☎ 444 93 59. Abierto hasta las 3 h. Con ambiente informal y gente joven. Se puede escuchar buena música caribeña como reggae o calipsos.

PRONTO PUB. 3488 Main Highway. ☎ 443 39 46. Abre los siete días hasta las 3 h. El local es sencillo y resulta algo oscuro. Se puede escuchar una magnífica selección de blues. Su precio es económico.

TIGERTAIL LOUNGE. 3205 S.W. 27th Ave. ☎ 854 91 72. Esta abierto hasta las 4 h. Es un local divertido y con ambiente joven. Su música es buena y resulta económico.

TAVERN IN THE GROVE. 3416 Main Highway. ☎ 447 3884. Abierto hasta las 3 h. Tiene un ambiente acogedor y simpático. Como la mayoría de los locales de Coconut Grove tiene una clientela joven.

TIFFANY LOUNGE. 3000 Florida Ave. ☎ 441 00 00. Cierra los domingos. Esta abierto hasta las 23 h. Se encuentra en el Hotel Mayfair. El ambiente es elegante y serio. Tiene una clientela más conservadora.

SPLASH BAR. 2649 S. Bayshore Dr. ☎ 858 25 00. Abre todos los días. Se encuentra en el Hotel Doubletree. Está alrededor de la piscina.

FAT TUESDAY. 3015 Grand Avenue. ☎ 441 29 92. Abre los siete días hasta las 2 h. Está situado en el segundo piso de CocoWalk. Es un lugar divertido y alegre con clientela joven. Su especialidad son las bebidas tropicales como daiquirís, piña colada...

CIGA LOUNGE. 2669 S. Bayshore Dr. ☎ 858 96 00. Cierra a la 1 h. Se encuentra en el Hotel Grand Bay. Es un local elegante y sofisticado con una clientela seleccionada. Tiene música en vivo de jazz o piano. Su precio es caro.

LOBBY BAR. 2649 S. Bayshore Dr. ☎ 858 25 00. Abre todos los días hasta la 1 h. Está situado en el Hotel Doubletree. El ambiente es acogedor y agradable. Tiene “Happy hour” de lunes a viernes de 16.00 a 20.00 h.

BLACK JACK`S TAVERN. 3480 Main Highway. ☎ 445 00 22. Está abierto los siete días hasta las 3 h. Tiene un local informal y con clientela joven. Es económico.

DISTRITO ART DECO — MIAMI BEACH

NEWS CAFÉ. 800 Ocean Drive. ☎ 538 63 97. Está abierto las 24 horas. Es un local muy visitado. Su terraza está situada en la zona más de moda en South Beach. El ambiente es joven, sofisticado y algo estrafalario. Es el típico local para ver y que te vean.

HARRY`S BAR. 1701 Collins Ave. ☎ 534 35 00. Abierto todos los días hasta la 1 h. Está situado en el Hotel Ritz Plaza. Es un local sencillo e informal sin ninguna pretensión.

CAFÉ MAÑANA. 1522 Washington Ave. ☎ 532 60 05. Abierto las 24 horas. Es un local abierto, simpático y con buen ambiente. Por la noche tiene una clientela joven y dinámica.

BACARDI`S ON THE BEACH. 1664 Alton Road. ☎ 535 25 55. Abre todos los días hasta las 5 h. Está decorado en elegantes tonos grises y rosas, con fotografías y recuerdos de artistas. Tiene música de jazz, blues y piano en vivo.

ALFREDO THE ORIGINAL OF ROMA LOUNGE. 4833 Collins Ave. ☎ 532 36 00. Abre todos los días hasta las 23 h 30. Situado en el Hotel Doral Ocean Beach Resort. Se encuentra en el último piso del Hotel y disfruta de unas vistas magníficas al Océano y a la Intracoastal. Las noches están amenizadas con música de piano, el ambiente es conservador.

LA FAMIGLIA. 2445 Collins Ave. ☎ 534 71 11. Abre todos los días hasta las 1 h. Se encuentra en le Hotel Traymore. Decorado elegantemente y con buen ambiente de talluditos. Tiene “Happy hour”.

CARIBBEAN TERRACE LOUNGE. 3025 Collins Ave. ☎ 534 05 05. Situado en el Miami Beach Ocean Resort. Tiene salón y terraza con vistas al mar. Los fines de semana tiene espectáculos de música en vivo. Abre todos los días hasta las 24 h.

SANDBAR. 4833 Collins Ave. ☎ 532 36 00. Abre todos los días hasta las 19.00 h. Se encuentra en el Hotel Doral Ocean Beach Resort. Está situado cerca de la piscina.

BEACHES. 4299 Collins Ave. ☎ 672 19 10. Abre todos los días hasta las 5.00 h. Situado en el Hotel Days Inn Oceanside. Tiene “Happy hour” de lunes a viernes de 16.00 a 19.00 h.

OCEAN VIEW LOUNGE. 4833 Collins Ave. ☎ 532 36 00. Abre todos los días hasta las 16.00 h. Se encuentra en el Hotel Doral Ocean Beach Resort. Tiene bonitas vistas a la playa.

BAL HARBOUR Y BAY HARBOR ISLANDS

THE EMERALD LOUNGE. 9909 Collins Ave. ☎ 866 44 41. Abre todos los días hasta las 24 h. Es necesario reservar mesa. Se encuentra en el Hotel The Sea View. Su decoración es informal, su ambiente es serio y conservados. Por las noches tiene música de piano.

LONDON BAR. 9601 E. Bay Harbor Dr. Bay Harbor Island. ☎ 866 88 88. Abre todos los días hasta las 22.00 h. Situado en el Bay Harbor Inn. Está decorado como un club inglés. Su ambiente es de profesionales y talluditos.

NORTH MIAMI, NORTH MIAMI BEACH Y AVENTURA

MOJAZZ. 928 71 Street. North Miami Beach. ☎ 865 26 36. Es un local pequeño con decoración sencilla. La gente acude para tomar una copa y escuchar buen jazz, blues y música de jazz latino.

SHUCKERS BAR & GRILL. 1819 79th Street, Cswy. North Bay Village. ☎ 865 71 00. Abre todos los días hasta las 2.00 h. Tiene magníficas vistas a la Bahía de Biscayne y "Happy hour" de lunes a viernes de 17.00 a 19.00 h.

EAST SIDE MARIO'S. 19501 Biscayne Blvd. Aventura. ☎ 935 35 89. Abre todos los días hasta la 1 h. Situado en el Centro Comercial Aventura Mall. Tiene ambiente alegre y divertido, además de tomar una copa, se pueden comer algunos platos de cocina italiana. Con "Happy hour" de 16.00 a 19.00 h, donde por el precio de una, ofrecen dos copas.

DISCOTECAS, NIGHTCLUBS Y ESPECTÁCULOS

La edad para entrar en las discotecas varía dependiendo si se sirve alcohol o no. Con 18 años, está permitido entrar en discotecas que no sirvan bebidas alcohólicas. Con 21 años los hombres se puede entrar a discotecas donde sirven bebidas alcohólicas, y por lo general a los 18 años las mujeres, aunque hay algunos locales donde no se les permite el acceso hasta los 21 años. A la entrada se exige cualquier tarjeta de identificación. El horario de cierre no está establecido. Normalmente las discotecas con mucha marcha dicen cuando abren pero nunca cuando cierran.

Excepto algunas discotecas que están de moda en Coconut Grove, la mayor concentración de discotecas de moda en este momento se encuentra en Miami Beach, en la zona de South Beach. Al ser Miami una ciudad multiétnica la separación de discotecas está en orden del tipo de música que ofrecen.

ALCAZABA. 50 Alhambra Plaza. Coral Gables. ☎ 441 12 34. Con música de rock, salsa y popular con disc jockey. Cierra a las 2.00 h.

AY JALISCO. 12755 S.W. 88 Street. Kendall. ☎ 388 78 04. Por el día es restaurante, por las noches se transforma en discoteca. Está decorado como una cueva, su música es latina con abundancia de salsa y cumbia alternando con mariachis típicos mejicanos.

BAJA BEACH CLUB COCONUT GROVE. 3015 Grand Ave. Coconut Grove. ☎ 445 02 78. Situada en el tercer piso de CocoWalk. Es una de las discotecas que están de moda en Coconut Grove. Las colas para entrar los fines de semana son largas. Para acortar la espera tiene salas con maquinitas, música, billares, juegos y TV. Durante la espera se pueden comer pizzas o snacks. Los martes tiene "Ladies night" con entrada gratis para las mujeres. Cierra a las 5 h.

BAJA BEACH CLUB MIAMI BEACH. 245 22 Street. Miami Beach. ☎ 534 19 86. Discoteca con música de rock con disc jockey. Las mujeres tiene la bebida gratis de 20.00 a 23.00 h.

BALI HAI COCKTAIL LOUNGE & NIGHTCLUB. 9601 Collins Ave. Bal Harbour. ☎ 865 99 31. Los fines de semana tiene espectáculos de bailes profesionales. Abre todos los días hasta las 2.00 h.

BANG. 1516 Washington Ave. Miami Beach. ☎ 531 23 61. Es uno local con clientela jóven, donde se puede escuchar música de blues.

BAROCCO BEACH. 640 Ocean Dr. Miami Beach. ☎ 538 77 00. Está situado en el Hotel Park Central. Los fines de semana tiene conciertos de música en vivo.

BASH. 655 Washington Ave. Miami Beach. ☎ 538 22 74. Cierra los domingos. Abre de 22.00 a 5.00 h. Uno de los dueños es le actor Sean Penn, ex marido de Madonna. Es pequeña y siempre tiene largas colas en la puerta, por que su entrada es gratis. Está decorada con arcos que separan la barra de las mesas. El ambiente es original, surrealista y algo sofisticado. Su música es con DJ con ritmos actuales y abundancia de rock.

BAYSIDE CONCERTS. 401 Biscayne Blvd. Downtown. ☎ 372 51 17. Tiene música en vivo todas las noches.

BEDROCK BAR. 3336 Virginai Sreet. Coconut Grove. ☎ 446 30 27. Es uno de los lugares donde actuan los mejores grupos de reggae y rock. Está abierto hasta las 5.00 h. Para entretenerse en la espera, la barra tiene maquinitas, juegos y billares.

BONFIRE. 737 S.W. 109th Ave. ☎ 226 76 55. Tiene música y baile country y rock. Las sábados por la noche tiene actuaciones en vivo. Abre todos los días hasta las 5.00 h.

BRASSIES LOUNGE. 2201 Collins Ave. Miami Beach. ☎ 534 15 11. Con música de DJ y ambiente joven. Cierra a las 24 h.

BRASSIES LOUNGE. 2201 Collins Ave. Miami Beach. ☎ 534 15 11. Está situado en el Hotel Holiday Inn Oceanside. Tiene espectáculos los fines de semana. Abre todas las noches y cierra a las 2.00 h.

BRICKELL TAVERN. 760 S.W. 2nd Ave. Downtown. ☎ 854 79 89. Tiene música en vivo los fines de semana.

BRUZZI. 3599 N.W. 207 St. ☎ 937 24 00. Algunos días entre semana y los fines de semana tiene actuaciones de vivo de grupos jazz y blues.

BYBLOS. 323 23rd St. Miami Beach. Abre los jueves hasta las 5.00 h. y los domingos hasta las 24 h. Situado en la antigua discoteca Boomerang. Es un club famoso por sus muchachos musculosos, y ambiente con travestis. Dedicado a clientes gays. En la puerta de la entrada tiene en letras de neón el lema de la discoteca "Love Muscle". Está decorada como una caverna prehistórica, con estalactitas de carton. Más parece una cueva con sensaciones de claustrofobia. Fuera tiene un pequeño jardín con mesas. Su música es heavy y fuerte volumen.

CACTUS CANTINA GRILL. 630 6th Street. Miami Beach. ☎ 532 50 95. Tiene música en vivo todos los días, la entrada está permitida a mayores de 18 años.

CAFÉ IGUANA. N. Kendall Dr. y Florida`s Turnpike. Kendall. ☎ 274 40 48. Situada en el Centro Comercial Town & Country. Tiene baile con música de DJ, la entrada es para mayores de 21 años.

CALICO JACK`S. 13503 S. Dixie Hway. Kendall. ☎ 378 01 82. La música que se escucha en esta discoteca es de Rock bailable.

CAMEO. 1445 Washington Ave. Miami Beach. ☎ 352 09

22. Esta discoteca con ambiente joven, mezcla la música de disco con bandas de rock en vivo.

CASABLANCA. 2649 S. Bayshore Dr. Coconut Grove. ☎ 858 50 05. Es necesario reservar mesa. Se encuentra en el Hotel Doubletree, en Coconut Grove. Con música latina y muy buen ambiente. Está decorado elegantemente. Tiene unas magníficas vistas al centro de Miami y a la Bahía de Biscayne, iluminadas por la noche. Su precio es caro. Abre todos los días, entre semana hasta las 3 h y los fines de semana hasta las 5.00 h.

CENTRO ESPAÑOL. 3615 N.W. South River Dr. ☎ 634 58 45. Entre semana funciona con disc jockey, los fines de semana tiene grupos de música latina. Cierra todos los días a las 5.00 h. Es una discoteca de ligue.

CENTRO VASCO. 2235 S.W. 8th St. ☎ 643 96 06. Es un restaurante con espectáculo de flamenco por la noche y pequeña pista de baile.

CHAMPIONS RESTAURANT AND SPORT. 7199 S.W. 117th Ave. Kendall. ☎ 273 99 79. Este restaurante tiene pista de baile abierta hasta las 2.00 h. con música de disc jockey.

CHARCOALS. 15532 N.W. 77th Ct. Miami Lakes. ☎ 362 60 60. Con música en vivo todas las noches variando el rock con la salsa. Los miércoles "Ladies night" con copas gratis las damas.

CHEZ GASTON`S. 18215 Collins Ave. Sunny Isles. ☎ 932 06 61. Situada en el Hotel Suez Oceanfront Resort. Es una discoteca romántica, donde se pueden bailar ritmos de lambada, salsa y rumba. Abre todos los días y cierra a las 3.00 h.

CHILI PEPPER. 621 Washington Ave. Miami Beach. ☎ 531 96 61. Cierra los lunes. El resto de la semana abre de 20.00 a 5.00 h. Está decorada con colores brillantes, las sillas todas distintas, paredes con dibujos de graffitti, el bar con luces de neón color rojo. Lo más llamativo es el baño en color morado, hay que ir con gafas para no salir bizco. La música de un volumen estridente, está dirigida por uno de los disc jockeys más conocidos, que trabajó anteriormente en el Hard Rock Café de Australia, en el Club Nu y en Regine`s. Lo que se escucha entre semana es rock duro y los fines de semana música en vivo de jamaica. Como todos los lugares que están de moda, siempre tiene colas en la entrada, o se entra por goteo, es decir el número de los que salen entran.

CHRISTINE LEE`S GASLIGHT LOUNGE. 18401 Collins Ave. Sunny Isles. ☎ 931 77 00. Es recomendable reservar mesa. Es en elegante local al lado del restaurante, con música en directo y espectáculos. Abre todos los días hasta las 2.00 h. Ropa semi-formal.

CHURCHILL`S HIDEAWAY. 5501 N.E. 2nd Ave. Downtown. ☎ 757 18 07. Tiene música en vivo toda la semana.

CLUB CABANA. 161 Ocean Dr. Miami Beach. ☎ 534 16 65. Tiene mezcla de música latina y jazz. Los fines de semana con bandas o cantantes en vivo.

CLUB CLIMAX. 5922 S. Dixie Hway. Kendall. ☎ 667 48 20. Es una discoteca de barrio para ligar.

CLUB DOWNTOWN. 96 S.W. 7th St. ☎ 379 17 12. Baile con música de disc jockey hasta las 5.00 h. Ambiente de barrio.

CLUB LEXUS. 12901 N.W. 27th Ave. ☎ 687 38 93. Tiene conciertos de blues. Está abierto los fines de semana hasta las 3.00 h.

CLUB MONACO. 524 Ocean Dr. Miami Beach. ☎ 531 94 24. Discoteca con baile de música enlatada y servicio de cena a media noche.

CLUB O`ZONE. 6620 Red Road. ☎ 667 28 86. Es una discoteca de gays, con ambiente de homosexuales y trasvestís. Está prohibida la entrada a mujeres todos los días excepto los domingos, y sólo si están acompañadas por hombres. La discoteca es grande, tiene dos barras, una gran pista de baile, sala de juegos y un reservado. Tiene diferentes disc jokeys y el estilo de su música cambia a diario. El viernes es el único día que está permitida la entrada para mayores de 18 años, el resto de la semana es para mayores de 21 años. Abre los siete días de la semana hasta las 5.00 h.

CLUB ONE. 1045 5th St. Miami Beach. ☎ 534 49 99. Es necesario reservar mesa. Es uno de los más lujosos club de música latina. La mayoría de los días tienen "Ladies night". Mezcla la música de merengue, salsa, cumbia con grupos y cantantes de música en vivo. Abierto hasta las 5.00 h. No permiten la entrada con vaqueros o zapatos deportivos.

CORBETT`S SPORT BAR & GRILL. 12721 S. Dixie Hway. Kendall. ☎ 238 08 23. Baile hasta las 3.00 h con concursos alrededor de la piscina.

DADELAND MARRIOTT LOUNGE. 9090 S. Dadeland Blvd. Kendall. ☎ 663 10 35. De miércoles a sábados tiene conciertos y cantantes de jazz y blues.

DAKOTA CLUB. 17490 Biscayne Blvd. Miami Beach. ☎ 944 96 32. Con música popular, country, salsa y rock. Está abierto hasta las 5.00 h.

DAN MARINO`S AMERICAN SPORT BAR & GRILL. 3015 Grand Ave. Coconut Grove. ☎ 567 00 13. Situada en el tercer piso de Centro CocoWalk. Tiene música bailable hasta las 3.00 h.

DELANEY STREET. 7353 Fairway Dr. Miami Lakes. ☎ 823 75 55. Entre semana tiene música de disc jockey, los fines de semana tiene actuaciones en vivo de Top 40 o música popular.

DESIRES LOUNGE. 350 Ocean Dr. Key Biscayne. ☎ 361 20 21. Se encuentra en el Hotel Sonesta Beach Resort. Es un local romántico con música de disc jockey y baile hasta las 2.00 h.

DOC DAMMERS SALÓN. 180 Aragon Ave. Coral Gables. ☎ 441 26 00. Se encuentra en el Hotel The Colonnade. Su música es mezcla de Top 40 dirigida por disc jockey, con actuaciones de grupos y cantantes los fines de semana. Los viernes está abierto hasta la 1 h los demás días hasta las 23.00 h.

GERTRUDE`S. 826 Lincoln Rd. Miami Beach. ☎ 538 69 29. Organiza noches con conciertos de blues y música clásica.

HOMBRE. 925 Washington Ave. Miami Beach. ☎ 538 78 83. Es un local gay, decorado con paredes de terciopelo de flores y una larga barra para tomas copas. Más que nada es un lugar para ligar, está abierto hasta las 5.00 h.

HOOLIGAN`S FORT APACHE MARINA. 3025 N.E. 188th St. North Miami Beach. ☎ 936 00 07. Alterna la música de disco con música en vivo.

HOOLIGAN`S PUB AND OYSTER BAR. 9555 S. Dixie Hway. South Miami. ☎ 667 96 73. Con música en vivo todas las noches y bar con pantallas de TV gigantes para los aficionados a los deportes.

ILLUSIONES SUPPER CLUB. 12540 S.W. 8th St. ☎ 220 57 14. Ambiente latino, abierto hasta las 4.30 h.

JJ`S. 902 S. Miami Ave. ☎ 381 69 09. Con música peruana y cubana.

KREMLIM. 727 Lincoln Rd. Miami Beach. ☎ 673 31 50. Está decorada en rojo y oro. Para pasar el rato, también tiene juegos y sala con billar. La música es rock duro y tecno. El ambiente es sólo de gays, gente joven con abundancia de botas de combate y aretes por el cuerpo. Cierra los lunes, martes y miércoles, los demás días está abierto hasta las 5.00 h.

LAS OLAS DEL MONTE CARMELO. 6561 Collins Ave. Miami Beach. ☎ 861 75 76. Es necesario reservar mesa. Se encuentra en el Hotel Monte Carmelo Oceanfront Resort. Es un local animado con buena música latina para bailar. Cierra los lunes, los demás días está abierto hasta las 5.00 h.

LE JARDÍN. 6701 Collins Ave. Miami Beach. ☎ 865 85 11. Está situada en el Hotel Ramada Resort Deauville. Es un elegante nightclub, rodeado de jardines, donde además de bailar ofrecen diferentes espectáculos.

LES BAINS. 753 Washington Ave. Miami Beach. ☎ 532 87

68. Cierra los domingos, los demás días está abierto hasta las 5.00 h.

LOMBARDI'S. 401 Biscayne Blvd. Miami. ☎ 382 95 80. Los viernes y sábados está abierto hasta la 1.00 h. Tiene actuaciones en vivo de grupos de música brasileña, ritmos del caribe y jazz.

MANGO'S TROPICAL CAFÉ. 900 Ocean Dr. Miami Beach. ☎ 673 44 22. Ambiente latino en la playa, con buena música de mambo.

MAXIM'S SUPER CLUB. 7397 S.W. 8th St. Miami. ☎ 264 92 33. Está decorado con abundancia de espejos y luces de neón. Su ambiente es latino. Tiene orquesta con ritmos de merengue, bolero y cumbia. Los domingos presenta espectáculos con imitaciones de artistas famosos. Cierra los lunes.

METRO. 821 Lincoln Road. Miami Beach. ☎ 673 85 21. Situada en el antiguo restaurante de Pocco Pazo. Actualmente es una discoteca gay. Tiene dos pisos, el inferior, tiene una barra con muy poca luz, apropiado para ligar. En el piso superior hay una sala con juegos, video y mesitas para charlar. Cierra los lunes, martes y miércoles, los demás días está abierto hasta las 5.00 h.

MIAMI NIGHTS. 2860 N.W. 183rd St. ☎ 621 72 95. Discoteca con música de disc jockey, los jueves tiene "Ladies night".

OAK ROOM BAR. 100 Chopin Plaza. ☎ 577 10 00. Está situado en el Hotel Inter Continental. Tiene ritmos con música de bolero, salsa y cumbia. Está abierto hasta la 1.00 h.

PARAGON. 1235 Washington Ave. Miami Beach. ☎ 534 12 35. Tiene música con disc jockey, los fines de semana suele tener cola para entrar. Su pista de baile es una de las mejores de la zona, con rayos láser y un magnífico equipo de sonido. Abierto hasta las 6.00 h.

PARENTS WITHOUT PARTNERS. 12256 S.W. 128 St. (Kendall). ☎ 251 28 19. Discoteca con música bailable de DJ abierta hasta la 1.00 h.

REBAR. 1121 Washington Ave. Miami Beach. ☎ 672 37 88. Es una discoteca para gente joven con música disco y billares.

RHYTHMS. 17870 Biscayne Blvd. North Miami Beach. ☎ 933 54 77. Mezcla las noches con música de disco y bandas o grupos de música en vivo. Los miércoles tiene "Ladies night".

RICK T. 1 Westward Dr. Miami Spring. ☎ 883 33 60. Local de música y baile country, con actuaciones en directo los fines de semana. Está abierto hasta las 2.00 h.

RONNIE'S. 4767 N.W. 36 St. Miami Sprnig ☎ 888 36 61. Se encuentra en el Hotel The Travelers. Para bailar tiene música en vivo.

RUNAWAYS ON THE BAY. 17201 Biscayne Blvd. North Miami Beach. ☎ 944 02 25. Con música de disc jockey entre semana y los domingos con música de grupos o cantantes en vivo.

SAMBUCA UP. 3138 Commodore Plaza. Coconut Grove. ☎ 445 92 00. Ambiente divertido y joven, con música de disco, está abierto hasta las 3.00 h.

SPOO-DEE-O-DEE. 645 Washington Ave. Miami Beach. Tel.538 19 94. Algunos días tiene en pista grupos de música en vivo, los demás se baila con música enlatada.

STRINGFELLOWS. 2911 Grand Ave. Coconut Grove. ☎ 446 75 55. Se encuentra en el primer piso del Centro Comercial Mayfair. Es una discoteca elegante y sofisticada frecuentada por profesionales y ejecutivos. Cierra los domingos y lunes, está abierta hasta las 5.00 h. Su precio es carísimo.

STUDIO ONE 83 JAZZ ROOM. 2860 N.W. 183rd St. Miami. ☎ 621 76 25. Esta discoteca tiene música de disc jokey entre semana. Los viernes y sábados actuaciones con grupos y bandas de música reggae y jazz. Los miércoles con presentaciones de comedy show.

SUNDAY'S. 5420 Crandon Blvd. Key Biscayne. ☎ 361 67 77. Está abierta de miércoles a domingos, los jueves son "Ladies night". Se baila con música de disco.

SUZANNE'S IN THE GROVE. 2843 S. Bayshore Dr. Coconut Grove. ☎ 441 15 00. Es un club semi-privado con clientela selecta y conservadora, situado en el edificio Grove Towers. Abre de miércoles a sábados hasta las 5.00 h.

SWISS CHATEAU. 2471 S.W. 32nd Ave. ☎ 445 36 33. Es un nigthclub con dos grandes pistas de baile. Tiene orquesta y piano bar con música de salsa, cúmbia, merengue y bolero. Cierra los lunes.

TEQUENDAMA. 10855 S.W. 72nd St. ☎ 279 31 08. Ambiente puramente colombiano, con buena música bailable de cúmbia y salsa.

THE CHURCH. 1439 Washington Ave. Miami Beach. ☎ 672 71 11. Discoteca informal, con ambiente joven y música de rock enlatada.

THE REEF BAR. 3301 Rickenbacker Causeway. Key Biscayne. ☎ 361 65 16. Discoteca con música de disc jockey, especializada en reggae.

THE SPIRIT. 7250 N.W. 11 St. Para bailar tiene mezcla de música en vivo con discos dirigidos por disc jockey. Su música es de estilo latino y popular.

THE SPOT. 218 Española Way. Miami Beach. ☎ 532 16 82. Con ambiente joven y música de disc jockey todas las noches para bailar.

THE STEPHEN TALKHOUSE. 616 Collins Ave. Miami Beach.

☎ 531 75 57. Este local tiene otro establecimiento abierto en New York. El de Miami es grande, tiene pista de baile y servicio de restaurante. El ambiente es informal. Tiene un pequeño escenario donde actúan grupos de rock, reggae o jazz.

THE STRAY DOG. 1500 Collins Ave. Miami Beach. Es una pequeña discoteca, situada entre Washington y Collins en la calle 15. En la entrada tiene un escudo y está decorada con púlpitos. Las paredes tienen reproducciones de la capilla Sixtina de Miguel Ángel. Las sillas son de hierro forjado y la barra está rodeada por columnas. La música es DJ y el ambiente es de gente jóven.

THIRD RAIL. 727 Lincoln Road. Miami Beach. ☎ 672 29 95. Es recomendable reservar mesa los fines de semana. Se encuentra en el centro comercial de Lincoln Road. Esta discoteca es un centro de arte con baile, cena, teatro y ballet. Tiene "Happy hour" los viernes de 17.30 ha 20.00 h. Cierra los lunes, los demás días está abierta hasta las 5.00 h. Los sábados es necesario llevar ropa semi-formal.

TOBACCO ROAD. 626 S. Miami Ave. Miami. ☎ 374 11 98. Los fines de semana está abierto hasta las 3.00 h con actuaciones en vivo de grupos de jazz y blues.

TWIST. 1057 Washington Ave. Miami Beach. ☎ 538 94 78. Es una elegante discoteca con ambiente gay. Se encuentra en lo que era un antiguo consultorio médico. Tiene dos pisos con barra en cada uno, en el piso de arriba está la pista de baile, que es grande y tiene música bailable con disc jockey. Decorado en estilo romano con un gran mural en la pared que representa un jardín con arcos. En el piso de abajo el ambiente es más tranquilo. Está decorado con grandes butacones tapizados en tela verde y marrón. Abre todos los días de la semana hasta las 5.00 h.

UNCLE SAM`S MUSICAFÉ. 1141 Washington Ave. Miami Beach. ☎ 532 09 73. Es un local sencillo y sin pretensiones, para entretenerse tiene mesas de billar.

UNION BAR & GRILL. 653 Washington Ave. Miami Beach. ☎ 672 99 58. En esta discoteca - restaurante se puede bailar y cenar. A las 24.30 h. se retiran las mesas del restaurante y se transforma en una pista gigante. Tiene música bailable de disc jockey todos los días, excepto los domingos por la noche, cuando una banda de jazz y blues toca hasta las 2.00 h. Como todos los lugares de moda en South Beach, hay que hacer grandes colas en la puerta para poder pasar. Cierra los lunes, los demás días está abierto hasta las 5.00 h.

UPSTAIRS. 2895 McFarlane Rd. Coconut Grove. ☎ 441 87

87. Situado en el piso superior del Society Billiards. Es una discoteca con ambiente joven y música de disc jockey. La entrada es para mayores de 18 años. Está abierto todos los días de la semana hasta las 2.00 h.

VAN DOME. 1532 Washington Ave. Miami Beach. ☎ 534 42 88. Es un club privado y una de las discotecas con ambiente más selecto de South Beach. Tiene un menú de noche a base de caviar y champaña, para los rezagados que les gusta cenar. Su música es de disc jockey con magnífica selección. Cierra los domingos y lunes, los demás días está abierto hasta las 5.00 h.

VELVET. 634 Collins Ave. Miami Beach. ☎ 532 03 13. Es una discoteca elegantemente decorada con sofás de terciopelo azul, candelabros y lámparas Tiffany. Los martes tiene dedicada la noche a los gays. En la discoteca entran toda clase de personas. Su música es con disc jockey y abundancia de ritmos de rock-n-roll y jazz. Como todas las discotecas que están de moda, en la entrada hay portero que selecciona a las personas que pueden entrar. Solamente está permitida la entrada para mayores de 21 años. Cierra los domingos y lunes, los demás días permanece abierta hasta las 5.00 h.

W.O.W. 323 23rd St. Miami Beach. ☎ 674 89 69. Las iniciales W.O.W. significan, World of Women, o mundo de las mujeres. Esta discoteca está dedicada a las lesbianas. Tiene dos salones, uno con música de rock duro y ambiente estridente y otro más relajado y tranquilo con música popular o salsa. La discoteca tiene bailarinas para animar a las clientas. Todas las personas que trabajan, son mujeres desde la portera hasta las guardias de seguridad. La entrada es para mayores de 21 años.

WARSAW BALLROOM. 1450 Collins Ave. Miami Beach. ☎ 531 45 56. Es una discoteca de dos pisos, que se encuentra donde estaba la antigua cafetería Hoffman. Está decorada con una puerta de estilo Art Deco, la pista de baile con árboles y columpios. En las grandes celebraciones caen desde el techo piruletas y confetis. Tiene cuatro barras y luces con rayos láser. El ambiente es homosexual con abundancia de travestís y personajes exóticos. Entre sus clientes se encuentran la cantante Madonna o Gloria Gaynor. Su música es de disc jockey, aunque eventualmente actuán cantantes como Boy George, que actuó con un grupo de Hari Krishnas. Cada día de la semana tiene distintas celebraciones. Por ejemplo los miércoles está dedicado al striptease amateur masculino.

La entrada es para mayores de 21 años.

WORLD RESOURCES. 719 Lincoln Rd. Miami Beach. ☎ 534 90 95. Tiene ambiente joven, funciona con música de disco.

COMEDY CLUBS

Son bares donde actores comicos cuentan chistes. Suelen ser pequeños y acogedores. Algunos de los artistas cómicos actuales, famosos en Holywood han salido de estos comedy clubs. En muchos de los canales de la television, por la noche se representan las actuaciones de estos lugares. Uno de los más famosos es el comediante Gallager, en sus actuaciones reparten delantales de plástico, por que una de sus gracias es partir sandias y melones con un gran martillo de madera cerca del público con lo que a pesar del delantal todo el mundo sale "perdido".

ANNE`S UNCLE FUNNY`S COMEDY CLUB IN KENDALL. Kendall Dr y la 137th Ave. Kendall. ☎ 388 19 92. Tiene Actuaciones los fines de semana a las 21.30 y 23.30 h.

ANNE`S UNCLE FUNNY`S COMEDY CLUB IN NORTH MIAMI. 3025 N.E. 188 St. North Miami Beach. ☎ 936 00 07. Tiene actuaciones todos los domingos a las 20.00 h.

AQUA COMEDY TIME BOMB. 1400 Ocean Dr. Miami Beach. ☎ 534 52 88. Con actuaciones los miércoles.

COCONUTS COMEDY CLUB NORTH MIAMI. 16500 N.W. 2nd Ave. North Miami Beach. ☎ 940 18 16. Con actuaciones los sábados a las 21.00 y 23.00 h.

THE IMPROV COMEDY CLUB AND RESTAURANT. 3015 Grand Ave. Coconut Grove. ☎ 441 82 00. Tiene actuaciones todos los días de la semana excepto los lunes. Sus horario son de 20.30 h. el primer pase y a las 22.00 h el segundo.

1060 LAUGHS COMEDY CLUB AND RESTAURANT. 1060 Ocean Dr. Miami Beach. ☎ 531 10 60. Se encuentra en el Hotel Adrian. Tiene actuaciones los fines de semana a las 20.30 y 23.00 h.

CULTURA, OCIO Y ESPECTÁCULOS

Las entradas para cualquier evento tanto artístico como deportivo se pueden conseguir en los **Ticketmaster**, que están localizados através de todo Miami. Para información de las taquillas o para comprar las entradas por teléfono llamar.

Dade (Miami); ☎ (305) 358 58 85.

Broward; ☎ (407) 839 39 00.

Funcionan de lunes a sábados de 9.00 a 21.00 h. y los domingos de 12.00 a 17.00 h. Excepto en fechas especiales como las Navidades, los teatros solo representan las obras los viernes y sábados con dos funciones y los domingos con una.

TEATROS

ACTOR'S PLAYHOUSE. 8851 S.W. 107th Ave. Kendall. ☎ 595 00 10. Es el segundo teatro más grande de Miami. A lo largo del año se representa varias obras destinadas a los niños.

AFRICAN HERITAGE CULTURAL ARTS CENTER. 6161 N.W. 22nd Ave. ☎ 638 67 71. Este centro enseña y representa obras de los estudiantes de música, teatro, ballet y artes plásticas.

AREA STAGE COMPANY. 645 Lincoln Rd. Miami Beach. ☎ 673 80 02. Se suele representar obras tanto clásicas como contemporaneas. Las funciones son los miércoles, sábados y domingos.

COCONUT GROVE PLAYHOUSE. 3500 Main Hwy. ☎ 442 40 00. Representa gran variedad de generos, últimamente sus obras han sido contemporanes e innovativas.

CORAL GABLES PLAYHOUSE. 2121 Ponce de León Blvd. Coral Gables. ☎ 446 11 16. Además de obras de teatro clásico se suelen representar obras de ballet.

DADE COUNTY AUDITORIUM. 2901 W. Flagler St. Miami. ☎ 547 54 14. Está decorado con estilo Art Deco. Este auditorio es la casa del Miami City Ballet, de la Florida Philharmonic Orchestra y del Greater Miami Opera.

GUSMAN CENTER FOR THE PERFORMING ARTS. 174 E. Flagler St. ☎ 374 24 44. Es un teatro clásico situado en el centro de la ciudad. Con 1.700 asientos, tiene representaciones teatrales, comedias, músicales, bailes regionales y actuaciones personales de artistas. En este local se celebra el Festival de Cine de Miami.

JACKIE GLEASON THEATER. 1700 Washington Ave. Miami Beach. ☎ 673 73 00. Se representan obras clásicas, musicales y actuaciones artisticas.

JAMES L. KNIGHT CENTER. 400 S.E. 2nd Ave. ☎ 372 02 77. Se encuentra en el Downtown. Tiene capacidad para 5.000 personas. Además de representaciones teatrales tiene actuaciones de artistas de diferentes géneros.

THE COLONY THEATER. 1040 Lincoln Rd. Miami Beach.

☎ 532 34 91. Es un clásico teatro situado en el centro de Miami Beach. Es la casa del grupo de Ballet Randolph.

THE RING THEATER. 1389 Miller Dr. Coral Gables. ☎ 284 33 55. Se encuentra en la Universidad de Miami. Representan teatro contemporáneo, dramas, comedias y musicales. La mayoría de las obras están dirigidas por el Departamento de las Artes Teatrales de la Universidad.

TEATROS LATINOS

MARTÍ III. 420 S.W. 8 Ave. ☎ 545 78 66. Situado en la Pequeña Habana, está especializado en comedia satírica cubana.

LAS MÁSCARAS. 2833 N.W. 7 St. ☎ 642 03 58. Situado en el centro de la Pequeña Habana, representa teatro satírico cubano.

TEATRO DE BELLAS ARTES. 2173 S.W. 8St. ☎ 325 05 15. Suele representar comedia satírica y revista musical.

TEATRO CASANOVA. 2101 S.W. 8 St. Miami. ☎ 642 91 71. Teatro latino, con obras cómicas y satíricas.

TEATRO TRAIL. 3713 S.W. 8 St. ☎ 448 05 92. Presenta actuaciones de teatro cómico y actuaciones de artistas latinos.

COMPAÑIAS DE BALLET EN MIAMI

MIAMI CITY BALLET. Dade County Auditorium. 2901 W. Flagler St. ☎ 532 48 80. Esta compañía representa obras clásicas y contemporaneas. La temporada va de septiembre a marzo.

BALLET THEATER OF MIAMI. Gusman Center for the Performing Arts. 174 E. Flagler St. ☎ 442 48 40. Es una compañía profesional de ballet clásico.

MIAMI BALLET COMPANY. Dade County Auditorium. 2901 W. Flagler St. ☎ 667 59 85. En esta compañía empiezan a trabajar los bailarines noveles que destacan en el mundo de la danza.

MOMENTUN DANCE COMPANY. Gusman Center for the Performing Arts. 174 E. Flagler St. ☎ 530 83 32. Es una de las asociaciones más antiguas de danza contemporánea.

BALLET FLAMENCO LA ROSA. 1008 Lincoln Rd. Miami Beach. ☎ 672 05 52. Compañía profesional de flamenco con repertorio tradicional.

FREDDICK BRATCHER AND COMPANY. 5788 Commerce Ln. ☎ 448 20 21. Es una compañía de ballet contemporáneo con representaciones de actuales e innovativas.

ORQUETAS DE MÚSICA CLASICA Y ÓPERA DE MIAMI

FLORIDA PHILHARMONIC ORCHESTRA. Jackie Gleason Theater. 1700 Washington Ave. Miami Beach. ☎ 673 73 11. Orquesta profesional de música clásica. Su temporada va de octubre a mayo.

GREATER MIAMI OPERA. Dade County Auditorium. 2901 W. Flagler St. ☎ 854 16 43. Está considerada como la sexta compañía de opera en EE.UU. Se formó en los años 40, y se ha estado desarrollando hasta hoy día. Sus actuaciones se realizan en el Dade County Auditorium y War Memorial Auditorium. Su temporada va de enero a abril.

THE NEW WORLD SIMPHONY. Gusman Center of the Performing Arts. 174 E. Flagler St. ☎ 673 33 31. Esta compañía prepara a jovenes músicos, en profesionales. La temporada va de octubre a abril.

CONCERT ASSOCIATION OF FLORIDA. 555 17th St. Miami Beach. ☎ 532 34 91. Es una asociación sin ánimo de lucro, que organiza presentaciones de diferentes orquestas y artistas. La temporada dura de octubre a abril.

MIAMI CHAMBER SYMPHONY. Gusman Concert Hall. University of Miami. Coral Gables. ☎ 858 35 00. Con presentaciones de música clásica durante la temporada de invierno.

FESTIVALES DE MÚSICA CLÁSICA

ENERO

MIAMI YOUNTH SYMPHONY CONCERT. Miami Dade Community College, Kendall Campus. 11011 S.W. 104th St. Kendall. ☎ 263 86 99.

FEBRERO

ANNUAL JAZZ UNDER THE STARS. Charles Ddering Estate. 16701 S.W. 72nd Ave. Kendall. ☎ 238 07 03.

MARZO

GREATER MIAMI SYMPHONY BAND IN CONCERT. Gusman Concert Hall, University of Miami. Coral Gables. ☎ 235 77 10.

ABRIL

BARRY UNIVERSITY SPRING CONCERT. Barry University Broad Center of the Performing Arts. 11300 N.E. 2nd Ave. Miami Shores. ☎ 899 30 00.

YABADADOO, JAZZ FOR KIDS. Temple Beth Am. 5950 N.Kendall Dr. ☎ 667 66 67.

BARRY UNIVERSITY STUDENT RECITAL. Barry University Broad Center for the Performing Arts. 11300 N.E. 2nd Ave. Miami Shores. ☎ 899 30 00.

JUNIO

GREATER MIAMI SYMPHONY BAND IN CONCERT. Gusman Concert Hall, University of Miami, Coral Gables. ☎ 235 77 10.

JULIO

ANNUAL ORIGINAL PLAYS FESTIVAL. Acme Theater. 955 Alton Road. Miami Beach. ☎ 531 23 93.

EVENING OF HAITIAN MUSIC. JAMES L. Knight Center. 400 S.E. 2nd Ave. ☎ 372 02 77.

BALLET CONCERTO SCHOOL IN CONCERT. Dade County Auditorium. 2901 W. Flagler St. ☎ 545 33 95.

ANNUAL LATIN JAZZ FESTIVAL. Jackie Glason Theater. 1901Conventio Center Dr. Miami Beach. ☎ 673 73 11.

AGOSTO

MIAMI BRASS CONSORT IN CONCERT. Coral Gables Congregational Church. 3010 DeSoto Blvd. Coral Gables. ☎ 448 74 21.

FESTIVAL EN LA PLAYA SUMMER CONCERT SERIES. 21st St. Beach. Miami Beach. ☎ 445 40 20.

SEPTIEMBRE

FESTIVAL MIAMI. Gusman Concert Hall, University of Miami, Coral Gables. ☎ 284 49 40.

TASTE OF JAZZ AT MIAMI LAKES. Main Street, Miami Lakes. ☎ 821 11 30.

OCTUBRE

JAZZ HERITAGE FESTIVAL. ☎ 371 81 07.

NOVIEMBRE

BAYSIDE BOOK FAIR CONCERT SERIES. Bayside Marketplace. 401 Biascayne Boulevard. ☎ 577 33 44.

PACE JAZZ ARTIST SHOWCASE. Bayside Marketplace. 401 Biscayne Boulevard. ☎ 577 33 44.

DICIEMBRE

THE NUTCRACKER BY BALLET ATUDES. Jackie Gleason Theater. 1901 Convention Center Dr. Miami Beach. ☎ 673 73 11.

COMPRAS

Las tiendas y centros comerciales tiene horario continuado, de 10.00 a 19.00 h. Algunos centros varían el horario. Como Bayside que por estar situado cerca del puerto, y ser un lugar donde pasan muchos turistas, su horario es más largo, cierra a las 20.00 h.

entre semana y a las 23.00 h. los sábados y domingos. Aunque los centros comerciales cierren sus tiendas, los restaurantes que se encuentran dentro tiene su horario habitual.

Los domingos abren la mayoría de los centros comerciales de 12.00 a 18.00 h. El comercio cierra muy pocos días al año, algunos de esos días son, 1 de enero New Year`s Day, el ultimo jueves de noviembre Fiesta de Thanksgiving, y el 25 de diciembre Christmas.

CENTROS COMERCIALES O MALLS

AVENTURA MALL. 19501 Biscayne Blvd. Aventura. ☎ 935 42 22. Tiene cuatro grandes almacenes, Macy`s, Lord & Taylor, JCPenny y Sears, además de 220 tiendas y varios restaurantes. Abre de lunes a sábados de 10.00 a 21.30. y los domingos de 11.00 a 18.00 h.

BAL HARBOUR SHOPS. 9700 Collins Ave. Bal Harbour. ☎ 866 03 11. Es uno de los más elegantes y lujosos centros comerciales de Miami. Tiene tiendas como Louis Vuitton, Tiffany & Co., Gucci, Bulgari, Fendi o Hermes. Y dos de los grandes almacenes más selectos de Estados Unidos, Saks Fifth Avenue y Neiman Marcus. Abre los lunes, jueves y viernes de 10.00 a 21.00 h. martes, miércoles y sábados hasta las 18.00 h y los domingos de 12.00 a 17.00 h.

BAYSIDE MARKETPLACE. 401 Biscayne Blvd. Downtown. ☎ 577 33 44. Es uno de los centros comerciales más bonitos y completos de Miami. Está situado en el centro de la ciudad en la Bahía de Biscayne. Cerca del Puerto de Miami donde atracan la mayoría de los barcos cruceros que se dirigen al Caribe. Tiene 150 tiendas, restaurantes, cafés y discotecas. Los fines de semana o fiestas, en el anfiteatro enfrente del mar tienen actuaciones y espectáculos en vivo, con presentaciones de artistas o grupos de rock. Una de las epocas más bonitas es en Navidad que presentan un árbol de Navidad hecho con cantantes que entonan villancicos de todas partes del mundo. En el muelle del centro comercial hay barcos, yates y catamaranes que organizan excursiones o fiestas con cena y baile en alta mar. Abre de lunes a sábados de 10.00 a 22.00 h y los domingos de 11.00 a 19.00 h.

CAULEY SQUARE. 22400 Old Dixie Hwy. ☎ 258 00 11. Está situado al sur de Kendall. Son unas edificaciones antiguas restauradas, construidas en roca de coral. Se puede comprar artesanía típica americana, estilo country, adornos clásicos de Navidad y antiguedades.

COCOWALK. 3015 Grand Ave. Coconut Grove. ☎ 444 07 77. Es el último centro comercial en abrir sus puertas. Esta muy de moda y tiene gran ambiente. Algunas de sus tiendas son Banana Republic, The Gap, Victoria`s Secret o Limited Express. Además cuenta con restaurantes, cafés, discotecas, cines, bares y comedy club. Abre de domingos a jueves de 11.00 a 22.00 h y los viernes y sábados hasta las 24.00 h.

DADELAND MALL. 7535 N. Kendall Dr. Kendall. ☎ 665 62 26. Es uno de los centros comerciales más grandes y está recomedado para los que tengan o quieran comprar en Miami. Su relación precio calidad es excelente. No es tan lujoso como otros, pero tiene todo lo que se necesita a buen precio. Tiene 5 grandes almacenes, JCPenney, Lord & Taylor, The Limited and Express, Saks Fifth Avenue y Burdines donde tiene la tienda más grande de Estados Unidos y la que más vende por metro cuadrado. Además de 175 tiendas, 16 restaurantes y cafés. Abre de lunes a sábados de 10.00 a 21.00 h y los domingos de 12.00 a 17.30.

THE FALL SHOPPING CENTER. U.S. Hwy. 1 y la 136th St. Kendall. ☎ 255 45 77. No es un centro comercial grande pero es como encontrarse en un jardín rodeado de lagos. Está construido alrededor de lagos y cascadas con una vegetación exuberante y tropical. Su arquitectura es de una planta, sus paredes y suelos son de madera oscura. Tiene un gran almacén Bloomingdale`s, con ropa de marca y de grandes modistos. Además de 60 tiendas, restaurante, cafés y cines. Abre de lunes a sábados de 10.00 a 21.00 h, y los domingos de 12.00 a 17.00 h.

**LOEHMANN`S FASHION ISLAND.** 187th St. y Biscayne Blvd. North Miami Beach. ☎ 932 05 20. Tiene tiendas como Barnes & Noble, Loehmann`s, Prezzo y 16 cines, restaurantes y cafés.

THE MALL OF THE AMERICAS. 7795 W. Glagler St. ☎ 261 87 72. Tiene más de 100 tiendas y grandes almacenes como, Luria`s, T.J. Maxx, Home Depot, Linens N Things o Marshalls. Además de restaurantes, cafés y 14 cines. Abre de lunes a sábados de 10.00 a 21.00 h. y los domingos de 12.00 a 18.00 h.

MAYFAIR SHOPS IN THE GROVE. 2911 Grand Ave. Coconut Grove. ☎ 448 17 00. Es un centro comercial espectacular. En su interior hay dos grandes patios con terrazas, restaurantes y cafés rodeados de plantas, cascadas y fuentes. Su comercio es de marca y sus precios caros.

MIAMI INTERNATIONAL MALL. 1455 N.W. 107th Ave. ☎ 593 17 75. Tiene varios grandes almacenes como Burdines con dos edificios, Sears, JCPenney y Mervyn`s, además de 150 tiendas y restaurantes. Abre de lunes a sábados de 10.00 a 21.00 h y los domingos de 12.00 a 17.30 h.

OMNI INTERNATIONAL MALL. 1601 Biscayne Blvd. Miami. ☎ 374 66 64. Está situado en el Downtown en el Hotel Omni. Tiene más de 80 tiendas, restaurantes, cafés, cines y grandes almacenes como JCPenney y Burdines. Abre de lunes a sábados de 10.00 a 21.00 h y los domingos de 12.00 a 17.00 h 30.

SAWGRASS MILLS. 12801 W. Sunrise Blvd. Sunrise. ☎ 846 23 00. Es uno de los centros comerciales más grandes del mundo. Con grandes almacenes como Saks Fifth Avenue, Brandsmart USA Electronics, Spiegel Outlet, Macy`s Close-Out, Outlet Marketplace, Waccamaw, Eddie Bauer, Benetton o Levis Outlet, y más de 200 tiendas, restaurantes y cafés. La originalidad de este centro comercial es que sus grandes almacenes son tiendas de descuento, algunos como Macy`s o Sasks con mercancía de calidad y de marca, donde se pueden encontrar rebajas de hasta un 75%. Está situado a 45 minutos de coche al norte de Miami, y desde la playa, en Miami Beach hay autobuses hasta el centro comercial. Abre de lunes a sábados de 10.00 a 21.30 hy los domingos de 11.00 a 18.00 h.

TOWN & COUNTRY CENTER. Kendall Dr S.W. y 117 Ave. Kendall. ☎ 274 79 82. Situado en Kendall. Está construido alrededor de un lago, Tiene grandes almacenes como Sears, Marshalls además de tiendas, cines, restaurantes, cafés y discotecas. Abre de lunes a sábados de 10.00 a 21.00 h y los domingos de 12.00 a 18.00 h.

WESTLAND MALL. 1675 W. 49th St. Hialeah. ☎ 823 93 10. Tiene más de 100 tiendas, restaurante, cafés y grandes almacenes como Burdines, Sears y JCPenney. Abre de lunes a sábados de 10.00 a 21.00 h y los domingos de 12.00 a 18.00 h.

ANTIGUEDADES

Los anticuarios en Miami están reunidos por zonas, estas son Coral Gables, Coconut Grove, la calle 40 entre Red Road y la 72 Ave.

IRIS MARNELL, ANTIQUES IN THE GOVE. 3168 Commodore Plaza, Coconut Grove. ☎ 448 78 77. Tiene una gran selección de plata, joyas, cristal, porcelana china y muebles antiguos.

ALHAMBRA ANTIQUES CENTER. 3640 Coral Way. ☎ 446 16

88. Cerrado los domingos. Especializado en muebles europeos antiguos.

CORINTHIAN ANTIQUES. 2685 S.W. 28th Lane. Coconut Grove. ☎ 854 60 68. Con muebles, esculturas, pinturas y porcelanas del siglo XVIII y estilo Art Nouveau.

ITO OSUNA ANTIQUES. 2755 S.W. 27th Ave. ☎ 858 47 14. Muebles y pinturas de grandes maestros del siglo XIX.

GABLES ANTIQUES. $58 Biltmore Way. Coral Gables. ☎ 447 63 93. Muebles, esculturas, bronces, pinturas, cristal y lámparas del los siglos XVIII y XIX.

EVELYN S. POOLE, LTD. 3925 N. Miami Ave. ☎ 573 74 63. Con una gran selección de muebles, tapices, candelabros, plata, pinturas, esculturas y pequeños adornos de los siglos XVII, XVIII y XIX.

ISIDORA WILKE, INC. 333 Alcazar Ave. Coral Gables. ☎ 448 51 11. Tiene pequeños artículos de regalo de los siglos XVIII y XIX.

ANTIQUES & ARTS. 6370 Bird Road. ☎ 663 32 24. Con muebles antiguos, pinturas, esculturas y alfombras.

REMINISCENCE. 371 Miracle Mile. Coral Gables. ☎ 441 86 65. Tiene antiguedades y coleccionables.

PRESTIGE ANTIQUE GALLERY. 2763 Coral Way. ☎ 448 44 18. Con pinturas, bronces, esculturas, porcelanas y muebles de los siglos XVIII y XIX.

MORGENSTERN`S, INC. 2665 Coral Way. ☎ 856 27 16. Tiene antiguedades, arte en general y joyas.

ARTESANIA

PRE-COLUMBIAN ART. 7930 S.W. 120 St. ☎ 251 39 13. Tiene arte Pre-Colombino, restaura, evalua y vende esta artesanía con autentificación.

ABRAHANTE`S. 7175 S.W. 47th St. ☎ 661 14 56. Tiene artesanía de cristal y porcelana de todos los países con marcas tan famosas como Doulton, Belleek, Worcester, o Duncan.

ANTIQUES & TRIBAL. 7165 S.W. 47th St. ☎ 661 10 94. Con artesanía y arte colombiano, africano y tibetano.

GLORIOSO ANTIQUE & THINGS. 73 Harbor Dr. Key Biscayne. ☎ 361 32 09. Tiene artesanía popular americana, con muebles, pequeños objetos de decoración y demas detalles de la artesanía country.

JUGUETES Y MAQUETAS

HOBBY NUT INC. 12679 S. Dixie Hwy. Kendall. ☎ 235 95 84. Tiene maquetas, miniaturas y juguetes.

KAY.BEE TOY & HOBBY SHOP. 1455 N.W. 107th Ave. ☎ 594 36 30. Además de juguetes tiene una gran variedad de maquetas y miniaturas.

LIONEL PLAYWORLD. 12115 Biscayne Blvd. North Miami. ☎ 893 98 20. 1170 W. 49 St. Hialeah. ☎ 823 01 20. Esta cadena de tiendas además de juguetes tiene accesorios para la piscina y el gimnasio.

LIBRERIAS

B. DALTON BOOKSELLER. Aventura Mall. 19501 Biscayne Blvd. Aventura. ☎ 931 10 21. Dadeland Mall. 7535 N. Kendall Dr. Miami. ☎ 661 53 38. Omni International. 1601 Biscayne Blvd. Downtown, Miami. ☎ 358 18 95. Miami International Mall. 1455 N.W. 107th Ave. Miami. ☎ 593 07 87. The Mall de la 163rd St. North Miami Beach. ☎ 947 42 93. Bayside Marketplace. 401 Biscayne Blvd. Miami. ☎ 579 86 95. Está cadena de librerías se encuentra en la mayoría de los centros comerciales, tiene más de 25.000 libros en sus tiendas todos computerizados.

WALDENBOOKS. Miracle Mile, Coral Gables. ☎ 448 78 88. The Falls. U.S. 1 Hwy y 136th St. Kendall. Miami. ☎ 235 31 26. Miami International Mall. 1455 N.W. 107th Ave. Miami. ☎ 594 07 03. Dadeland Mall. 7535 N. Kendall Dr. Kendall. Miami. ☎ 666 33 71. Aventura Mall. 19501 Biscayne Blvd. Aventura. ☎ 937 13 71. Westland Mall. 1675 W. 49th St. Hialeah. ☎ 823 90 32. Esta cadena de librerías tiene una variedad de más de 30.000 volumenes. Ademas vende libros en cassette. Sus tiendas se encuentran en la mayoría de los centros comerciales.

LIBRERIAS ESPECIALIZADAS

A LIKELY STORY. 5740 Sunset Dr. Kendall. ☎ 667 37 30. Tiene libros y juguetes para niños pequeños.

AMERICANA BOOKSHOP & GALLERY. 175 Navarre Ave. Coral Gables. ☎ 442 17 76. Especializada en libros raros y antiguos. Tiene una gran selección de libros de historia, militares, mapas y libros antiguos de la Florida y Cuba.

AVIATION BOOKS. 1200 N.W. 72nd Ave. ☎ 477 71 63. Está especializada en libros sobre temas de aviación, tiene modelos, maquetas y videos.

COMPUTER BOOK ONLY. 3042 N.W. 72nd Ave. ☎ 593 96 95. 8223 W. Flagler St.

☎ 265 11 60. Librería especializada en libros de computer, tienen muchos libros en español.

CRUISING BOOK & CHARTS. 2751 S.W. 27th Ave. ☎ 854 76 00. Tiene todo lo que se necesita sobre libros de temas náuticos, cartas de navegación, cartografía y mapas.

DOWNTOWN BOOK CENTER, INC. 247 S.E. 1st St. ☎ 377 99 39. Está especializada en libros de metafísica y naturismo, muchos en español.

GAY COMMUNITY BOOKSTORE. 7545 Biscayne Blvd. ☎ 754 69 00. Está dedicada a la comunidad gay. Tiene libros, videos, periódicos y música.

JUDAICA ENTERPRISES GIFTS & BOOKS. 1125 N.E. 163rd St. North Miami Beach. ☎ 945 50 91. Está especializada en libros hebreos, invitaciones y resgistros de bodas y recetas y vinos kosher.

SOUTH DADE RELIGIOUS BOOK STORE. 17011 S. Dixie Hwy. ☎ 253 46 61. Libros religiosos, católicos, evangelistas, protestantes, luteranos, masónicos..

OTRAS TIENDAS

SEYBOLD BUILDING. 36 N.E. 1 Street. ☎ 374 79 22. Es una asociación de joyeros con más de 290 tiendas bajo el mismo techo. Abre de lunes a viernes a 9.00 a 17.00 h y los sábados de 9.00 a 15.00 h.

CHRISTMAS PLACE. 1622 N.E. 2nd Ave. ☎ 358 36 17. Abren de lunes a sábados de 10.00 a 20.00 h y los domingos de 12.00 a 18.00 h. Es una de las tiendas más bonitas y llamativas especialmente para los niños, más que una tienda es una atracción. Tiene dos pisos dedicados a adornos muy especiales de Navidad, con más de 50.000 artículos diferentes. Abre solamente desde el mes de septiembre a enero. La tienda de Miami está situada en el downtown casi enfrente del Hotel Omni. Os la recomiendo, si vais a Miami en los meses de invierno no os la perdais.

DIAMOND`S. 87th Ave. y Coral Way. ☎ 223 03 30. Artículos de navidad, regalos, artesanía, disfraces, material para trabajos de artesanía, adornos country, cintas... Abre de lunes a sábados de 10.00 a 21.00 h y los domingos de 10.00 a 18.00 h.

MIAMI FREE ZONE. 2305 N.W. 107th Ave. ☎ 591 43 00. En este edificio se unen 130 compañías de más de 75 países con artículos de perfumería, licores, productos químicos, ropa, cosméticos, computers, o equipo electrónico. Todos estos productos están libres de impuestos para la exportación. Abre de lunes a viernes de 9.00 a 17.00 h.

BED BATH & BEYOND. 8607 S. Dixie Hwy. Kendall. ☎ 667 11 04. Tiene todas las novedades en artículos para el hogar. Detalles para regalo, nuevas vajillas, últimos diseños en servilletas, toallas y ropa blanca.

CONDOMANIA. 3066 Grand Ave. Coconut Grove. ☎ 445 77 29. Situada en Coconut Grove tiene una variedad de más de 200 condones diferentes, de colores, luminosos, con distintos sabores, chocolate, menta, fresa o preparados para regalos. Abre de domingos a miércoles de 11.00 a 1.00 h y de jueves a sábados está abierta hasta las 2.00 de la mañana.

CONDOM SENSE. 3135 Commodore Plaza. Coconut Grove. ☎ 447 45 90. Tiene una variedad de condones para regalo, camisetas, flores, adornos, todo sobre el mismo tema.

MERCADILLOS DE SEGUNDA MANO

Son parecidos al rastro, tienen tenderetes con una variedad increible de artículos. La mayoría son al aire libre, sus artículos a veces no son de primera, es conveniente mirar bien la mercancía. Sus precios son realmente baratos. Solo abren los fines de semana y las fiestas. Los artículos que merece la pena comprarse son maletas, juguetes, relojes de fantasia, bolsos de imitación de famosas marcas, camisetas, ropas ligeras y de sport, artículos para la playa. Algunos pulgueros cobran 1$ dólar por coche.

TROPICAIRE DRIVE FLEA MARKET. 7751 S.W. 40th St. ☎ 264 89 10. Está situado enfrente del Tropical Park. Abre los sábados y domingos de 8.00 a 17.00 h.

HIALEAH FLEA MARKET. 12705 N.W. 42nd Ave. Opa-Locka. ☎ 688 80 80. Es uno de los más grandes, tiene alrededor de 1.000 tenderetes. Abre de viernes a domingos de 5 a 19.00 h.

FLAGLER FLEA MARKET. 401 N.W. 38th Ct. ☎ 649 30 00. Abre los jueves y viernes de 9.30 a 13.00 h. y los sábados y domingos de 8.00 a 16.00 h.

EL NORTE

La zona con mayor historia del estado presenta también fortísimos contrastes, siempre al calor del el éxito económico, debido en un principio a las grandes producciones de madera, algodón y cítricos. Es una zona de grandes contrastes: puede ser muy "snob", como las ciudades de Pensacola y Tallahassee o por el contrario muy "pueblerino" como los demás centros rurales. Lo que está claro es que tiene un grandísimo interés para el viajero.

ST. AUGUSTINE

Los más de quinientos años de historia de la ciudad se dejan ver muy a las claras en los casi 150 manzanas del **Distrito Histórico**. No olviden que es St. Augustine la población más antigua de Norteamérica. Esa herencia española es especialmente fuerte en dos monumentos nacionales: el **Castillo de San Marcos** (1695) y el **Fort Matanzas** (1742), solo accesible en bote. Un tributo obligado a **Ponce de León** y el motivo que le trajo a estas tierras, la búsqueda de la fuente de la eterna juventud, es convenientemente homenajeado en el **Fountain of Youth Archaelogical Park** (1903). También son destacables la **Mission of Nombre de Dios** (1565) y la **City Gate** (Puerta de la Ciudad, de 1808). En el centro de St. Augustine su zona más interesante está acotada exclusivamente para los peatones: un conjunto de once manzanas repletas de edificios antiguos (incluso para nuestros cánones europeos) cuya arteria principal es la **St. George Street**, a la que se asoman exclusivos comercios y restaurantes en preciosas y restauradas edificaciones del siglo XVIII. Una buena manera de conocer a fondo el casco urbano es tomando una excursión en alguna calesa.

HISTORIA

Los primeros habitantes fueron los **indios Timucua**, quienes daban a su asentamiento el nombre de Seloy. Uno de los primeros europeos en llegar aquí fue nuestro paisano **Juan Ponce de León**, en abril de 1513, que acampó unos pocos días en lla desembocadura del río St. Johns, en Cabo Cañaveral. En 1565, en respuesta a la presencia de los hugonotes franceses en el noreste de la Florida, el comandante **Pedro Menéndez de Avilés** se embarco para destruir dicho asentamiento. Dirigió a su flota a lo largo de la costa este de Florida, desembarcando el 8 de septiembre de 1565 y reclamó la posesión de las tierras para la corona española. Sólo doce días después arrasaría la colonia francesa, ejecutando a todos sus habitantes, excepto las mujeres y los niños. El lugar del desembarco, **San Agustín**, continuó como centro del poder español: el inefable **Francis Drake** incendió la ciudad en 1586. El castillo de San Marcos fue finalizado en 1695.

Ya en el siglo XVIII, los ingleses atacaron en dos ocasiones St. Augustine, pero sin conseguir tomar la ciudad. En 1763, de todos modos, adquirieron la Florida merced al Tratado de París, que tantas ventajas les reportaría. La colonia experimentó un innegable crecimiento, acrecentado si cabe con la instalación de 600 menorquines solicitantes de asilo: en ese mismo tratado se le devolvió la isla de Menorca a la corona española... pero la Union Jack no ondearía por mucho tiempo: tan temprano como en 1783, un pacto secreto entre Inglaterra y España devolvió a los ibéricos el control de la zona, lo cual era mirado con bastantes suspicacias por parte de la nueva república que lindaba al norte: los recién creados Estados Unidos de América. Y en 1821, tras unos años plagados de incursiones de ambos bandos y pequeños enfrentamientos armados, los americanos se quedaron con la Florida. En 1835, amenazados por la creciente presencia de los nuevos dueños del territorio, los indios atacaron las plantaciones del sur de San Agustín. Después de la Segunda Guerra Semínola, que erminó en 1842, la economía local estaba completamente en ruinas.

St. Augustine y el resto de la Florida entraron de pleno derecho en la Unión en 1845. Pero apenas dieciséis años más tarde se segregaron; en marzo de 1862 la ciudad se rindió a las tropas del Norte, y los esclavos locales fueron emancipados un año más tarde, en 1863. Cuando la Guerra Civil terminó, docenas de yanquis se acercaron a contemplar la herencia española de la ciudad y a disfrutar de su clima, uno de los más benignos del estado. En 1885, uno de los cofundadores de la Standard Oil Co. vió el potencial de la ciudad como un “Newport invernal”, en clara alusión al santuario de las grandes fortunas del Este en aquella ciudad de Rhode Island. Así, comenzó la construcción de hoteles -el Alcázar o el Ponce de León-, y llegó el ferrocarril, que transportaba a los neoyorquinos desde la Gran Manzana en menos de 24 h.

Ya en el siglo XX, la combinación de historia, clima e instalaciones dedicadas al recreo y el ocio han convertido a St. Augustine en uno de los destinos turísticos por excelencia del estado.

LA VISITA

SPANISH QUARTER. Entrada por Triay House, St. George St. ☎ (904) 825 68 30. Abierto toda la semana de 9.00 a 17 h. Entradas: 5$, niños de 6 a 18 años 2$50, familias 10$. En estas calles, se recrea en la medida de lo posible lo que era la vida en los tiempos de la administración española: artesanos, habitantes vestidos a la usanza de entonces ayudan a crear esa sensación de suspensión de incredulidad, tanto más exacerbada viendo cómo cocinan, por ejemplo; y todo, en el marco de los edificios restaurados del Historic St. Augustine

SPANISH MILITARY HOSPITAL. 3 Avilés St. ☎ (904) 825 68 08. Abierto todos los días de 10.00 a 16 h. No se cobra entrada, pero se solicita un donativo de 1$. Construcción del segundo periodo colonial español, que se prolongó de 1784 a 1821, alberga un modesto pero perfectamente conservado museo que recuerda a hospital que se ubicaba aquí, el entonces Real Hospital de Nuestra Señora de Guadalupe. Hay paneles expositores con artefactos de la época, así como recipientes de cataplasmas y un pequeño herbario. Entrañable.

PLAZA DE LA CONSTITUCIÓN. King St., entre el Bridge of Lions y Goverment House. Muy bonita, con dos cañones apuntando al mar, una estatua erigida en honor de los caídos del bando confederado durante la Guerra Civil, por más que fuera en esta explanada donde estaba ubicado el mercado de esclavos que montaron los británicos durante su etapa como dueños de la ciudad.

CATHEDRAL BASILICA OF ST AUGUSTINE. Plaza de la Constitución. ☎ (904) 824 28 06. Abierta de lunes a viernes de 9.00 a 16.30 h, fines de semana de 13.00 a 17.00 h. No se cobra entrada. Sin lugar a dudas, uno de los templos más bellos del país, una acertada mezcla entre el más puro estilo castellano y el más combativo de las misiones de aquellos años finales del XVIII, fecha en la que está datada la construcción de esta catedral cuya estampa sobresale muy merecidamente en el centro de la ciudad. Gran parte de los muros exteriores y de sujeción son los originales, no así muchos de los elementos decorativos, pues la catedral sufrió un pavoroso incendio en 1887; además, en 1965 y con motivo del cuarto centenario de la ciudad, se remodeló y se retiró gran parte de la decoración original a la adyacente capilla del Santo Sacramento.

BRITISH SLAVE MARKET. Plaza de la Constitución. Enfrente del Puente de los Leones (Bridge of Lions, construido en 1926), era una suerte de mercado al más puro estilo europeo en el que lo mismo se vendía pescado fresco que una familia de esclavos.

ST. AUGUSTINE RIPLEY'S BELIEVE IT OR NOT!. 19 San Marco Avenue. ☎ (800) 584 29 56. www.staugustine-ripleys.com. Abierto todos los días de 9.00 a 21 h. Una de las instituciones con más solera del país, y algo kistch, es este mundo de Ripley, que primero saltó como tira cómica en los periódicos de la costa Este, con viñetas que recreaban hechos más o menos increíbles (desde mofetas que al ser apretadas silbaban el himno americano, por ejemplo) y que, con el paso del tiempo, ha derivado en una franquicia de pequeños museos (al más puro estilo restaurante de comida rápida) por todos sitios, siendo este de St. Augustine el primero de ellos. Aquí pueden encontrar la que supuestamente es la madre más vieja del mundo, un castillo hecho con más de 2.000 piedras preciosas, una cabeza reducida de un indio ecuatoriano, o un gato egipcio momificado con más de dos milenios de antigüedad... aunque tal vez lo más chocante sea la colección de pinturas sobre patatas fritas. Typical american.

CASTILLO DE SAN MARCOS. 1 Castillo Drive. ☎ (904) 829 65 06. Abierto todos los días de 8.45 a 16.45 h. Salvas de honor a las 11.00 h, 13.30, 14.30 y 15.30. Entradas: 4$, menores de 17 años

no pagan. Se comenzó a construir en 1672, tras un ataque inglés que casi acaba con la población. Es el fuerte más antiguo que se conserva en el subcontinente, y rezuma poderío castellano por donde se quiera reposar la mirada, y su planta responde a la típica de las posesiones de ultramar que pertenecieran a España: cuadrada, con cuatro cuerpos protegiendo los flancos, donde se ubicaban baterías de cañones traídos ex-profeso de las fundiciones vascas.

XIMÉNEZ - FATIO HOUSE. 20 Avilés St. ☎ (904) 829 35 75. Abierto lunes, jueves y sábados de 11.00 a 16.00 h, domingos abre a las 13.00 h. Martes y miércoles, cerrado. No se cobra entrada. Vivienda de finales del XVIII que perteneció a un comerciante de la andaluza Ronda, Andrés Ximénez. Se conserva más o menos como en aquel entonces, con mobiliario y todo.

OLDEST HOUSE - GONZÁLEZ ÁLVAREZ HOUSE. 14 Saint Francis St. ☎ (904) 824 28 72. Abierto todos los días de 9.00 a 17.00 h. Entradas: 5$, estudiantes 3$. Como su nombre indica, esta es la edificación más antigua que se conserva en todos los Estados Unidos. De hecho vivió gente en ella desde los primeros años del siglo XVI, fecha en la que está datada, hasta 1918. A partir de entonces, se convirtió en un pequeño museo con el interés suficiente para emplear una hora en él.

MUSEOS

GOVERMENT HOUSE MUSEUM. 48 King St. ☎ (904) 825 50 33. Abierto toda la semana de 10.00 a 16.00 h. Entradas: 5$ adultos, 1$ estudiantes y menores de 18 años. El museo de historia local que no puede faltar en ninguna población estadounidense que se precie. En este caso, lo tenemos ubicado en una modesta construcción que fue la residencia del gobernador de la corona española. Entre los fondos, destacan las colecciones de monedas del imperio, así como antiguos planos urbanos del asentamiento, muebles británicos, y restos procedentes de galeones españoles hundidos en las inmediaciones.

LIGHTNER MUSEUM. ☎ (904) 824 28 74. Abierto todos los días de 9.00 a 17.00 h. Entradsa: 5$, menores de 18 años 1$. Alberga una de las mayores colecciones mundiales de objetos decorativos en vidrio, así como buenas muestras de arte figurativo nacional. Lleva el nombre de su benefactor, Otto Lightner, un editor de Chicago, que transformó en museo uno de los hoteles más espectaculares que había en St. Augustine, el Alcázar.

POTTER'S WAX MUSEUM. 17 King St. ☎ (904) 829 90 56 y (800) 584 47 81. Abierto todos los días de 9.00 a 21.00 h; en invierno, cierra a las 17.00 h. Entradas: 5$ adultos, 2$75 para menores de 12 años, los menores de 6 años no pagan entrada. Un más que correcto museo de figuras de cera, que da un repaso tanto a la historia local como que rinde homenaje a algunas luminarias del *show bizznes.*

ST. AUGUSTINE HISTORIC MUSEUM CENTER. Es un conjunto de ocho viviendas históricas, gestionadas por esta sociedad. Se encuentran entre las calles Palm Row, St George, Cordova y Bridge. Estas casas son: la **Prince Murat House** (250 St George St), de finales del siglo XVIII, en la que vivió el mismísimo Achille Murat durante un par de meses; la **Rose House** (244 Georgia St), **William Dean Howells House** (246 St George St), **Star General House** (149 Cordova St), **Worcester House** (145 Cordova St), **Spear Carriage House** (143 Cordova St), **Dow House** (42 Bridge St) y la **Canova House** (43 Bridge St).

TRAGEDY IN US HISTORY MUSEUM. 7 Williams St. ☎ (904) 825 23 89. Abierto de 9.00 a 19.00 h. Entradas: 3$50. Enfrente de la Old Jail, la casa alberga un museo operado por una familia que ha llenado las salas de objetos algo macabros, pero también testigos de una parte de la historia del país, como puede ser la ambulancia que trasladó al hospital a Lee Oswald después de ser disparado por Jack Ruby, o uno de los vehículos empleados en sus correrías por la mítica pareja formada por Bonnie & Clyde. Interesante y curioso, cuanto menos.

TRANSPORTES

AUTOBÚS

Greyhound. 100 Malaga St. ☎ (904) 829 64 01. Abierta todos los días de 7.30 a 18.00 h.

AVIÓN

Aunque hay un aeropuerto, el **St. Augustine/St. Johns County Municipal Airport** (tel. 904/824 19 95), apenas recibe más que vuelos privados y algunos de compañías de paquetería. Por lo tanto, lo más recomendable son los aeropuertos de **Jacksonville** (a una hora de coche) y de **Daytona Beach** (a unos 50 minutos).

POR CARRETERA

Por la **I-95 South** hasta la salida 95 (State Road 16), y siguiendo por ella unos 12 km. También se puede acceder por la salidas 94 (State Road 207), 93 (State Road 206) y 92 (US 1 North) de la misma Interestatal. Una opción más placentera, aunque no tan rápida, es tomando desde Jacksonville la A1A.

DATOS PRÁCTICOS

ALQUILER DE COCHES

- **AVIS:** ☎ (904) 829 37 00.
- **BUDGET:** ☎ (904) 794 07 08.
- **ENTERPRISE:** ☎ (904) 829 16 62.
- **DOLLAR:** ☎ (904) 797 18 51.
- **PERFOMANCE:** ☎ (904) 824 56 78.

ALQUILER DE EQUIPOS DE ESQUÍ ACUÁTICO

RAGING WATER SPORTS: ☎ (904) 829 50 01.

WATERSPORTS OF ST. AUGUSTINE: ☎ (904) 823 89 63.

INFORMACIÓN TURÍSTICA

ST. JOHNS COUNTY CONVENTION AND VISITORS BUREAU. 88 Ribera St., suite 250. ☎ (800) 653 24 89. www..dc&co.St-johns.fl.us. Abierta de lunes a viernes de 8.30 a 17.00 h.

ST. AUGUSTINE BEACH VISITORS INFORMATION CENTER. 350 A1A Beach Boulevard, St. Augustine Beach. ☎ (904) 471 15 96. Abierta toda la semana de 8.30 a 17.00 h.

ST. AUGUSTINE CHAMBER OF COMERCE. 1 Riberia St. ☎ (904) 829 64 76. Abierto de lunes a viernes de 8.30 a 17.00 h.

ALOJAMIENTOS

Ⓜ **HOLIDAY INN DOWNTOWN.** 1300 Ponce de León Blvd. ☎ (904) 824 33 83. Fax. (904) 829 06 68. El mejor situado de todos los hoteles que la cadena de Atlanta tiene en St Agustine. 122 habitaciones sencillas pero suficientes para el descanso.

Ⓜ **HOWARD JOHNSON OCEAN FRONT.** 300 A1A Beach Blvd., St. Augustine Beach. ☎ (904) 471 25 75 y (800) 752 40 37. Estupendo por su ubicación y lo tranquilo y bello del paraje. Todas las habitaciones (144) están orientadas al mar, y el límite del parque estatal Anastasia se encuentra a pocos pasos. Su restaurante (Papagallos), especializado en productos del mar, a la altura de las circunstancias.

Ⓜ **QUALITY INN ALHAMBRA.** 2700 Ponce de León Blvd. ☎ (904) 824 28 83 y (800) 223 41 53. Fax. (904) 825 09 76. Buena elección, no es un establecimiento lujoso pero sus prestaciones están por encima de la media de la cadena, además de estupendamente decorado sus aires morunos nos traerán remembranzas nazaríes. 77 habitaciones, piscina y servicio de habitaciones. Acceso para sillas de ruedas.

Ⓒ **ALEXANDER HOMESTEAD.** 14 Sevilla St. ☎ (904) 826 41 47 y (800) 555 41 47. www.oldcity.com/alexander.html. bonnie@aug.com. De estilo absolutamente europeo, cada habitación tiene antigüedades y baño privado; dos de ellas, incluso chimenea y jacuzzi. Se sirven comidas.

Ⓒ **AUNT'S PEG.** 89 Cedar St. ☎ (904) 829 00 76. Edificio datado en 1902, con tres habitaciones y una suite, todas con baño privado y camas queen-size. Cerquita del Lightner Museum, y con aparcamiento.

Ⓒ **CASA DE LA PAZ.** 22 Avenida Menéndez. ☎ (904) 829 29 15 y (800) 929 29 15. www.oldcity.com/delapaz. delapaz@aug.com. Orientada a la bahia de Matanzas, la edificación es de estilo Mediterráneo, registrada como Monumento Protegido. Todas las habitaciones, con baño privado.

Ⓒ **CASA DE SOLANA.** 21 Avilés St. ☎ (904) 824 35 55 y (800) 760 35 56. www.oldcity.com/solana. solana@aug.com. Una casa colonial en el centro de la ciudad, a un paso de todo, con cuatro habitaciones con baño privado. En el salón de invitados, les espera una copita de jerez y bombones mientras conversan o miran la televisión.

Ⓒ **CASA DE SUEÑOS.** 20 Cordova St. ☎ (904) 824 08 87 y (800) 824 08 04. Fax. (904) 825 00 74. www.oldcity.com/suenos rtool@aug.com. Edificación de principios de siglo de estilo mediterráneo con seis habitaciones, todas ellas con baño privado. La suite especial para Lunas de Miel es encantadora. Aparcamiento, y tarifas especiales para estancias entre semana.

© CASTLE GARDEN. 15 Shenandoah St. ☎ (904) 829 38 39. Fax. (904) 829 90 49. Tres habitaciones con un baño de auténtico lujo, con jacuzzi y todo; el edificio tiene más de cien años, y pasa por ser uno de los alojamientos más encantadores de St. Augustine. Las habitaciones están decoradas con antigüedades y tienen vidrieras ornamentadas al estilo más puramente catedralicio. Los huéspedes son agasajados con una cesta de regalos -pastas de té, botellitas de licor...- y los desayunos que sirven, de la más auténtica raigambre sureña. Recomendabilísimo. Alquilan bicicletas y organizan actividades para todos los gustos.

© CORDOVA HOUSE. 16 Cordova St. ☎ (904) 825 07 70. Fax. (904) 823 13 30. bandb@aug.com. Con un trato muy cercano por parte de los propietarios (quienes nos sorprenden todas las tardes con un estupendo capuccino), en este inn encontramos habitaciones bellamente decoradas con baño privado, aire acondicionado y televisión. Aparcamiento.

© OLD CITY INN & RESTAURANT. 115 Cordova St. ☎ (904) 826 01 13 y (800) 653 40 87. Uno de los mejores ejemplos de la arquitectura Colonial Revival que podemos encontrar en St. Augustine, alberga este inn, casi más frecuentado por su restaurante, de cocina tradicional con toques franceses.

© PENNY FARTHING INN. 83 Cedar St. ☎ (904) 824 21 00 y (800) 395 18 90. www.ultranet.com/biz/inns/data/penny.html. penny@aug.com. Todas las habitaciones de este inn fechado a finales del siglo XIX tienen porche, baño y camas queen-size. En el comedor hay una espectacular chimenea, donde es servido un desayuno realmente sabroso y pantagruélico. Aparcamiento, alquiler de bicicletas y descuentos especiales en los días laborables y para estancias prolongadas.

© SARAGOSSA INN. 34 Saragossa St. ☎ (904) 808 73 84. Vivienda de 1917 con seis habitaciones, todas ellas con entrada independiente, baño y dos de ellas con cocina completa. Aparcamiento.

© SEGUI INN. 47 San Marco Ave. ☎ (904) 825 28 11 y (800) 858 57 19. Fax. (904) 824 39 67. seguiinn@aug.com. Al final del distrito histórico, la construcción está datada en 1914 y cuenta con amplias habitaciones con todas las comodidades: cuarto de baño, aire acondicionado y servicio diario.

© SOUTHERN WIND EAST. 18 Cordova St. ☎ (904) 825 36 23 y (800) 781 33 38. swrb@aug.com. En todas las habitaciones hay cuarto de baño privado, aire acondicionado y televisión por cable, además de estar decoradas con antiguedades y un ramillete de flores frescas todas las mañanas. El desayuno, en plan buffet.

ⓒ ST. FRANCIS INN. 279 St. George Inn. ☎ (904) 824 60 68 y (800) 824 60 62. Fax. (904) 810 55 25. incesad@aug.com. Uno de los Inn más antiguos de la ciudad; este fue edificado concretamente en 1791, y está en todo el corazón del distrito histórico. Estupendas instalaciones: piscina, aparcamiento y jardín. Además, casi todas las habitaciones cuentan con terraza, bañera en el cuarto de baño y chimeneas, amén de televisión por cable. Muy recomendable.

ⓒ THE AGUSTIN INN. 29 Cuna St. ☎ (904) 823 95 59 y (800) 248 78 46. agustin@aug.com. En todo el centro de la ciudad. Siete habitaciones, algunas con balcones, entradas privada y bañera en el cuarto de baño. El desayuno está incluído en el precio. Acceso para sillas de ruedas. La construcción, de típico estilo Florida.

ⓒ THE CEDAR HOUSE INN. 79 Cedar St. ☎ (904) 829 00 79 y (800) 233 27 46. Fax. (904) 825 09 16. russ@aug.com. Con tarifas especiales los días laborables, cinco habitaciones con todo lujo de detalles, desde el jacuzzi de la suite o las antigüedades empleadas en la decoración. El salón de esta casa victoriana de finales del siglo XIX cuenta con un espectacular piano que está a disposición de los huéspedes, así como una no menos imponente chimenea, aunque hace mucho que no la encienden. Alquiler de bicicletas y aparcamiento.

ⓒ THE KENWOOD INN. 38 Marine St. ☎ (904) 824 21 16. En funcionamiento desde hace más de un siglo, este Inn de estilo victoriano tiene piscina y como orgullo un pantagruélico desayuno que se ofrece a los huéspedes. Todas las habitaciones cuentan con cuarto de baño privado.

ⓒ THE OLD POWER HOUSE INN. 38 Cordova St. ☎ (904) 824 41 49 y (800) 447 41 49. Fax. (904) 825 01 43. www.old city.com/powderhouse aho wes@aug.com. De estilo victoriano, con un jardín circundante repleto de cerezos por el que dar un romántico paseo. Todas las habitaciones tienen cuarto de baño, y por añadidura comentar que la comida que se sirve en la casa está a la altura de tan elegante marco: especialmente destacables los vinos y los hors d'ouvres con que se agasaja todas las tardes a los huéspedes.

ⓒ THE SECRET GARDEN INN. 56 ? Charlotte St. ☎ (904) 829 36 78. www.travelassist.com/reg/fl109s.html. En el centro de la ciudad y a apenas una manzana de distancia de la bahía, todas las habitaciones tienen entrada independiente, cuarto de baño y cocina completa. Muy recomendable, tanto por relación calidad/precio como por ubicación.

Ⓒ THE WHALE'S TALE. 54 Charlotte St. ☎ (904) 829 59 01. www.oldcity.com/whale whale@oldcity.com. Cerca del castillo de San Marcos. Todas las habitaciones, con baño privado, cama queen-size y porche para relajarse.

Ⓒ VICTORIAN HOUSE. 11 Cádiz St. ☎ (904) 824 52 14. Edificio de 1890 completamente restaurado, con cinco habitaciones decoradas con exquisito gusto y baño privado. Aparcamiento.

RESTAURANTES

Ⓜ CAPTAIN JACKS. 410 Anastasia Boulevard. ☎ (904) 829 68 46. Abierto toda la semana. Aceptan tarjetas de crédito. Restaurante de corte familiar, especializado en marisco, preparado de muy diversas maneras: a la plancha, frito, hervido... además, proponen como acompañantes verduras de temporada, pollo, algo de carne y logradas raciones de pasta. Hay menú especial para los más pequeños de la familia.

Ⓜ CHURCHILL'S ATTIC. 20 Avenida Menéndez. ☎ (904) 810 19 19. Abierto toda la semana. Aceptan tarjetas de crédito. Muy buena relación calidad/precio, la decoración sirve de marco acorde con la calidad de la cocina: hamburguesas y platos tradicionales del país muy elaborados, así como inmensas raciones de marisco. Aceptable carta de vinos, aunque con precios algo elevados (por copa, recuerden).

Ⓜ THEO'S. 169 King St. ☎ (904) 824 50 22. Abre toda la semana. Aceptan tarjetas de crédito. Sin demasiadas pretensiones, restaurante para toda la familia, con un servicio realmente atento. En la carta nos quedamos con el estupendo marisco y los sándwiches griegos, una auténtica delicia.

Ⓑ ANN O'MALLEY'S. 23 Orange St. ☎ (904) 825 40 40. Abierto toda la semana. No aceptan tarjetas de crédito. Cocina informal, lo mismo que la clientela: sándwiches, sopas y ensaladas del más puro estilo *deli*. Los domingos al mediodía, casi tarea imposible poder entrar con cierto desahogo. Auténtico irlandés.

Ⓑ CASA DE TACOS. 48 Spanish St. ☎ (904) 810 68 65. Abierto toda la semana. Aceptan tarjetas de crédito. Local muy informal, animado y bonito: el marco idóneo para reventar a base de tacos y demás cocina mejicana tradicional, tratada de un modo muy honrado en la preparación y generoso en las raciones: los tacos que reciben más predicamento por parte de la clientela, turistas y jóvenes en su inmensa mayoría, son los de pollo especiado, carne y cerdo a la parrilla. Imprescindibles los margaritas.

Ⓑ **CHIMES CAFÉ.** 19 Cuna St. ☎ (904) 824 96 95. Cierra lunes por la mañana. No aceptan tarjetas de crédito. Un precioso edificio de 1911 alberga este figón, donde disfrutar de lo lindo con sus pantagruélicos desayunos, o un buen plato de pasta, una tortilla o pollo en la terraza, muy animada.

Ⓑ **HOT DOGS OF THE WORLD.** 3 St. George St. ☎ (904) 824 89 14. Abierto toda la semana. No aceptan tarjetas de crédito. Local modesto que cumple lo que anuncia: docenas de perritos calientes realmente sabrosos, con buena carne y mejor mano para prepararlos. Sólo eso y algo de pasta, y no está de más decir que en pocos sitios comerán tan bien por tan poco dinero. Muy destacable.

Ⓑ **PEKING BUFFET.** 135 San Marco Ave. ☎ (904) 824 67 77. Abierto toda la semana. Aceptan tarjetas de crédito. Cocina china no muy original pero con buenas materias primas y bien preparada: a cualquier hora del día, todo lo que quieran comer por unos precios que oscilan entre los 5$50 y los 8$50.

Ⓑ **THE BUNNERY.** 35 Hypolita St. ☎ (904) 829 61 66. Abierto toda la semana. Aceptan tarjetas de crédito. Buena bollería, además de ensaladas, sopas y sándwiches inmensos.

COPAS

MILL TOP TAVERN. 10 ? St. George St. ☎ (904) 829 23 29. Destila sus propias cervezas. Decoración tradicional.

ST. GEORGE TAVERN. 116 St. George St. ☎ (904) 824 42 04. Muy frecuentado por gente joven, los cócteles son realmente baratos.

TRADE-WINDS LOUNGE. 124 Charlotte St. ☎ (904) 829 93 36. El más popular de los locales de la ciudad, hay actuaciones musicales prácticamente todas las noches, bien conciertos de su propia banda o actuaciones especiales.

DAYTONA BEACH

Una de las localidades que mayor número de visitantes recibe anualmente, Daytona Beach y sus playas se pusieron de moda a finales de 1800, cuando se erigió el que sería primer hotel de la ciudad, el Clarendon, al norte de lo que hoy es Ormond Be-

ach. A principios del siglo XX **Henry Flager** sería el siguiente en fijar aquí sus ojos: le siguieron famosos de mayor o menor pelaje, sobresaliendo entre ellos **John D. Rockefeller**.

La zona urbana de Daytona Beach comprende ocho comunidades: en tierra firme y de norte a sur, Ormond Beach, Holly Hill (que cuenta con algunos de los más bellos parques de la zona, asomados al río Halifax), Daytona Beach, South Daytona y Port Orange; en la península, tenemos Ormond-By-The-Sea, Ormon Beach Shores, Daytona Beach Shores, y Ponce Inlet.

La atracción más destacable que ofrece al que la visita, amén de sus estupendas playas (para a las que acceder a ellas con el vehículo nos costará 5$ e instalaciones orientadas al ocio, es la celebración de las **Daytona 500**, que tiene lugar anualmente a mediados de febrero. El lugar: el **Daytona International Speedway** (1801 W. International

Speedway Blvd. ☎ (904) 253 72 23). Además, conviene saber que esta es una ciudad claramente orientada a los espectáculos relacionados con el mundo del motor, ya sea las gigantescas concentraciones de Harley-Davidson que tienen lugar durante la **Bike Week**, o competiciones de menor calado que la Nascar. Y, ya para finalizar, mencionar que Daytona Beach es elegida por millares de estudiantes para llenar las calles en las vacaciones de primavera, con tal ímpetu como si el mundo fuera a acabarse pasado mañana...

LA VISITA

PONCE DE LEON INLET LIGHTHOUSE. South Peninsula Dr., Ponce Inlet. ☎ (904) 761 18 21. www.ponceilet.org. Abierto toda la semana de 10.00 a 18 h. Aún en funcionamiento, este faro es el segundo más alto de todo el país, con sus 65 metros, con la posibilidad añadida de contemplar unas vistas desde lo alto de la construcción, una subida que están larga como pueden serlo 203 escalones. Se encuentra ubicado en el punto más meridional del área metropolitana de Daytona Beach, y en los jardines que conforman el recinto, está uno de los mayores y mejores museos marítimos del estado.

BETHUNE - COOKMAN COLLEGE. 640 Dr. Mary McLeod Bethune Blvd., Daytona Beach. ☎ (904) 255 14 01. www.bethune-cookman.com. Abierto de lunes a viernes de 9.00 a 16 h 30. Se cobra entrada. Este instituto fue fundado por una de las heroínas en la lucha de los derechos para la gente de color en los difíciles años 50, la doctora Mary McLeod Bethune. Aquí vivió hasta su muerte en 1955, y en los jardines de este pequeña fundación consagrada a su memoria acogen sus restos.

BULOW PLANTATION RUINS STATE HISTORIC SITE. Old Bixie Highway, al norte de Ormond Beach. ☎ (904) 439 22 19. Abierto toda la semana de 9.00 a 17 h. Se conservan como pueden las ruinas de una plantación fundada en 1821, Bulow Ville, y las autoridades no han desaprovechado la oportunidad para montar un pequeño museo, en el que se exponen artefactos de los indios semínolas, a la vez que preservan el entorno o alquilan canoas...

THE CASEMENT. 25 Riverside Drive, Ormond Beach. ☎ (904) 676 32 16. www.ormondbeach.com/thecasements. Abierto de 9.00 a 21 h, de lunes a jueves; de 9.00 a 17 h, los viernes; y de 9.00 a 12.00 h 30 los sábados. Cierra los domingos. Se cobra entrada. Lo que fue imponente mansión del magnate John D. Rockefeller, The Casement se exhibe a sí misma, cautivando a sus visitantes con el lujo y buen gusto que atesora. Además, hay una pequeña exposición sobre la cultura húngara, otra sobre objetos relacionados con la organización de los Boys Scouts, que ensombrecen un poco la prestancia que confieren a la vivienda los estupendos y cuidadísimos muebles del millonario.

DAYTONA USA. 1801 W. International Speedway blvd., Dayotna Beach. ☎ (904) 254 27 00. www.daytonausa.com. Adyacente al circuito de velocidad, uno de los más míticos dentro de las carreras NASCAR (el equivalente estadounidense a la Formula 1), es un parque temático muy popular, en el que gastarse un buen dinero intentando emular a estrellas del calibre de Jeff Gordon o Richard Petty.

MUSEOS

AFRICAN AMERICAN AND CARIBBEAN AMERICAN MUSEUM OF ART. 325 S. Clara St., Deland. ☎ (904) 736 40 04. Cierra los lunes y martes. Resto de la semana, abierto de 10.00 a 16 h. Colección permanente de arte procedente de lugares tan dispares como Sudáfrica, Senegal o las Antillas.

HALIFAX HISTORICAL MUSEUM. 252 S. Beach St., Daytona Beach. ☎ (904) 255 69 76. Abierto toda la semana excepto lunes de 10.00 a 16 h. Edificio precioso y estupendamente conservado, que fue en su tiempo sede del Merchant's Bank y que hoy alberga un pedazo importante de la historia local: restos españoles e indios provenientes de excavaciones realizadas en plantaciones de los alrededores, objetos diversos y de lo más peregrino relacionados con el desarrollo de la ciudad y como auténtica atracción, una maqueta realizada en madera del área del paseo marítimo.

MUSEUM OF ARTS AND SCIENCES. 1040 Museum Blvd., Daytona Beach. ☎ (904) 255 02 85. Abierto de martes a viernes, de 9.00 a 16 h; sábados y domingos, de 12.00 h 30 a 17 h; lunes, cerrado. El mejor de todos, sin duda alguna. Está la **Dow Gallery of American Art**, una de las mejores colecciones de arte del Sudeste del país, donse se pueden contemplar pinturas, esculturas, artes decorativas, destacando los trabajos de vidrio, algunos datando incluso de mediados del siglo XVII; en la **Prehistory of Florida Wing** sobresale por derecho propio el esqueleto de un dinosaurio de 130.000 años de antigüedad y cuatro metros de alto; una de las mejores muestras de arte cubano fuera de la isla puede contemplarse en **The Cuban Museum**, desde mediados del XVIII hasta el momento de la caída de Bastita, de quién incluso se expone su colección de arte. Nada desdeñable resulta tampoco la **African Wing**, aunque modesta representa a más de 30 culturas de 15 países, todo ello muy acompañado de didácticos paneles explicativos.

MARK MARTIN'S KLASSIX AUTO MUSEUM. 2909 W. International Speedway Blvd., Daytona Beach. ☎ (904) 252 38 00. Abierto toda la semana de 9.00 a 18 h. Se cobra entrada.

Estupenda colección privada de automóviles míticos de la Era Dorada: Oldsmobiles, Thunderbirds, Packards, Mustangs...

DATOS PRÁCTICOS

OFICINAS DE CORREOS

✪ 500 Bill France Blvd. ☎ (904) 274 35 00).

✪ 220 N. Beach St. ☎ (904) 253 51 66.

OFICINAS DE INFORMACIÓN TURÍSTICA

✪ **DAYTONA BEACH AREA CONVENTION AND VISITORS BUREAU.** 126 E. Orange Ave. ☎ (904) 255 04 15 y (800) 854 12 34. Fax. (904) 255 54 78. www.daytonabeach.com. Abierta de lunes a viernes de 8.30 a 17.00 h.

URGENCIAS

✪ **MEMORIAL HOSPITAL.** 875 Sterthaus Ave. ☎ (904) 676 60 00.

✪ **PENINSULA MEDICAL CENTER.** 264 S. Atlantic Ave. ☎ (904) 672 41 61.

✪ **HALIFAX MEDICAL CENTER.** 303 N. Clyde Morris Blvd. ☎ (904) 254 40 00.

TRANSPORTES

AUTOBÚS

✪ **GREYHOUND.** 138 S. Ridgewood Ave. ☎ (904) 255 70 76 y (800) 231 22 22. Abierto toda la semana de 8.00 a 22.00 h. Servicios con Orlando y Jacksonville.

POR CARRETERA

Dos interestatales confluyen en Daytona Beach: son la **95** (norte-sur) y la **4** (este-oeste). Otras de importancia que se adentran en la zona son la **US 1**, **US 92**, **SR 40** (que sale a la I-75), **LPGA Boulevard** y la ruta paisajística **Highway A1A**, que corre paralela a la costa Atlántica del Estado.

TAXIS

✪ **A&A CAB CO.** ☎ (904) 253 25 22.

✪ **SOUTHERN COMFORT TAXI.** ☎ (904) 253 92 92.

✪ **YELLOW CAB CO..** ☎ (904) 255 55 55.

TRANSPORTE PÚBLICO

✪ **VOTRAN COUNTY TRANSIT CO.** 950 Big Tree Road. ☎ (904) 761 77 00. Servicio toda la semana de 5.30 a 18.30 h, los domingos cambian las frecuencias de las líneas. Precio del billete: 75ç.

ALOJAMIENTOS

Ⓑ **CABANA COLONY COTTAGES.** 2501 S. Atlantic Ave., Daytona Beach Shores. ☎ (904) 767 89 39 y (800) 293 06 53. www.daytonacottages.com relax@daytonashoreline.com. Conjunto de catorce cabañas en primera línea de playa, algunas con dos dormitorios, y precios realmente económicos.

Ⓑ **CASA MARINA.** 837 N. Atlantic Ave., Daytona Beach. ☎ (904) 252 46 44 y (800) 225 36 91. Fax. (904) 255 73 78. sunviking.com/oceanvilla svl@n-jcenter.com. Muy bien mantenido por la gerencia, tiene pocas habitaciones, lo que redunda en la calidad del servicio. Son trece apartamentos con las comodidades esenciales, como baño privado y una pequeña cocina: la relación calidad/precio resulta sorpresivamente alta. Acceso directo a la playa, salón de reuniones, un par de piscinas climatizadas y gimnasio.

Ⓑ **TRAVELER'S INN.** 735 N. Atlantic Ave., Daytona Beach. ☎ (904) 253 35 01 y (800) 417 64 66. Fax. (904) 441 59 77. Muy popular, ya que sus 21 habitaciones son de las llamadas "temáticas", esto es: hay una de John Wayne, de Elvis Presley (con un mural de tamaño natural y vinilos clavados en las paredes), a los no menos míticos Grateful Dead o a la celebridad local, el piloto de carreras Jeff Gordon... Las instalaciones son básicas, pero las características especiales del establecimiento lo hacen muy deseado por clubes de automovilistas y reuniones de empresas.

Ⓜ **BEACH QUARTERS RESORT.** 3711 S. Atlantic Ave., Daytona Beach Shores. ☎ (904) 767 31 19 y (800) 332 31 19. Fax. (904) 767 08 83. Es el único hotel de Daytona con todas sus suites orientadas al océano. Son sólo 26 en un edificio con apenas diez años, muy amplias, incluso las de un sólo dormitorio.

Ⓜ **COQUINA INN BED & BREAKFAST.** 544 S. Palmetto Ave., Daytona Beach. ☎ y fax. (904) 254 49 69. www.coquinainn.com. Con sólo cuatro habitaciones (Jasmine, hibiscus, Magnolia, Azalea) todas con baño y a repartir chimenea y solarium. Los dueños tienen el detalle de invitar a una copita de jerez todas las tardes.

Ⓜ **LIVE OAK INN BED & BREAKFAST.** 444 - 448 S. Beach St, Daytona Beach. ☎ (904) 252 46 67 y (800) 881 46 67. El más completo de los B&B de Daytona, trece habitaciones con baño privado, algunas con jacuzzi, repartidas en dos edificios de finales del XIX. No se puede fumar.

Ⓒ **THE VILLA BED & BREAKFAST.** 801 N. Peninsula Drive, Daytona Beach. ☎ (904) 248 20 20. Fax. (904) 248 20 20. thevilabb@aol.com. En una mansión de estilo aquí llamado español, es uno de los alojamientos más conocidos de Daytona Beach: dependiendo de la fecha de estancia, los precios oscilan entre las bandas de medio/barato. Hay cuatro habitaciones, cada una de ellas con una personalidad definida: la Rey Juan Carlos tiene además de baño, terraza techada y un inmenso vestidor: la Queen Isabella, una chaise lounge y unas fantásticas perspectivas de los jardines, en los cuales hay una estupenda piscina; en la Marco Polo, tenemos decoración con motivos orientales, como no podía ser menos; en la última, que lleva el nombre del descubridor genovés Cristóbal Colón, es el arte de la navegación el elegido para decorar la estancia. Aunque en el edificio no dejan fumar es, de largo, una de las mejores opciones para el alojamiento.

RESTAURANTES

Ⓜ **INLET HARBOR MARINA & RESTAURANT.** 133 Inlet Harbor Rd., Ponce Inlet. ☎ (904) 767 55 90. www.inletharbor.com. Abierto toda la semana. Aceptan tarjetas de crédito. Estupendo local con el marisco y otros frutos del mar como platos estrella de la carta, para degustar en una informal terraza de reminiscencias tropicales contemplando el océano. Además, hay montado todo un complejo, el que no puede faltar la tienda de recuerdos.

Ⓑ **SOPHIES KAY'S COFFEE TREE** . 100 S. Atlantic Ave., Ormond Beach. ☎ (904) 677 03 00. Abierto toda la semana. Aceptan tarjetas de crédito. Estupendo figón de corte familiar, muy frecuentado por jóvenes.

En la carta, comida rápida de innegable calidad: sándwiches pantagruélicos, pollos, pavo asado, pasta...

Ⓑ **ANNA'S ITALIAN TRATTORIA.** 304 Seabreeze Blvd. ☎ (904) 239 96 24. Abierto toda la semana. Aceptan tarjetas de crédito. Honradísima muestra de la cocina transalpina, a buenos precios y con una calidad muy destacable: sobresalen por derecho propio las pizzas y los tortellinni.

CULTURA, OCIO Y ESPECTÁCULOS

SALAS DE TEATRO

OCEAN CENTER. 101 N. Atlantic Ave., Daytona Beach. ☎ (904) 254 45 00.

DAYTONA PLAYHOUSE. 100 Jessamine Boulevard, Daytona Beach. ☎ (904) 255 24 31.

OCEANFRONT BANDSHELL. 206B Moore Avenue, Ormond Beach. ☎ (800) 881 24 73.

ORMOND PERFORMING ARTS CENTER. 600 Auditorium Blvd., Ormond Beach. ☎ (904) 676 33 75.

SEASIDE MUSIC THEATRE. 1200 W. International Speedway Blvd., Daytona Beach. ☎ (904) 252 62 00.

JACKSONVILLE Y AMELIA ISLAND

LA VISITA

Jacksonville es la mayor ciudad estadounidense. Por lo menos, en extensión. No recibe demasiado turismo, tal vez porque sus atracciones -que las tiene- están bastante alejadas entre sí, el transporte público es pésimo -por lo que se antoja necesario como pocas veces un coche- y el centro es bastante peligroso a según qué horas.

Pero este mismo centro tiene a gala ser la seña de identidad de la ciudad, y a fe que lo merece, pues hay construcciones realmente significativas: **St. John's Episcopal Cathedral** (E. Duval & N. Market Sts), neogótica; el **Old Bisbee Building** (57 W. Bay St) obra de un arquitecto geor-

Jacksonville

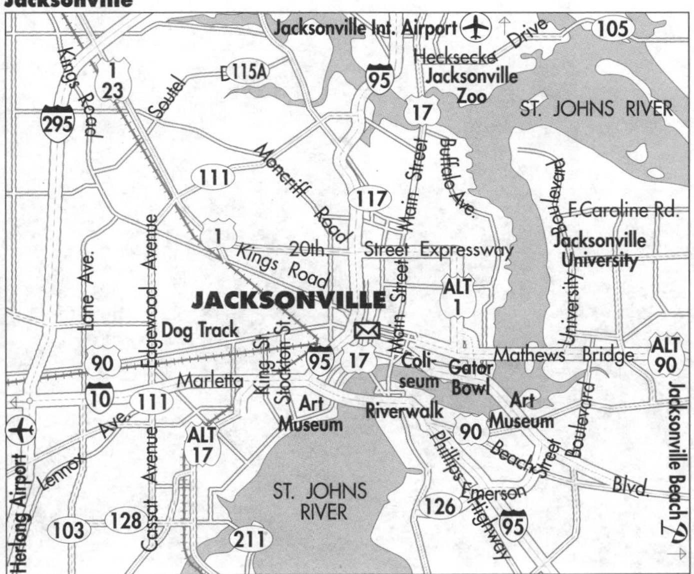

giano allá por 1901, ecléctico; el primer rascacielos de la ciudad, el **Bisbee Building** (47 W. Forsyth St); el sorprendente **Morocco Temple** (219 N. Newman), de 1911, que combina el grandilocuente estilo Prairie con el árabe de Medio Oriente; la **Immaculate Conception Catholic Church** (121 E. Duval), también neogótica, que se construyó en 1851 y sufrió dos pavosoros incendios.

Amelia Island, un paraíso de golfistas y tenistas, es el único pedazo de este inmenso país sobre el que han ondeado ocho banderas diferentes. A unos 45 km de Jacksonville, es una isla pequeña pero que se ha convertido en destino turístico muy solicitado por los amantes del tenis (se disputa un importantísimo torneo femenino todos los años) y del golf, por no hablar de sus prístinas

playas. La otra industria importante son las gambas, de las cuales se capturan anualmente un millón de toneladas. La parte más bonita tal vez sea la de Centre Street, en la población de Fernandina Beach, donde decenas de tiendas de antigüedades y restaurantes más o menos exclusivos se apiñan en edificaciones restauradas del siglo XIX. Para llegar en conche, se debe tomar la salida 129 de la Interestatal 95; si en ferry, sepan que la terminal se encuentra en Mayport. No hay transporte público que conecte la isla con el continente.

MUSEOS

MUSEUM OF SCIENCE AND HISTORY. 1025 Museum Circle, Southbank Riverwalk. ☎ (904) 396 70 62. Abierto de lunes a viernes, de 10.00 a 17 h; sábados, de 10.00 a 18 h; domingos, de 13.00 a 18 h. Entradas: 6$. Muy interesante. Las exposiciones permanentes incluyen la Atlantic Tails, donde la estrella es la reproducción a escala natural de una ballena, que responde (es un decir) al nombre de Fermata; está centrada en la presencia en las aguas de la zona de mamíferos, tales que unas cuantas especies de ballenas, manatíes (el manjar favorito de

Lucky Luciano) o delfines. En la parte histórica, se repasan los avatares de Jacksonville en los últimos cien siglos. En el complejo hay un planetario, el Alexander Brest Planetarium.

JACKSONVILLE MUSEUM OF CONTEMPORARY ART. 4160 Boulevard Centre Dr., Southbank Jacksonville. ☎ (904) 398 83 36. Abierto martes, miércoles y viernes de 10.00 a 16.00 h; jueves, de 10.00 a 22.00 h; sábados y domingos, de 13.00 a 17.00 h. Entradas: 3$.

MUSEUM OF SOUTHERN HISTORY. 4304 Herschel St., Riverside. ☎ (904) 388 35 74. Abierto de martes a sábados de 10.00 a 17 h. Entrada: 1$. Fundado en 1975, repasa la historia del Sur de antes de la Guerra Civil. Además de diversa memorabilia perteneciente a personajes tan diferentes como puedan serlo el General Jackson y Abe Lincoln, lo que nos ha parecido más interesante es la biblioteca.

ALEXANDER BREST MUSEUM. Jacksonville University, 800 University Blvd., Arlington. ☎ (904) 745 73 71. Abierto de lunes a viernes de 9.00 a 16.30, sábados de 12.30 a 17.00 h. No se cobra entrada. Buena colección de artes decorativas, destacan los márfiles tallados a mano, una de las colecciones más extensas del mundo, mobiliario de los siglos XVIII y XIX, así como porcelanas.

CUMMER MUSEUM OF ART AND GARDENS. 826 Riverside Ave., Riverside. ☎ (904) 356 68 57. Abierto martes y jueves de 10.00 a 21.00 h; miércoles, viernes y sábados de 10.00 a 17.00 h; domingos, de 14.00a 17.00 h. Entradas: 5$. Colección permanente de arte occidental, algunas muestras datan del 2000 A. C., aunque los fondos más modernos pertenecen casi exclusivamente al arte nacional. Además, el plato fuerte suelen ser las inauguraciones de artistas locales... nos quedamos con los jardines, paradisíacos, asomados al río St. John.

JACKSONVILLE MARITIME MUSEUM. Jacksonville Landing. ☎ (904) 355 90 11. Southbank Riverwalk. ☎ (904) 398 90 11. Ambos abiertos toda la semana de 10.00 a 19 h. No se cobra entrada en ninguno. Repartidos por dos sedes tenemos los fondos de la institución, que se componen de cuadros y objetos relacionados con las artes de la navegación.

DATOS PRÁCTICOS

ALQUILER DE COCHES

- **ANNETE CAR RENTAL.** ☎ (904) 725 06 03.
- **AVIS.** ☎ (904) 741 23 27.
- **DOLLAR.** ☎ (904) 741 46 14.

✪ **ENTERPRISE.** ☎ (904) 396 05 31.

✪ **HERTZ.** ☎ (904) 741 21 51.

✪ **NATIONAL.** ☎ (904) 741 45 80.

INFORMACIÓN TURÍSTICA

AMELIA ISLAND/FERNANDINA BEACH TOURIST DEVELOPMENT COUNCIL. 102 Centre St., Fernandina Beach. ☎ (904) 277 07 17 y (800) 2 AMELIA. www.goflorida.com/amelia_island.

JACKSONVILLE AND THE BEACHES CONVENTION AND VISITORS BUREAU. 201 E. Adams St. ☎ (904) 798 91 11 y (800) 733 26 68.

TRANSPORTES

AUTOBÚS

GREYHOUND. 10 Pearl St., Jacksonville. ☎ (904) 356 55 21. Abierta las 24 h del día.Uno de los nudos de la Greyhound más importantes del estado, por aquí pasan todas las rutas que se dirigen a la costa Este.

AEROPUERTO

JACKSONVILLE INTERNATIONAL AIRPORT. Airport Road, Jacksonville. ☎ (904) 741 49 02. Alejado del centro, la única alternativa para desplazarse a Jacksonville son los taxis y las *vans*, ya que no existe conexión alguna del transporte público.

POR CARRETERA

Jacksonville es un nudo de autopistas: las Interestatales 10 (este-oeste) y 95 (norte-sur), más las US 1, US 17, Us 90 y US 301.

TREN

AMTRAK. 3570 Clifford Ave., Jacksonville. ☎ (904) 766 51 10.

TAXIS

✪ **CHEKER CAB.** ☎ (904) 645 54 66.

✪ **DANAS'S LIMOUSINES.** ☎ (904) 744 33 33.

✪ **EAST COAST TRANSPORTATION.** ☎ (904) 246 37 41.

✪ **GATOR CITY TAXI.** ☎ (904) 355 82 94.

✪ **GREATER JACKSONVILLE TRANSPORTATION CO.** ☎ (904) 798 62 20.

✪ **KATHY'S LIMOUSINE.** ☎ (904) 695 25 68.

ALOJAMIENTOS

Ⓑ **HOLIDAY INN EXPRESS.** 4675 Salisbury Rd., Jacksonville. ☎ (904) 332 95 00 y (888) 610 35 50. www.impact-hotels.com. De lo más económico, con la calidad acostumbrada de la cadena. Suites con cocina completa, y lo necesario para trabajar: conexiones de pc's, líneas de fax... en las instalaciones, gimnasio, piscina exterior climatizada, cuartos de lavandería y servicio de plancha, y desayuno continental incluido en la factura.

Ⓑ **CONFORT INN OCEANFRONT.** 1515 N. 1st St., Jacksonville Beach. ☎ (904) 241 23 11 y (800) 654 87 76. Buena relación calidad/precio. 180 habitaciones todas ellas orientadas al Atlántico, y buenas instalaciones: una piscina adonde caen cuatro cascadas de diez metros, playa privada de blanquísima arena, gimnasio y lavandería.

Ⓜ **AMELIA ISLAND WILLIAMS HOUSE.** 103 S. 9th St., Fernandina Beach. ☎ (904) 277 23 38 y (800) 414 92 58. Una mansión del periodo antebellum, con unos 140 años de antigüedad, por más que algunas de las magnolias y robles que cercan la propiedad tengan más de cinco siglos. Cuarto habitaciones decoradas en pino con un gusto exquisito, y baño privado; incluso hay un pequeño museo adyacente, donde cuatro habitaciones están delicadamente decoradas en cuatro estilos distintos. Muy recomendable, pero se debe reservar con la suficiente antelación.

Ⓜ **AMELIA HOUSE.** 222 N. 5th St., Fernandina Beach. ☎ (904) 321 17 17. El B&B fue construido entre los años 1865 y 1870 en un respetuosísimo estilo Victoriano. Tres habitaciones con baño compartido; si en temporada baja, los precios bajan espectacularmente.

Ⓜ **1735 HOUSE.** 584 S. Fletcher Ave., Fernandina Beach. ☎ (904) 261 58 78 y (800) 872 85 31. Nombrada así en honor del año en que James Oglethorpe reclamó estas tierras en nombre de la princesa Amelia, la construcción sigue un respetuosísimo estilo de Nueva Inglaterra, y su interior está completamente decorado con motivos náuticos. En los terrenos se yergue un faro, réplica del que se asienta en el puerto de la isla. Seis habitaciones con baño compartido.

Ⓜ **BAYLEY HOUSE.** 28 7th St., Fernandina Beach. ☎ (904) 261 53 90 y (800) 251 53 90. Vivienda de 1895 de estilo Queen Anne, dentro del cual es una autentica obra maestra, como certifica la placa del Registro Nacional de Lugares Históricos, a lo que ayudan sobremanera las vidrieras, las torretas y la baranda que rodea la casa. Nueve habitaciones, algunas con baño privado.

Ⓜ **ELIZABETH POINTE LODGE.** 98 S. Fletcher Ave., Fernandina Beach. ☎ (904) 277 48 51 y (800) 772 33 59. www.elizabethpointe.com. La posada más amplia de la isla, con 25 habitaciones con baño compartido algunas de ellas. Los dueños han reformado este alojamiento de finales del XIX estilo Nantucket, y se han esmerado especialmente en el porche, nos parece.

Ⓜ **WALFORD INN.** 102 7th St., Fernandina Beach. ☎ (904) 277 66 60. Dos pequeñas casas en las que hay siete habitaciones para invitados; con cuarto de baño en todas y acceso para sillas de ruedas.

Ⓜ **ADISSON HOUSE.** 614 Ash St., Fernandina Beach. ☎ (904) 277 16 04 y (800) 943 16 04. Levantada en 1876, cuenta con catorce habitaciones con baño privado y acceso para sillas de ruedas.

Ⓜ **HOYT HOUSE.** 804 Atlantic Ave., Fernandina Beach. ☎ (904) 277 43 00 y (800) 432 20 85. www.floridahouseinn.com. Erigido en 1905, la construcción es calcada a la de la Rockefeller cottage que se encuentra en Jeckyll Island. Enfrente de la St. Peter's Episcopal Church, cuenta con nueve habitaciones con baño privado.

Ⓜ **JACKSONVILLE MARRIOT.** 4670 Salisbury Rd., Jacksonville. ☎ (904) 296 22 22. Si bien orientado hacia una clientela de negocios, su ubicación e instalaciones (gimnasio, restaurante, nightclub, piscinas climatizadas, sauna y aparcamiento cubierto) hacen de cualquiera de sus 256 habitaciones una buena elección.

Ⓜ **THE INN AT MAYO CLINIC.** Butler Blvd. & San Pablo Rd. ☎ (904) 992 99 92 y (888) 255 44 58. Fax. (904) 992 44 63. A unos 10 km del centro de Jacksonville, 78 suites perfectamente equipadas, muy recomendables si de una estancia prolongada se trata.

Ⓜ **CANDLEWOOD SUITES.** 4900 Belfort Rd., Jacksonville. ☎ (904) 296 77 85. Fax. (904) 296 92 81. Algo más caro que el anterior, cierto es que los dólares de más en la cuenta se notan: dos líneas de teléfono por suite, o una cocina en cuyo equipamiento no faltan lavavajillas ú horno microondas. Instalaciones: aparcamiento, lavandería y gimnasio.

Ⓜ **FLORIDA HOUSE INN.** 22 S. 3rd St., Amelia Island. ☎ (904) 261 33 00 y (800) 258 33 01. www.floridahouseinn.com. El hotel más antiguo de la isla (no en vano comenzó a operar en 1857) nos presenta quince habitaciones, todas ellas con baño privado y diez con una imponente chimenea, además de estar decoradas con antigüedades. La historia no falta: entre sus huéspedes más ilustres se encuentran personajes de la talla del General Ulysses S. Grant o el líder independentista cubano José Martí. A los huéspedes se les sirve comida, generalmente especialidades de la gastronomía sureña más tradicional.

Ⓒ **OMNI JACKSONVILLE.** 245 Water St., Jacksonville. ☎ (904) 355 66 64 y (800) THE OMNI. El establecimiento con más solera de la ciudad, recientemente reformado al cambiar de propiedad. Su restaurante, de los más exclusivos de la ciudad: el **Juliette**, donde se sirve una carta continental de influencias francesas. Las instalaciones, a la altura.

Ⓒ **RITZ - CARLTON AMELIA ISLAND.** 4750 Amelia Island Parkway, Amelia Island. ☎ (904) 277 11 00 y (800) 241 33 33. Casi 500 habitaciones, entre ellas dos suites presidenciales, y todas con vistas al océano y balcones. Entre las instalaciones: tres restaurantes, once pistas de tenis, dos piscinas y gimnasio. De los restaurantes nos quedamos con The Grill, uno de los mejores del estado.

RESTAURANTES

Ⓜ **1878 STEAK HOUSE.** 12 N. 2nd St., Fernandina Beach. ☎ (904) 261 40 49. Cierra los lunes. Aceptan tarjetas de crédito. En un precioso edificio de ladrillo de dos alturas se encuentra este asador de lo más tradicional, pero a cien años luz de los grasientos y algo horteras establecimientos de este estilo. Aquí, en una atmósfera informal, sirven desde carnes a la parrilla sopa francesa de cebollas, fetuccinne de marisco o cordero. Buenos vinos en la bodega. Muy recomendable.

Ⓜ **BRETT'S.** Fernandina Harbor Centre, en Centre St., Fernandina Beach. ☎ (904) 261 26 60. Cierra los domingos. Aceptan tarjetas de crédito. Probablemente el más elegante de la zona, aunque no son estrictos con la etiqueta, no olviden que esto es Florida... cócteles, repostería pecaminosa y algunos platos de pasta muy, muy logrados.

Ⓜ **DOWN UNDER.** A1A & Intracoastal Waterway, bajo el puente Thomas J. Shave. ☎ (904) 261 10 01. Abierto toda la semana desde las 17 h. Aceptan tarjetas de crédito. Muy buenas vistas las que se tienen desde este local. Marisco, algo de carnes y pollo, y una buena carta de cócteles, así como cervezas de importación.

Ⓜ **HORIZONS.** 8th & Ash Sts., Amelia Island. ☎ (904) 321 24 30. Cocina continental de muy altos vuelos, obra y gracia de una estupenda chef, Courtney Thompson. La carta emplea estupendas materias primas, sobre todo las verduras de temporada. ¿Especialidades? carnes, guisos y mariscos.

Ⓜ **INHIBAN.** 675 N. 3rd St., Jacksonville Beach. ☎ (904) 247 82 28. Abierto toda la semana. Aceptan tarjetas de crédito. Muy buena relación calidad/precio, gran parte de los ingredientes empleados en la confección de las especialidades son importados directamente del Japón. Así, tienen para elegir entre un sushi fresquísimo o tablas de tappanyaki, además de decenas de aperitivos. Además, los chefs preparan los platos ante los comensales a petición.

Ⓜ **ISLAND GRILLE OCEAN FRONT.** 981 N. First St., Jacksonville Beach. ☎ (904) 241 18 81. Cierra los lunes y martes. Aceptan tarjetas de crédito. En un entorno muy bonito a la vez que íntimo, frutos del mar: salmón, marisco, atún...

Ⓜ **MANATEE RAY'S.** 314 1st St. N., Jacksonville Beach. ☎ (904) 241 31 38. Abierto toda la semana. Aceptan tarjetas de crédito. El local nos recuerda el cercano Caribe, por lo tropical y colorido de su decoración. En la no muy extensa carta, destacan los mariscos, capturados en las islas de barrera del Estado. La carta de vinos, con pocos caldos, abundando los californianos y sudamericanos.

Ⓜ **THE GOLDEN GROUPER.** 5 South 2nd St., Amelia Island. ☎ (904) 261 00 13. Abierto toda la semana. Aceptan tarjetas y créditos. Marisco de primera preparado de todas las maneras posibles. Además, muy buenas cartas de vinos y cervezas.

Ⓑ **BOMBAY BYCICLE CLUB.** 8909 Baymeadows Road & I-95. ☎ (904) 737 95 55. Abierto toda la semana. Aceptan tarjetas de crédito. Si bien algo alejado, es una parada perfecta si se viene de camino. Comida rápida con la suficiente calidad, a unos precios muy bajos, sobre todo si se trata del buffett.

PENSACOLA

Se encuentra situada en la costa oeste de Florida. Esta ciudad tiene un encanto muy especial debido a la mezcla de la cultura sureña con la herencia del pueblo español. Pensacola fue colonizada en 1559 por don Tristán de Luna pero unos años más tarde, sus tropas, cansadas de los indios y de los huracanes, la abandonaron. No fue hasta 1752 cuando se hizo un asentamiento permanente.

LA VISITA

SEVILLA PRESERVATION DISTRICT. Con este nombre se conoce una de las zonas históricas más famosas de la ciudad. Actualmente es una zona con grandes árboles y paseos, repleta de tiendas.

HISTORIC PENSACOLA VILLAGE. 205 E. Zaragoza St. ☎ 444 89 05. Abierto todos los edificios de lunes a sábado de 10.00 a 16.00 h; Entradas: 5$50 adultos, 2$25 niños menores de 12 años. Es el lugar donde se establecieron los primeros españoles que llegaron a estos lares. Por todos los lados se pueden encontrar muestras de la historia de la ciudad. Hay visitas guiadas todos los días a las 11.30 y 13.30 h, que salen de la Tivoli House (205 E. Zaragoza St).

MUSEOS

PENSACOLA MUSEUM OF ART. 407 S. Jefferson St, The Old City Jail. ☎ (904) 432 62 43. Abre de martes a viernes de 10.00 a 17.00 h y los sábados de 10.00 a 16.00 h. Entradas: 2$ adultos, 1$ niños menores de doce años. Se encuentra en un edificio antiguo muy bien conservado donde se puede admirar una exhibición de arte y escultura.

CIVIL WAR SOLDIERS MUSEUM. 108 Palafox Place. ☎ (904) 469 19 00. Abierto toda la semana excepto domingos de 10.00 a 16.30 h. Entradas: 4$ adultos, 2$ niños entre 6-12 años. Pequeño pero interesante, muestra exposiciones sobre la contienda que desangró a la joven república. Lo más destacable, la reconstrucción de un hospital de campaña.

PENSACOLA NAVAL AVIATION MUSEUM. Pensacola Naval Air Station. ☎ (904) 452 23 89 y (800) 327 50 02. Abierto toda la semana de 9.00 a 17.00 h. No se cobra entrada. Si les interesa conocer la historia de la aviación, que está muy unida a esta ciudad, no sólo por tradición sino también por razones económicas, podrán acudir a esta instalación, montada con estupendo criterio y de remarcable interés cultural. Es, todo sea dicho, el mayor museo de los que dispone la Marina estadounidense.

DATOS PRÁCTICOS

INFORMACIÓN TURÍSTICA

PENSACOLA CONVENTION AND VISITORS INFORMATION CENTER. 1401 E. Gregory St. ☎ (904) 434 12 34 y (800) 874 12 34.

PENSACOLA BEACH VISITORS CENTER AND CHAMBER OF COMMERCE. 735 Pensacola Beach Boulevard. ☎ (904) 932 15 00 y (800) 635 48 03.

PENSACOLA CHAMBER OF COMERCE. 117 W. Garden St. ☎ (904) 438 40 81.

TRANSPORTES

AEROPUERTO

PENSACOLA REGIONAL AIRPORT: ☎ 433 11 43. Recibe vuelos de las compañías Continental, Delta, Piedmont, Airlink, y Northwest.

ALOJAMIENTOS

Ⓒ **DUNES.** 333 Fort Pickens Road, Pensacola Beach. ☎ 932 35 36. Este hotel, situado enfrente del océano, se constituye en el lugar ideal para pasar unos días disfrutando de la playa y de todos los deportes náuticos.

Ⓒ **PENSACOLA BEACH'S HOLIDAY INN.** 165 Fort Pickes Road, Pensacola Beach. ☎ 932 53 61. Con el esmerado servicio y buen precio de los Holiday Inn, en este hotel podrán disfrutar de piscina climatizada, tenis, alquiler de botes, pesca, surfing y toda clase de deportes acuáticos. Guardería.

Ⓒ **SEVILLE INN DOWNTOWN.** 223 E.Garden St. ☎ 433 83 31. Se encuentra en el centro de la ciudad. Con habitaciones espaciosas y confortables. Tiene piscina exterior e interior. El Lafitte Room es un restaurante en el que, por no muchas pelas, podrán disfrutar de una gran variedad de comida.

RESTAURANTES

Ⓜ **DOLPHIN ON THE BAY.** 100 Pfeiffer St. ☎ 932 66 78. Abierto toda la semana. Aceptan tarjetas de crédito. Se encuentra rodeado de árboles enfrente de la bahía. Su especialidad son los pescados cocinados de las formas más "extrañas" y deliciosas que se puedan imaginar. Langostas, ostras, y toda clase de mariscos servidos de una forma exquisita.

Ⓜ **CAP'N JIM'S.** 905 E. Gregory St. ☎ 433 35 62. Abierto toda la semana. Aceptan tarjetas de crédito. Desde sus ventanas se puede contemplar toda la belleza de la bahía de Pensacola. Además podrán disfrutar de ostras frescas, camarones, etc. La relación precio-calidad merece pero que muy mucho la pena.

Ⓜ **E.J.'S FOOD COMPANY.** 232 E. Main St. ☎ 432 58 86. Cerrado los domingos. Aceptan tarjetas de crédito. Su especialidad son los sándwiches de carne asada en barbacoa y unas deliciosas ensaladas. Podrán comer estupendamente por un precio realmente módico.

PANAMA CITY

Panama City se ha convertido en un lugar lleno de turistas durante todo el año, básicamente procedentes del resto de Estados Unidos y Canadá. Esto conlleva, lógicamente, ventajas e inconvenientes que se traducen en muy buenos servicios y una gran aglomeración de gente. Lugar paradisíaco, tiene una media de 320 días de sol al año y unas playas de las de postal, con una temperatura media de 70 a 74 grados farenheit. La temporada alta empieza en febrero y en los últimos días de octubre todavía quedan algunos turistas despistadillos que se han quedado rezagados por estas playas. Las temperaturas templadas han dado lugar a una gran variedad de vegetación subtropical creando un paisaje repleto de maravillas naturales.

LA VISITA

WATER PARK. Es un parque de agua. Tiene jardines, zona para picnics, toboganes de agua y piscinas. Con cascadas que miden más de 370 pies, los niños y los no tan niños disfrutan como enanos.

AMUSEMENT PARK. 12001 W. U.S. 98A. ☎ 243 58 10. Es uno de los parques más conocidos de Panama City. Con atracciones de reminiscencia vikinga, como dragones, toboganes, y toda clase de juegos. Lugar con ambiente "dominguero", donde los niños y las familias disfrutan de un día con toda clase de diversiones.

MUSEUM OF MAN IN THE SEA. US. 98 y Fla. 79, 17314 Hutchinson Road. ☎ 235 41 01. Abierto toda la semana de 9.00 a 17 h. Se cobra entrada. Museo curioso donde podrán ver desde los primeros equipos que se usaba para hacer submarinismo un equipo alemán de 1800, hasta un equipo submarino del año 1913. El museo tiene distintas cámaras de vídeo que van explicando toda la historia de las expediciones submarinas.

SNAKE-A-TORIUM. 9008 W. US. 98. ☎ 234 33 11. Este lugar es muy interesante para los que se encuentren "vivamente" interesados en el mundo de los reptiles, ya que allí se cuenta todo lo que se sabe acerca de ellos, por ejemplo el proceso que se sigue para extraer el veneno de las serpientes para convertirlo en antídoto contra sus picaduras.

ALOJAMIENTOS

Ⓑ **NAUTICUS BEACH.** 22217 W. US 98, Panama City Beach. ☎ 234 28 71. Este motel cuenta con piscina, terraza, y vistas panorámicas de la playa. Las habitaciones, amplias y luminosas, disfrutan de una decoración de lo más tropical. Por la noche, cena en la barbacoa, en la misma orilla de la playa.

Ⓑ **BLUE DOLPHIN.** 19823 W.US 98, Panama City Beach. ☎ 234 58 95. Con salida directa a la playa y ambiente muy confortable. Tiene una piscina en la misma orilla del mar.

Ⓜ **FLAMINGO DOME BY THE SEA.** 5524 W. US 98, Panama City Beach. ☎ 345 66 77. Con un jardín extremadamente cuidado, y tan lleno de flores que parece una jungla. Una piscina rodeada de palmeras y exóticos árboles tropicales hacen de este hotel un lugar distinto donde pasar unos días como en un paraíso...

Ⓜ **TOURWAY INN.** 14701 W. US 98. ☎ 234 21 47. Enfrente del océano, con todas las habitaciones frente al mar (panorámica espléndida). Algunas habitaciones se pueden solicitar con dos dormitorios.

Ⓒ **EDGEWATER BEACH RESORT.** 11212 US. 98A, Panama City Beach. ☎ 234 40 44. Rodeado de extensos jardines, tiene un lago con bonitas cascadas donde se puede nadar. Dispone de 12 canchas de tenis, piscinas, y playa con todos los servicios. Además de habitaciones, se puede alquilar un apartamento completo con cocina, lavadora, secadora...

Ⓒ **MARRIOTT'S BAY POINT RESORT.** 10 Dellwood Beach Rd. Bay Point. ☎ 234 33 07. Es uno de los hoteles más elegantes de la zona. Podrán alquilar habitaciones o apartamentos. Por fuera está rodeado de pinos, a lo largo de toda la bahía.

RESTAURANTES

Ⓑ **GOLDEN GRIDDLE.** 11802 Front Beach Rd. ☎ 234 65 67. Abierto toda la semana. Aceptan tarjetas de crédito. Es un restaurante sencillo, pero con buena comida a unos precios.

Ⓑ **OUTBACK WILLIE'S.** 9900 S. Thomas Dr. ☎ (904) 235 12 25. Abierto toda la semana. Aceptan tarjetas de crédito. Típico restaurante de comida rápida; lo mejor su emplazamiento junto al mar.

Ⓑ HAMILTON SEAFOOD. 5711 N. Lagoon Dr. ☎ (904) 234 12 55. Abierto toda la semana. Aceptan tarjetas de crédito. Además de unas vistas muy bonitas al mar, sirven un pescado delicioso.

Ⓜ CRAB SHANTY. 15405 Front Beach Road. Panama City Beach. ☎ (904) 234 17 71. Cerrado los domingos. Aceptan tarjetas de crédito. Se recomienda reservar. Prepara el marisco de manera excelente. Su precio es asequible para la calidad que ofrece.

Ⓜ THE LAMB AND THE LION. 13620 Front Beach Dr. Panama City Beach. ☎ (904) 235 07 08. Abierto toda la semana. Aceptan tarjetas de crédito. Como su nombre indica, muy sugerente para los amantes de las carnes. Aquí las hay excelentes, especialmente el US Prime Rib.

Ⓜ ALL AMERICAN DINNER. 10590 Front Beach Rd. ☎ (904) 235 24 43. Abierto toda la semana. Aceptan tarjetas de crédito. El domingo tiene muy buen bufé. El local no resulta un prodigio de decoración, pero la calidad de la cocina continental servida, junto con la amabilidad y buen saber hacer del equipo de sala, compensa algunas carencias.

Ⓒ SCHOONER'S. 5121 Gulf Dr. ☎ (904) 234 70 92. Cerrado sábados al mediodía. Aceptan tarjetas de crédito. Se recomienda reservar. Con buena decoración e espléndidas vistas al mar. Su menú es variado y está muy bien elaborado. Los domingos tiene bufé.

Ⓒ CAPTAIN DUSTY'S SEAFOOD. 16450 Front Beach Road. ☎ (904). 234 77 01. Abierto toda la semana. Aceptan tarjetas de crédito. Se encuentra en la zona de la playa. Prepara los mejores pescados y mariscos de la zona. Buena opción para los bolsillos bien provistos.

COPAS

CAPTAIN ANDERSON'S PIER. 5550 N. Lagoon Drive. ☎ 234 34 35. Para los que les gusta cenar, bailar, y navegar en el mismo sitio, este es el lugar indicado. En verano es uno de los sitios típicos de moda.

LA VELA BEACH CLUB. 8813 Thomas Drive. ☎ 234 38 66. Música en directo, cerveza gratis, distintos concursos y diversiones hacen de este lugar, uno de los locales más frecuentados por la gente más joven.

OPRY HOUSE. 8400 W. US 98. ☎ 234 54 64. Normalmente en esta discoteca suele haber actuaciones en vivo todas las noches.

TALLAHASSEE

Aunque parezca increíble, Tallahassee es la capital del estado de Florida, a pesar de sus 150.000 habitantes y de ser un lugar que casi nadie conoce. Su nombre, de origen indio, significa "campos abandonados", en el idioma de los seminolas. El primer explorador conocido, Hernández de Soto, llegó a esta zona en 1530 buscando, como no, materiales preciosos, en especial, oro. Posteriormente, fue reconstruida sobre los restos de una antigua misión española. Hoy en día, Tallahassee es un centro universitario y financiero, que pasa ampliamente del turismo. Está rodeada de de grandes bosques y antiguas casas coloniales. En el centro de la ciudad se encuentra el Capitolio, donde se toman todas las decisiones políticas del estado, y que es un lugar a visitar. De todos los empleados de la ciudad, la mitad trabajan para el gobierno. En los alrededores, aún se conservan las grandes plantaciones del siglo pasado, que han sido restauradas y pueden ser asimismo visitadas. La universidad estatal de Florida, rodeada de edificios históricos, es la segunda más grande de todo el estado.

LA VISITA

EL CAPITOLIO. Monroe St. y Pensacola St. ☎ (904) 488 16 73. La entrada es gratis. Abre de lunes a viernes de 9.00 a 14.30, los sábados de 10.00 a 14.30 y los domingos de 12.00 a 14.00 h 30. Cons-

truido en la época de la Guerra Civil, ha sido restaurado recientemente. Conserva la decoración y el estilo clásico de la época.

LAKE JACKSON MOUNDS ARCHEOLOGICAL SITE. 1313 Crowder Road. ☎ 562 00 42. Igual que en el lugar anterior, se encuentran las excavaciones sobre el lugar donde Hernández de Soto y su ejército pasaron el invierno de 1539. Como dato curioso, os diremos que este lugar ya estaba habitado hace 3.500 años. La entrada es gratis. Abre todos los días desde las 8 h hasta el atardecer.

MUSEUM OF FLORIDA HISTORY. R. A. Gray Building, 500 S. Bronough. ☎ 488 14 84. Abre de lunes a viernes de 9.00 a 16 h 30, los sábados de 10.00 a 16 h 30 y los domingos de 12.00 a 16 h 30. La entrada es gratis. Para obtener una amplia visión de toda la historia y formación de Florida: la llegada de los exploradores, la historia de los indios, etc.

SAN LUIS DE TALIMALI ARCHEOLOGICAL SITE. 2020 W. Mission Road. ☎ (904) 487 37 11. Tiene un tour de una hora todos los días a las 12.00 h. Únicamente abre los sábados de 11.00 a 15 h y los domingos hasta las 14 h. Excavaciones abiertas al público en general de las ruinas de una misión franciscana y una villa de los indios apalaches. La entrada es gratis.

TRANSPORTES

AEROPUERTO

TALLAHASSEE REGIONAL AIRPORT. ☎ (800) 610 19 95. 7 km al sur del centro, es servido por algunas compañías estadounidenses.

AUTOBÚS

GREYHOUND. 112 W. Tennessee St. ☎ 222 42 40.

POR CARRETERA

La capital del estado es accesible en vehículo privado siguiendo los trazados de las interestatales 10 y 75, y las Highways 98 y 319.

TREN

AMTRAK. 918 Railroad Ave. ☎ 244 27 79.

ALOJAMIENTOS

Ⓖ HILTON TALLAHASSEE. 101 S. Adams St. ☎ 224 50 00. Es el hotel más elegante de Tallahassee. Durante las sesiones del Congreso, sus salones, bares y restaurantes se encuentran llenos de políticos y legisladores. Las habitaciones están decoradas con muebles modernos. Tiene el tipo de servicio propio de la cadena Hilton.

Ⓜ LA QUINTA MOTOR INN NORTH. 2905 N. Monroe St. ☎ 385 71 72. De estilo puramente español. Decorado con cuadros de temas españoles. Este hotel es como una islita de la "Madre Patria" en Florida, como le llaman ellos.

Ⓜ KILLEARN COUNTRY CLUB & INN. 100 Tyron Circle. ☎ 893 21 86. Además de disfrutar de un campo de golf de 18 hoyos, tiene gimnasio, tenis, y piscina. Las habitaciones son grandes.

Ⓜ COURTYARD BY MARRIOT. 1018 Apalachee Parkway. ☎ 222 88 22. Este hotel está pensado para gente de negocios o políticos, ya que se encuentra muy cerca del Capitolio. Tiene habitaciones amplias y todas las prestaciones de un buen hotel.

Ⓑ LEISURE INN. 2020 Apalachee Parkway. ☎ 877 44 37. Este es uno de esos hoteles en el que la relación precio-calidad es muy razonable. Las habitaciones son amplias y espaciosas.

Ⓑ PRINCE MURAT. 745 N. Monroe St. ☎ 224 31 08. Se encuentra en la zona histórica de la ciudad. Este nombre se debe al sobrino de Napoleón que estuvo viviendo en una hacienda y se casó con la nieta de George Washington.

RESTAURANTES

Ⓜ JULIE'S PLACE. 2905 N. Monroe St. ☎ 386 71 81. Cierra domingos por la noche. Aceptan tarjetas de crédito. Con cocina americana, donde sirven un delicioso chuletón con sopa de cebolla. Está decorado en estilo clásico. Fenomenal y muy recomendable.

Ⓜ ANDREW'S 2ND ACT. 228 S. Adams St. ☎ 222 27 59. Cerrado domingos por la noche. Aceptan tarjetas de crédito. Se recomienda reservar. Es uno de los restaurantes más elegantes de la ciudad. No tiene un menú muy amplio pero todos sus platos están muy bien sazonados y presentan una calidad extraordinaria.

Ⓜ MOM'S AND DAD'S. 4175 Apalachee Parkway. ☎ 877 45 18. Abierto toda la semana. Aceptan tarjetas de crédito. Es

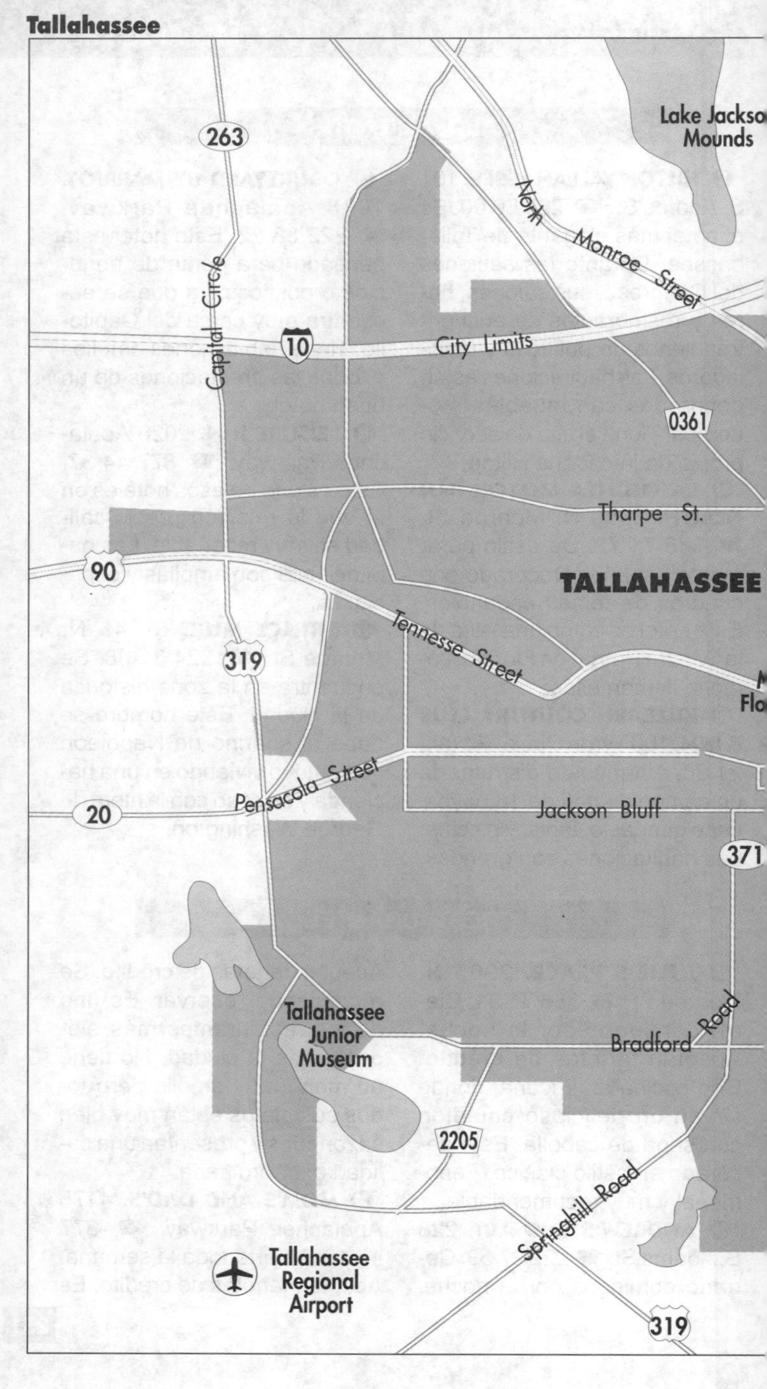
Lake Jackso
Mounds
263
North Monroe Street
Capital Circle
10
City Limits
0361
Tharpe St.
90
TALLAHASSEE
Tennesse Street
319
Pensacola Street
20
Jackson Bluff
371
Tallahassee
Junior
Museum
Bradford
Road
2205
Springhill Road
Tallahassee
Regional
Airport
319

155
10
Meridian Rd.
Thomasville Road
Centerville Road
319
151
Mahan Drive
90
Capital Circle
Capital Building
Monroe Street
Apalachee Parkway
27
Avenue
319
Old Tram Road
Capital Circle

pequeño, pero muy divertido y agradable. Su comida es básicamente italiana.

Ⓜ **SILVER SLIPPER.** 531 Scotty Lane. ☎ 386 93 66. Abierto toda la semana. Aceptan tarjetas de crédito. Se recomienda reservar para la cena. Acceso para sillas de ruedas. Es uno de los lugares favoritos de los legisladores de la ciudad. Su especialidad son las carnes y toda una gran variedad de pescados. Como todo restaurante pensado para políticos tiene una serie de comedores privados para que "sus señorías" arreglen el mundo.

COPAS

DIAMOND JIM'S LOUNGE. 531 Scotty's Lane

WATERWORKS. 104 S. Monroe St

PO BOYS CREOLE CAFÉ. 224 E. College Ave

ESPECTÁCULOS

TEATROS

RICHARD G FALLON MAINSTAGE THEATER. Fine Arts Building, Call St. ☎ 644 65 00.

TALLAHASSE LITTLE THEATER. 1861 Thomasville Rd. ☎ 224 84 74.

LEON COUNTY CIVIC CENTER. 505 W. Pensacola St. ☎ 222 04 00.

TALLAHASSE SYMPHONY ORCHESTRA. Ruby Diamond Auditorium, College Ave. & Copeland St. ☎ 224 04 61.

FLORIDA CENTRAL

Puede decirse sin lugar a dudas que la Florida Central es donde el turismo ha experimentado su mayor auge. No ha desplazado, sin embargo, al otro gran baluarte de la economía estatal, la agricultura; pero si hay una zona del estado que se haya transformado tan bruscamente en los últimos treinta años es esta, siempre al calor de la clarividencia dysneiana (ciudades seudo-utópicas incluidas), que sirve de empuje para que abunden como hongos tras la lluvia cuidadas comunidades creadas con el sano propósito de pasar el ocio. Estas son las claves:

CLEARWATER

El antiguo Pocotopaung de los indios Timicoa fue visitado por nuestro compatriota **Pánfilo de Narváez** en 1528, cuando desembarco en las Aguas Claras con 600 hombres. Le siguió el francés **Odett Philippe**, bastante más tarde: allá por 1830. Levantó una plantación que todavía hoy se conserva en lo que se conoce como Philippe Park. En 1841 las tropas que se combatían a los indios de la región levantaron Fort Harrison.

Lo mismo Clearwater que St.Petersburg presumen de tener las mejores playas del estado de Florida. La playa de Clearwater Beach es la que más turistas atrae de Inglaterra, Alemania, y Canadá. Es muy grande, de arena blanca y con dunas. Clearwater creció alrededor del hotel Belleview Biltmore. Este magnífico edificio de madera de pino se encuentra dentro de los lugares históricos del estado de Florida.

En dos décadas, Clearwater ha doblado su población y se ha convertido en un centro industrial con una economía muy estable. La ciudad tiene un centro de arte llamado Ruth Eckerd Hall que atrae a musicos de renombre, compañías de ballet y producciones de Broadway.

LA VISITA

PASEANDO POR EL CENTRO

Su condición como destino de golfistas y amantes de sus playas, Clearwater no abunda en lugares de interés cultural. Hacemos, por lo tanto, un breve y somero repaso por sus más destacadas construcciones e hitos artísticos: el **Dorothy Thompson African-American Museum** (1505 S. Madison Ave. ☎ (813) 447 10 37), donde se narra la historia y avatares de la población afroamericana del condado; una interesante muestra del estilo mediterráneo la encontramos en 650 Cleveland Street, que es donde se yergue la **US Post Office**, la oficina de correos, de 1930; uno de los edificios más antiguos de Clearwater alberga los Juzgados (**County Courthouse**, 315 Court), de 1907. Una vivienda de escrupuloso estilo Tudor es la **Donald Roebling Estate** (700 Orange Ave); ya, sólo nos quedan mencionar la **Plumb House** (1380 Greenwood Ave. South), de finales del siglo XIX, y la **South Ward School** (610 South Fort Harrison Ave), de 1906. El parque que rememora la historia de la ciudad es el **Philippe Park** (2355 Bayshore Drive, Safety Harbor).

SUS PLAYAS

Como el golfo de Méjico tiene aguas muy tranquilas, todas las playas de los alrededores son buenas para nadar. La isla de Caladesi que tiene un servicio regular de ferry desde Dunedin y Clearwater, ofrece la mejor playa para bañarse. Para la gente joven, el lugar que está más de moda es Clearwater Beach. En todas estas playas se pueden alquilar sillas y sombrillas, además todas tienen excelentes restaurantes casi en la orilla.

En Indian Rocks Beach, Indian Shore y Redington Beach se encuentra la mejor zona para hacer surfing. En esta zona hay más olas para practicar el surfing (el golfo de México es un lugar menos movido que el Atlántico). El equipo se puede alquilar en todas las tiendas de los alrededores.

Las mejores playas para los novatos están localizadas en la zona de Sand Key, al norte de Belleair. El agua está calmada, pero el viento sopla alrededor de la isla haciéndolo ideal para navegar. Para los deportistas más avanzados, la zona enfrente del hotel Don César es la mejor. Las olas suelen tener de dos a tres pies de altura. El equipo para el windsurfing se puede alquilar en tiendas especializadas. La mejor zona para pescar es Indian Rocks Beach. En esta playa se recomienda usar cucarachas como cebo. Estos pequeños crustáceos se pueden encontrar caminando por la playa.

La playa de Indian Rocks es la mejor para los niños. Con el agua ligeramente templada y pequeñas olas. Es el sitio ideal para construir castillos de arena. Otra de las mejores playas para niños es la de Ben T. Davis Municipal Beach. Está localizada en el Courtney Campbell Causeway entre Tampa y Clearwater, es muy poco profunda y tiene la arena muy blanca.

LAS MEJORES PLAYAS

✪ **Caladesi Island** con paseos naturales y dunas cubiertas de vegetación, ideal para nadar, navegar en catamarán o hacer windsurfing. El agua está limpísima y tiene una arena muy blanca. Para llegar a Caladesi Island hay que coger el ferry en Dunedin o Clearwater.

✪ Más al sur se abre la **playa de St. Petersburg**. En 1783 un pescador español acampó en ella. A mediados de 1800 se pusieron de moda las excursiones en barco desde Tampa: venían los turistas y les servían pescado frito. En esta playa se construyó el Pass-a-Grille, un hotel flotante que ha adquirido fama en todo el centro de Florida.

DATOS PRÁCTICOS

ALQUILER DE COCHES

✪ **AVIS.** 801 Cleveland St. ☎ (813) 442 41 19 y (800) 331 12 12.

✪ **DOLLAR.** 17174 US Hwy. 19 North. ☎ (813) 446 11 25 y (800) 325 80 07.

✪ **PINELLAS.** 19206 US Hwy. 19 North. ☎ (813) 725 82 88/535 02 08, (800) 526 54 99.

ALQUILER DE BOTES Y EQUIPOS DE PESCA

✪ **BY REQUEST FISHING AND CRUISING CHARTER.** 504 Gulfview Blvd. ☎ (813) 587 07 14.

✪ **DAISY MAE CHARTER BOAT.** Clearwater Beach Marina, Slip 39. ☎ (813) 442 15 02.

✪ **GYPSY CHARTERS.** Clearwater Marina. ☎ (813) 461 48 82.

INFORMACIÓN TURÍSTICA

✪ **GREATER CLEARWATER CHAMBER OF COMMERCE.** 1130 Cleveland St. ☎ (813) 461 00 11. Fax. (813) 449 28 89. www.clearwaterflorida.org

TRANSPORTES

AUTOBÚS

✪ **GREYHOUND.** 211 Gulf to Bay Blvd. ☎ (813) 796 73 15. Abierta todos los días de 6 a 20.00 h 50. Servicios diarios a St. Petersburg.

AEROPUERTO

✪ **EL ST. PETERSBURG - CLEARWATER INTERNATIONAL AIRPORT** se encuentra a unos 20 km del centro de Clearwater. Los taxis cobran unos 20$ por la carrera. Es servido por todas las compañías nacionales y un par canadienses.

POR CARRETERA

La **Interestatal 75** desde Tampa, la **95** desde el norte; ambas se conectan gracias a la **I-10**, que cruza toda esta zona del estado hasta desembocar en Alabama. Otras carreteras son la **SR 90** (también conocida como la Courtney Campbell Causeway) y la **SR 60**.

TAXIS

✪ **CLEARWATER YELLOW CAB.** ☎ (813) 799 22 22.

ALOJAMIENTOS

Ⓜ **ADAMS MARK.** 430 S. Gulfview Blvd., Clearwater Beach. ☎ (813) 443 57 14 y (800) 444 ADAM. Fax. (813) 442 83 89. Asomadísimo al océano, 207 habitaciones, actividades, uno de los mejores locales para el esparcimiento de la zona, y en el restaurante, buffet diario de marisco.

Ⓜ **FLAMINGO.** 450 N. Gulfview Blvd., Clearwater Beach. ☎ (813) 441 80 19 y (800) 821 80 19. Fax. (813) 446 65 99. www.clearwaterbeach/flamingo/flamingo.html bchsuite@gte.net.

Suites con vistas al mar, todas ellas con cocina completamente equipada. En las instalaciones: piscina climatizada, playa, jacuzzi y gimnasio.

Ⓒ BELLEVIEW BILTMORE RESORT & SPA. 25 Belleview Blvd. ☎ (813) 442 61 71 y (800) 237 89 47. Fax. (813) 441 41 73. El gérmen propiamente dicho de la ciudad, en torno al cual realmente despegó Clearwater, es probablemente la mejor opción en cuanto al alojamiento. Cuenta con buen servicio y magníficos restaurantes: en el **Terrace**, con un ambiente informal, se puede desayunar o comer alrededor de la piscina; el **Candlelight Dining Room** goza de estilo victoriano, ambiente serio y platos de cocina continental muy elaborados; el **Chinese Restaurant**, más bullicioso y económico. 292 habitaciones, comercios, piscina y aparcamiento.

Ⓒ RADISON SUITE RESORT ON SAND KEY. 1201 Gulf Blvd., Clearwater Beach. ☎ (813) 596 11 00 y (800) 333 33 33. Fax. (813) 595 42 92. Cuenta con un elegante restaurante, con panorámica sobre el puerto de Clearwater, llamado Harbor Grille donde se puede disfrutar de un delicioso pescado fresco. En la piscina se encuentra el Kokomo's con música en vivo y bebidas tropicales.

Ⓒ SHERATON SAND KEY RESORT. 1160 Gulf Blvd, Clearwater Beach. ☎ (813) 595 16 11. Fax. (813) 596 84 88. Es una torre de ocho pisos que se encuentra al sur de Clearwater Beach en Sand Key. Las habitaciones son típicas de los Sheraton, grandes y decoradas en tonos claros. En el restaurante Rusty's sirven una comida continental con un ambiente muy informal. El menú es, diferente cada día, les sugerimos que pidan un prime rib. En el Sand Bar pueden tomar unas tapas y unas copas. Juerga en el Sky Lounge (grupos musicales, baile, y chistes).

RESTAURANTES

Ⓜ TÍO PEPE. 2930 Gulf to Bay Blvd. ☎ (813) 799 30 82. Abre toda la semana. Aceptan tarjetas de crédito. Se recomienda reservar. Uno de los más elegantes de la costa oeste de la Florida. Gran selección de vinos y cocina española, aunque la mayoría de las carnes provienen de las praderas de Nebraska y Iowa. Las tapas, a la altura, lo mismo que la inevitable sangría. Lugar muy aconsejable.

Ⓜ CALICO JACK'S ADAMS MARK CARIBBEAN. 430 S. Gulfview Blvd., Clearwater Beach. ☎ (813) 443 57 14. Abierto toda la semana. Aceptan tarjetas de crédito. Este restaurante tiene unas espectacular vista sobre el golfo de Méjico. Es el sitio ideal para disfrutar de un delicioso pescado fresco o de un prime rib.

Ⓜ **CHARLIE'S ITALIAN RESTAURANT.** 1442 Cleveland St. ☎ (813) 446 30 38. Abierto toda la semana. Aceptan tarjetas de crédito. Fundado en 1955. Restaurante conocido por su fabulosa comida y su sensacional servicio. Ofrecen sesenta platos distintos entre los que sobresalen las pastas, el pescado o la carne. Muy recomendable.

Ⓜ **SEAFOOD & SUNSETS AT JULIE'S.** 351 S. Gulfview Blvd. ☎ (813) 441 25 48. Abierto toda la semana. Aceptan tarjetas de crédito. Localizado a tres manzanas del puerto, en este restaurante sirven algunos de los mejores pescados de la zona.

COPAS

FORBIDDEN CITY RESTAURANT. 25778 U. S. 19 N, Clearwater Beach. ☎ (813) 797 33 87. Agradable local en el que, mientras se toman na copa, escucharán una apacible música de piano.

SEFARD'S RESTAURANT & GULFVIEW LOUNGE. 601 S. Gulfview Blvd, Clearwater Beach. ☎ (813) 441 68 75. En la terraza escucharán música de los años 50 y 70. La marcha la proporciona la música caribeña.

SURF CLUB HOLIDAY INN SURFSIDE. 400 Mandalay Ave, Clearwater Beach. ☎ (813) 461 32 22. Esta discoteca es para los que disfrutan bailando con la música popular.

OCIO, ACTIVIDADES Y ESPECTÁCULOS

CAMPOS DE GOLF

AIRCO GOLF COURSE. 3650 Roosevelt Blvd. ☎ (813) 573 46 53.

CHI CHI RODRÍGUEZ GOLF CLUB. 3030 McMullen Booth Rd. ☎ (813) 726 88 29.

COUNTRYSIDE COUNTRY CLUB. 2506 Countryside Blvd. ☎ (813) 796 15 55.

CLEARWATER COUNTRY CLUB. 525 N. Betty Lane. ☎ (813) 443 52 72.

CLEARWATER GOLF PARK. 1875 Airport Dr. ☎ (813) 447 52 72.

COVE CAY COUNTRY CLUB. 2612 Cove Cay Dr. ☎ 8813) 535 14 0.

GLEN OAKS COUNTRY CLUB. 1345 Court St. ☎ (813) 446 58 21.

EXCURSIONES EN BARCO

SHOW QUEEN CRUISES. Clearwater Beach Marina, Slip 18, Clearwater Beach. ☎ (813) 461 31 13. Este barco de vapor con capacidad para 150 pasajeros, ofrece cruceros con comida y cena. Las salidas nocturnas incluyen espectáculos y baile.

THE ADMIRAL DINNER BOAT. Clearwater Beach Marina. ☎ (813) 462 26 28. En este barco se puede cenar y bailar dando una vuelta por la preciosa bahía de Clearwater.

CLEARWATER FERRY SERVICE. 210 Drew St. ☎ (813) 442 74 33. Ferry que recorre la distancia que separa a Clearwater de Clearwater Beach. También hace excursiones a la isla de Caladesi o a Tarpon Springs.

ALREDEDORES DE CLEARWATER

CALADESI ISLAND STATE PARK. Al noroeste de Clearwater. Sólo accesible por ferry desde Dunedin y Clearwater. ☎ (813) 443 59 03. Abierto todos los días desde las 18.00 h hasta el atardecer. En esta isla pueden encontrar la fauna marina tropical, incluida la tortuga de mar, manatís. Es una de las pocas islas de barrera bien conservadas que quedan en la Florida, y forma parte del Gul Islands GEOPark, cubriendo una extensión de 1300 acres de tierra firme más otros 4200 de manglares. Con dos millas de blanca playa, tres de senderos, es un sitio excelente para la navegación. También tiene zonas para picnic.

CLEARWATER MARINE SCIENCE CENTER AQUARIUM MUSEUM. 249 Windward Passage, Island States. ☎ (813) 447 09 80. Entradas: 6$75 adultos, 4$25 niños. Museo en el que se aprecia un acuario con 260.000 galones de agua con delfines y distintas criaturas marinas típicas de la zona. Tambien rescatan y cuidan a las tortugas marinas.

JOHN'S PASS VILLAGE AND BOARDWALK. Localizado al sur de Madeira Beach. Ésta es una antigua ciudad pesquera. Tiene más de 100 tiendas, restaurantes especializados en pescado y un precioso paseo de madera a lo largo de la Intercostal Waterway. Hay barcos para cruceros, o botes para salir a pescar. La última semana de octubre se celebra el festival del pescado. Se puede comer una increíble variedad de pescados y mariscos.

SUNCOAST SEABIRD SANCTUARY. 18328 Gulf Blvd., Indian Shore. ☎ (813) 391 62 11. Fundada en 1971 por el zoólogo Ralph T. Heath. Es el hospital más grande del mundo dedicado a salvar y curar toda clase de pájaros.

WEEKI WACHEE SPRING. US 19 & SR 50, Weeki Wachee. ☎ (800) 678 93 35. Desde hace muchos años las bellas sirenas de

Weeki Wachee han cautivado a la audiencia con su legendario espectáculo de teatro acuático. Actualmente están representando la película de La Pequeña Sirenita. Otras de las atracciones de este parque son:

- Buccaneer Bay: una atracción acuática con playas, toboganes y "juegos de agua".
- Wilderness River Cruise: crucero sobre aguas transparentes. Podrán descubrir la belleza natural de la vegetación y la vida animal de Florida.
- Birds of the World Show: exhibiciones en las que aparecen águilas, halcones, buhos y toda clase de pajaros exóticos.

ST. PETERSBURG

La gran mayoría de los visitantes encuentran en St.Petersburg y en sus playas, el lugar perfecto para las vacaciones. Ciudad situada al este de la bahía de Tampa y al oeste del Golfo de Méjico, en la zona central de la península de la Florida.

Es un lugar muy popular para las familias y para los amantes de las playas y del surf. Tiene el clima perfecto, con una media de 360 días de sol al sol. Su estilo de vida es moderno y deportivo. El área ofrece un amplio abanico de restaurantes, hoteles, moteles y cámpings para toda clase de visitantes.

El centro de St.Petersburg es una de las más populares atracciones y su muelle siempre está a tope.

LA VISITA

THE PIER. Second Ave. NE. ☎ (813) 821 61 64. No se cobra entrada. Una de las atracciones más populares de St.Petersburg. Está localizado en el centro de la ciudad y cerca de la bahía de Tampa. Su famoso edificio en forma de pirámide ha recibido a miles de visitantes por sus espectaculares vistas. Restaurantes, museos, acuarios y música en vivo. Horario: todos los días de 10.00 a 21.00 h. Es gratis.

BOYD HILL NATURE PARK. 1101 Country Club Way S. ☎ (813) 893 73 26. Abierto toda la semana de 9.00 a 17.00 h, martes y sábados hasta las 20.00 h. Se tardan dos horas aproximadamente en recorrer este parque, localizado al sur del lago Maggiore. En el mismo se pueden ver toda clase de árboles y animales.

GIZELLA KOPSICK ARBOREUM. North Shore Drive at 10th Ave. NE. ☎ (813) 398 57 55. Abierto toda la semana de 8.00 a 20.00 h. No se cobra entrada. Este es un precioso parque localizado cerca del mar. El parque tiene más de 200 palmeras que representan 45 especies diferentes. Abre todos los días y de octubre a mayo preparan tours.

SUNKEN GARDENS. 1825 4th St. N. ☎ (813) 896 31 86. Abierto toda la semana de 9.00 a 17.30 h. No se cobra entrada. Parque que surgió de un lago hundido que fue transformado en un jardín. Tiene cientos de plantas y árboles tropicales. 50.000 flores se plantan todos los años. Tiene 5.000 variedades de plantas y 500 especies de pájaros exóticos. Abre todos los días de 9.00 a 17.30 h.

MUSEOS

SALVADOR DALÍ MUSEUM. 1000 3rd St. S. ☎ (813) 823 37 67 y (800) 442 32 54. www.daliweb& mindspring.com. Abierto de lunes a sábados de 9.30h a 17.30h, los domingos abre a las 12.00 h. Entradas: 8$ adultos, 4$ niños, los menores de 11 años no pagan entrada. La mayor colección de la obra del genial cadaqués fuera de nuestro país, es con mucho la atracción cultural más interesante no sólo ya de St. Petersburg, incluso de toda la zona. Y no es para menos: 93 óleos, más de 200 acuarelas y dibujos, 1.000 diseños de esculturas y objetos de arte: en resumen, un excelente y completísimo repaso a la obra de Dalí desde 1914 hasta 1980. Tengan en cuenta que no se permite fotografiar las obras.

ST. PETERSBURG MUSEUM OF FINE ARTS. 255 Beach Drive NE. ☎ (813) 896 26 67. Abierto de martes a sábados, de 10.00 a 17.00 h; los domingos abre a las 13.00 h, los lunes cierra. Entradas: 5$ adultos, niños menores de 6 años no pagan. Los domingos, no se cobra entrada. También estupendo, alberga con diferencia una de las mejores colecciones de arte del sur del país. Sus 22 galerías reciben cada año decenas de miles de visitantes, y en ellas se da un repaso bastante completo y representativo a la historia mundial. En la galería 1, obras romanas y griegas; en las 2 y 3, se abarca del Renacimiento al siglo XVIII; más centrados en la producción estadounidense están los fondos expuestos en las galerías 4 y 5; la sexta, dedicada a las culturas precolombinas; la 7, a culturas africanas, indias y europeas; el Lejano Oriente lo tenemos en la 8; arte europeo se vuelve a repasar en las galerías 9 (los siglos XVIII y XIX) y 10. Exposiciones temporales, pueden ser contempladas en las galerías 17, 20 y 22. Imprescindible, en suma.

ST. PETERSBURG MUSEUM OF HISTORY. 335 2nd Ave. NE. ☎ (813) 894 10 52. Abierto toda la semana de 10.00 a 17.00 h, los domingos abre a las 13.00 h. Entradas: 4$ adultos, 1$50 niños de siete a diecisiete años; menores de seis años, no pagan. Aunque hay una sala consagrada a la historia de la zona (restos de los asentamientos nativos, de las primeras colonias españolas o de la llegada del ferrocarril), lo más interesante es la retrospectiva de los primeros años de la navegación aérea, ya que no conviene olvidar que St. Petersburg fue la primera ciudad estadounidense en tener una línea aérea regular.

GREAT EXPLORATIONS MUSEUM. 1120 4th St. S. ☎ (813) 821 89 92. Abierto toda la semana de 10.00 a 17.00 h, los domingos no abre hasta las 13.00 h. Entradas: 6$ adultos, 5$ niños entre 4 y 17 años. Concebido para acercar a los más pequeños los misterios de la naturaleza, tiene su interés. Hay docenas de paneles y actividades interactivas, siendo tal vez la más lograda la sala que recrea unn huracán de fuerza 3, o una pirámide en la que será nuestro pulso el que oriente un aguacero virtual.

FLORIDA INTERNATIONAL MUSEUM. 100 2nd St. N. ☎ (813) 822 36 93 y (800) 777 98 82. www.floridamuseum.org. Abierto toda la semana de 9.00 a 20.00 h; los sábados cierra a las 22.00 h. Entradas: 13$95 adultos, 5$ niños entre 5 y 16 años. Existe una colección permanente muy interesante a la par de ecléctica, aunque lo más interesante se suele concentrar en las exposiciones temporales.

PLAYAS Y JARDINES

St. Petersburg tiene 28 millas de playas con una arena muy blanca y un agua transparente. Hay que recordar que esto es el trópico y que hay que traer crema para el sol y usarla frecuentemente. Os recordamos que los topless o los desnudos no están permitidos. Alguna de las playas mas famosas son:

NORTH SHORE BAY BEACH: al norte de Shore Dr. en la bahía de Tampa entre la 9th y la 13th Ave. N.E. St.Pete. Baños y piscina olímpica.

FORT DE SOTO PARK: al final de Pineyas Bayway. Tiene muelles para los pesqueros, zona para picnic, vestuarios y baños.

GULFPORT BEACH: a 55th St. y Shore Blvd. S. en Gulfport. Baños, picnic...

MAXIMO PARK BEACH: 34th St. y Pinellas Point Dr. S. St.Petersburg. Con carriles para las bicicletas, baños y área de picnic.

PASS-A-GRILLE BEACH: Pass-a-Grille Way St.Pete Beach. Playa muy concurrida. Con garitos para bebidas, zona para picnic y baños.

SPA BEACH: en la zona centro de St.Petersburg, entre Tampa Bay y la 2nd Ave. N. en el puerto. Tiene baños y zona de picnic.

ANDERSON PARK. 19 Tarpon Spring. Tiene lago, rampa para barcos, excursiones, zona para picnic y juegos. En total tiene 128 acres.

BOYD HILL NATURE PARK. 1101 Country Club Way S. Con 216 acres con vegetación tropical. Tiene refugios, zona de picnic, juegos para niños y todos los años se organizan diferentes eventos.

FT. DE SOTO PARK. Pinellas Bayway entre St. Petersburg y St. Pete. Este parque tiene 900 acres y tres millas de una maravillosa playa. Dos muelles de pesca y un histórico fuerte. Cámping con agua y electricidad.

NORTH SHORE PARK. 900 Block of North Shore Dr. Con piscina olímpica, playa, tenis y juegos.

TRANSPORTES

ALQUILER DE COCHES

AVIS RENT-A-CAR. ☎ (813) 536 80 26.

BUDGET RENT-A-CAR. ☎ (813) 327 00 10.

HERZT CAR RENTAL. ☎ (813) 874 32 32.

USA RENT-A-CAR. ☎ (813) 866 88 64.

AUTOBÚS

GREYHOUND. 180 9th St. N. ☎ (813) 898 14 96 y (800) 231 22 22. Abierta todos los días de 6.30h a 23.30h. Servicios diarios a Clearwater, Tampa Bay y Panama City.

AEROPUERTO

ST. PETERSBURG - CLEARWATER INTERNATIONAL AIRPORT. Roosevelt Rd. & SR 686. ☎ (813) 535 76 00. Recibe vuelos chárter desde Canadá, Londres, Nassau, Bahamas, Buffalo, Nueva York y Las Vegas.

TREN

VENTA DE BILLETES DE AMTRAK. Pinellas Sq. Mall, 7200 US 19. ☎ (813) 522 94 75 y (800) 872 72 45. Abierto todos los días de 7.00h a 21.00 h. Aunque St. Petersburg no cuenta con estación de tren, el servicio ferroviario nacional transporta de y desde Tampa Bay, donde se encuentra la terminal más cercana.

BARCO

St.Petersburg está rodeada de agua por tres de sus lados. El amarradero municipal está localizado en la Bahía de Tampa en centro de la ciudad de St.Petersburg. Tiene capacidad para 600 barcos y es uno de los más bonitas de Florida.

ST.PETERSBURG MUNICIPAL MARINA. 300 2nd Ave. S.E. ☎ (813) 893 73 29.

HARBORAGE AT BAYBORO. 1415 2nd St. S. ☎ (813) 894 74 97.

LIGHTHOUSE POINT MARINA. 8610 Bay Pines Blvd. ☎ (813) 384 26 28.

DATOS PRÁCTICOS

ALQUILER DE BARCOS Y EQUIPOS DE PESCA

DOLPHIN LANDINGS CHARTER. 4737 Gulf Blvd., St. Petersburg Beach. ☎ (813) 367 51 22.

FLORIDA DEEP SEA FISHING. 4737 Gulf Blvd., St.Petersburg Beach. ☎ (813) 360 20 82.

SUNCOAST CHARTERS OF TAMPA BAY. 5900 La Puerta Blvd., St. Petersburg. ☎ (813) 866 20 60.

INFORMACIÓN TURÍSTICA

ST. PETERSBURG/CLEARWATER CONVENTION AND VISITORS BUREAU. Thunder-Dome, 1 Stadium Dr. ☎ (800) 345 67 10.

ST. PETERSBURG AREA CHAMBER OF COMMERCE. 100 2nd Ave. N. ☎ (813) 821 47 15.

ALOJAMIENTOS

© DON CÉSAR. 3400 Gulf Blvd, St. Petersburg Beach. ☎ (813) 360 18 81. Uno de los hoteles más conocidos de toda la zona. Su fachada es de color rosa y su interior está decorado en un elegante estilo europeo. Construido con todo el glamour de los años veinte, tiene en su interior muebles franceses, alfombras inglesas, cristalería y candelabros italianos, mármol traído de Francia e Italia. Se encuentra a la misma orilla de la playa. Cuenta con piscina climatizada, jacuzzi, clínica para adelgazar, masajes, tenis, golf y tiendas. Cuenta con 277.00 habitaciones, 49 suites y 2 áticos con unas maravillosas terrazas orientadas al mar.

Ⓒ **ST. PETERSBURG BAYFRONT HILTON AND TOWER.** 333 1st St. S. ☎ (813) 894 50 00 y (800) 774 15 00. Localizado en el centro de la ciudad, tiene 333 habitaciones y restaurantes. Panorámica de la ciudad.

Ⓒ **STOUFFER RENAISSANCE VINOY RESORT.** 501 5th Ave. NE. ☎ (813) 894 10 00. Fax. (813) 822 27 85. Excelentemente situado en todo el centro de la ciudad, sus habitaciones son con seguridad las mejor equipadas de la zona: hasta dos televisores. Restaurante, gimnasio y aparcamiento. En temporada baja, los precios entran dentro de la categoría Medios.

Ⓜ **DAYS INN ST. PETERSBURG BEACH RESORT.** 6800 34th St. S. ☎ (813) 867 11 51. Con cientos de plantas, dos piscinas, pistas de tenis y mil pies de playa privada. Habitaciones espaciosas, balcón con vistas a los jardines y servicio de limusina gratis hasta el aeropuerto.

Ⓜ **PRESIDENTIAL INN.** 100 Second Ave. S. ☎ (813) 823 75 52. Habitaciones amplias y con teléfono en los baños. Tiene ocho habitaciones con piscina privada. Al estar situado en el centro de la ciudad está pensado para la gente que viene a hacer negocios....

Ⓜ **HERITAGE.** 234 3rd Ave N., St. Petersburg. ☎ (813) 822 48 14. Con más de 60 años conserva su decoración, como los muebles de roble en las habitaciones y los suelos de madera antigua. Tiene un restaurante dentro de una galería de arte. Setenta y una habitaciones, piscina, y una localización cerca de la bahía hacen de este hotel un lugar idóneo para pasar unas vacaciones.

RESTAURANTES

Ⓜ **PEPÍN.** 4125 4th Street. ☎ (813) 821 37 73. Abierto toda la semana. Se aceptan tarjetas de crédito. Con capacidad para 250 personas. En este restaurante se sirve siempre una gran variedad de pescado fresco y marisco (nada congelado). También tienen carnes de primera calidad. Hacen pan cada día. Muchas clases de postres y gran selección de vinos españoles. Los miércoles y domingos pueden escuchar un recital de piano.

Ⓜ **BASTA'S CANTINA D'ITALIA.** 1625 4th St. ☎ (813) 894

78 80. Cierra los domingos al mediodía. Aceptan tarjetas de crédito. Su chef Frank Basta ha recibido alguna de las mejores críticas en los periódicos de la zona por su magnífico restaurante. Con una luz suave y camareros con smoking, crean un ambiente propicio para una cena romántica. Recomendamos el pescado: el salmón a la siberiana... y postres (el pastel de ron, por ejemplo).

Ⓜ **SIRATA BEACH RESORT.** 5390 Gulf Blvd, St. Petersburg Beach. ☎ (813) 367 44 55. Abierto toda la semana. Aceptan tarjetas de crédito. Se recomienda reservar. Ofrece un menú innovador con pescados frescos y carnes. Es un restaurante muy elegante y confortable. Buena carta de vinos.

Ⓑ **BRECKENRIDGE RESORT HOTEL.** 5700 Gulf Blvd., St. Petersburg Beach. ☎ (813) 360 18 33. Abierto toda la semana. Aceptan tarjetas de crédito. Panorámica del golfo de Méjico. El Surfside Restaurant tiene un buffé con precios muy razonables. El Peacock Lounge donde tomaréis unos deliciosos aperitivos con cerveza. En el Beach Café tienen sándwiches y comida rápida americana.

Ⓑ **DON CÉSAR.** 3400 Gulf Blvd, St. Petersburg Beach. ☎ (813) 360 18 81. Abierto toda la semana. Aceptan tarjetas de crédito. En una isla se ubica un hotel muy conocido en estos pagos, El King Charles Restaurant que además de tener magníficas vistas ha recibido varios premios por su magnífica comida. El Zelda's Seafood Café ofrece unas deliciosas ostras, baile y espectáculos.

Ⓑ **FLYING BRIDGE SNACK BARGE.** 5500 Gulf Blvd, St. Petersburg Beach. ☎ (813) 36 76 46. Abierto toda la semana. Aceptan tarjetas de crédito. Estilo 1900, es un restaurante que flota en el agua. Tiene góndolas y botes de remos. En la carta encontramos unos camarones exquisitos. También sirven bebidas raras.

Ⓑ **PIPERS'S PATIO CAFÉ.** 6000 Gulf Blvd, St. Petersburg Beach. ☎ (813) 360 55 51. Abierto toda la semana. Aceptan tarjetas de crédito. Especializado en ensaladas y frutas, podéis encontrar toda clase de croissants y sándwiches. Todo esto lo pueden degustar en las mesas que tiene alrededor de la piscina.

Ⓑ **ST. PETE FISH HOUSE.** 1080 S.Pasadena Ave. ☎ (813) 345 46 70. Abierto toda la semana. Aceptan tarjetas de crédito. Con una gran variedad de mariscos y pescados. Como decoración tiene un acuario de 300 galones de agua salada y peces tropicales. Las lámparas son de Tiffany y crean un ambiente muy especial. Por las noches, un concierto de piano ameniza la cena.

COMPRAS

CONFECCIÓN

ARMSTRONG'S WESTERN TREND. 6051 54th Ave N. ☎ (813) 544 67 30. Especializado en ropa del viejo oeste. Se puede elegir una larga selección en objetos de cuero, botas, cinturones, chaquetas, etc.

EDWARD J. DEBARTOLO MALL. 66th St. y 33nd Ave. ☎ (813) 345 01 26. Este centro comercial tiene grandes almacenes (Burdines, Maison Blanche y JCPenney).

OTROS COMERCIOS

SILVERBERG JEWELRY COMPANY. 6730 22nd Ave. N, St. Petersburg. ☎ (813) 381 12 86. Tienda administrada por una familia de joyeros que lleva en el negocio tres generaciones. Diamantes, rubíes esmeraldas y una variedad de artículos de Cartier, Tiffany y Patek Philippe.

SPENCER'S WESTERN WORLD. 7108 66th St. N. ☎ (813) 544 26 06. Los visitantes pueden elegir entre una larga selección de artículos de la costa oeste de Florida. Por ejemplo, botas hechas con piel de aligátor, pitón e iguana. También se pueden encontrar los típicos vaqueros Levi's, Lee o Wrangler.

MERCADILLOS

49ER FLEA MARKET. 10525 49th St. N. Tiene una variedad de curiosidades y artículos de anticuario.

WAGON WHEEL FLEA MARKET. 7801 74th Ave. N, Pinellas Park. Es el más grande y popular rastro al aire libre de toda la zona. Abre sólo los sábados y los domingos.

OCIO Y ACTIVIDADES Y ESPECTÁCULOS

GALERÍAS DE ARTE

THE ART BOUTIQUE. Don César Hotel, 3400 Guf Blvd. St. Petersburg Beach. ☎ (813) 367 56 53. En esta galería pueden contemplar obras de Rembrandt, Picasso, o Rockwell. Y muchas escenas de playa pintadas por artistas de Florida.

RED CLOUD. Gaslght Square, 6789 Crosswind Drive N. ☎ (813) 345 53 64. Esta es una exhibición de arte indígena. Tiene una gran selección de trabajos artesanales.

ANDERSON MARSH GALLERY. 6151 Central Ave. ☎ (813) 381 61 51. Presenta artistas nacionales y extranjeros.

THE ART CENTER. 100 7th St. S. ☎ (813) 822 78 72. Muestra toda clase de trabajos en distintas modalidades artísticas.

ARTSPACE INC. 239A 2nd Ave. ☎ (813) 895 22 43. Cuenta con estudios y galerías.

ALQUILER DE BARCOS PARA EXCURSIONES Y DEPORTES ACUÁTICOS

ALBION CRUISES. 801 Pass-A-Grille Way, St. Petersburg Beach. ☎ (813) 360 13 48.

CAPTAIN MIKE'S WATER SPORT. 4900 Gulf Blvd., St. Petersburg Beach. ☎ (813) 360 19 98.

SEA SAFARI SAILING. 4835-B Cobia Dr. S.E. ☎ (813) 821 64 38.

BELLAS ARTES

BAYFRON CENTER AND MAHAFFEY THEATER. 400 1st St. S. ☎ (813) 892 57 67. En este teatro se organizan representaciones de drama, baile, música y comedia. En ocasiones especiales se representan espectáculos sobre hielo, circo y conciertos.

COLISEUM BALLROOM. 535 4th Ave N. ☎ (813) 894 18 12. Este local tiene uno de los escenarios más grandes de América. Organizan representaciones con bandas de música, conciertos y toda clase de exhibiciones.

FLORIDA SUNCOAST DOME. 1st Ave. N. 16th S. ☎ (813) 825 33 34. Se celebran espectáculos deportivos, conciertos y convenciones.

AMERICAN STAGE COMPANY. 211 3rd St. S. ☎ (813) 822 88 14. Compañía de teatro profesional y representan una gran variedad de obras a lo largo del año.

ST. PETERSBURG LITTLE THEATER. 4025 31st St. S. ☎ (813) 866 19 73. Es uno de los teatros más antiguos de Florida. Representan a lo largo del año seis espectáculos.

THE FLORIDA ORCHESTRA. ☎ (813) 447 42 10. Se representan conciertos de música clásica o pop.

FIESTAS Y FESTIVALES

MARZO

FESTIVAL DEL RENACIMIENTO: en la zona de bahía. Con espectáculos y comidas. ☎ (813) 586 54 26.

LA FERIA INTERNACIONAL FOLK FAIR: se corre en el Suncoast Dome. Esta feria dura tres días y en ella ofrecen espectáculos y comidas de diferentes países. ☎ (813) 327 79 99.

FESTIVAL OF THE STATES: con música, desfiles, mucha gente joven, fuegos artificiales y conciertos. ☎ (813) 898 36 54.

ABRIL

GREEN THUMB FESTIVAL: Water Fuller Park. Pensado para proteger el medio-ambiente.

MAYO

FIESTA DE LA RIBA: celebración anual en el museo de Salvador Dalí. ☎ (813) 823 37 67.

FESTIVAL DE ARTE. Dura todo el mes de mayo. Conciertos, teatro, música y otros eventos. ☎ (813) 821 40 69.

MAINSAIL ART FESTIVAL: muestra en la que se exhiben los mejores trabajos de los artistas. ☎ (813) 893 77 34.

AMERICAN STAGE IN THE PARK: se hace una representación teatral al aire libre. ☎ (813) 823 16 00.

JULIO

EL DÍA DE LOS PIRATAS: fecha en la que conmemora el cuatro de julio o la independencia americana. ☎ (813) 360 08 11.

SKYBBLAST: es una espectacular representacion de fuegos artificiales que se sueltan en el centro de la ciudad de St.Petersburg.

SEPTIEMBRE

THE CENTER SHOW: muestra en la que participan artistas locales y extranjeros. ☎ (813) 822 78 72.

OCTUBRE

ST. PETERSBURG BEACH'S ANNUAL "BEACH FESTE": carreras de lanchas, juegos, comidas y entretenimientos. ☎ (813) 367 27 35.

HALLOWEN CARNIVAL: en el Al Lang Stadium (centro de St.Petersburg), se conmemora el día de Todos los Santos, es costumbre que todo el mundo se disfrace y salga a la calle.

CIRCUS MCGURKIS: ocurre en el sur de St.Petersburg. ☎ (813) 323 08 59.

NOVIEMBRE

ST. PETERSBURG ANNUAL ART ARBOR FESTIVAL: ☎ (813) 893 73 26.

DICIEMBRE

SNOWFEST o la Navidad. En el Straub Park. Desfile de barcos iluminados, decorados con motivos navideños.

FLORIDA TOURNAMENT OF BAND: este concierto de bandas musicales se celebra en Al Lang Stadium en el centro de St.Petersburg.

TAMPA BAY

En estas costas desembarcó Pánfilo de Narváez a mediados del siglo XVI, pero no se colonizaron (en el sentido eurocentrista de la palabra) hasta el siglo XIX, cuando se estableció un fuerte donde los invasores se protegían de los indios seminolas. Pero Tampa se hizo ciudad cuando las líneas de ferrocarril llegaron aquí a finales de la pasada centuria.

Tampa tiene un puerto que es el séptimo en importancia de toda la nación con un movimiento constante de grandes buques de carga internacional. Las mercancías que suele transportar son cítricos, ganado y pescado entre otras muchas cosas.

Es también la capital de los relámpagos; durante noventa días al año se producen descargas eléctricas.

Una de las zonas más características es el Hooker's Point: barcos marisqueros y en la calle Twiggs aparcan los buques bananeros.

LA VISITA

ADVENTURE ISLAND. 10001 Malcolm McKinley Drive. ☎ (813) 987 56 00. www.4avdenture.com. Abierto toda la semana en verano de 10.00 a 17.00 h. Entradas: 22$95 adultos, 20$95 niños. Es un parque de atracciones acuático. Tiene 25 acres con piscinas y toboganes. Repleto de atracciones, es de lo más popular entre las familias, por aquello de que los niños disfrutan como lo que son.

BUSH GARDENS, THE DARK CONTINENT. 3000 Busch Blvd. ☎ (813) 971 82 82. www.4adventure.com. Abierto toda la semana de 9.30 a 18.00 h; en verano, cierran a las 21.00 h. Entradas: 37$95 adultos, 31$95 niños. Es un parque donde se ha creado una sabana africana, junglas, llanuras y distintas ciudades. Destacan The Great Ape Domain y la más receitne, Edge of Africa. Hay más de 3.300 animales en libertad. Toboganes de agua, espectáculos diversos y toda clase de entretenimientos. Explorarán el interior de África: en los más de trescientos sesenta acres de la llanura de Serengeti, se pueden ver quinientos elefantes, jirafas, rinocerontes, leones y cocodrilos del Nilo correteando libremente. En el parque de Nairobi se encuentra un zoo dedicado a los animales recién nacidos. Además, pueden visitar la fábrica de cervezas de Anheuser-Busch que se encuentra dentro de este parque.

LOWRY PARK ZOOLOGICAL GARDEN. 7530 North Boulevard. ☎ (813) 932 02 45. www.aza.org. Abierto toda la semana de 9.30 a 17.00 h. Entradas: 7$50 adultos, 4$95 niños. Zoológico con 800 animales. Además, en el Florida Wildlife Center recientemente abierto, se pueden observar especies raras características de Florida, los manatís, el zorro rojo y la pantera de Florida.

MUSEUM OF AFRICAN - AMERICAN ART. 1308 N. Marion St. ☎ (813) 272 24 66. Abierto de lunes a viernes de 10.00 a 16.00 h 30, sábados de 10.00 a 17.00 h. Cierra los lunes y los domingos. Entradas: 3$adultos, 2$ niños. En sus dos plantas se exhiben obras de artistas afroamericanos. En la segunda, más pequeña, es donde está la colección permanente; en la primera, las exposiciones son temporales. De todas maneras, la labor del museo sale mucho a la calle, ya que la dirección se compromete en proyectos para la comunidad afroamericana de la zona: becas, cursos...

TAMPA MUSEUM OF ART. 600 North Ashley Drive. ☎ (813) 274 81 30. Abierto toda la semana de 10.00 a 17.00 h, los domingos no abre hasta las 13.00 h. Entradas: 5$ adultos, 3$ niños. Miércoles por la tarde y domingos, entrada gratuita. Enorme el museo. La colección permanente, de antiguedades de Grecia y Roma, muy buena. Las exposiciones temporales suelen ser de fotografía, escultura y arte contemporáneo.

TAMPA THEATRE. 711 Franklin St. ☎ (813) 274 89 81. www.tampathatre&Juno.com. Entradas: 5$50 adultos, 3$50 niños. Uno de los edificios más significativos de Tampa Bay, fue construido en 1926 sobre los diseños de John Eberson. Con una capacidad para 1500 espectadores, atrae cada año a más de 150.000 a sus docenas de representaciones teatrales, filmes o conciertos.

FLORIDA AQUARIUM. 701 Channelside Drive. ☎ (813) 273 40 00/20. www.sptimes.com/aquarium. Abierto todos los días de 9.30 a 17.00 h. Entradas: 10$95 adultos, 5$95 niños. Otra de las estrellas en cuanto a atraer público a la ciudad se refiere, hay más de 4.000 especies marinas en exhibición, entre ellas más de 20 de tiburones y rayas. La exposición más reciente es Creatures from the Deep, especies que habitan a más de 1.000 metros de profundidad en el Golfo de México. Un tanque con más de 100 m^3 alberga un estupendo coral de barrera.

GASPARILLA. El río Hillsborough cruza toda la ciudad. En él se encuentra el club naútico de Tampa. Desde aquí todos los años se celebran en febrero las fiestas locales en honor del pirata José Gasparilla. La movida termina en la desembocadura del río, donde se concentran cientos de pequeñas embarcaciones. Tambien en el mes de febrero se celebran las ferias de ganado y concursos de plantas. En el norte de la ciudad se encuentra la" Universidad de Sur de Florida" que cuenta con un Museo de Artes Plásticas y un planetario.

GIBSONTON. Una de las zonas más peculiares de Tampa está al sur y se llama Gibsonton. Esta pequeña ciudad está habitada por enanos, mujeres barbudas... personas que trabajan en el circo y que de noviembre a mayo, cuando no hay temporada, viven allí. Está cerca de Sarasota, donde los hermanos Ringling crearon sus fabulosos circos haciendo de este lugar su propia ciudad.

BROOKVILLE. Al norte de Tampa se localiza Brookville. Bonitos paisajes naturales. Tiene una reserva de animales salvajes en Chinsegut Hill National Wildlife Refuge y un parque nacional llamado Withlacoochee State Forest. Otro lugar, en estos parajes, es San Leo. En él los monjes del convento benedictino son elegidos como representantes eclesiásticos de la ciudad. También yendo hacia el norte darán con una de las colonias de nudistas mas antiguas de Florida, se llama Lake Como.

EL HOTEL HENRY PLANT. Siempre sobra tiempo para visitar el hotel de Henry Plant, famoso por su estilo neoárabe, por los jardines y las antigüedades que contiene. Hoy el establecimiento se ha convertido en la oficina de la Universidad, pero los muebles y demás objetos se muestran a los visitantes en el museo que lleva por nombre Henry Plant (está en el bulevar Kennedy).

LA BAHÍA. Uno de los parajes más bonitos de la ciudad de Tampa es la bahía, desde donde se puede ver el intenso tráfico portuario. La parte con mayor reminiscencia cubana está en Ybor City. En el siglo pasado se construyeron las famosas fábricas de puros que tanto auge dieron a la urbe. Hoy día con el decaimiento de esta industria, se han remozado los edificios de ladrillo, creando en su interior centros comerciales.

YBOR CITY. Delimitada por E. Palm & 7th Ave, y 13th & 22nd Sts. La histórica Ybor City se encuentra en el corazón de Tampa. Mantiene el esplendor de su época, cuando fue la capital mundial del cigarro. Los visitantes pueden admirar los edificios históricos, museos, galerías, tiendas y restaurantes, y perderse por sus calles adoquinadas donde el español es, de largo, el idioma más hablado. Hay en esta zona bastantes lugares de innegable interés: el **Cigar Worker's House Museum** (1804 9th Ave), construido en 1895, es la típica fábrica de cigarros que ha sido restaurada siguiendo el auténtico estilo del siglo pasado. La **Tampa Rico Cigars (**1901 13th St): la familia Rico ha estado en el negocio de los cigarros desde 1939. Los cigarros todavía se hacen a mano y los visitantes pueden ver todo el proceso de fabricación. El **Ybor City State Museum:** (1818 9th Ave)Esta antigua panadería ha sido convertida en un museo por el estado de la Florida. Fotografías históricas y exhibiciones de la comunidad latina de Tampa;**Ybor Square** (8th Ave. entre 13th y 14th St.)Una antigua fábrica de cigarros restaurada. Actualmente, se presenta como uno de los centros comerciales más bonitos de la ciudad, donde se pueden encontrar tiendas y restaurantes con comida de distintos países.

TRANSPORTES

ALQUILER DE COCHES

- **AVIS.** ☎ (813) 396 35 25.
- **BUDGET.** ☎ (813) 878 24 51.
- **DOLLAR.** ☎ (813) 877 55 07.
- **ENTERPRISE.** ☎ (813) 885 56 36.
- **HERTZ.** ☎ (407) 275 64 30.
- **INTERAMERICAN.** ☎ (813)52 52.
- **PINELLAS.** ☎ (813) 535 98 91.
- **THRIFTY.** ☎ (813) 289 40 06.
- **VALUE.** ☎ (813) 289 88 71.

AUTOBÚS

GREYHOUND. 610 E. Polk St. ☎ (813) 221 76 00 y (800) 231 22 22. Abierta todos los días de 4.45 a 00.30 h. Servicios diarios a Atlanta y Orlando.

TREN

AMTRAK. 601 E. Nebraska Ave. ☎ (813) 221 76 00 y (800) 872 72 45. Abierta las 24 h del día. Un servicio diario a Miami, así como buses a St. Petersburg y Orlando.

TAXIS Y LIMUSINAS

ALPHA LIMOUSINE. ☎ (813) 247 61 90 y (800) 223 31 59.

ROYAL LIMOUSINE SERVICE INC. 5105 West Cypress St. ☎ 8813) 288 92 25 y (800) 445 54 66.

TAXI PLUS. 1701 West Cass St. ☎ (813) 228 75 87.

UNITED CAB OF TAMPA. 1701 West Cass St. ☎ (813) 253 24 24.

YELLOW CAB. ☎ (813) 253 88 71/01 21.

TRANSPORTE PÚBLICO

HILLSBOROUGH AREA REGIONAL TRANSIT. ☎ (813) 254 42 78. Precio del billete: 1$50, 10ç por transbordo.

ALOJAMIENTOS

Ⓑ **DAYS INN GARDENS MAINGATE.** 2901 E. Bush Blvd. ☎ (813) 933 64 71. Ambientado con colores tropicales, tiene piscina y un restaurante con precios moderados. Con 175 habitaciones.

Ⓑ **DAYS INN ROCKY POINT.** 7627 Courtney Campbell Causeway. ☎ (813) 884 20 00 y (800) 237 25 55. Piscina, canchas de tenis, sauna, discoteca y sala de juegos. 144 habitaciones.

Ⓑ **SHONEY'S INN.** 8602 Morris Bridge Rd., salida 54 de la I-75. ☎ (813) 985 85 25 y (800) 222 22 22. Motel de carretera muy por encima de lo acostumbrado. En este caso, tenemos 122.00 habitaciones amplias y bien equipadas, decoradas con cierto gusto. Perfecto si se tiene coche, por tranquilidad. En temporada baja, los precios bajan escandalosamente.

Ⓜ **HOLIDAY INN BUSCH GARDENS.** 2701 E. Fowler Ave. ☎ (813) 971 47 10 y (800) HOLIDAY. Este hotel se encuentra alrededor de una jungla tropical, en el centro tiene una piscina gigantesca. Con 396 habitaciones.

Ⓜ **HOLIDAY INN SELECT DOWNTOWN TAMPA.** 111 West Fortune St. ☎ 223 13 51 y (800) 275 82 58. Céntrico. Con 312.00 habitaciones, dos restaurantes, bar, piscina, gimnasio y aparcamiento cubierto.

Ⓜ **FOUR POINTS HOTEL TAMPA EAST.** 7401 East Hillsborough Ave. ☎ (813) 626 09 99 y (800) 325 35 35. Algo impersonal en cuanto a la decoración, pero con una más que aceptable relación calidad/precio. Con 276 habitaciones, piscina, restaurante, bar, lavandería y aparcamiento cubierto. A tener en cuenta.

Ⓜ **EMBASSY SUITES TAMPA AIRPORT/WESTSHORE.** 555 North Westhore Blvd. ☎ (813) 875 15 55 y (800) EMBASSY. Recomendable si la estancia va a ser prolongada, o el grupo es amplio. Tiene 221 suites totalmente equipadas y espaciosas, además de estar perfectamente aisladas del ruido. Instalaciones: aparcamiento, piscina y lavandería.

Ⓜ **TAMPA AIRPORT MARRIOT.** Tampa International Airport. ☎ (813) 879 51 51 y (800) 228 92 90. Típico hotel de lujo en el aereopuerto. Con habitaciones amplias, restaurantes, discoteca, tiendas, etc...

Ⓒ **HYATT REGENCY TAMPA.** 2 Tampa City Center. ☎ (813) 225 12 34 y (800) 233 12 34. Con dos cataratas, restaurantes y tiendas, este nuevo hotel ofrece un servicio extraordinario. Al estar situado en la parte antigua de la ciudad ofrece a sus huéspedes la posibilidad de visitar toda esa zona. Las habitaciones -nada menos que 518- son grandes y espaciosas, muebles modernos y todas las comodidades de los Hyatt. Destacan sobremanera los restaurantes. Cuenta con buenas instalaciones: bar, gimnasio, aparcamiento cubierto...

Ⓒ **TAMPA HILTON RIVERSIDE.** 200 Ashley Dr. ☎ (813) 223 22 22. Tiene 265 habitaciones con unas vistas maravillosas hacia la bahía del río Hillsborough. Comercios en los alrededores.

RESTAURANTES

Ⓜ **OYSTERCATCHERS.** Hyatt Regency Westshore. ☎ (813) 281 91 16. Cierra viernes y sábados al mediodía. Aceptan tarjetas de crédito. Se recomienda reservar. Acceso para sillas de ruedas. En un paradisíaco jardín en Old Tampa Bay, desde todas sus mesas se tienen unas estupendas vistas de la bahía, que no deberían ser óbica para que disfrutaran como se merecen de marisco y pescados, preparados de una forma muy sencilla.

Ⓜ **LE BOURDEAUX.** 1502 South Howard Ave. ☎ 8813) 254 43 87. Abierto toda la semana a partir de las 17.00 h 30. Aceptan tarjetas de crédito. Se recomienda reservar. Muy bien recreada la atmósfera de los más tradicionales bistrots franceses, aquí tenemos una carta basada en recetas galas con productos de temporada que cambia diariamente.

Ⓜ **A.J. CATFISH SEAFOOD AND PASTA RESTAURANT.** 8751 N. Himes Ave. ☎ (813) 932 34 74. Abierto toda la semana. Aceptan tarjetas de crédito. Situado debajo de unos robles, esta antigua mansión es uno de los restaurantes más frecuentados. Su dueño A.J. no es sólo conocido por la preparación de sus pescados sino tambien por su famosa pasta italiana.

Ⓜ **OVÓ CAFÉ.** 1907 East 7th Ave. ☎ (813) 248 69 79. Abierto toda la semana. Aceptan tarjetas de crédito. Se recomienda reservar. Acceso para sillas de ruedas. El preferido por la bohemia entrada en años: mucha obra de artista desconocido en las paredes, sesudas discusiones filosóficas... elegante y decadente, lo cual no es un inconveniente, la cocina se forma con platos sencillos, porque donde se esmeran es en los postres y repostería varia, tan exquisita como la concurrencia.

Ⓜ **MISE EN PLACE.** 442 West Kennedy Blvd. ☎ (813) 254 53 73. Cierra los domingos. Aceptan tarjetas de crédito. Acceso para sillas de ruedas. Enfrente de la Universidad de Tampa, lo que les puede dar una idea de los comensales: catedráticos y estudiantes con posibles. El chef, Marty Blitz, es una celebridad local gracias a su habilidad para conjugar la cocina norteamericana más tradicional con materias primas de la zona y aires innovadores que van más allá de la cuidada presentación de los platos.

Ⓜ **RUTH'S CHRIS STEAK HOUSE.** 1700 N. Westshore. ☎ (813) 282 11 18. Abierto toda la semana. Aceptan tarjetas de crédito. Acceso para sillas de ruedas. Toda una institución nacional, con docenas de locales por todo el país. Aquí encontraremos carnes de primera perfectamente preparadas, así como ensaladas, pasta, algo de marisco y pollo. Ideal para grupos o familias.

Ⓒ **COLUMBIA.** 2117 E. 7th Ave. ☎ (813) 248 49 61. Abierto toda la semana. Aceptan tarjetas de crédito. Acceso para sillas de ruedas. Se recomienda reservar. Nos cuentan que son el restaurante español más grande del mundo; no sabemos si será cierto, pero la verdad es que el local abarca una manzana entera, con once comedores en los que tienen cabida 1.660 comensales, que se dice pronto. Aunque hay varios repartidos por el estado, este Columbia es el primogénito. Y además, con historia. Su fundación se remonta nada más y nada menos que a 1905, cuando un criollo, Casimiro Hernández, abrió un pequeño figón donde degustar café y sándwiches cubanos, así como una ensalada típica que es, hoy en día, uno de los platos estrella de la carta: gracias al ajo, el aceite oliva virgen, orégano, unas gotitas de limón y vinagre... ya cuando el local aquirió el aspecto con el que nos lo encontramos hoy, los materiales empleados en su construcción se trajeron expresamente de España... Otras especialidades igualmente destacables son el cocido, arroz con pollo o una inmensa variedad de sándwiches cubanos. Asímismo, en la bodega, extensísima, hay vinos propios embotellados en España, Argentina o Chile, así como una barra para los aperitivos (o tapas, como prefieren llamarlos aquí) y, la última moda en el imperio, bar para fumadores: y es que la familia propietaria del restaurante lo es también de una cigarrera. Ah, por las noches, para amenizar la cena, espectáculo flamenco. De largo, una de las mejores opciones para comer en Tampa Bay y alrededores.

Ⓒ DONATELLO, INC. 232 North Dale Mabry. ☎ (813) 875 66 60. Cierra sábados y domingos al mediodía. Aceptan tarjetas de crédito. Se recomienda reservar. Acceso para sillas de ruedas. Cocina del norte de Italia en un marco exquisito, empezando por el menaje (porcelana china, cubertería de plata, candelabros), para un local múltiplemente galardonado, y que tiene a orgullo encontrarse entre los mejores del estado de Florida. En la carta, destacan especialidades tales que los linguini con cangrejo, osso buco, pez espada... la repostería es pecaminosa y la carta de vinos, extensísima.

Ⓒ SHULA'S STEAKHOUSE. Sheraton Grand Hotel. ☎ (813) 286 43 66. Abierto toda la semana. Aceptan tarjetas de crédito. Se recomienda reservar. Acceso para sillas de ruedas. Que no les engañe la decoración, a mayor gloria del equipo de fútbol Miami Dolphins; pero es, de largo, el mejor de la ciudad en cuanto a carnes se refiere, prácticamente cualquier corte preparado de cualquier manera. La langosta, traída todas las mañanas desde las costas de Nueva Inglaterra (más concretamente, de Maine), no les anda a la zaga. Una carta con abundancia de blancos californianos para acompañar: los caldos franceses tienen unos precios estratosféricos.

© BERN'S STEAK HOUSE. 1208 South Howard Ave. ☎ 8813) 251 24 21. Abierto sólamente sábados y domingos. Aceptan tarjetas de crédito. Se recomienda reservar. Acceso para sillas de ruedas. Este es el local en el que más cuesta encontrar mesa. Atención. Se le considera, unánimemente además, la mejor steak house de todo el país. Como suena. Tiene, además, la carta de vinos más extensa del mundo, 24 caviares distintos, una carta de postres de casi setenta páginas... las lámparas son Tiffany, las paredes decoradas con estampas de viñedos franceses... ¿y porqué ha llegado hasta aquí? por la calidad de sus carnes, auténticas US Prime.

© ARMANI'S. Hyatt Westshore Hotel. ☎ (813) 281 91 65. Cierra los domingos. Aceptan tarjetas de crédito. Acceso para sillas de ruedas. Se recomienda reservar mesa. Otro de los elegantes, este restaurante del Hyatt, decorado exquisitamente, podríamos decir que romántico. La carta, de cocina tradicional lombarda. Tras los candelabros, la música baja y el servicio impecable, nos quedamos con la carta de vinos, a la altura del local y con precios razonables.

COPAS

CHA CHA COCONUTS. 777 S. Harbor Island Tampa. ☎ (813) 223 31 01. Es un buen lugar para oír musica de jazz, reggae o rock y tomar una copa (o dos).

GREEN IGUANA BAR AND GRILL. 4029 S. Westshore. ☎ (813) 837 12 34. Se puede escuchar música de blues y rock clásico todas las noches de 6.00 a 27.00 h.

MAC DINTONS. 405 S. Howard Ave. ☎ (813) 254 16 61. Especializado en música de rock 'n roll, ritmo y blues, de 10.00 a 2.00 h.

SUNSET CAFÉ. Helnan Riverside Hotel 200 N. Ashley Dr. ☎ (813) 223 22 22. Música reggae y pop. Tiene piscina.

BROTHERS LOUNGE. 5401 W. Kennedy Blvd. ☎ (813) 286 88 82. Para los amantes del jazz contemporáneo.

COLUMBIA RESTAURANT. 2117 E. 7th Ave. ☎ (813) 248 49 61. Flamenco todas las noches de lunes a sábados.

THE FOX. 1211 N. West Shore Blvd. ☎ (813) 289 84 46. En esta discoteca pueden escuchar música de jazz.

SELENA'S. Old Hyde Park Village, 1623 Snow Ave. ☎ (813) 251 21 16. Además de tomar una copa y bailar pueden escuchar jazz.

MALIO'S. 301 S. Dale Mabry Hwy. ☎ (813) 879 32 33. Baile y música popular todas las noches de lunes a sábados.

YUCATAN LIQUOR STAND. 4811 W. Cypress. ☎ (813) 289 84 54. Música popular y reggae.

OCIO, ACTIVIDADES Y ESPECTÁCULOS

BELLAS ARTES

FLORIDA ORCHESTRA. ☎ (813) 286 24 03. Desde septiembre hasta mayo, se puede disfrutar de toda clase de música clásica en el Tampa Bay Performing Arts Center, en el Bayfront Center y en el Ruth Eckerd Hall.

TAMPA BALLET INC. Tampa Bay Performing Arts Center, 1010 N. MacInnes Place. ☎ (813) 222 10 10. En la escuela de ballet de Tampa se representan todos los años numerosas obras, pero es singularmente conocida la puesta en escena del "Cascanueces" (en diciembre).

TAMPA BAY PERFORMING ARTS CENTER. 1010 N. MacInnes Placa. ☎ (813) 955 10 45. Cerca del río Hillsborough, en el centro de Tampa, tiene tres teatros. El festival "Hall" con 2.400 asientos, el "Playhouse" con 900 asientos y el teatro "Jaeb" con 300 localidades. Durante todo el año se ofrecen obras, música y ballet.

TAMPA PLAYERS. ☎ (813) 229 32 21. Esta compañía de profesionales la podéis ver desde el mes de septiembre a mayo. Sus actuaciones varían, desde representaciones clásicas hasta contemporáneas.

TAMPA THEATRE. 711 Franklin St. ☎ (813) 223 89 81. Este histórico edificio de Tampa ofrece conciertos de jazz, rock, pop, música clásica y películas. Diseñado por el arquitecto John Everson, este edificio es un vivo ejemplo de la arquitectura de los años veinte.

ACTIVIDADES DEPORTIVAS

NAVEGAR

A-B SEA SAILING CHARTER. 4995 U.S. 19, New Port Richey. ☎ (813) 845 17 26. Alquilan barcos de 25 a 45 pies de eslora.

Para los interesados también dan lecciones de navegación.

TIERRA VERDE CHARTER. Tierra Verde Marina. ☎ 867 88 33. Lanchas de 19 a 20 pies de eslora, disponibles para que el turista de un garbeo o para pescar.

PESCA

Alrededor de la tranquila intercostal o en la zona de golfo de Méjico se pueden encontrar lugares maravillosos para la pesca o para hacer excursiones.

OAK HAVEN FISHING CAMP. 1243 River Hill Drive. ☎ (813) 988 45 80. Barcos, canoas y piraguas se pueden alquilar para pescar por la ribera de río Hillsborogh.

WINDSURFING / JET SKY

CITY SURF. 7218 Armería Ave. N. ☎ 931 47 61. Ofrece material y lecciones para principiantes y para los que ya tengan alguna idea.

ACTION WATER SPORTS. 10425 Park Blvd. Seminole. ☎ 391 57 18. Alquilan todo tipo de materiales para hacer windsurfing y botes para pescar.

TACKLE SHACK WINDSURFING. 7801 66th St. N., Pinellas Park. ☎ 543 50 80. Proporcionan el equipo a los expertos. Para las clases, hay que pedir hora.

DEPORTES PROFESIONALES

FÚTBOL AMERICANO

TAMPA BAY BUCCANEERS. Tampa Stadium, 4201 N. Dale Mabry Hwy. ☎ 879 28 27. Entradas: entre 20$ y 30$. La temporada dura de septiembre a diciembre. Se avisa que los Bucaneros son el peor equipo de todo el país y la desgracia de la ciudad de Tampa.

BÉISBOL

TAMPA BAY DEVIL RAYS. Al Lang Stadium. ☎ (813) 825 32 50. Entradas: entre 7$ y 195$. Uno de los dos últimos equipos en incorporarse a MLB. Juegan de abril a octubre.

NEW YORK YANKEES. Legend Field. ☎ (813) 875 77 53.

Entradas: entre 1$ y 3$. La mítica escuadra neoyorquina tiene aquí su campo de entrenamiento primaveral (meses de febrero y marzo). El estadio, finalizado en 1998, es una réplica del que se encuentra en el Bronx.

HOCKEY SOBRE HIELO

TAMPA BAY LIGHTNING. Ice Palace, Channel District. ☎ (813) 229 88 00. Entradas: entre 17$50 y 60$.

FÚTBOL

TAMPA BAY MUTINY. Houliha's Stadium. ☎ (813) 288 00 96. Entradas: entre 13$ y 17$.

CAMPOS DE GOLF

BABE ZAHARIAS GOLF COURSE. 11412 Forest Hill Drive. ☎ (813) 631 43 74.

BLOOMINGDALE GOLFERS CLUB. 4113 Great Golfers Place. ☎ (813) 653 18 23.

THE EAGLES GOLF CLUB. 16101 Nine Eagles Drive. ☎ (813) 920 66 81.

ROCKY POINT GOLF COURSE. 4151 Dana Shores Drive. ☎ (813) 673 43 16.

ROGERS PARK GOLF COURSE. 7910 North 30th St. ☎ (813) 673 43 96.

USF GOLF COURSE. 4202 FowlerAve. ☎ (813) 632 68 93.

SARASOTA

La ciudad de Sarasota está localizada en el centro de la costa oeste de Florida. A 60 millas al sur de Tampa. Esta ciudad es muy accesible en coche desde Orlando y Disney World y se encuentran solo a dos horas de distancia (Bush Gardens y Tampa a una hora). La temperatura de Sarasota es templada y muy agradable, siempre viene brisa del golfo. La belleza del Golfo, de la bahía de Sarasota y de muchos otros lugares convierten a todos estos parajes en un sitio perfecto para nadar, bucear, pescar, navegar o hacer algún deporte que tenga que ver con el agua. Un monumento que se encuentra en la desembocadura del río Manatee conmemora el desembarco de Hernando de Soto en el 1539. Para recordar este hecho, todos los años en el mes de marzo, durante una semana se celebra una fiesta.

LA VISITA

BELLM CARS & MUSIC OF YESTERDAY. En la U.S. 41 al sur del aeropuerto, en 5500 N. Tamiami Trail. ☎ (941) 355 62 28. Abierto todos los días de 9.30 a 17.30 H. Entradas: 8$ adultos, 4$ niños entre seis y doce años, menores de seis no pagan entrada. En esta exposición se recopilan conchas y objetos musicales. 200 coches antiguos restaurados: Rolls Royce, Pierce Arrows y Auburns, además del automóvil de los Picapiedra que nos saluda en la entrada. En el gran salón de música se pueden admirar mas de 1.200 instrumentos musicales de distintas partes del mundo.

MARIE SELBY BOTANICAL GARDENS. U.S. 41 y 811 S. Palm Ave. ☎ (941) 366 57 30. Abierto todos los días de 10.00 a 17.00 h. Entradas: 6$ adultos, 36$ niños de seis a once años. Es un gran parque donde se exponen cientos de exóticas plantas tropicales de todo el mundo. Por ejemplo, el Ginger de Indonesia, las palmas de las Seychelles o las orquídeas de Méjico. En el Tropical Display House se encuentra una de las más amplias colecciones de orquídeas, con una variedad de 6.000 flores. Algunas de ellas cultivadas en estado salvaje y plantadas tras más de 100 expediciones científicas por todos los bosques tropicales del mundo. Este jardín botánico se divide en quince zonas, cada una dedicada a un tipo distinto de vegetación. En el Museum of Botany and the Arts, se enseñan todas las variedades de flores y plantas que se exponen todos los años.

MOTE MARINE LABORATORY AND AQUARIUM. 1600 Ken Thompson Parkway. ☎ (914) 388 44 41. Abierto todos los días de 10.00 a 17.00 h. Entradas: 8$adultos, 6$ niños entre cuatro y diecisiete años, 3$ menores de cuatro años. Laboratorio especializado en exhibir y estudiar el medio ambiente de los tiburones. Gran variedad de escualos, así como otras criaturas marítimas: langostas, tortugas...

SPANISH POINT. 500 N. Tamiami Trail, Osprey. ☎ (914) 966 52 14. Abierto todos los días de 9.00 a 17.00 h; visitas guiadas a las 10.30 y 14.30 h. Entradas: 5$ adultos, 3$ niños menores de 18 años. Ésta es una zona histórica donde se conservan las casas de los pioneros, la iglesia y el cementerio (con todo el esplendor de la época). Si estáis interesados hay guías que explican toda la historia y de paso os contarán su vida.

THE RINGLING MUSEUM OF ART. 5401 Baysohre Road. ☎ (941) 359 57 00. Abierto toda la semana de 10.00 a 17.30 H. Entradas: 8$50. A dos millas al norte del centro de Sarasota. Museo recientemente restaurado. Se puede admirar una de las mejores colecciones de arte barroco. Trabajos de Rubens y bastantes muestras del arte norteamericano, reunidos durante la vida del magnate Jonh Ringling, que tenía en esta hacienda su residencia de Invierno. Por el mismo precio de la entrada se puede ver The Gallery of the Circus donde enseñan la historia del circo y Ca'd'-Zan que es la residencia de la familia Ringling construida en 1925, una acertada mezcolanza de estilos arquitéctonicos: barroco, renacimiento, o neógotico.

TRANSPORTES

AUTOBÚS

GREYHOUND. 575 N. Washington Blvd. & Sixth St. ☎ (914) 955 57 35. Servicios diarios a fort Myers, Miami y Tampa Bay.

AEROPUERTO

SARASOTA - BRANDENTON INTERNATIONAL AIRPORT. 6000 Airport Circle. ☎ (914) 359 27 70. Servido por líneas estadounidenses y canadienses.

TAXIS

DIPLOMAT. ☎ (914) 35 51 55.
GREEN CAB. ☎ (914) 922 66 66.
YELLOW CAB. ☎ (914) 955 33 41.

TRANSPORTE PÚBLICO

SARASOTA COUNTY AREA TRANSIT. Estación principal en Fruitvill Rd. & Lemon Ave. ☎ (914) 316 12 34. El precio del billete en los buses de la SCAT es de 75ç.

ALOJAMIENTOS

Ⓜ **AMERICANA MOTEL.** 611 S. Washington Blvd. ☎ (914) 955 16 20. Habitaciones muy limpias y grandes. Con fácil acceso a las playas y a los restaurantes. Se encuentra a tiro de piedra del centro de la ciudad.

Ⓜ **BEST WESTERN GOLDEN HOST.** 4675 N. Tamiami Tr. ☎ (914) 355 51 41. Establecimiento con ochenta habitaciones, bar y restaurante. Piscina climatizada y playa... que se encuentra a seis millas (situado a una milla al sur del aeropuerto).

Ⓜ **BEST WESTERN ROYAL PALM.** 1701 N. Tamiami Trail. ☎ (914) 365 13 42. Con treinta y siete espaciosas habitaciones, algunas con cocina. Al lado de la playa y con piscina climatizada.

Ⓜ **DAYS INN-SIESTA KEY.** 6600 S. Tamiami Tr. ☎ (914) 924 49 00. Tiene 132 habitaciones además de jacuzzi y piscina. Cerca de la playa y de los comercios.

Ⓜ **HAMPTON INN.** 5000 N. Tamiami Tr. ☎ (914) 351 77 34. Hotel con oferta muy buena y desayuno incluido. Piscina, lavadora y restaurantes muy cerca del hotel.

Ⓒ **HYATT SARASOTA.** 1000 Blvd. of the Arts. ☎ (914) 366 90 00. Con 297.00 habitaciones y doce suites mirando a la bahía de Sarasota. Tiene gimnasio, piscina climatizada, tiendas y dos restaurantes. Se encuentra a unos minutos del aeropuerto junto a la playa.

Ⓒ **TIMBERWOOD.** 7964 Timberwood Circle. ☎ (914) 923 49 66. En este complejo pueden alquilar chalés decorados con dos habitaciones y dos baños, garaje, lavadora y secadora. Se encuentra cerca del Sarasota Square Mall. Tiene canchas de tenis, piscina climatizada, masaje, y un lago privado para pescar.

RESTAURANTES

Ⓑ **WALT'S FISH MARKET.** 50060 N. Washington Blvd. ☎ (914) 365 02 03. Abierto toda la semana. Aceptan tarjetas de crédito. Este restaurante tiene una larga selección de pescados, servidos en un ambiente muy informal. En los meses de invierno es famoso por sus platos de *stone crab*.

Ⓜ **THE BOATHOUSE AT THE HYATT.** 1000 Blvd of the Arts. ☎ (914) 366 94 44. Abierto toda la semana. Aceptan tarjetas de crédito. Este es un delicioso y divertido restaurante en el agua. Con ambiente muy informal es el sitio ideal para tomar copas a cualquier hora del día. Cocina continental y platos de comida rápida muy aceptables.

Ⓜ **CHEZ SYLVIE.** 1526 Main St. ☎ (914) 953 32 23. Cierra los domingos. Aceptan tarjetas de crédito. Se recomienda reservar. Ambiente íntimo y romántico. El menú se realiza solo con comida fresca y todo natural.

Ⓜ **OLD HEILDELBERG CASTLE.** 3rd St. & N. Washington Blvd. ☎ (914) 366 35 15. Abierto toda la semana. Aceptan tarjetas de crédito. Comida alemana con shows, bailes y orquestas alemanas. La decoración, recrea con total éxito el ambiente bávaro más típico y tradicional. Buena relación calidad/precio.

Ⓜ **TOP OF THE QUAY.** Sarasota Quay, U. S. 41 & 3rd St. ☎ (914) 953 94 44. Abierto toda la semana. Aceptan tarjetas de crédito. Ofrece la "new cuisine" americana. Está especializado en pescado fresco, prepara todos los días cinco clases de pescados recién sacados del mar.

OCIO, ACTIVIDADES Y ESPECTÁCULOS

BELLAS ARTES

ASOLO THEATRE COMPANY. Asolo Center for the Performing Arts, 5555 N. Tamiami Trail. ☎ (914) 351 80 00. Esta compañía de teatro es aclamada internacionalmente por sus excelentes artistas y sus magníficas actuaciones.

FLORIDA WEST COAST SYMPHONY CENTER. 709 N. Tamiami Trail. ☎ (914) 953 42 52. Las sesiones de trabajo van de octubre a mayo. Normalmente actuan en el Neel Auditorium, un teatro con 700 localidades.

GOLDEN APPLE DINNER THEATRE. 25 N. Pineapple Ave. ☎ (914) 366 54 54. Lo mejor de Broadway llega a Sarasota por la compañía "Golden Apple's". Çon distintos premios musicales, estos artistas llevan juntos casi veinte años...

THE PLAYER'S OF SARASOTA. 838 N. Tamiami Trail. ☎ (914) 365 24 94. Son ya 62 los años ofreciendo producciones de calidad a unos precios muy razonables.

SARASOTA BALLET. Sarasota Main Plaza, 1991 Main St. ☎ (914) 366 67 40. Se puede ver como ensaya la compañía de ballet bajo la dirección artística de Eddy Touissaint.

THE SARASOTA OPERA. Peneapple Ave., en el Centro de Sarasota. ☎ (914) 953 70 30. Esta compañía tiene una reconocida fama en el estado de la Florida por la gran calidad de sus actuaciones.

VAN WEZEL PERFORMING ARTS HALL. U. S. 41 & 10th St. ☎ (914) 953 33 66. Localizado enfrente del mar en el centro de Sarasota. Ofrece recitales, ópera, conciertos, comedias musicales y ballet. Tiene unas condiciones acústicas incomparables.

COPAS

THE BOX SEAT SPORS BAR & GRILL. 7111 Tamiami Trail. ☎ (914) 925 71 11. Fenomenal para ver diferentes espectáculos y distintas clases de juegos mientras tomáis copas.

CHEZ SYLVIE. 1526 Main St. ☎ (914) 953 32 32. Para los amantes de la música tropical.

CHOPHOUSE GRILLE & DOWNUNDER JAZZ BAR. Sarasota Quay. ☎ (914) 951 26 67. Para deleitarse con lo mejor del jazz contemporáneo.

CLUB BANDSTAND. Sarasota Quay. ☎ (914) 951 24 67. Un establecimiento magnífico para "marcarse unas piezas" de baile popular. Igualmente música del oeste.

COLUMBIA'S PATIOS. St. Armands Circle. ☎ (914) 388 39 87. Podéis cenar y bailar toda la noche en uno de los mejores ambientes de Sarasota.

NICK'S UPPER DECK. 1500 Stickney Pt. Road. ☎ (914) 923 48 48. Por la noche, conciertos de guitarra.

OLD HEIDELBERG CASTLE. 3rd St. N. & Washington Blvd. ☎ (914) 366 35 15. Espectáculos musicales y bailes típicos de Alemania. Además degustaréis todas las especialidades de la cocina bávara.

THE SARASOTA QUAY. Route 41 & 3rd St. Además de cenar mirando al mar, el local ofrece cada noche música de jazz en vivo. También acordes más modernos. Se puede acceder tanto en coche como en barco.

COMPRAS

HOUSE OF GOLF. 1515 3rd St. ☎ 955 19 58. Esta tienda tiene cinco localizaciones y ofrece toda clase de artículos relacionados con el golf, asi como reparaciones.

PRIVATE LIVES. Gulf Gate Mall en Stickney Point Road. ☎ 925 10 14. Lencería fina para todas las edades y todas las tallas. Seda, algodón, pijamas etc...

EARRINGS PLUS. 1529 Main St. Tel 954 44 18. Más de 75.000 pares de pendientes y cientos de collares, cadenas, brazaletes, cinturones etc.

WINGDSURF-N-SPORT. 4586 S. Tamiami Tr. ☎ 923 09 99. Es la más grande y completa tienda de artículos de playa. Incluye toda clase de juegos, sombrillas etc.

GULF GATE MALL. En la esquina de Tamiami Trail y Stickney point Rd. Recientemente ha sido remodelado e incluye una larga selección de tiendas, cines, supermercados y restaurantes.

MIDTOWN PLAZA. en la esquina de Tamiami Trail y Bahía Vista. Convenientemente localizado en el centro de la ciudad a pocos minutos de las playas. Cuenta con dos restaurantes, supermercados y tiendas.

ST. ARMANDS CIRCLE. St. Armands Key. En este renovado centro comercial se encuentran las tiendas más elegantes. Restaurantes con plazas y patios, estatuas antiguas y contemporáneas, con una arquitectura a tavés de la que se crea una elegante atmósfera. Podéis encontrar tiendas de regalos y souvenires así como ropa de las mejores marcas.

PELICAN PLAZA. 8300 S. Tamiami Trail. En este centro comercial podéis encontrar una gran variedad de productos y utensilios de papelería, tiendas, supermercados y restaurantes.

SARASOTA OUTLET CENTER. University Parkway y la salida 40. Ideal para comprar ropa y mercancías que vienen directamente de la fábrica, con unos descuentos entre el 20 y el 70 por ciento sobre los precios regulares del mercado.

SARASOTA SQUARE MALL. Tamiami Trail y Beneva Road. Es uno de los más grandes centros comerciales. Tiene cuatro almacenes grandes además de una gran variedad de tiendas, restaurantes y doce cines.

SARASOTA QUAY. Highway 41 y 3rd St. Centro comercial frente al mar. Es famoso por sus tiendas de joyas y sus tiendas.

THE SHOPS AT THE CHART HOUSE. 201 Gulf of Mexico Dr., Longboat Key. Está abierto hasta las diez de la noche y con todo tipo de restaurantes y tiendas.

SOUTHGATE PLAZA. U.S. 1 entre Siesta Dr. y Bee Ridge Dr. Es un centro muy tropical con almacenes como Burdines, Dillard's y distintas tiendas de ropa, regalos, bisutería...

ORLANDO

Orlando era una urbe tranquila que vivía de los cítricos y tenía la módica cifra de cinco mil plazas hoteleras hasta que se inauguraron los parques para turistas: ahora la ciudad cuenta con unas 76.000 plazas.

A la gente de los alrededores les gustaba pasear por los bellos parques naturales de esta bonita ciudad. En el centro se encuentra el *lago Eola* y todavía se mantiene la tranquilidad que caracteriza a las pequeñas ciudades norteamericanas.

Si queréis ir de compras después de visitar la ciudad os recomendamos que os acerquéis a dos nuevos centros comerciales: *Church Street Exchange o Church Street Market* (situados uno al lado del otro y con tiendas muy originales). También es interesante visitar la zona de *Winter Park* donde se encuentra el "Rollins College" que data de 1885. Bordeando el edificio llegaréis al *Paseo de la Fama* donde están tallados en piedra los nombres de personajes famosos; allí mismo podréis ver el *Beal'Maltbie Museum* donde hay una de las colecciones más variadas de conchas de mar.

LA VISITA

CHURCH STREET STATION. 129 W. Church Street. Orlando. ☎ (407) 422 24 34. Abre todos los días de 11.00 a 2 h. Está situado en el centro histórico de Orlando. Es un centro de diversión con 20 shows todas las noches, algunos son para mayores de 21 años.

ROSIE O´GRADY´S GOOD TIME EMPORIUM: Está situado en North Church Street. Local ambientado con el estilo de los años 20, donde todas las noches hay un espectáculo de Can Cán, y música de Dixieland Jazz.

CHEYENNE SALOON & OPERA HOUSE: Se encuentra en South Church Street. Local de dos pisos decorado al estilo del viejo oeste americano. Su espectáculo es Country-Western.

ORCHID GARDEN BALLROOM: Está situado en South Church Street. Es un elegante y lujoso local con decoración victoriana, donde se puede cenar y escuchar música en vivo de los años 50 o el rock clásico de esos años. Es recomendable reservar mesa.

APPLE ANNIE´S COURTYARD: Situado en North Church Street. Es un inmenso local decorado con madera antigua, grandes lámparas y muebles de hierro forjado, un buen lugar para tomar una copa y escuchar en vivo bandas de música americana de los años 30 y 40.

COMMANDER RAGTIME´S: Es una sala de juegos con maquinitas y comida rápida.

PHINEAS PHOGG´S BALLOON WORKS: Situada en North Church Street. Es una discoteca con ambiente joven y música de Rock y heavy-metal.

TRANSPORTES

TREN

La línea Amtrak tiene paradas regulares en Orlando y Kissimmee. Para más información llamar al ☎ (800) 872 72 45. Las estaciones de tren están situadas en 1400 Sligh Boulevard (para Orlando) y 416 Pleasant Street (para Kissimmee).

Otros teléfonos de información sobre las estaciones en Orlando son:

- **ORLANDO:** ☎ (407) 843 76 11.
- **SANFORD:** ☎ (407) 322 36 00.
- **WINTER PARK:** ☎ (407) 645 50 55.

AUTOBÚS

Un viaje divertido lo podéis hacer cogiendo el autobús. Las compañías *Greyhound* y *Trailways* os transportarán desde cualquier parte de Florida o de los EE UU. La estación de autocares está en el 555 del North Magnolia Boulevard. Más información: ☎ 292 34 22.

DATOS PRÁCTICOS

INFORMACIÓN TURÍSTICA

Información turística: *Orange County Convention and Visitors Bureau,* 8445 International Drive, Orlando, FL 32819. ☎ (407) 363 58 71. Os darán todo tipo de información, mapas, y catálogos. Horario: todos los días desde las 8.00 hasta las 20.00 h.

KISSIMMEE CHAMBER OF COMMERCE: 320 East Monument Ave, Kissimmee, FL 32741. ☎ (407) 847 31 74.

KISSIMMEE-ST. CLOUD CONVENTION AND VISITORS BUREAU: 1925 U.S.92 East, P.O. Box 422007, Kissimee, FL 34744 ☎ (407) 847 00 00.

Más información sobre *Walt Disney World* llamando al ☎ (407) 824 43 21.

ALQUILER DE COCHES

Hay cantidad de agencias que alquilan coches. La compañía *National* es la agencia oficial de alquiler de coches de Disney World. La agencia *Alamo* es la más barata de Orlando y tiene delegaciones en todos los alrededores de Florida (pudiendo devolver el coche en cualquier ciudad sin cargo alguno).

ALAMO RENT A CAR: 8200 McCoy Road, Orlando FL 32822. ☎ (407) 857 82 00 o para llamar gratis (800) 327 96 33.

NATIONAL CAR RENTAL: 8333 Bear Rd. Orlando Fl. 32827. ☎ (407) 855 41 70.

AMERICAN INTERNATIONAL RENT A CAR: 5309 Mc Coy Rd. Orlando Fl. 32812. ☎ (407) 851 69 10 y (800) 527 02 02. Alquilan vehículos con capacidad para quince personas y toda clase de coches de lujo y descapotables. Horario: las 24 h.

AVIS RENT A CAR: 8445 Bear Rd. Orlando Fl. 32827. ☎ (407) 851 76 00.

INTERNATIONAL CAR RENTAL: 3535 Mc Coy Rd. Orlando Fl. 32812. ☎ (407) 859 04 14 y el (800) 327 12 78. Abre de 7.00 a 10.00 h.

BUDGET RENT A CAR: 8855 Rent a Car Rd. Orlando Fl. 32827. ☎ (407) 850 67 00. Tiene 25 oficinas localizadas en Florida.

DOLLAR RENT-A-CAR OF FLORIDA: 8735 Rent a Car Rd. Orlando Fl. 32827. ☎ (407) 825 32 32. (800) 822 11 81.

HERZT CORPORATION: Orlando International Airport, Orlando Fl 32827. ☎ (407) 859 84 00.

VALUE RENT A CAR: 2510 Jetport Drive, Orlando Florida 32909. ☎ (407) 851 47 90.

HOLIDAY RV RENTAL: 5001 Sand Lake Road, State Road 482, Orlando Fl. 32819. ☎ (407) 351 30 96, (800) 351 66 66.

GENERAL RENT A CAR: 7011 McCoy Road, Orlando Fl. 32822. ☎ (407) 859 1340.

VANCAR RENTALS: 1600 McCoy Road, Orlando Fl. 32809. ☎ (407) 856 95 91.

THRIFTY CAR RENTAL: 5757 S. Semoran Blvd., Orlando Fl. 32822. ☎ (407) 381 23 93.

WHEELCHAIR GETAWAYS: P.O. Box 677460, Orlando Fl. 32867. ☎ (407) 365 14 14.

ALOJAMIENTOS

ADVERTENCIAS

Muchos hoteles, moteles y *resorts* tienen diferentes precios durante el año. Dependiendo de las temporadas, los precios oscilan entre los 10 y los 20 dólares. La temporada baja es de enero a febrero y de septiembre hasta mediados de diciembre.

Los mejores precios y descuentos los obtendréis entre septiembre y diciembre. Los precios medios de los hoteles oscilan entre los 20 a 40 dólares los más baratos, 50 ó 100 los de tipo medio y los más caros entre los100 y 200 dólares e incluso más.

MOTELES

Son una solución más económica que la de los hoteles de Disneyworld.

DAYS INN MOTEL: 4125 W. Irlo Bronson Memorial Hwy. (US 192), Kissimmee, FL 32741. ☎ (407) 933 57 32. Tiene piscina, sala de juegos, televisión con cable, aire acondicionado y jacuzzi en algunas habitaciones. Se encuentra a ocho millas de Disney World.

ENTERPRISE MOTEL: 4121 W. Irlo Bronson Memorial Hwy. (US 192), Kissimmee, FL32741. ☎ (407) 933 13 83. Con televisión, piscina, aire acondicionado. Algunas habitaciones tienen colchón de agua.

PALM MOTEL: 4519 W. Irlo Bronson Memorial Hwy. (US 192), Kissimmee, FL32741. ☎ (407) 396 07 44. Piscina climatizada y aire acondicionado.

HOTELES

Ⓑ STAR QUALITY RESORT: 5905 International Drive. Orlando, Fl 32809. ☎ (407) 351 21 00. Con sauna, piscina de agua caliente, sala de juegos, barbería, peluquería, aire acondicionado y un restaurante llamado *Starlite Café*.

Ⓑ COMFORT INN: 5825 International Dr. Orlando, FL32819. ☎ (407) 354 10 00. La arquitectura es de estilo mediterráneo. Piscina, aire acondicionado. Dispone de un restaurante denominado *Denny's* que está abierto las 24 h.

Ⓑ QUALITY INN PLAZA: 9000 International Dr. Orlando, FL 32819. ☎ (407) 345 85 85. Con piscina, aire acondicionado y mini bar.

Ⓜ CARIBBEAN BEACH RESORT: 900 Cayman Way, Lake Buena Vista, FL32830. ☎ (407) 934 34 00. Tiene aire acondicionado, televisión, mini bar y restaurante que ofrece distintas variedades de comida caribeña. Su construcción es de estilo tropical. Con transporte directo a Disney World. Está construido alrededor de un lago de cuarenta acres, tiene playa y la posibilidad de practicar todos los deportes acuáticos imaginables...

Ⓜ SHERATON LAKESIDE INN: 7769 W. Irlo Bronson Memorial Hwy, Kissimmee, FL 34746 ☎ (407) 239 79 19. Tiene dos piscinas climatizadas, mini golf, baloncesto, voleibol, cuatro pistas de tenis, restaurante, aire acondicionado y televisión.

Ⓜ DELTA COURT OF FLAGS HOTEL: 5715 Major Blvd, Orlando, FL 32809. ☎ (407) 351 33 40. Tres piscinas climatizadas, mini golf, voleibol, dos saunas, dos pistas de tenis, aire acondicionado y televisión. El hotel alberga un restaurante llamado *Mango's* con cocina continental (la cena sale por unos 15$ o 20$).

Ⓜ SONESTA VILLAGE HOTEL ON SAND LAKE: 10000 Turkey

Lake Rd. Orlando , FL 32819. ☎ (407) 352 80 51. Descripción: cocina pequeña, comedor y terraza. Aire acondicionado, televisión, sauna, sala de ejercicios, once piscinas, dos pistas de tenis, voleibol, waterski, jetski y pesca.

LUGARES PARA COMER

Ⓑ **HOLIDAY HOUSE:** 2037 Lee Road. Orlando. ☎ 293 49 30. Comida americana. El ambiente es agradable.

Ⓑ **NUMERO UNO:** 2499 S. Orange Ave. Orlando. ☎ 841 38 40. Comida española y cubana. En su estilo es el mejor de la zona. Especialidades: picadillo, paella, ropa vieja, fríjoles, etc...

Ⓑ **CHI-CHI'S:** 655 Maguire Blvd. Orlando. ☎ 894 06 55. Comida mejicana. Recomendable para quien disfrute con los picantes...

Ⓑ **STEAK AND SHAKE:** 2820 E. Colonial Dr. Orlando. ☎ 896 08 27. Comida rápida. Tomad nota los rezagados: este restaurante está abierto las 24 horas.

Ⓑ **FORBIDDEN CITY:** 948 N. Mills Ave. ☎ 894 50 05. Comida china. Muy original. Hace la "nouvelle chinoise" sorprendiendo a todos por sus platos y su precio.

Ⓜ **B.T. BONES:** 11370 S. Orange Blossom Trail. ☎ 859 72 25. Especializado en carnes.

Ⓜ **OLIVE GARDEN:** 7653 International Dr. Orlando. ☎ 351 10 82. Comida italiana. Ambiente agradable. Buen servicio. Pastas deliciosas.

Ⓜ **TGI FRIDAY'S:** 6426 Carrier Dr. Orlando. ☎ 345 88 22. Diferentes estilos de comidas. Ambiente agradable. Los más beodos disfrutarán de lo lindo, pues cuentan con una selección de 400 tragos distintos.

Ⓜ **PONDEROSA RESTAURANT:** 6362 International Dr. Orlando. ☎ 352 93 43. Comidas diferentes. Tiene buffet y "salad bar". Buena relacion precio-calidad. Muy limpio y agradable.

Ⓜ **EPICUREAN RESTAURANT:** 7900 E. Colonial Dr. Orlando ☎ 277 28 81. Cocina griega. Junto con la sabrosa comida helénica *moussaka, kalamarakia, pastitsio y cordero,* sirven raciones de tiburón y de aligátor, muy típicas de Florida por otra parte. Os recomendamos vivamente este establecimiento.

Ⓜ **SHELLS:** 852 Lee Road. Winter Park. ☎ 628 39 68. Especilizado en pescado. Podéis saborear una docena de ostras por menos de $4 (precio orientativo). El postre típico es aquí el *Key Lime.* Sin duda otro sitio al que deberéis acudir durante vuestra estancia...

ORLANDO/Atracciones

Pequeño Lago Harris
Apop
Ocoee-Apopka Rd.
Lago Apopka
Lake Apopka
McCormic
Clarona
Ferndale
Montverde
Minneola
7
27
438
Ocoee
50
W. Colonial Dr.
Lago Johns
Lago Crescent
Conroy
Lago Butler
Lago Speer
Lago Hancock
Lago Tibet
Lago Mable
Magic Kingdom
11 Lago Bay
10
12
Buen
Epcot Centre
13
14
15
Disney/MGM Studios
16
4
DISN
0 3km 6km

1. **1** Grand Romance Rivership
2. **2** Sanford-Orlando Kennel Club
3. **3** Seminole Turf Club
4. **4** Orlando Seminole Jai-Alai
5. **5** Ben White Raceway
6. **6** Orlando Science Center
7. **7** Florida Citrus Tower
8. **8** Mystery Fun House
9. **9** Wet'n Wild
10. **10** Magic Kingdom
11. **11** Discovery Island
12. **12** River Country
13. **13** Epcot Center
14. **14** Typhoon Lagoon
15. **15** Pleasure Island
16. **16** Disney-MGM Studios
17. **17** Xanadu
18. **18** Gatorland
19. **19** Tupperware's International Headquarters
20. **20** Flying Tigers Warbird Air Museum
21. **21** Reptile World Serpentarium
22. **22** Elvis Presley Museum

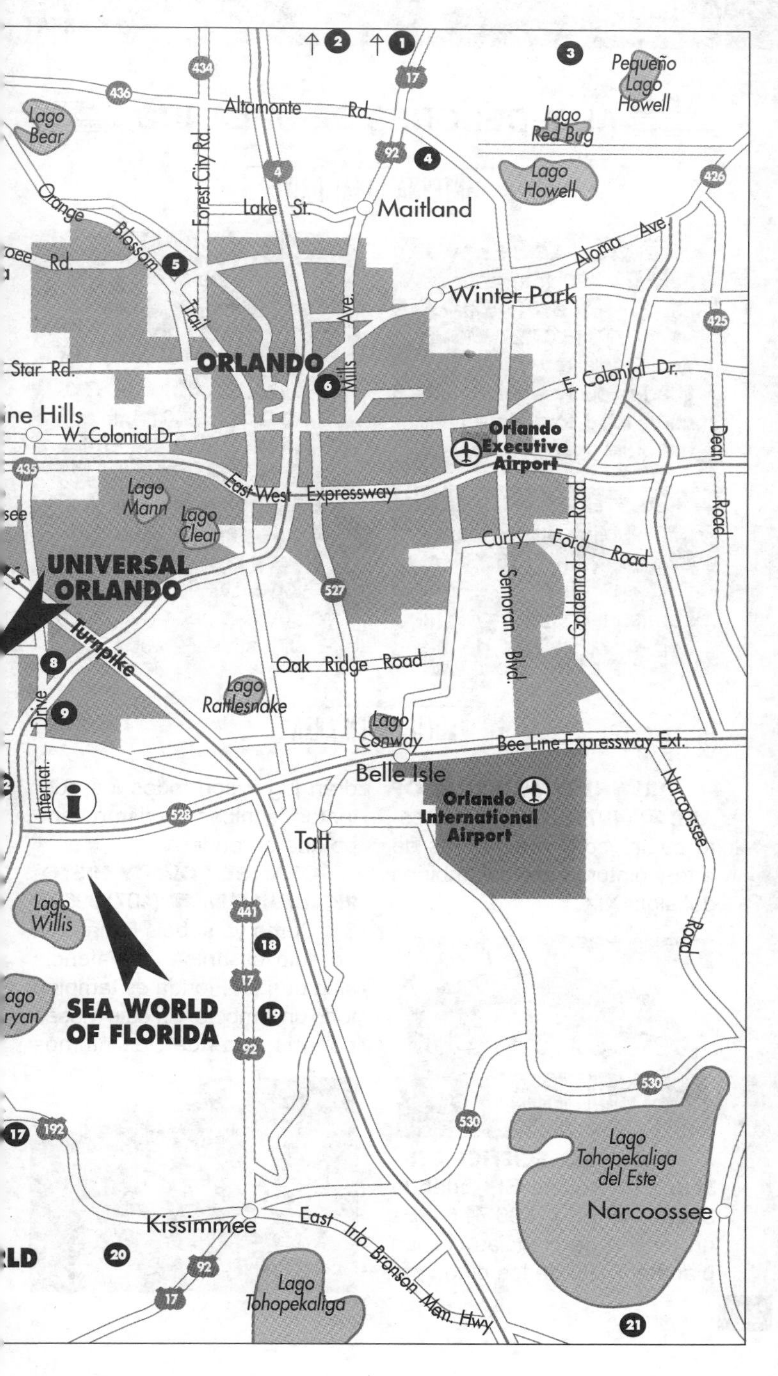

Pequeño Lago Howell
Lago Bear
Altamonte Rd.
Lago Red Bug
Lago Howell
Forest City Rd.
Orange Blossom Trail
Lake St.
Maitland
Aloma Ave.
Winter Park
Star Rd.
ORLANDO
Mills Ave.
E. Colonial Dr.
W. Colonial Dr.
Orlando Executive Airport
Dean Road
East West Expressway
Lago Mann
Lago Clear
Goldenrod Road
Curry Ford Road
UNIVERSAL ORLANDO
Turnpike
Semoran Blvd.
Oak Ridge Road
Lago Rattlesnake
Internat. Drive
Lago Conway
Bee Line Expressway Ext.
Belle Isle
Narcoossee Road
Orlando International Airport
Taft
Lago Willis
SEA WORLD OF FLORIDA
Lago Tohopekaliga del Este
Narcoossee
Kissimmee
East Irlo Bronson Mem. Hwy
Lago Tohopekaliga

ALREDEDORES DE ORLANDO

INTERNATIONAL DRIVE

ELVIS PRESLEY MUSEUM: 7200 International Dr. Orlando Fl. 32819, ☎ (407) 345 94 27. Museo dedicado al rey. Veréis cantidad de objetos personales como ropa, fotografía y una moto del susodicho...

MISTERY FUN HOUSE: 5767 Major Blvd. Orlando 32819. ☎ (407) 351 33 55. Casa de terror en la que veréis juegos de rayos láser, mini golf, sala de juegos mecánicos y toda clase de diversiones. Abren todos los días entre las 10.00 y las 22.00 h.

PIRATE'S COVE ADVENTURE GOLF: 8601 International Dr. I-4 at Lake Buena Vista (exit 27). ☎ (407) 827 12 42. Es un mini golf donde pasaréis una tarde divertida haciendo un poco de deporte. Abierto los siete días de la semana desde las 9.00 hasta las 23.30 h.

LOCH HAVEN AREA

ORLANDO MUSEUM OF ART: ☎ (407) 896 42 31. En este centro admiraréis obras de arte y pinturas pre-colombinas del siglo XIX.

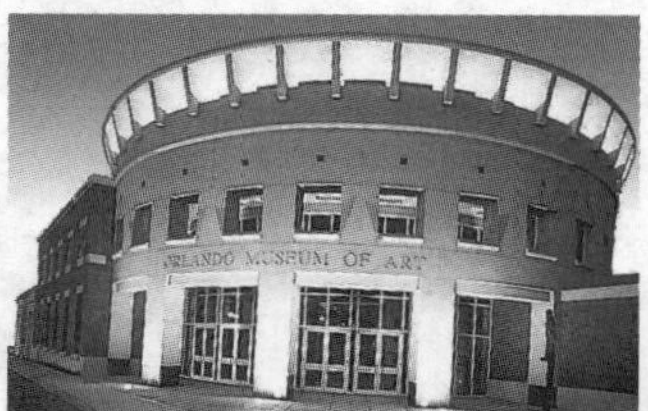

ORLANDO SCIENCE CENTER: 810 Rollins St. Orlando 32803. ☎ (407) 896 71 51. Es un museo de ciencias con un planetario donde los niños podrán jugar con todos los adelantos técnicos al mismo tiempo que aprenden.

ORANGE COUNTY HISTORICAL MUSEUM: ☎ (407) 896 42 31. Como ya sabéis la naranja no sólo es típica en Valencia sino que en Florida es también todo un símbolo. En este museo podréis aprender los últimos

sistemas de plantación de los naranjales y os explicarán en qué consisten las nuevas tecnologías.

LEU GARDENS: 1730 N. Forest Ave. Orlando 32800 ☎ (407) 849 26 20. En esta maravillosa mansión del siglo XIX, además de su construcción clásica y romántica, lo que más llama la atención son sus cuidados jardines con muchísimas flores y sobre todo su gran variedad de camelias.

LAKE COUNTY

LAKERIDGE WINERY: ☎ (904) 394 86 27. Es una bodega donde hacen una demostración del proceso de fermentación del vino además de ofrecer un vinito gratis. Pero como los riojas nuestros, ninguno...

FLORIDA CITRUS TOWER: si subís a esta torre situada en el centro de Florida, y si el día está claro, veréis los quince millones de naranjos que cubren Florida. Igualmente os enseñarán la forma que tienen de empaquetar los cítricos, los caramelos y las mermeladas de naranja.

PARK AVENUE

CHARLES HOSMER MORSE MUSEUM OF AMERICAN ART: 133 E. Welbourne Ave. ☎ (407) 645 53 11. Se puede admirar también una colección de cristal de *Luis Tiffany.*

SCENIC BOAT TOUR: 312 Morse Blvd. Winter Park 32789. ☎ (407) 644 40 56. Este lugar de las afueras se encuentra en *Winter Park* y debe su fama al socavón que la naturaleza hizo en 1981 cuando se hundieron varias casas, coches y comercios. Para sacar dinero destinado a los damnificados por la desgracia, el pueblo hizo propaganda de lo sucedido y en poco tiempo se llenó de gente que quería curiosear y decidieron no arreglar el socavón y hacer un lago en él.

Resulta curioso pero en Florida la mayoría de lagos tienen su origen en socavones. Si os gusta pescar podréis hacer un crucero por el *lago Maitland.*

CORNELL FINE ARTS CENTER: ☎ (407) 646 25 26. Es un museo de pintura del siglo XIX. *U.S. 441 And U.S. 192.*

FLYING TIGERS WARBIRD AIR MUSEUM: 231 Hoaland Blvd. Kissimmee 32741. ☎ (407) 933 19 42. Los aficionados a la aeronáutica estarán aquí en su salsa: os enseñarán aviones de la Segunda Guerra Mundial y os contestarán (bien o mal) a todas las preguntas que hagáis. Tiene planos, armamentos, estructuras, *displays*, y más de 400 modelos de distintos tamaños. Abre los 7 días de la semana, de lunes a viernes de 9.00 a 18.00 h, los sábados de 9.00 a 18.30 h y los domingos de 9.00 a 17.00 h. Hay que pagar para entrar.

WALT DISNEY WORLD

HISTORIA

Walt Disney World está situado al sur oeste de la ciudad de Orlando, en el centro de la Florida. En pocos años esta zona se ha convertido en un gran parque, con atracciones para todos los gustos. Una de las primeras atracciones que se creó fue **Cypress Gardens** en 1936. Está considerada como uno de los parques botánicos más grande del mundo. De esta forma comenzó la "nueva era" en el centro de la Florida. Y desde entonces no ha dejado de crecer. **Gatorland** abrió en 1949, actualmente tiene 5.000 cocodrilos y aligators, y dos grandiosos espectáculos con el **Gator Wrestlin** y el **Gator Jumparoo**. Esta atracción tiene un parque natural de cipreses y otros animales como pájaros y reptiles. Tras el éxito de Cypress Garden se "proyectó" **Busch Gardens** que cuenta con trescientos acres de atracciones. La mitad del parque es una reserva de animales libres, que se pueden ver desde un funicular que lo atraviesa. También cuenta con atracciones, restaurantes y tiendas. En 1966 abrió sus puertas **Kennedy Space Center**, donde se preparan parte de los programas de la NASA, en Cabo Cañaveral. Se puede visitar la lanzadera donde despegan los **Shuttle ó Trasbordadores**. Si coincide la visita a Kennedy Space Center con el lanzamiento de alguna misión especial, se pueden ver algunos de los Shuttles, como son el **Discovery, Columbia, Endeavour.** Este ultimo es con el que se realizó la reparación del espejo principal en el telescopio del Hubble, a 367 millas de altitud sobre la tierra. El Hubble con un costo de $3.000 millones de dólares y un peso de 12 toneladas y media. Tenía un defecto en uno de los paneles del telescopio, que impedía la visión perfecta de las tomas que

mandaba a la tierra. La operación de arreglarlo duró cinco días. En 1971 se inauguró el fantástico **Walt Disney World,** que es el centro de atracciones más popular en todo el mundo. Aproximadamente 13.6 millones de turistas visitaron Orlando en 1990. Para ese aluvión de gente se necesita una buena estructura hotelera, Orlando y sus alrededores la tienen. Con 77.000 plazas hoteleras, distribuidas en más de 200 hoteles y moteles. Los alrededores de Orlando tienen cientos de lagos e instalaciones para practicar deportes como vela, pesca, piraguismo ó esquí acuático. Para los amantes del golf, esta zona puede ser su paraiso con los 100 campos que tiene en sus alrededores.

En la actualidad las atracciones de Walt Disney World, cuenta con los parques de, **Magic Kingdon, EPCOT Center y Disney MGM Studios Theme Park,** tambien tiene dos parques de diversiones acuáticas, **Typhoon Lagoon y Pleasure Island,** y el **Disney Village Marketplace**. Este último es un gran centro comercial donde se pueden encontrar la mayor cantidad de artículos de Disney en el mundo. El centro de Disney también ofrece 12.00 hoteles con 10.000 plazas hoteleras que operan en el mismo recinto de Disney World. Se puede comer en más de 70 restaurantes dentro del centro turístico. Y además de poder practicar muchos deportes, en Disney hay 5 campos de golf para los aficionados a este deporte. En 1973 abrió sus puertas **Sea World**. Es un espectáculo fascinante, divertido y educativo con veinte atracciones distintas y donde trabaja su famosa ballena **Shamu**. Alrededor de 50 millones de personas han visitado este maravilloso entreteni-

miento. Más tarde se creó **Church Street Station**, en el centro de Orlando. Allí se puede pasar un día de compras y espectáculos, además de pasar un buen rato escuchando música en vivo de jazz, country, western o rock-n-roll. Durante la década de los setenta se pusieron de moda los parques acuáticos en el centro de la Florida. Inaugurándose el parque **Water Mania** con 38 acres de piscinas. En todos estos parques se practica el golf, esquí acuático y docenas de deportes que anualmente celebran campeonatos entre todos ello. Además de estos espectáculos y parques, Orlando y sus alrededores ofrece una faceta cultural muy interesante. Con actuaciones de su orquesta sinfónica, compañía de ballet y ópera. Así mismo se pueden visitar innumerables galerías de arte y museos, como el **Orlando Museum of Art** conocido en toda la nación por su permanente muestra de arte Precolombino.

LA VISITA

En 1967 las autoridades de la Florida crearon en el centro de la región una extensión de terreno de aproximadamente 109 km. La misma tomó el nombre de Reedy Creek Improvement District. Dentro del distrito había dos ciudades, Bay Lake y Lake Buena Vista. Hoy día todo el mundo lo conoce por Walt Disney World. Su diseñador Walt Disney eligió el centro de la Florida por su magnífico clima y sus buenas comunicaciones. A pesar de su muerte en 1971 sus sucesores continuarón con sus proyectos creando este maravilloso mundo de fantasía.

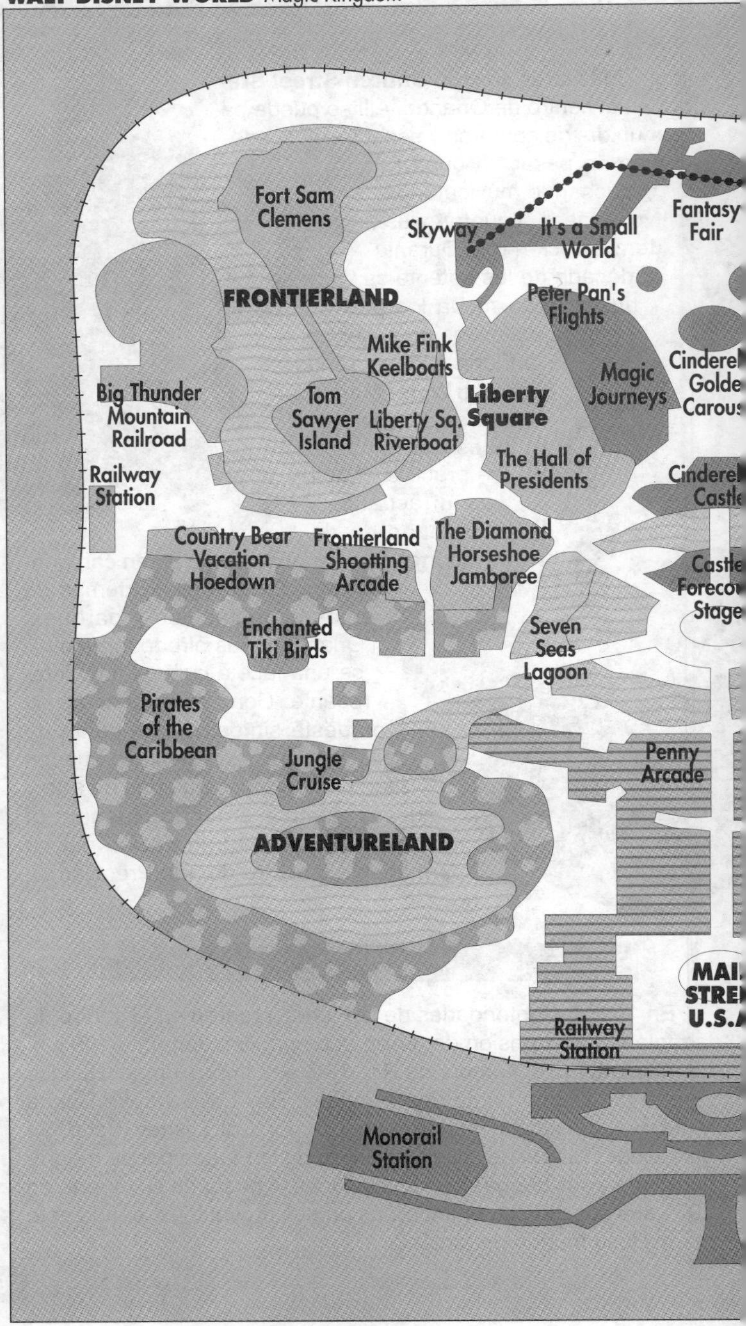

Fort Sam Clemens
Skyway
It's a Small World
Fantasy Fair
FRONTIERLAND
Peter Pan's Flights
Mike Fink Keelboats
Magic Journeys
Cinderel
Golde
Carous
Big Thunder Mountain Railroad
Tom Sawyer Island
Liberty Sq. Riverboat
Liberty Square
The Hall of Presidents
Railway Station
Cinderel
Castle
Country Bear Vacation Hoedown
Frontierland Shootting Arcade
The Diamond Horseshoe Jamboree
Castle
Foreco
Stage
Enchanted Tiki Birds
Seven Seas Lagoon
Pirates of the Caribbean
Jungle Cruise
Penny Arcade
ADVENTURELAND
MAI
STRE
U.S.A
Railway Station
Monorail Station

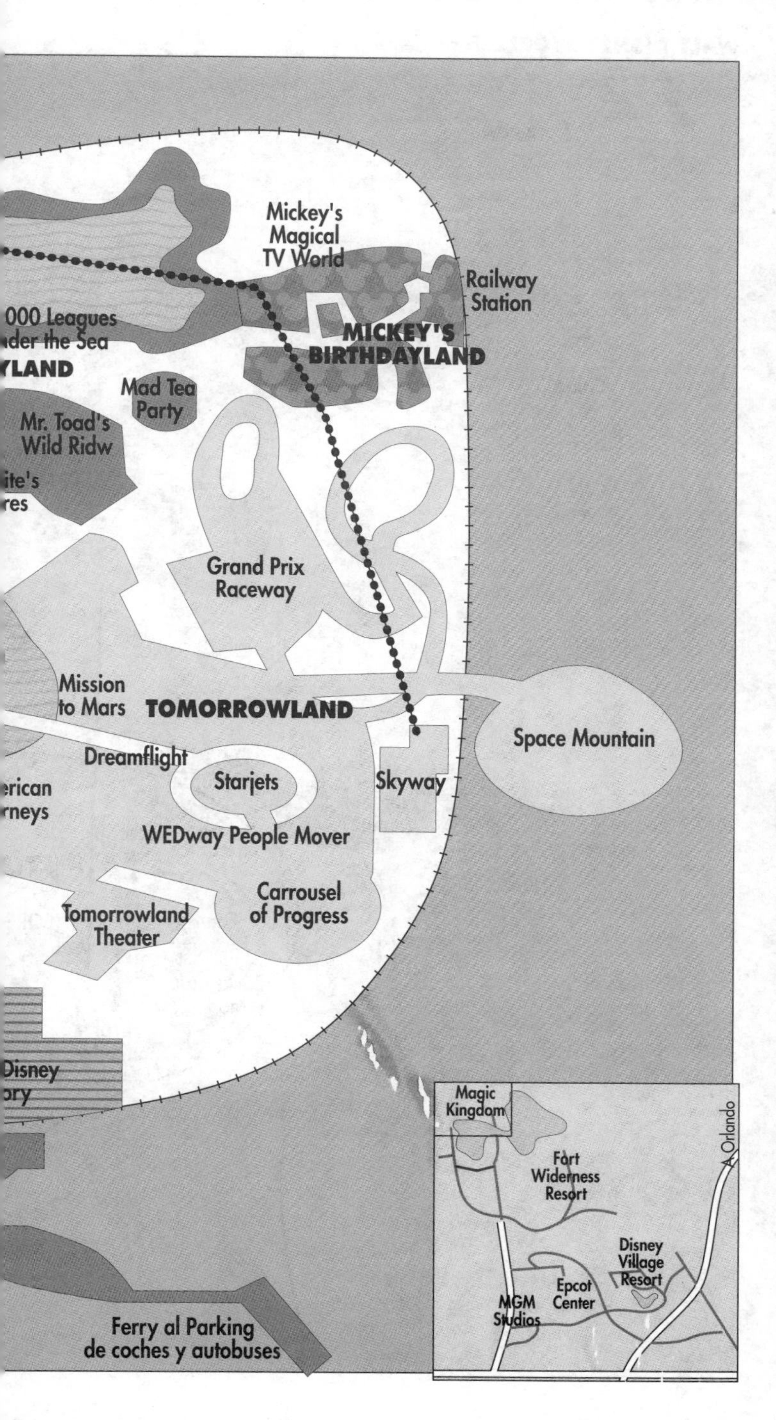

Mickey's Magical TV World
Railway Station
MICKEY'S BIRTHDAYLAND
Mad Tea Party
Mr. Toad's Wild Ridw
Grand Prix Raceway
Mission to Mars
TOMORROWLAND
Space Mountain
Dreamflight
Starjets
Skyway
WEDway People Mover
Carrousel of Progress
Tomorrowland Theater
Ferry al Parking de coches y autobuses
Magic Kingdom
Fort Widerness Resort
A Orlando
Disney Village Resort
Epcot Center
MGM Studios

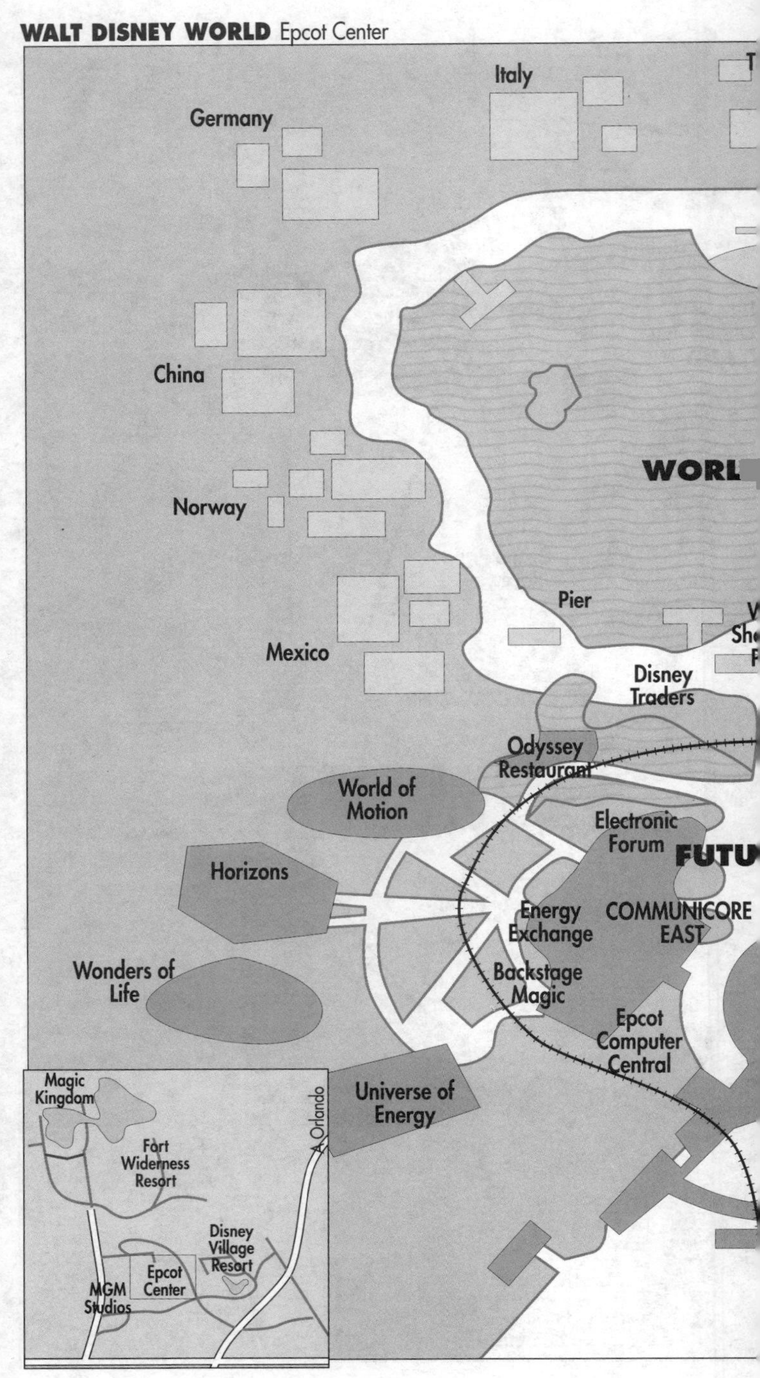
Italy
Germany
China
Norway
Mexico
Pier
Disney
Traders
Odyssey
Restaurant
World of
Motion
Electronic
Forum
Horizons
Energy
Exchange
COMMUNICORE
EAST
Wonders of
Life
Backstage
Magic
Epcot
Computer
Central
Universe of
Energy
Magic
Kingdom
Fort
Widerness
Resort
A Orlando
Disney
Village
Resort
Epcot
Center
MGM
Studios

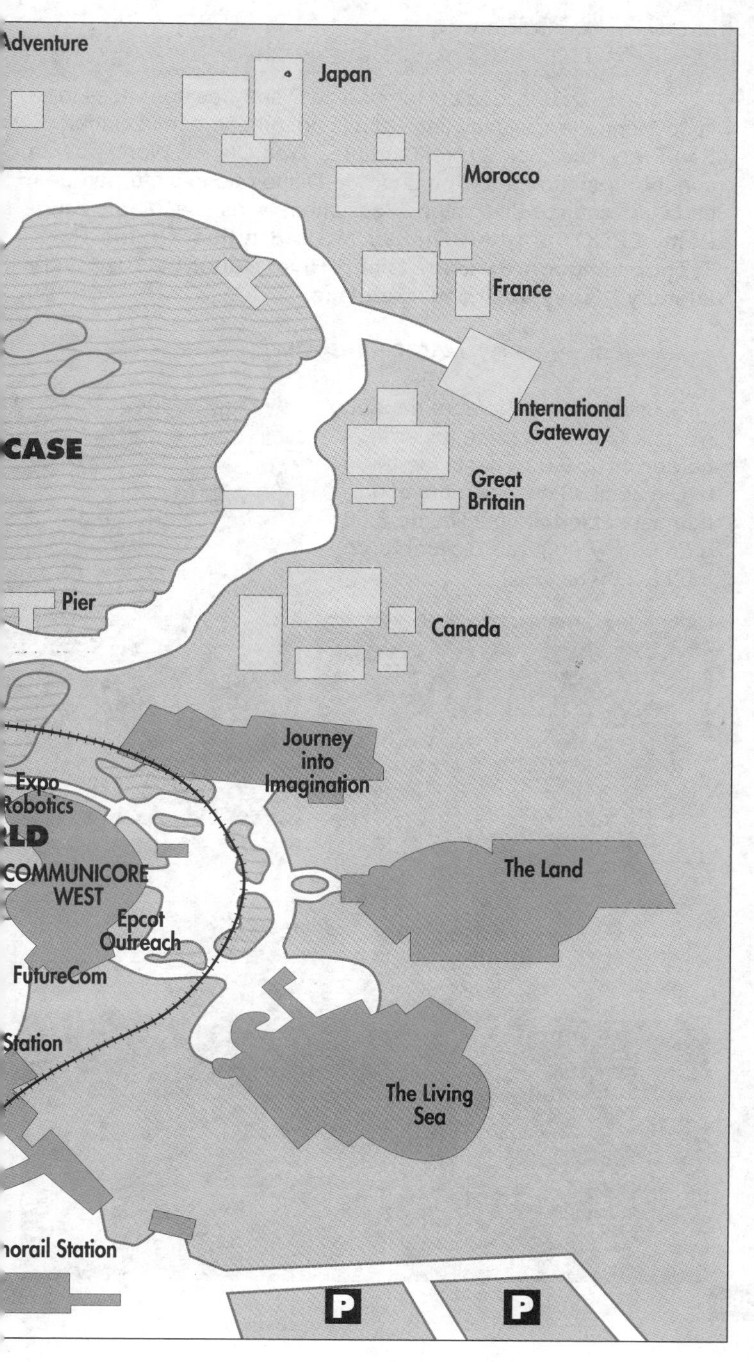

Adventure
Japan
Morocco
France
International Gateway
CASE
Great Britain
Pier
Canada
Journey into Imagination
Expo Robotics
LD
COMMUNICORE WEST
Epcot Outreach
The Land
FutureCom
Station
The Living Sea
norail Station
P
P

Para daros una idea del tamaño de Disney, es dos veces la isla de Manhattan. Disney tiene el mismo tamaño que la ciudad de San Francisco. Solo en restaurantes Walt Disney World cuenta con 145 restaurantes. El mundo de Disney tiene siete parques, cada uno con sus diferentes atracciones, estos son, **Magic Kingdom, EPCOT Center, Disney MGM Studios Theme Park, Typhoon Lagoon, Pleasure Island, River Country & Discovery Island y Disney Village Marketplace.**

MAGIC KINGDOM

Durante el verano abre de 9.00 h hasta las 24.00 h. en invierno el horario es de 9.00 h hasta las 19.00 h. Del 26 al 30 de diciembre el parque está abierto al público de 8.00 a 24.00h, y el 31 de diciembre de 8.00 a 2.00 h.

ENTRANDO EN MAGIC KINGDOM

En el mismo parking os recogerá un tren oruga, que os deja en la entrada principal del parque donde se sacan las entradas. Pasada la misma tenéis varias opciones para llegar a las atracciones.

- **MONO-RAIL:** funciona todos los días desde las 7.30 h. hasta el cierre del parque. Tiene aire acondicionado y es un sistema bastante rápido que comunica directamente Magic Kingdom con EPCOT Center.
- **FERRY:** otra forma de transporte son los ferry, que hacen el viaje cada 12 minutos. Es mucho más lento que el mono-rail, pero merece la pena por las vistas del lago y de sus alrededores.

ATRACCIONES

MAIN STREET

Es la calle principal de Magic Kingdom, va desde la entrada hasta el castillo de Cenicienta. La construción de las casas es de estilo victoriano. A los lados de la calle hay tiendas donde se pueden comprar recuerdos, porcelana, regalos o hacerse una foto del tiempo de nuestras abuelas disfrazándonos de época.

MAIN STREET CINEMA; es el cine de Disney, está ambientado como un antiguo cine del siglo pasado, se pueden ver en el películas antiguas de la época del cine mudo o de dibujos animados.

PENNY ARCADE; es un gran salón donde se puede jugar a las maquinitas, desde las antiguas casi manuales a las últimas sacadas al mercado. Por esta calle se puede pasear en un carretón de caballos, en un autobús antiguo o en un clásico coche de bomberos, que te llevan a las otras atracciones o al Castillo de Cenicienta.

TONY'S TOWN SQUARE CAFÉ; un restaurante y cafeterí decorada al estilo de la película "La dama y el vagabundo".

ADVENTURE LAND

Las atracciones de adventureland están situadas a la izquierda de Main Street, de esta forma seguiremos el recorrido de Magic Kingdom de derecha a izquierda como las manecillas del reloj, para no perdernos nada del parque. La primera atracción que nos encontramos es;

SWISS FAMILY TREEHOUSE; es una atracción muy original y popular. Representa el árbol de la familia Robinson construido con 200 toneladas de hormigón y acero, pero con una apariencia que parece de verdad. Sus ramas tienen una extensión de aproximádamente 26 metros, que os dará la sensación de sentiros en el interior de la selva. Cada habitación construida entre las ramas tiene todos los detalles para que parezca real. El árbol tiene 800.000 hojas de un material sintético de apariencia natural. Es una atracción muy visitada y suele tener abundantes colas, por lo que es conveniente visitarla durante la primera hora del día o al mediodía cuando la gente está comiendo.

THE ENCHANTED TIKI ROOM; es una atracción especial para niños. Todo un espectáculo montado con exóticos pájaros que cantan y bailan, al ritmo de una música muy contagiosa, movido todo por la ciencia de un ordenador. No es una atracción multitudinaria por lo que no tendreis problemas para visitarla.

JUNGLE CRUISE; es un safari en barco, donde se atraviesa la selva entre hipopótamos, leones, caníbales y elefantes que se encuentran tranquilamente bebiendo en el río. Os pondran perdidos de agua. El guía va explicando todas las peripecias del viaje y hasta os salvará la vida cuando dispare contra un elefante enfurecido. El viaje dura alrededor de 10 minutos, es una atracción muy popular, con largas colas durante todo el día.

PIRATES OF THE CARIBBEAN; es una de las atracciones más populares y visitadas de Magic Kingdom. Es un viaje en barco alrededor de un poblado conquistado por los piratas. Hay escenas de fiestas, cárceles y saqueos. Está magníficamente hecha y hasta cuando disparan los piratas huele a pólvora. La mejor hora para verla es aprovechando las horas de las comidas o los desfiles cuando la cola de entrada no es tan larga.

FOONTIERLAND

Es un recorrido por el antiguo Oeste Americano, con un tren de la época, barcos de vapor del Mississippi, o el equipo utilizado por los mineros y buscadores de oro en Nevada y Arizona. Las atracciones son;

SPLASH MOUNTAIN; es una diversión muy popular y con grandes colas a todas las horas, pero merece la pena visitarla. Se inauguró a finales del 1992, es la última atracción que se creo en Magic Kingdom. Es una inmensa montaña rusa que se mueve por agua, dentro de lo que es la vivienda del conejo Brer. El viaje se recorre en troncos con capacidad para ocho personas. Va através del interior de la montaña y lo más impresionate es la caida al vacío desde Chickapin Hill, sobre el sembrado de berzas del conejo Brer. La caída tiene una altitud de 52 pies, equivalente a cinco pisos de altura, llegandose a conseguir una velocidad de hasta 40 millas por hora. Esta aventura está basada en la pelicula "Song of the South" grabada por los estudios de Disney en 1946.

BIG THUNDER MOUNTAIN RAILROAD; es una atracción muy popular y siempre tiene larga espera. Es una montaña rusa que recorre en un viejo tren una montaña del viejo oeste americano.

COUNTRY BEAR VACATION HOEDOWN; atracción pensada para niños. Es una comedia musical representada por osos que se mueven por el escenario, cantan y bailan. Todo movido por máquinas y ordenadores. La atracción se ve sentado lo que da un poco de descanso para seguir caminado todo el día.

DIAMOND HORSESHOE JAMBOREE; es un espectáculo musical ambientado en el oeste americano. Tiene cinco shows al día y se puede hacer reserva para verlo en Disneyanaa Collectibles en Main Street.

TOM SAWYER'S ISLAND; en esta atracción hay que cruzar el río en una balsa de troncos, una vez en la isla de Tom Sawyer se puede visitar una antigua cueva, cruzar unos puentes y por fín se llega al Fuerte San Clemente. Es una atracción que no tiene grandes esperas por lo que se puede visitar sin problemas a cualquier hora: Para tomar fuerzas y descansar lo podéis hacer en **Aunt Polly´s Landing** donde tienen refrescos y comida ligera.

LIBERTY SQUARE

THE HALL OF PRESIDENTS; es una atracción muy lograda, pero un poco aburrida para los niños. En un teatro clásico, primero narran en película la historia de la Constitución Americana, luego presentan a todos los presidentes que ha tenido Estados Unidos y saludan al público, para terminar con un discurso de Abraham Lincoln. Todos los personajes de esta obra están movidos por computadoras, aún viéndolo varias veces es díficil advertirlo.

THE HAUNTED HOUSE; es una atracción muy popular y siempre tiene largas colas, pero merece la pena la espera. El espectáculo comienza cuando los visitantes a la casa encantada son introducidos en una habitación y empiezan a notar como aumenta de tamaño. Mientras, cuentan la historia de la mansión y de la familia.A continuación suben a la gente en un coche de dos plazas y la pasean por las habitaciones de la mansión. Los efectos especiales junto con el juego de luces, hacen que se consiga el auténtico efecto de que hay fantasmas volando. Para los niños muy pequeños puede resultar un poco terrorífico.

LIBERTY SQUARE RIVERBOATS; consiste en un viaje por el río Mississippi, en un barco de vapor que traslada una mercancía de balas de algodón. Para descansar un poco podéis parar en **Liberty Tree Tavern** donde sirven platos de comida típica americana.

FANTASYLAND

Estas atracciones son para la gente menuda. En la calle los pequeños podrán montar todas las veces que quieran en los caballitos, uno con tazas de té gigantes se llama **Mad Tea Party**, y otro con animales **Dumbo the flying elephant**. Las atracciones son;

IT'S A SMALL WORLD; es unaatracción especial para los niños. La idea para esta diversión se sacó de la Feria Mundial que hubo en New York en los años sesenta. Son muñecos con movimiento vestidos con los trajes típicos de todos los continentes, la música es pegadiza y bonita.

MAGIC JOURNEYS; está patrocinado por la compañia KodaK, es un espectáculo pensado para toda la familia, se puede ver una película de dibujos animados de los años treinta. En una sala más grande con gafas tridimensionales, ponen una película rodada en Epcot con todos los adelantos de la ciencia.

MR. TOAD'S WILD RIDE, SNOW WHITE'S ADVENTURES, PETER PAN'S FLIGHT; es una atracción para los pequeños. Consiste en un recorrido en tren con los personajes de los cuentos Blanca Nieves y Peter Pan.

20.000 LEAGUES UNDER THE SEA; es una atracción muy popular y con abundante espera. Consiste en un viaje al fondo del mar en el Nautilus, basado en la novela de Julio Verne. Durante el recorrido se puede ver el fondo marino, con sus grutas, peces, plantas. El submarino es atacado por un pulpo gigante que casi lo hunde. En esta zona se encuentra el Castillo de Cenicienta, donde se encuentra el restaurante **King Stefan´s Banquett Hall,** sirven comida rápida típica americana.

MICKEY'S STARLAND

Fue inaugurado en el año 1988, cuando se celebró el sesenta cumpleaños de Mickey. Se puede llegar a estas atracciones en tren desde Main Street o Frontierland. En la casa de Mickey se pueden hacer fotos y celebrar su cumpleaños. Para los más pequeños hay un zoo de animales pequeños o recién nacidos y juegos.

MICKEY'S HOUSE; para conocer la casa de Mickey y ayudar a Minney a prepara la fiesta de cumpleaños. Esta es una de las atracciones preferidas de los pequeños.

MICKEY'S HOLLYWOOD THEATRE; los pequeños pueden hablar con Mickey y participar de sus juegos.

DRANDMAN DUCK'S FRAM; es una granja con crías de animales para enseñar a lo niños como funcionan las cosas del campo.

MICKEY'S STARLAND

Estas atracciones se inauguraron en 1970, con la idea de que fuesen futuristas. Pero el mundo ha cambiado tanto y tan deprisa que la verdad es que se han quedado anticuadas y algo retrasadas.

Las atracciones son:

DREAMFLIGHT; esta atracción está patrocinada por la compañía de aviación Delta Air Lines. Es un espactáculo para la familia. Por medio de diferentes escenarios conocereis la historia de la aviación americana contada de forma cómica y divertida.

AMERICAN JOURNEYS; es una sala circular con nueve pantallas donde se puede ver la historia de la conquista del Oeste Americano.

CAROUSEL OF PROGRESS; por medio de varios escenarios, van presentando la historia de los electrodomésticos y su influencia en las familias através de los años.

MISSION TO MARS; es una nave espacial, que por medio de movimientos, películas y ruido, da la sensación de que estás despegando de la tierra y te diriges a Marte.

SPACE MOUNTAIN; es una montaña rusa supersónica. Se viaja por el espacio en una nave del futuro entre meteoritos y satélites. Los efectos especiales de las luces, y el sonido crean un efecto realmente impresionante. En esta atracción no dejan viajar a los menores de tres años ni a los menores de siete sin compañía. No es recomendable ni para las embarazadas ni para los cardíacos.

EPCOT

El símbolo de EPCOT Center es una inmensa esfera de 15 millones de libras de peso, construida con 14.310 triángulos de aluminio. El parque cuenta con 40 acres de terreno, se inauguró en octubre del 1982. Está dividido en dos partes, **Future World** donde se muestra el estudio tecnológico del futuro en temas como la agricultura, energía, el mundo marino, la comunicación y el transporte. La otra parte fue construida alrededor de un gran lago llamado "World Showcase Lagoon", donde once países enseñan sus costumbres, historia, cultura y grastronomía. A esta parte se le conoce como **World Showcase**. Para haceros una idea del tamaño de Epcot, el parque cuenta con más de 20 Km de carreteras, 15 Km de monorail y en su construcción trabajarón alrededor de 4.000 obreros.

ATRACCIONES

FUTURE WORLD

Es un parque futurista, su construcción y logotipo es una gran bola del mundo de 17 pisos de altura construida con triángulos plateados conocido por **Spaceship Earth**. Está situada nada más entrar y en su interior encontrareis la información necesaria para todas las atracciones, los horarios para los espectáculos. Se puede hacer la reserva para los restaurantes preferiblemente a primera hora de la mañana. Las atracciones son:

WONDERS OF LIFE Es una atracción muy popular. Está patrocinada por la compañía de seguros Metropolitan Life. Es muy completa y educativa, con película explicativa, paseo en coche y para terminar los niños y los no tan niños, pueden comprobar cómo funciona el cuerpo y los adelantos de la ciencia. Las películas que exhiben se llaman **"The making of Me"**. Es un recorrido por el interior del cuerpo humano, se puede ver como se logra un embarazo y cómo tiene lugar un nacimiento. Se tiene la sensación de estar en el interior de una fábrica por los movimientos que notaréis en el asiento. Otra de las películas que proyectan se llama **"Cranium Command"**, donde cuenta las experiencias de un recorrido por el cerebro de un niño de 12 años. También se puede ver la película **"Goofy about Health"**, en pantalla panorámica. Goofy enseña a los niños la importancia de la salud y los buenos hábitos en la alimentación, la higiene y el deporte. En **"Body Wars"** se puede contemplar lo que sucede en el cuerpo cuando lo invaden las bacterias.

SPACESHIP EARTH Es una atracción muy popular, está patrocinada por la compañía AT & T. Se encuentra dentro de la bola del mundo plateada. En esta atracción se viaja a través del tiempo, desde la época prehistórica hasta nuestros días, conociendo mejor el mundo de las comunicaciones.

THE LIVING SEAS La patrocina la compañía United Tehcnologies. Es una de las atracciones más impresionantes de Epcot. Un gigantesco aquarium con aproximádamente 23 millones de litros de agua, tiene una variedad increíble de animales marinos, asi como arrecifes de coral, manatís, delfines, leones marinos, tiburones, ...

PERSON OF THE CENTURY Esta atracción tiene dos edificios el East y el West. En él, los niños y los grandes pueden practicar con los últimos adelantos en juegos y computadoras.

UNIVERSE OF ENERGY Está patrocinada por la compañía Exxon. Esta atracción muestra un estudios de las diferentes fuentes de energía que hay en la tierra o en el interior de ella. En un recorrido desde la prehistoria te enseñan como se forman los volcanes, las erupciones o los terremotos. Es una atracción muy popular y con abundantes colas.

JOURNEY INTO IMAGINATION Está patrocinada por la compañía Kodak. Es el mundo de la fantasía y de las ideas con sus dos personajes **Dreamfinder** y **Figment**. En el cine de al lado se puede ver la película tridimensional **Capitan Eo**, protagonizada por Michael Jackson. A la salida de esta atracción hay unas divertidas fuentes saltarinas que son un verdadero espectáculo.

HORIZONS Patrocinada por la compañía General Electric. Esta atracción te muestra lo que será la vida familiar en el futuro, con robots trabajando en las granjas y comunidades viviendo bajo el mar en colonias.

WORLD OF MOTION Patrocinada por General Motors. Se puede ver la evolución del transporte desde los vehículos antiguos hasta las naves espaciales.

THE LAND Patrocinada por Nestle USA. Es una atracción original y educativa. En este recorido te enseñan como crecerán las plantas en el futuro sin tierra y prácticamente casi sin agua, el resultado es asombroso. Es una atracción muy popular y con largas colas de espera. En el último año se cultivarón 22 toneladas de vegetales como, 12.300 libras de lechugas o 14.000 de pepinos que son consumidos en diferentes restaurantes de EPCOT Center.

KITCHEN KABARET Aquí enseñan sobre los beneficios de los alimentos que se consumen a diario, representado por muñecos con forma de frutas y verduras que cantan y bailan.

WORLD SHOWCASE

Esta atracción es un viaje através de once países del mundo, conociendo mejor su cultura, artesanía, constumbres y gastronomía.

MÉJICO Ofrece un espectáculo en el que aparecen muñecos con trajes regionales bailando diferentes danzas típicas. El edificio trata de parecerse a un antiguo Templo Maya. El interior es como encontrarse dentro de la selva de Yucatán. La entrada del pabellón está decorada con retratos de los colonizadores y objetos tradicionales de la decoración mejicana. En el centro tiene un mercadillo con artesanía tradicional hecha a mano como cerámica, bordados o productos tejidos en paja como los sombreros mejicanos. **La Cantina de San Angel**, es un restaurante de comida típicamente mejicana que se encuentra dentro del pabellón. Por la noche durante la cena se puede disfrutar del espectáculo de fuegos artificiales hechos con rayos laser.

NORUEGA El pabellón de Noruega muestra un "Kooldtbord". Es una réplica del famoso Castillo Akershus, una fortaleza del siglo XIV, situada en el Puerto de Oslo. Por medio de una narración van explicando como era la vida de los Vikingos en esta aldea. Tiene una atracción através de un río Noruego que se recorre en una barcaza en forma de tronco rústico.

CHINA Lo más llamativo de este pabellón es el museo con sus antiguedades, jarrones y figuras de jade. A la salida hay una tienda donde por poco dinero se puede comprar un recuerdo del país.

ALEMANIA El pabellón representa una aldea en Babaria. Tiene una cervecería típica alemana donde se puede cantar y bailar ritmos populares. Además de una tienda con artesanía nacional como cristal, porcelana, adornos de Navidad o vinos y cervezas.

ITALIA El pabellón es una reprodución de la plaza de San Marcos, con su famoso campanario, un puente con una góndola y una escultura del León de San Marcos. En el centro de la plaza, un grupo de actores representan obras de teatro cómico. El pabellón cuenta con una tienda donde se puede comprar artesanía como piezas de cristal de Murano. En el restaurante Alfredo de Roma, sirven los famosos platos de pasta que tanta fama le ha dado al restaurante en Roma.

LA AVENTURA AMERICANA Está patrocinado por Coca-Cola y American Expres. El edificio es un teatro de arquitectura clásica, situado enfrente del lago. En la entrada antes del espectáculo unos peregrinos ataviados con los trajes típicos de la época, narran, cantan viejas y entrañables canciones americanas. En el teatro larepresentación dura media hora. Es un espectáculo de historia de Estados Unidos, desde la llegada de los Peregrinos hasta la Guerra Civil. La explicación y el diálogo lo narran Benjamin Franklin y Mark Twain.

JAPÓN Este pabellón presenta una pagoda de cinco pisos con los cinco elementos del budismo, el viento, el agua, la tierra, el cielo y el fuego. Un magnífico jardín japonés y una puerta de la época Torii, dentro se puede admirar una magnífica escultura de bronce con gerreros montados en caballos. Para comer, el restaurante Yakitori House, con platos rápidos de la cocina japonesa. La galería de arte Bijuts-Kan, tiene una muestra de artesanía de gran valor. Y para comprar recuerdos Mitsukoshi Departmemnt Store.

MARRUECOS El pabellón es una réplica de los minaretes de Marrakech. Tiene tienda con tapices, alfombras y bisutería. Su espectáculo presenta música y bailes típicos del Norte de Africa. En el restaurante Marrakesh, se pueden comer platos de cocina típica y ver bailar a exóticas bailarinas.

FRANCIA Tiene una proyección en una pantalla semi-circular, donde enseña distintos parajes de Francia, su cultura y sus costumbres. Para comer, en El Bistro de Paris o el Petit Café, con platos tradicionales de la cocina francesa. Para comprar especialidades, La Maison du Vin o Tout pour Gourmet.

INGLATERRA Está representada por una calle típica de Londres, con construcciones del viejo estilo Tudor. Tiene tiendas donde poder comprar artesanía y productos típicos. Para comer, el restaurante Rose and Crownd Pub, con cerveza y platos ingleses. Recorren las calles un grupo de cómicos representando comedias.

CANADA El pabellón tiene una película enseñando manífícos bosques, montañas y glaciares, además de la ciudad de Montreal. Para comer el restaurante Le Cellier.

DISNEY Y MGM STUDIOS THEME PARK

Es un parque de 110 acres que fue inaugurado en 1989. Todos los años añaden mejoras o nuevas atracciones.

ATRACCIONES

BEAUTY AND THE BEAST Es una respresentación teatral de la exitosa película "La Bella y la Bestia". La han tranformado en una obra musical al estilo de Broadway, los niños disfrutaran con las travesuras de Lumiere, Chip y Cogsworth, y la bonita historia de amor entre La Bella y La Bestia.

VOYAGE OF THE LITTLE MERMAID Otra magnífica representación de la película "La Sirenita", donde Sebastián y Ariel, recrean estos personajes con magníficos efectos especiales de lluvia y burbujas de agua.

STAR TOURS Es un viaje intergaláctico através del espacio, emulando las películas de Star Wars. Es una atracción muy popular con abundante colas.

HONEY, I SHRUNK THE KIDS De la famosa película de Disney, los niños pueden jugar en el jardín con hormigas gigantes, yerbas tan grandes que parecen toboganes y galletas del tamaño de una mesa.

INDIANA JONES Se reviven las escenas más peligrosas de la película, entre el público se selecciona un extra para rodar la película. Es una atracción muy conseguida.

JIM HENSON'S MUPPET Es una de las películas tridimensionales mejor lograda, sus personajes son la ranita Kermit, la guapísima Miss Piggy, Gonzo, el osito Fozzie y Bean Bunny, que hacen las delicias de los niños y grandes. A la salida de la película los protagonistas firman autógrafos o se hacen fotos con los niños.

CATASTROPHE CANYON Esta atracción es una impresionante vivencia, en ella un tranquilo lugar recibe una explosión, fuego y una gran inundación.

TEENAGE MUTANT NINJA TURTLES En el teatro Chino se puede ver sus películas, y por las calles firman autógrafos y se hacen fotografías con los niños.

INSIDE THE MAGIC Un recorrido por los secretos de las filmaciones de efectos especiales. Cómo crean las explosiones,lluvias, tormentas o los sonidos de las películas. Se puede ver un estudio de televisión, cómo se grava o se prepara la próxima película de Disney. En estos estudios se grava un programa de gran audiencia que se ve en todos los estados, "Star Search" presentado por el famoso animador Ed McMahon.

TYPHOON LAGOON

Es un parque acuático de 56 acres inaugurado en 1989. Está situado cerca de Pleasure Island. Tiene piscinas, cascadas, grutas, un geyser y el lago artificial más grande del mundo, con playa artificial, su agua es de un azul intenso. Lo más llamativo de este parque es el barco de pesca situado en el punto más alto del parque. En Typhoon Lagoon, cada 90 segundos, siguiendo el ritmo de las mareas, olas marinas de 4 pies de altura atraviesan el lago pudiendose practicar el surf. Su tobogán de agua el **Huminga Kowabunga,** tiene una caída de 51 pies y se consigue una velocidad bajando de hasta 30 millas por hora. Otros toboganes son el **Rudder Buster** o el **Jib Jammer.** Para trasladarse por Typhoon Lagoon, puede hacerse por **Castaway Creek**, un río navegable que traslada a los niños en grandes flotadores inflables. **Mount Mayday,** es una montaña rusa de agua con una caída de 52 pies de altura. El horario del parque varía dependiendo de las estaciones. Para información llamar al ☎ (407) 824 43 21.

PLEASURE ISLAND

Pleasure Island es el lugar perfecto para la diversión de los mayores. Está situado al este de EPCOT Center. Tiene clubs nocturnos, discotecas, conciertos en vivo, espectáculos, fiestas en las calles, restaurantes, tiendas y como dicen en su publicidad, una fiesta de fin de año cada noche. Para los amantes del baile **Mannequins Dance Palace**, una discoteca con música moderna y gigantesca pista de baile giratoria. **XZFR Rock & Roll Beach Club**, para la gente joven y amantes del rock. **Neon Armadillo Music Saloon**, ambiente más tradicional y música Country.

RIVER COUNTRY & DISCOVERY ISLAND

Están situados al este de Magic Kingdom y al norte de EPCOT Center.

RIVER COUNTRY es un parque acuático con una gigantesca piscina, playa artificial, lago, toboganes de agua, cascadas, grutas y juegos para los niños. Para más información llamar al ☎ (407) 824 27 650.

DISCOVERY ISLAND, se encuentra en el centro del lago, se llega a ella en barco desde River Country. Es un parque zoológico, con paseos y animales como tucanes, flamingos, conejos, galápagos, tortugas, cisnes, loros, cotorras o aligators. Para más información llamar al ☎ (407) 824 28 75.

DISNEY VILLAGE MARKETPLACE

Está situado al lado de Pleasure Island. Es el mejor lugar para comprar cualquier cosa que tenga que ver con Disney y su mundo, la variedad es increíble. Para comer se puede elegir entre los tres restaurantes que hay en el barco **Empress Lilly**, los amantes del pescado pueden ir al **Fisherman´s Deck**, a los que les guste la carne el **Steerman´s Quarters** es el lugar indicado, y los que que quieran una cena romántica el **Empress Room**. Para los niños tienen el **Chef Mickey´s Village Restaurant**, donde pueden comer con los personajes de Disney. Los amantes de las pizzas disfrutarán en **Minnie Mia´s Italian Eatery.** Y para tomar una copa **Cap´n Jack´s Oyster Bar.**

DATOS PRÁCTICOS

HORARIO

Los parques abren todos los días a las 9.00 h, aunque se puede entrar a las 8.30, para el que quiera desayunar o ponerse en las colas de las atracciones. Cierra a las 20.00 o 21.00 horas excepto en verano y los días de fiesta que cierran entre las 23.00 o 24.00 h.

TELÉFONOS DE EMERGENCIA

EMERGENCIAS, AMBULANCIA, BOMBEROS O POLICIA; ☎ 911.

POLICIA EN ORLANDO; ☎ (407) 246 24 14.

BOMBEROS EN ORLANDO; ☎ (407) 246 21 41.

CAMBIO DE MONEDA

FLORIDA CURRENCY EXCHANGE. 7514 W. Irlo Bronson Memorial Hwy. (US 192), Kissimmee. ☎ (800) 999 06 89.

MÉDICOS

CENTRAL FLORIDA MEDICAL SERVICE. ☎ (407) 648 92 34. Algunos de los médicos de esta organización visitan en los hoteles.

FAMILY TREATMENT CENTER. 6001 Vineland Road. ☎ (407) 351 66 82. Abre todos los días de 8.00 a 20.00 h.

FARMACIA

ECKERD'S DRUGS. 908 Lee Road. Orlando. ☎ (407) 644 69 08.

HOSPITALES

SAND LAKE HOSPITAL. 9400 Turkey Lake Road. ☎ (407) 351 85 00. Tiene servicio de urgencias las 24 horas.

TRANSPORTES

POR CARRETERA

Llegaréis por la carretera I-4, hacia el oeste hasta que encontreis unos grandes carteles que anuncian Magic Kingdom. Siguiéndolos llegaréis a la US 192 W. Desde allí estareis a 4 millas de la entrada de Disney World. Durante las vacaciones escolares o en fiestas, en este tramo se suelen originar atascos a la hora de la entrada en el parque a primera hora de la mañana.

PARKING

El parking cuesta $4 dólares y se paga a la entrada. Hay un parking especial más cerca de la entrada principal para personas incapacitadas. En la entrada de Disney se pueden alquilar sillas de ruedas por $6 dólares. Todas las atracciones de todos los parques de Disney tienen entradas especiales y facilidades para personas incapacitadas.

Cuando aparquéis tomad buena nota del la línea y letra del parking, ya que por su inmenso tamaño es fácil perderse o no encontrarlo por la noche.

POR CARRETERA

La carretera más importante en Disney es la numero 4, conocida por Interstate 4 o I-4. Atraviesa el estado de la Florida desde la costa este en el Océano Atlántico hasta el oeste en el Golfo de Méjico, excepto en el centro que va de norte a sur. Cruza la ciudad de Orlando y algunas de las mayores atracciones como Sea World, Lake Buena Vista, Epcot o Walt Disney World, además de pasar al lado del aeropuerto de Orlando. El tramo donde se encuentran las salidas 28, 29 y 30 se le conoce por International Drive, que es una de las zonas más comerciales con abundancia de restaurantes y hoteles.

TREN

La línea ferroviaria **Amtrack** tiene paradas regulares en Orlando y Kissimmee. Para más información llamar al ☎ (800) 872 72 45. Las estaciones de tren están situadas en 1400 Sligh Boulevard en Orlando y 416 Pleasant Street en Kissimmee.

AUTOBÚS

Las compañías **Greyhound** y **Trailways** hacen el recorrido desde cualquier ciudad del estado de la Florida o de los USA. La estación de autocares esta en el 555 North Magnolia Boulevard. Para más información llamar al ☎ (407) 292 34 22.

ALQUILER DE COCHES

Al ser Orlando y Disney una zona básicamente turística, hay mucha variedad y competencia con las agencias de alquiler de coches. La compañía National es la agencia oficial de alquiler de coches de Disney World. La agencia Alamo es la más barata de Orlando y tiene delegaciones en todos los alrededores de la Florida, pudiendo devolver el coche en cualquier ciudad sin cargo alguno.

NATIONAL CAR RENTAL. 8333 Bear Rd. Orlando. ☎ (407) 855 41 70

ALAMO RENT-A-CAR. 8200 Mc Coy Rd. Orlando. ☎ (407) 857 82 00.

AMERICAN INTERNATIONAL RENT-A-CAR. 5309 Mc Coy Rd. Orlando. ☎ (407) 851 69 10. Abre las 24 horas del día. Alquila vehículos con capacidad para 15 personas, tiene toda clase de coches de lujo y descapotables.

AVIS RENT-A-CAR. 3535 Mc Coy Rd. Orlando. ☎ (407) 859 04 14. Abre desde las 7.00 h hasta las 10.00 h.

BUDGET RENT-A-CAR. 8855 Rent-A.Car Road. Orlando. ☎ (407) 850 67 00.

DOLLAR RENT-A-CAR OF FLORIDA. 8735 Rent.A.Car Road. Orlando. ☎ (407) 825 32 32.

HERZT CORPORATION. Orlando International Airport. ☎ (407) 859 84 00.

VALUE RENT-A-CAR. 2510 Jetport Drive, Orlando. ☎ (407) 851 47 90.

HOLIDAY RV RENTAL. 5001 Sand Lake Road. Orlando. ☎ (407) 351 30 96.

GENERAL RENT-A-CAR. 7011 Mc Coy Rd. Orlando. ☎ (407) 859 13 40.

THRIFTY CAR RENTAL. 5757 S. Semoran Blvd. Orlando. ☎ (407) 381 23 93.

VANCAR RENTALS. 1600 Mc Coy Rd. Orlando. ☎ (407) 856 95 91.

WEELCHAIR GETAWAYS. P.O.Box 6774 60. Orlando. ☎ (407) 365 14 14.

ALOJAMIENTOS

Ⓑ **BEST WESTERN KISSIMMEE.** 2261 E. Irlo Bronson Mem. Hwy. Kissimmee. ☎ (407) 846 22 21. Con 282 habitaciones, el hotel cuenta con 2 piscinas, campo de golf, restaurante y pub.

Ⓑ **CEDAR LAKESIDE PARK INN INTERNATIONAL.** 4960 West U.S. 192, Kissimmee. ☎ (407) 396 13 76. Con 180 habitaciones, el hotel tiene un inmenso lago de 250 acres magnífico para practicar la pesca, además cuenta con piscina, jacuzzi, sala de juegos y restaurante.

Ⓑ **COMFORT INN MAINGATE SOUTH.** P.O.Box 450850, I-4 y U.S. 27, Kissimmee. ☎ (407) 424 28 11. Tiene 150 habitaciones, el hotel cuenta con transporte al aeropuerto y a las atracciones, piscina y restaurante.

Ⓑ **ECONO LODGE UNIVERSITY.** 11731 R. Colonial Dr. Orlando. ☎ (407) 273 15 00. Con 122.00 habitaciones, el hotel tiene transporte al aeropuerto y a las atracciones, piscina y pub.

Ⓑ **ECONOLODGE MAINGATE CENTRAL.** 4985 W. Irlo Bronson Mem. Hwy. Kissimmee. ☎ (407) 396 43 43. Con 164 habitaciones, está situado cerca de Walt Disney World. Tiene agencia de alquiler de coches, transporte al aeropuerto y a las atracciones, piscina y restaurante.

Ⓑ **HOWARD JOHNSON HOTEL MAINGATE.** 7600 W. Irlo Bronson Mem. Hwy. Kissimmee. ☎ (407) 396 25 00. Está situado muy cerca de Walt Disney World. El hotel cuenta con agencia de alquiler de coche, servicio de guardería, trasporte al aeropuerto y a las atracciones, piscina, canchas de tenis y restaurantes.

Ⓑ **OLYMPIC INN.** 4669 West U.S. 192. Kissimmee. ☎ (407) 396 18 90. Tiene oficina de cambio de moneda, transporte a las atracciones, piscina de agua caliente, sala de juegos, restaurante y pub.

Ⓑ **QUALITY INN INTERNATIONAL.** 7600 International Dr. Orlando. ☎ (407) 351 16 00. El hotel cuenta con oficina de cambio de moneda, agencia de alquiler de coches, transporte a las atracciones y al aeropuerto, servicio de niñera, 2 piscinas y restaurante.

Ⓑ **RECORD MOTEL.** 4651 W. U.S. 192. Kissimmee. ☎ (407) 396 84 00. Tiene agencia de alquiler de coches, transporte al aeropuerto y a las atracciones y piscina.

Ⓑ **TRAVELODGE CENTRAL PARK.** 7101 S. Orange Blossom Tr. Orlando. ☎ (407) 851 43 00. Con 170 habitaciones, tiene agencia de alquiler de coches, servicio de guardería, cambio de moneda, transporte al aeropuerto y a las atracciones, piscina y restaurant.

Ⓜ **CONFORT INN LAKE BUENA VISTA.** 8442 Palm Parkway, Lake Buena Vista. ☎ (407) 239 73 00. Con 640 habitaciones, está situado cerca de las atracciones de Disney. Tiene agencia de alquiler de coches, cambio de moneda, transporte a las atracciones, piscina, restaurantes y pub.

Ⓜ **DAYS INN LAKE BUENA VISTA HOTEL.** 12799 Apopka Vineland Road. Orlando. ☎ (407) 239 44 41. Con 203 habitaciones, está muy bien situado cerca de todas las atracciones. El hotel cuenta con agencia de alquiler de coches, servicio de guardería, transporte al aeropuerto y atracciones, servicio de habitaciones, piscinas, restaurantes y pub.

Ⓜ **DAYS INN LAKE BUENA VISTA RESORT & SUITES.** 12205 Apopka Vineland Rd. Orlando. ☎ (407) 239 04 44. Con 390 habitaciones, tiene agencia de alquiler de coches, servicio de guardería, transporte al aeropuerto y a las atracciones, servicio de habitaciones, piscinas, restaurantes y pub. Los niños menores de 12 años tiene las comidas gratis.

Ⓜ **DAYS INN LODGE FLORIDA MALL.** 1851 W. Landstreet Rd. Orlando. ☎ (407) 859 77 00. Con 422.00 habitaciones, el hotel tiene transporte a las atracciones y al aeropuerto, piscinas, restaurantes y pub.

Ⓜ **DOUBLETREE CLUB HOTEL.** 8688 Palm Parkway, P.O.Box 22783. Lake Buena Vista. ☎ (407) 239 85 00. Está situado a 1.5 millas de Walt Disney World. Tiene servicio de guardería, transporte a las atracciones, servicio de habitaciones, piscina de agua caliente, campo de golf, restaurantes y pub.

Ⓜ **ECONOLODGE MAINGATE HAWAIIAN RESORT.** 7514 W. Irlo Bronson Mem. Hwy. Kissimmee. ☎ (407) 396 20 00. Con 445 habitaciones, está situado a solo 1 milla de Disney World. Tiene agencia de alquiler de coches, transporte a las atracciones, piscina, jacuzzi, restaurantes y pub.

Ⓜ **HAMPTON INN ACROSS FROM UNIVERSAL STUDIOS.** 5621 Windhover Dr. Orlando. ☎ (407) 351 67 16. Está situado al lado de Universal Studios. Tiene oficinas para cambio de moneda, agencia de alquiler de coches, transporte al aeropuerto y a las atracciones, servicio de habitaciones y piscina.

Ⓜ **HAMPTON INN MAINGATE.** 3104 Parkway Blvd. Kissimmee. ☎ (407) 396 84 84. Con

164 habitaciones, tiene servicio de guardería, agencia de alquiler de coches, transporte al aeropuerto y atracciones y piscina de agua caliente.

Ⓜ **HOLIDAY INN EXPRESS INTERNATIONAL DRIVE.** 6323 International Drive. Orlando. ☎ (407) 351 44 30. Con 217.00 habitaciones, está situado enfrente del parque acuático de Wet´n Wild. El hotel tiene piscina y sala de juegos para niños.

Ⓜ **HOWARD JOHNSON HOTEL.** 8700 S. Orange Tr. Orlando. ☎ (407) 851 23 30. Tiene agencia de alquiler de coches, transporte al aeropuerto y a las atracciones, servicio de habitaciones, piscina, restaurantes y pub.

Ⓜ **HOWARD JOHNSON INTERNATIONAL DRIVE.** 8020 International Drive. Orlando. ☎ (407) 351 17 30. Con 150 habitaciones, tiene agencia de alquiler de coches, servicio de guardería, transporte a las atracciones y al aeropuerto, servicio de habitaciones, piscinas, canchas de tenis, restaurant y pub.

Ⓜ **HOWARD JOHNSON INTERNATIONAL TOWERS.** 5905 International Dr. Orlando. ☎ (407) 351 21 00. Con 302 habitaciones, está situado cerca de Universal Studios. Tiene agencia de alquiler de coches, servicio de guardería, cambio de monedas, transporte al aereopurto y a las atracciones, servicio de habitaciones, piscinas, restaurantes y pub.

Ⓜ **HOWARD JOHNSON PARK SQUARE INN & SUITES.** 8501 Palm Parkway, P.O. Box 22818, Lake Buena Vista. ☎ (407) 239 69 00. Tiene agencia de alquiler de coches, oficinas para cambio de moneda, servicio de guardería, transporte a las atracciones, piscinas, restaurantes y pub.

Ⓜ **HYATT ORLANDO.** 6375 W. Irlo Bronson Mem. Hwy. Kissimmee. ☎ (407) 396 12 34. Es un inmenso hotel con 924 habitaciones y 56 acres de jardines alrededor. Está situado muy cerca de las atracciones de Disney. Cuenta con oficinas de cambio de moneda, agencia de alquiler de coche, servicio de guardería, transporte al aeropuerto y a las atracciones, servicio de habitaciones, 4 piscinas para adultos, 4 piscinas para niños, 4 whirlpool, canchas de tenis, restaurantes y pub.

Ⓜ **ORLANDO RENAISSANCE HOTEL INTERNATIONAL AIRPORT.** Airport Lakes, 5445 Forbes Place. Orlando. ☎ (407) 240 10 00. Con 300 habitaciones y suites. Amplias y cómodas, todas con 3 teléfonos y secador de pelo. El hotel cuenta con oficinas para cambio de moneda, servicio de guardería, transporte al aeropuerto y a las atracciones, servicio de habitaciones, agencia de alquiler de coches, piscina, restaurantes y pub.

Ⓜ **QUALITY IN MAINGATE WEST.** 8660 W. Irlo Bronson

Mem. Hwy. Kissimmee. ☎ (407) 396 45 00. Con 230 habitaciones, tiene agencia de alquiler de coches, servicio de guardería, oficinas para cambio de monedas, servicio de habitaciones, piscinas, canchas de tenis, transporte a las atracciones, restaurantes y pub.

Ⓜ **RADISSON INN MAINGATE.** 7501 W. Irlo Bronson Mem. Hwy. Kissimmee. ☎ (407) 396 14 00. Está situado muy cerca de Walt Disney World, tiene 580 habitaciones. Cuenta con oficinas para cambio de moneda, servicio de guardería, piscinas, canchas de tenis, servicio de habitaciones, restaurantes y pub.

Ⓜ **RAMADA RESORT MAINGATE AT PARKWAY.** 2900 Parkway Blvd. Kissimmee. ☎ (407) 396 70 00. Es un hotel nuevo con la fachada pintada de color salmón. Tiene 718.00 habitaciones amplias y cómodas. Además el hotel cuenta con cambio de moneda, servicio de guardería, transporte al aeropuerto y a las atracciones, servicio de habitaciones, piscina de agua caliente y fría con cascadas, canchas de tenis, reataurantes y pub.

Ⓒ **ARNOLD PALMER´S BAY HILL CLUB.** 9000 Bay Hill Blvd. Orlando. ☎ (407) 876 24 29. Es un pequeño y cuidado hotel con 58.00 habitaciones. Tiene campo de golf con 27.00 hoyos, marina con rampa para botes, canchas de tenis, piscina, servicio de guardería, servicio de habitaciones, restaurantes y pub.

Ⓒ **BUENA VISTA PALACE.** Walt Disney World Village. P.O.Box 22206, Lake Buena Vista. ☎ (407) 827 27 27 o llamada gratis dentro de USA al (800) 327 29 90. Pertenece a la cadena de Hoteles de Disney. Es un inmenso hotel con 1.028.00 habitaciones y suites. Tiene gimnasio, agencia de alquiler de coches, servicio de niñera, cambio de moneda, canchas de tenis, campo de golf, servicio de habitaciones, servicio de bus a las atracciones y al aeropuerto, tres piscinas, nueve restaurantes y pub.

Ⓒ **CLARION PLAZA HOTEL.** 9700 International Dr. Orlando. ☎ (407) 352 97 00. Es un moderno hotel con 810.00 habitaciones. Tiene piscina de agua caliente con whirlpool, agencia de alquiler de coches, servicio de habitaciones, cambio de moneda, servicio de guardería, 5 restaurantes, pub y discoteca.

Ⓒ **DISNEY´S CARIBBEAN BEACH RESORT.** Walt Disney World Resort. P.O.Box 10000, Lake Buena Vista. ☎ (407) 934 76 39. Pertenece a la cadena de hoteles de Disney. Está situado al sur de EPCOT Center. Su construcción es alegre de estilo tropical, las casa son de diversos colores como en las islas de Jamaica o Aruba. Tiene servicio de habitaciones, servicio de guardería, transporte a las atracciones, una inmensa piscina construida en un antiguo fuerte de piratas, restaurantes y pub.

© DISNEY'S DIXIE LANDINGS RESORT. Walt Disney World Resort. P.O.Box 10.000. Lake Buena Vista. ☎ 934 76 39. Está situado al norte de EPCOT Center. El resort tiene edificios de madera oscura al estilo de la época de Mark Twain y otros como las antiguas plantaciones en la época del algodón. Las habitaciones son amplias y cómodas. El hotel cuenta con servicio de guardería, transporte a las atracciones, servicio de taxi acuático hasta Disney Village Marketplace y Pleasure Island, piscina y dos restaurantes, el Colonel´s Cotton de comida típica de New Orleans y el Boatwright´s Dining Hall con ambiente familiar y cocina americana.

© HILTON AT DISNEY WORLD VILLAGE. 1751 Hotel Plaza Blvd. Lake Buena Vista. ☎ (407) 827 40 00. Pertenece a la cadena de hoteles de Disney con el lujo y servicio de los Hilton. Tiene agencia de alquiler de coches, servicio de niñeras, cambio de moneda, servicio de habitaciones, transporte al aeropuerto y a las atracciones, piscinas, canchas de tenis, restaurantes, disoteca y pub.

© DISNEY'S PORT ORLEANS RESORT. Walt Disney World Resort. P.O.Box 10000, Lake Buena Vista. ☎ (407) 934 76 39. Pertenece a la cadena de hoteles de Disney. Está situado al noreste de EPCOT Center. Está ambientado y decorado al estilo francés, a la moda del siglo pasado en New Orleans, con fachadas de ladrillo visto, adornos y barandillas en hierro forjado. Tiene transporte a las atracciones, servicio de guardería, lago y alquiler de botes para navegar, piscina, restaurantes y pub.

© FORTE TRAVELODGE HOTEL. Walt Disney World Village. 2000 Hotel Plza blvd. Lake Buena Vista. ☎ (407) 828 24 24.

© HOLIDAY INN LAKE BUENA VISTA. 13351 State Road 535. P.O.Box, 22362, Lake Buena Vista. ☎ (407) 239 45 00. La arquitectura del hotel es moderna con la fachada pintada de color salmón. Tiene 507.00 habitaciones todas con frigorífico, microondas y cafetera en la cocina. El hotel cuanta con servicio de habitaciones, cambio de moneda, servicio de guardería, transporte a las atracciones, piscinas, restaurantes y pub. El hotel está pensado para familias con niños pequeños, organiza juegos y competiciones para su distracción.

© HOLIDAY WEST MAINGATE WEST. 7601 Black Lake Rd. Kissimmee. ☎ (407) 396 11 00. Es un moderno hotel con 287.00 habitaciones. Tiene agencia de alquiler de coches, servicio de habitaciones, transporte a las atracciones, piscina, Restaurantes y pub.

© **HOTEL ROYAL PLAZA.** 1905 Hotel Plaza Blvd. Lake Buena Vista. ☎ (407) 828 28 28. Pertenece a la cadena de hoteles de Disney. Tiene cambio de moneda, servicio de habitaciones, agencia de alquiler de coches, servicio de guardería, transporte a las atracciones y aeropuerto, piscina, canchas de tenis y campo de golf, restaurantes y pub.

© **HOWARD JOHNSON RESORT HOTEL.** 1850 Hotel Plaza Blvd. Lake Buena Vista. ☎ (407) 223 99 39. Tiene transporte a las atracciones, servicio de niñera, piscina, servicio de habitaciones, restaurantes y pub.

© **HYATT REGENCY GRAND CYPRESS.** One Grand Cypress Blvd. Orlando. ☎ (407) 239 12 34. Es un lujoso hotel con 750 habitaciones. Tiene agencia de alquiler de coches, cambio de moneda, servicio de habitaciones, transporte a las atracciones, servicio de guardería, piscinas, canchas de tenis, campo de golf, restaurantes y pub.

© **HYATT RGENCY ORLANDO INTERNATIONAL AIRPORT.** 9300 Airport Blvd. Orlando. ☎ (407) 825 12 34. Está situado en el aeropuerto, tiene 446 habitaciones y suites. El hotel cuenta con servicio de habitaciones, cambio de moneda, agencia de alquiler de coches, transporte a las atracciones, servicio de guardería, piscinas, campo de golf, gimnasio, restaurantes y pub.

© **MARRIOTT´S ORLANDO WORLD CENTER.** 8701 World Center Dr. Orlando. ☎ (407) 239 42 00. Es un inmenso hotel con 1503 habitaciones. Tiene agencia de alquiler de coches, servicio de niñera, cambio de moneda, transporte al aeropuerto y a las atracciones, servicio de habitaciones, piscinas con toboganes, campo de golf, canchas de tenis, gimnasio, centro de salud con masajes de hidroterapia, 10 restaurantes, discoteca y pub.

© **RADISSON INN LAKE BUENA VISTA.** 8686 Palm Parkway. Orlando. ☎ (407) 239 84 00. Tiene transporte a las atracciones, servicio de habitaciones, piscina, restaurantes y pub.

© **RAMADA HOTEL RESORT FLORIDA CENTER.** 7400 International Dr. Orlando. ☎ (407) 351 46 00. Tiene 400 habitaciones, está situado muy cerca de Universal Studios. Cuenta con agencia de alquiler de coches, cambio de moneda, servicio de habitaciones, transporte a las atracciones y al aeropuerto, piscinas, canchas de tenis, restaurantes, discoteca y pub.

© **SHERATON LAKESIDE INN.** 7769 W. Irlo Bronson Mem. Hwy. Kissimmee. ☎ (407) 396 22 22. Este hotel está pensado para las familias con niños pequeños, tiene programas para ellos con infinidad de juegos y concursos. El hotel cuenta con servicio de guardería, cambio de moneda, agencia de alquiler de coches, servicio de habitaciones, transporte a las atracciones, piscinas, canchas de tenis, restaurantes con comida y desayuno gratis para todos los niños menores de 10 años.

Ⓖ SHERATON WORLD RESORT. 10100 International Dr. Orlando. ☎ (407) 352 11 00. Está situado cerca de Sea World. Tiene servicio de guardería, cambio de moneda, transporte a las atracciones yaeropuerto, servicio de habitaciones, piscinas, canchas de tenis y campo de golf, restaurantes y pub.

Ⓛ DISNEY'S CONTEMPORARY RESORT. Walt Disney World Resort. P.O.Box 10000, Lake Buena Vista. ☎ (407) 934 76 39. Pertenece a la cadena de Hoteles de Disney. Está situado al este de Magic Kingdom Park. El monorail cruza el hotel por el lobby camino entre Magic Kigdom y EPCOT Center. Tiene agencia de alquiler de coches, servicio de niñera, piscinas, canchas de tenis, servicio de autobús a las atracciones, servicio de habitaciones, pub, discoteca y varios restaurantes. Tales como el Broadway at the Top, en el último piso del esdificio con espectáculo todas las noches y magníficas vistas a Disney World, o el Contemporary Café donde se puede desayunar con los personajes de Disney. El Hotel ofrece un programa con un mínimo de cuatro noches de estancia con entrada gratis para todos los parques y uso ilimitado de las atracciones por cinco días en Magic Kingdom, EPCOT Center, Disney MGM Studios Theme Park, Pleasure Island, River Country, Typhoon Lagoon y Discovery Island.

Ⓛ DISNEY'S GRAND FLORIDIAN BEACH RESORT. Walt Disney World Resort. P.O.Box 10000. Lake Buena Vista. ☎ (407) 934 76 39. Pertenece a la cadena de hoteles de Disney y está considerado como el Hotel más lujoso de la cadena. Se encuentra al lado de Magic Kingdom. Su arquitectura es clásica victoriana con fachada de madera pintada en blanco, con abundancia de adornos en ventanas y barandillas. Los tejados en pizarra roja con distintos desniveles de caída. Su interior tiene todas las comodidades y novedades más innovativas. El monorail lo cruza y tiene parada en el hotel, en su recorrido entre Magic Kingdom y EPCOT Center. El hotel tiene cinco restaurantes entre ellos el Victoria y Albert´s, de ambiente inglés considerado como el restaurante más caro y lujoso de la Florida. Las habitaciones son grandes y espaciosas. Están magníficamente decoradas la mayoría con terraza o mirador. Tiene Piscinas, marina, playa, botes para navegar, servicio de guarderías, gimnasio, agencia de alquiler de coches, servicio de autobús a las atracciones, servicio de habitaciones, restaurantes y pub. Con la estancia mínima de cuatro días, el Hotel ofrece lo que se conoce como "Grand Plan", consiste en entrada gratis por cinco días y uso ilimitado de las atracciones de Magic Kingdom, EPCOT Center, Disney NGM Studios Theme Park, River Country, Pleasure Island, Typhoon Laggon y Discovery Island. El uso del campo de golf y canchas de tenis con profesores privados para ambos deportes. Desayuno, comida o cena en cualquier restaurante de Walt Disney World, o en la habitación completamente gratis. Transporte desde Orlando o el aeropuerto las veces que se necesite. Servicio gratuito de niñera en la habitación un máximo de seis horas por día y el uso de cochecito de bebe gratis los días que permenezca en el hotel.

L DISNEY'S POLYNESIAN RESORT. Walt Disney World Resort. P.O.Box 10000, Lake Buena Vista. ☎ (407) 934 63 39. Pertenece a la cadena de hoteles de Disney. Está situado en Magic Kingdom. La construción y decoración están ambientadas en las islas del Pacífico Sur. El monorail tiene parada en el hotel a su paso entre Magic Kingdom y EPCOT Center. El hotel tiene servicio de habitaciones, servicio de niñera, transporte a las atracciones, piscinas, alquiler de barcos para navegar, canchas de tenis, discoteca, pub y varios restaurantes. Tales como el Polynesian Luau Dinner Show, donde todos las noches tienen espectáculos con bailarines de Hawai, el Mickey´s Tropical Luau, con espectáculo y funciones para niños, o el Menehune Breakfast donde se puede desayunar con los personajes de Disney.

L DISNEY'S YACHT & BEACH CLUB RESORT. Walt Disney World Resort. P.O.Box 10000, Lake Buena Vista. ☎ (407) 934 76 39. Pertenece a la cadena de hoteles de Disney. Está situado al lado de EPCOT Center. Se puede ir caminado desde el hotel a las atracciones de EPCOT y para Disney MGM Studios Theme Park hay desde el hotel transporte o taxis de agua. Su arquitectura es como los hoteles ingleses del siglo pasado. Con fachada de madera en color azul y adornos en madera blanca, el tejado con varias vertientes de pizarra granate. Las habitaciones son amplias y sumamente cómodas. Con camas tamaño king, decoradas con muebles de madera lacados en blanco, algunas con cabecera de hierro forjado y tapicería en colores granate, la mayoría con terraza o mirador con vistas al lago o a EPCOT Center. Tiene una bahía con puerto en el lago, donde se puede navegar. Piscinas con toboganes, whirlpools y playa. Además cuenta con gimnasio con sala de masaje, agencia de alquiler de coches, servicio de niñera, transporte a las atracciones, servicio de habitaciones, canchas de tenis iluminadas, campo de croquet, cancha de volleyball, 3 restaurantes con ambiente de New England como el Cape May Café donde se puede comer con buffet durante todo el día y pub.

Ⓛ THE DISNEY INN. Walt Disney World Resort. P.O. Box 10000, Lake Buena Vista. ☎ (407) 934 76 39. Pertenece a la cadena de hoteles de Disney. Está situado cerca de Magic Kingdom, en un campo de golf. Tiene piscinas, cancha de tenis, campo de golf, servicio de niñera, transporte a las atracciones, restaurantes y pub.

Ⓛ WALT DISNEY WORLD DOLPHIN. 1500 Epcot Resorts Blvd. Lake Buena Vista. ☎ (407) 227 15 00. Pertenece a la cadena de los Hoteles de Disney. Está situado al oeste de EPCOT Center. Este hotel está comunicado con el Walt Disney World Swan y ambos forman en un grand Centro de Convenciones. Tiene 27 pisos y 1.510.00 habitaciones es obra del afamado arquitecto Michael Graves. Es ún edificio moderno y gigantesco con diferentes estructuras, la fachada de color azul cobalto y salmón. Cuenta con agencia de alquiler de coches, servicio de guardería, transporte al aeropuerto y atracciones, con un servicio de taxis de agua que hacen el recorrido entre el hotel y MGM Studios y Therme Park. Servicio de habitaciones, maravillosas piscinas con cascadas, campo de golf, canchas de tenis, discoteca, pub y siete restaurantes. Podeis elegir entre comida oriental, en el restaurante Sum Chow´s, pescados en el Harry´s Safari Bar & Grill, cocina italiana en el restaurante Carnevale, comida sencilla y buffets en el Coral Cafe, o en la terraza de la piscina en los restaurantes Cabana Bar & Grill o Tubbi Checkers Buffet.

Ⓛ WALT DISNEY WORLD SWAN. 1200 Epcot Resorts Blvd. Lake Buena Vista. ☎ (407) 248 79 26. Pertenece a la cadena de hoteles de Disney. Está situado junto al anterior al oeste de EPCOT Center. Es un inmenso edificio con 12 pisos y 748.00 habitaciones. Como el anterior tiene la fachada en color azul cobalto y salmón. En la fachada del hotel se encuentran dos gigantescos cisnes de color azul de 47 pies de altura, esta decoración se repite en varias fuentes de cisnes dentro y fuera del hotel. Cuenta con agencia de alquiler de coches, servicio de guardería, transporte al aeropuerto y a las atracciones, con servicio de taxi de agua entre el hotel y MGM Studios y Therme Park. Servicio de habitaciones, cambio de moneda, piscinas, canchas de tenis, campo de golf, discoteca, pub y varios restaurantes para elegir. Tales como el Garden Grove Café para desayunar, El Patio de comida italiana, con cocina oriental el Kimonos o para comer alrededor de la piscina el restaurante Splash Grill.

RESTAURANTES

Ⓑ **ALT HEIDELBERG PUB.** Orlando Renaissance Hotel. International Airport. 5445 Forbes Place. Orlando. ☎ 240 10 00. Abre todos los días hasta las 24 h. Con ambiente de pub alemán, tienen comida y cervezas alemanas.

Ⓑ **BEE LINE MEXICAN RESTAURANT.** 4542 Hoffner Rd. Orlando. ☎ 857 05 66. Preparan los platos tradicionales mejicanos como los burritos, tacos o guacamole.

Ⓑ **B-LINE DINER.** The Peabody Orlando. 9801 International Dr. Orlando. ☎ 240 01 21. Está abierto las 24 horas del día. Es un restaurante informal, decorado a la moda de los años 50.

Ⓑ **BOB EVANS GENERAL STORE & RESTAURANT.** 6014 Canadian Court. Orlando. ☎ 352 21 61. Abre todos los días hasta las 22.00 h excepto el sábado que cierra a las 23.30 h. Comida casera con ambiente familiar.

Ⓑ **BOMBAY CHOPATI.** 7400 Southland Blvd. Orlando. ☎ 851 97 00. Cierra los martes. Prepara platos de comida rápida vegetariana India.

Ⓑ **CASA GALLARDO.** 8250 Internacional Dr. Orlando. ☎ 352 81 21. Abre todos los días. Decoración y comida tradicional mejicana. Los domingos prepara brunch.

Ⓑ **CLARKIE´S RESTAURANTE.** 3110 S. Orange Ave. Orlando. ☎ 859 16 90. Entre semana sólo sirve desayunos y comidas. Los sábados cierra a las 24.00 h. Los postres y desayunos que prepara son algo fuera de serie.

Ⓑ **CHELSEA´S CAFÉ.** Orlando Marriott. 8001 International Dr. Orlando. Tel.351 24 20. Abre todos los días hasta las 19.00 h 30. Para cenar tiene buffet con platos típicos americanos.

Ⓑ **CHI-CHI´S.** 655 Maguire Blvd. Orlando. ☎ 894 06 55. Cocina mejicana, de sabor fuerte y picante.

Ⓑ **NEW PUNJAB RESTAURANT.** 7451 International Dr. Orlando. ☎ 352 78 87. Abre todos los días hasta las 23.00 h. Está considerado por algunos como el mejor restaurante de comida India.

Ⓑ **PUNJAB INDIAN RESTAURANT.** 3404 W. Vine St. Kissimmee. (Hwy. 192). ☎ 931 24 49. Abre todos los días hasta las 23.00 h. Cocina tradicional India.

Ⓑ **SIAM ORCHID RESTAU-**

RANT. 7575 Republic Drive. Orlando. ☎ 351 08 21. Abre todos los días hasta las 23 h. Con ambiente y decoración agradable, además de la comida merece destacar las magníficas vistas que tiene al lago.

Ⓑ **THE MILL BAKERY.** 5905 Kirkman Rd. Orlando. ☎ 345 48 33. Abre todos los días hasta las 2 h. Tiene platos económicos de la cocina americana y pastas, pizzas y ensaladas.

Ⓜ **LE CORDON BLEU.** 537 W. Fairbanks Eve. Winter Park. ☎ 647 75 75. Cierra los domingos. Los demas días está abierto hasta las 23 h. Es un acogedor restaurante con platos de la tradicional cocina francesa.

Ⓜ **LA NORMANDIE.** 2021 E. Colonial Dr. Orlando. ☎ 896 99 76. Cierra los domingos. Los demás días está abierto hasta las 22.00 h. Tiene decoración campestre francesa, sus platos son de la cocina clásica francesa.

Ⓜ **CRAB HOUSE.** 8496 Palm Parkway. Orlando. ☎ 239 18 88. Abre todos los días hasta las 23 h. Ambiente informal, están especializados en pescado y cangrejos de la Florida. Tiene un menú especial para los niños.

Ⓜ **WEKIVA RIVER RESTAURANTE & MARINA.** 1000 Miami Spring Road. Longwood. ☎ 862 96 40. Abre todos los días hasta las 23.00 h. Está especializado en platos de pescado.

Ⓜ **CRAB HOUSE.** Goodings International Plaza. 8291 International Plaza Drive. Orlando. ☎ 352 61 40. Abierto esntre semana hasta las 23.00 h y los fines de semana hasta las 24.00 h. Ambiente rústico e informal, como en todos los Crab House encima de las mesas no utilizan manteles sino hojas de papel de periodíco, en vez de servilletas grandes baberos de plástico y de cubiertos unos mazos de madera para partir los cangrejos. Está especializado en pescados y mariscos especialmente el cangrejo de la Florida preparado al ajillo.

Ⓜ **BOSTON LOBSTER FEAST RESTAURANT.** So. Orange Blossom Trail y Sand Lake Road. Orlando. ☎ 438 06 07. Abre todos los días hasta las 22.00 h. Su cocina está especializada en platos de langosta y pescado al estilo de Nueva Inglaterra.

Ⓜ **GARY´S DUCK INN.** 3974 Orange Blossom. Orlando. ☎ 843 02 70. Abre entre semana hasta las 22.00 h y los fines de semana hasta las 23.00 h. Es un restaurante famoso en Orlando por sus buenos y frescos pescados a precios razonables. Tiene un menú especial para niños.

Ⓜ **FLORIDA BAY GRILL.** 8560 International Dr. Orlando. ☎ 352 66 55. Abre todos los días hasta la 1.00 h. Está decorado con ambiente tropical, Su cocina está especializada en los pescados frescos de la Florida.

Ⓜ **BUCKETS VINE BAR & GRILL.** 1825 N. Mills Ave. Orlando. ☎ 896 41 11. Abre todos los días hasta la 1.00 h. Es un restaurante informal. Desde el comedor tiene bonitas vistas al lago. Está especializado en pescados frescos.

Ⓜ **MANGO´S.** Delta Orlando Resort. 5715 Majors Blvd. Orlando. ☎ 351 33 40. Abre todos los días hasta las 22.30 h. Es un restaurante informal decorado con abundancia de plantas al estilo del sur de la Florida. Tiene actuaciones en vivo los fines de semana y menú especial para niños.

Ⓜ **BASIL.** 1009 W. Vine St. Kissimmee. ☎ 846 11 16. Sus platos están muy bien preparados y su relación precio calidad es buena.

Ⓜ **CITRUS CAFE RESTAURANT.** The Orlando Renaissance Hotel. International Airport, 5445 Forbes Place. Orlando. ☎ 240 10 00. Abre todos los días hasta las 23.00 h. Todos los días al mediodía tiene buffet y menú especial para niños.

Ⓜ **LANDO´S BAR & GRILL.** Radisson Plaza. 60 S. Ivanhoe Blvd. Orlando. ☎ 425 44 55. Abre todos los días hasta las 22.00 h. Es un restaurante informal y sin pretensiones, sus platos tienen raciones generosas y prepara un menú especial para niños.

Ⓜ **THE FIREWORKS FACTORY.** 1630 Buena Vista Dr. Pleasure Island. Lake Buena Vista. ☎ 934 89 89. Abre todos los días hasta las 2.00 h. Es un restaurante decorado con ambiente moderno, la ración de sus platos es generosa. De lunes a viernes tiene Happy hour de 16.00 a 19.00 h.

Ⓜ **JACK´S PLACE THE CLARION PLAZA HOTEL.** 9700 International Dr. Orlando. ☎ 352 97 00. Abre todos los días hasta las 23.00 h. El restaurante está decorado con más de 170 cuadros de caricaturas de personajes famosos todos firmados por sus protagonistas. La especialidad de la casa es el prime rib.

Ⓜ **CHATHAM´S PLACE.** 7575 Dr. Phillips Blvd. Orlando. ☎ 345 29 92. Es necesario resservar mesa. Es un restaurante pequeño y acogedor que para muchos está considerado como el mejor de la ciudad.

Ⓜ **LOFTON´S .** Orlando North Hilton Towers. 350 S. North Lake Blvd. Altamonte Spring. ☎ 830 19 85. Abierto todos los días hasta las 22.00 h. Cocina tradicional americana. Los fines de semana tiene espectáculos.

Ⓜ **PLAZA DINER.** The Hotel Royal Plaza. 1905 Hotel Plaza Blvd. Lake Buena Vista. ☎ 827 31 14. Abre todos los días hasta las 24.00 h. Cocina americana con precios muy asequibles.

Ⓜ **TRADE WINDS.** Stouffer Orlando Resort. 6677 Sea Harbor Dr. Orlando. ☎ 351 55 55. Abre todos los días hasta las 23.00 h. Cocina americana y menús especiales para niños.

Ⓜ **LE JARDIN RESTAURANTE.** Sheraton Plaza Hotel Florida Mall. 1500 Sand Lake Rd. Orlando. ☎ 859 15 00. Abre todos los días hasta las 23.00 h. Tiene buffet al mediodía y cena a la carta.

Ⓜ **BRASSERIE RESTAURANT.** The Sheraton World Hotel. 10100 International Dr. Orlando. ☎ 352 11 00. Abre todos los días hasta las 24 h. Está decorado con gusto, es cómodo y con ambiente familiar. Tiene un menú especial para los niños.

Ⓜ **AMERICAN VINEYARDS.** Hilton at World Disney World Village. 1751 Hotel Plaza Blvd. Lake Buena Vista. ☎ 827 40 00. Abierto todos los días hasta las 22.30. El restaurante es elegante y ofrece platos típicos de la cocina americana.

Ⓜ **EL CONQUISTADOR AT MISSION INN.** 10400 County Rd. 48, 30 m. N.W. of Orlando T P exit 285. Howey-in-the Hill. ☎ (904) 234 31 01. Abre todos los días hasta las 21.30 h. Es necesario reservar mesa. Es obligatorio llevar americana. Es un restaurante elegante y sofisticado, los fines de semana suele tener espectáculos.

Ⓜ **HARD ROCK CAFE.** 5800 Kirkman Rd. Orlando. ☎ 351 76 25. Abre todos los días hasta las 2.00 h. Es el Hard Rock Cafe más grande del mundo. Está situado en Universal Studios. Su comida es típica americana a base de hamburguesas y patatas fritas.

Ⓜ **JUNGLE JIM´S AT CHURCH STREET.** 55 W. Church Street. Orlando. ☎ 872 31 11. Abierto todos los días hasta las 2 h. Está decorado como una jungla tropical. Su especialidad son las hamburguesas, las preparan de más de 50 formas diferentes.

Ⓜ **NICKER´S.** Mission Inn Golf & Tennis Resort. 10400 County Rd. 48, 30m. N.W. of Orlando T P exit 285. Howey-in-the Hills. ☎ (904) 324 31 01. Abre todos los días hasta las 21.00 h. Está decorado con objetos antiguos del mundo del golf, tiene vistas al lago y al campo de golf. Su comida es tradicional americana.

Ⓜ **RACHEL´S RESTAURANTE & LOUNGE.** 401 E. Semoran Blvd. Casselberry. ☎ 767 29 77. Es necesario reservar mesa. Abre de lunes a sábados hasta las 23 h 30 y los domingos hasta las 2 h. Excelente comida gourmet, los fines de semana tiene espectáculos.

Ⓜ **MCCOY´S BAR & GRILL.** Hyatt Orlando Airport. 9300 Airport Blvd. Orlando. ☎ 825 12 34. Abre todos los días hasta las 23 h. Desde las mesas se puede ver como aterrizan y despegan los aviones. La comida es tradicional americana.

Ⓜ **PARK PLACE RESTAURANT.** Howard Johnson Downtown. 304 W. Colonial Dr. Orlando. ☎ 843 87 00. Abre todos los días hasta las 22.00 h. Ambiente informal y comida tradicional americana.

Ⓜ **SHOGUN JAPANESE STEAKHOUSE.** 6327 International Dr. Orlando. ☎ 352 16 07. Abre todos los días hasta las 22.00 h 30. Además de buena comida, es un espectáculo por que preparan la comida delante de los clientes con la pulcritud y rapidez típica japonesa.

Ⓜ **RAN-GETSU OF TOKYO, INC.** 8400 International Dr. Orlando. ☎ 345 00 44. Abre todos los días hasta las 23.30 h. Es conveniente reservar mesa. Cocina tradicional japonesa, tiene bar de sushi y menú especial para niños.

Ⓜ **BENIHANA.** 1751 Hotel Plaza Blvd. Lake Buena Vista. ☎ 827 48 65. Abre todos los días hasta las 22.00 h 30. Es una cadena de restaurantes de comida japonesa. Su preparación es un espectáculo ya que lo preparan delante de los clientes.

Ⓜ **SUM CHOWS.** The Walt Disney World Dolphin. 1500 Epcot Resort Blvd. Lake Buena Vista. ☎ 934 40 00. Es un restaurante informal de cocina tradicional china. Tiene un menú especial para niños.

Ⓜ **PASSAGE TO INDIA.** 5532 International Dr. Orlando. ☎ 351 34 56. Abre todos los días hasta las 23 h. Cocina tradicional India, con presentación original y comida muy especiada.

Ⓜ **MING COURT RESTAURANT.** 9188 International Dr. Orlando. Tel.351 99 88. Abre todos los días hasta las 24 h. El restaurante tiene arquitectura y decoración típica china. Sus platos son de la Nouvelle Cuisine China, con presentación original y sofisticada.

Ⓜ **THE OUTBACK RESTAURANTE.** Buena Vista Palace. 1900 Buena Vista Drive. Lake Buena Vista. ☎ 827 34 30. Abre todos los días hasta las 23 h. Es conveniente reservar mesa. Preparan platos de la cocina australiana. La decoración es agradable y las mesas amplias y comodas, el ambiente es familiar y las raciones generosas.

Ⓜ **BARNEY'S STEAK & SEAFOOD.** 1615 E. Colonial Dr. Hwy. 50. Orlando. ☎ 896 68 64. Abre todos los días. Grandes raciones de carnes y pescados, sus mejores platos son el prime rib, los steak y la langosta. Los fines de semana tiene actuaciones en vivo. Para los niños tiene un menú especial.

Ⓜ **THE GROVE STEAK HOUSE.** Orlando Marriott International Drive. 8001 Intenational Dr. Orlando. ☎ 351 24 20. Abre todos los días hasta las 23 h. Ambiente informal, tiene magníficas carnes y pescados frescos de la Florida.

Ⓜ **SHEFFIELDS STEAK & SEAFOOD.** 4725 S. Orange Blossom Trail. Orlando. ☎ 851 87 60. Abre todos los días. Sus platos son a base de carnes y pescados, las cenas están amenizadas con música de piano. Tiene un menú especial para los niños.

Ⓜ TOWNSEND'S FISHOUSE & TAVERN. 35 W. Michigan Ave. Orlando. ☎ 422 55 60. Abre todos los dias hasta las 22.00 h 30. Buenas carnes y pescados frescos, al mediodía tiene buffet.

Ⓜ OUTLAWS STEAKHOUSE & CANTINA. 5485 Irlo Bronson Mem. Hwy. Kissimmee. ☎ 396 35 06. Abre todos los días hasta las 23 h. Decoración del oeste y especialidad en carnes, con raciones abundantes.

Ⓜ HARRY'S SAFARI BAR & GRILLE. Walt Disney World Dolphin. 1500 Epcot Resorts Blvd. Lake Buena Vista. ☎ 934 40 00. Sus mejores platos son a base de carnes y pescados frescos de la Florida. Tiene un menú especial para niños.

Ⓜ BUCHER SHOP. 8445 International Dr. Orlando. ☎ 363 97 27. Deliciosa carne preparada a la brasa al gusto de cada uno.

Ⓒ ARTHUR'S 27. Buena Vista Palace. 1900 Buena Vista Drive, Walt Disney World Village. Lake Buena Vista. ☎ 827 34 50. Abre todos los días hasta las 22.00 h. Es necesario reservar mesa. Es obligatorio llevar americana. Está situado en el piso 27 del Hotel Buena Vista Palace, por la noche tiene magníficas vistas de Disney iluminado. Entre semana las cenas están amenizadas por música de piano y los fines de semana con música de jazz en vivo. Su ambiente es elegante y selecto.

Ⓒ ATLANTIS. Stouffer Orlando Resort. 6677 Sea Harbor Drive. Orlando. ☎ 351 55 55. Abre todos los días hasta las 23.00 h. Es conveniente reservar mesa. Con magníficas recetas de pescados. Algunas noches tiene actuaciones en vivo.

Ⓒ CHALET SUZANNE RESTAURANT. 3800 Chalet Suzanne Dr. Lake Wales. ☎ (813) 676 60 11. Abre todos los días hasta las 21.00 h 30. Cierra los lunes sólo durante el verano. Es necesario reservar mesa. Es obligatorio el uso de la americana. Es un restaurante clásico y coquetón, regentado por la misma familia desde el 1932. Está decorado elegante y tiene magníficas vistas al Lago Suzanne.

Ⓒ CHARLEY'S STEAK HOUSE. 6107 So. Orange Blossom Trail, Orlando. ☎ 851 71 30. Abre todos los días hasta las 23.00 h. Es conveniente reservar mesa. Deliciosa carne cocinada lentamente a la brasa con madera natural.

Ⓒ CHRISTINI'S RISTORANTE. 7600 Dr. Phillip's Boulevard. Orlando. ☎ 345 87 70. Cierra los domingos. Sólo sirve cenas. Es necesario hacer reservas. Es obligatorio el uso de americana y corbata. Está decorado con paneles de madera en color claro, abundancia de plantas, sillas sencillas tapizadas en grís y manteles de color salmón con flores frescas en cada mesa. El restaurante tiene dos salones, uno para las cenas y el otro privado solo para reservas. Sus platos están muy bien presentados y son de la cocina tradicional italiana.

© **DUX.** The Peabody Orlando Hotel. 9801 International Dr. Orlando. ☎ 240 01 21. Es necesario hacer reserva. Es obligatorio el uso de americana y corbata. Cierra los domingos. Sólo sirve cenas. Está decorado con sillas de bambú y muebles modernos. Tiene magníficos platos de carne y pescado. El menú varía en cada estación.

© **EMPRESS LILLY.** Disney Village Marketplace. ☎ 828 39 00. Es necesario hacer reserva. Estos restaurantes se encuentran en el barco anclado en el Lago Buena Vista. Dentro tiene tres restaurantes, uno especializado en carnes, el "Streerman´s Quarters", en pescados, el "Fisherman´s Deck" y el "Empress Room" que es el más elegante y lujoso. Tienen ambiente familiar y divertido. Las comidas están amenizadas con música de New Orleans, su decoración es clásica y victoriana.

© **ENZO´S.** 1130 South Hwy. 17-92, Longwood. ☎ 834 98 72. Cierra los domingos. Sirve comidas de martes a viernes y cenas de lunes a sábados. La decoración es sencilla y sobria. Lo mejor del restaurante además de la comida son sus magníficas vistas del lago Fairy. Sus platos son una combinación de la moderna y tradicional cocina italiana.

© **GRAN CRU RESTAURANT.** Sheraton Plaza Hotel at Florida Mall. 1500 Sand Lake Rd. Orlando. ☎ 859 15 00. Abre todos los días hasta las 23 h. Es necesario reservar mesa. Es un restaurante clásico y tradicional, con ambiente elegante y selecto.

© **HEMINGWAY´S.** Hyatt Regency Grand Cypress. One Grand Cypress Blvd. Orlando. ☎ 239 38 54. Abre todos los dias hasta las 23 h. Es necesario reservar mesa. Es obligatorio el uso de americana y corbata. Está decorado alegremente e informal con muebles de bambú oscuros, abundancia de plantas y grandes paredes de cristal para ver mejor las magníficas vistas al lago. Su especialidad son los pescados. También tiene una terraza muy agradable.

© **JORDANS´S GROVE RESTAURANT.** 1300 S. Orlando Ave. Maitland. ☎ 628 00 20. Es necesario hacer reserva. Está decorado en tonos beige y marrón con mesas y sillas de madera, tiene una terraza muy agradable para comer fuera. Sus platos son de la New Cuisine Americana, sofisticados y muy bien presentados. Los productos que utiliza son de primera calidad y el menú cambia a diario. Los domingos tiene brunch de 11.30 a 14.30 h.

© **LA COQUINA.** Hyatt Regencu Grand Cypress. One Grand Cypress Blvd. Orlando. ☎ 239 12 34. Cierra los lunes. Es necesario reservar mesa. Es obligatorio el uso de americana y corbata. Está abierto hasta las 23 h. Es un elegante restaurante con platos de la New Cuisine Francesa. Tiene magníficas vistas al Lago Windsong. Los domingos prepara un espectacular brunch de 10.00 a 14.30 h.

© **LA SILA RISTORANTE.** 4898 Kirkman Rd. Orlando. ☎ 295 83 33. Cierra los domingos. Es conveniente reservar mesa. Abre hasta las 23.00 h. Su cocina es del norte de Italia. Sus platos están muy bien presentados y el servicio es atento.

© **LE COQ AU VIN.** 4800 South Orange Ave. Orlando. ☎ 851 69 80. Cierra los lunes. Es necesario reservar mesa. Está decorado sencillamente con paredes de madera, cuadros de dibujos y litografías con temas franceses. La cocina es tradicional francesa.

© **MAISON & JARDIN RESTAURANT.** 430 S. Wymore Rd. Altamonte Springs. ☎ 862 44 10. Abre todos los días hasta las 22.00 h. Es necesario reservar mesa. Es uno de los restaurantes más elegantes y lujosos de la zona. Está decorado como una antigua casa francesa. Lo mejor del restaurante ademas de su cocina, es su excelente bodega con una selección de alrededor de 400 botellas de vino.

© **MIKADO´S JAPANESE STEAK HOUSE.** Marriott´s Orlando World Center. 8701 World Center Dr. Orlando. ☎ 239 42 00. Abre todos los dias hasta las 22.00 h. Es recomendable hacer reserva. Ambiente y decoración tradicional japonesa. Sus raciones aunque pequeñas están muy bien preparadas y presentadas, Tiene bar de sushi y menú especial para niños.

© **PARK PLAZA GARDENS.** 319 Park Avenue South. Winter Park. ☎ 645 24 65. Es necesario reservar mesa. Está decorado al estilo del siglo pasado en New Orleans. Los fines de semana tiene actuaciones en vivo. Los domingos con brunch de 11.00 a 15.00 h, amenizado con música de jazz.

© **PORTOBELLO YACHT CLUB.** Pleasure Island. Lake Buena Vista. ☎ 934 88 88. Abre todos los días hasta las 24 h. Es conveniente reservar mesa. Sus platos son de la cocina del norte de italia, las raciones generosas y el servicio muy bueno.

© **REGENT COURT.** Marriott Orlando World Center. 8701 World Center Drive. Orlando. ☎ 239 42 00. Abre todos los días hasta las 22.00 h. Es conveniente reservar mesa. Está considerado como uno de los mejores restaurantes de Orlando. Es un restaurante elegante y sobrio. La preparación de sus pescados es algo fuera de serie. El servicio es amable y efectivo.

Ⓒ RUTH´S CHRIS STEAK HOUSE. 999 Douglas Ave. Altamonte Spring. ☎ 682 64 44. Abre todos los días hasta las 23 h. Es conveniente reservar mesa. Para los amantes de las carnes este puede ser su restaurante favorito, con una exquisita selección de ellas de la mejor calidad.

Ⓒ THE BUBBLE ROOM RESTAURANT. 1351 S. Orlando Ave. Maitland. ☎ 628 33 31. Está abierto de domingo a jueves hasta las 22.00 h y los viernes y sábados hasta las 23.00 h. Es un restaurante con ambiente informal, decorado según la moda de los años 40. Sus panes caseros y sus postres son deliciosos.

Ⓛ VICTORIA & ALBERT´S. 4401 Floridian Way. Lake Buena Vista. ☎ 824 23 82. Abre todos los días. Es necesario hacer reserva. Es obligatorio llevar americana y corbata. Está decorado sobrio y elegamte con paredes y columnas en beige adornadas con madera. Las sillas inglesas, mesas con manteles de hilo y lamparitas pequeñas plateadas. En el centro del restaurante tiene una inmensa lámpara sobre un gran ramo de flores frescas. Todo el restaurante despide un aire tradicional inglés. Sus platos son una obra de arte de sabor y presentación. Las cenas están amenizadas por música de arpa.

COPAS

DISCOTECAS Y NIGHTCLUBS

BAJA BEACH CLUB. 8510 W. Palm Prkwy. Orlando. ☎ 239 96 29. Abre todos los días hasta las 3 h. Es una discoteca de moda, con ambiente joven y divertido.

LITTLE DARLING´S ROCK-N-ROLL PALACE. 5770 W. Irlo Bronson Mem. Hwy. Kissimmee. ☎ 396 64 99. Abre todos los días hasta las 2.00 h. Con magnífica música de rock del antiguo y del nuevo.

TERRACE LOUNGE. Sonesta Hotel. 10000 Turkey Lake Rd. Orlando. ☎ 352 80 51. Abre todos los días hasta las 24 h. Un lugar tranquilo donde poder tomar una copa y escuchar música.

GIRAFFE LOUNGE. Hotel Royal Plaza. 1905 Hotel Plaza Blvd. Lake Buena Vista. ☎ 827 31 16. Abre todos los días hasta las 2.30 h. Tiene un salón elegante y tranquilo para tomar una copa, de lunes a sábados tiene happy hour de 16.00 a 21.30 h.

HOLLYWOOD NITES. Delta Court of Flags Hotel. 5715 Major Blvd. Orlando. ☎ 351 33 40. Abre todos los días hasta las 2.00 h. Discoteca con ambiente joven, los fienes de semana tiene grupos de rock actuando en vivo.

BENNIGAN´S. 6324 International Dr. Orlando. ☎ 351 44 36. Abre todos los días hasta las 2.00 h. Con ambiente joven y música ruidosa, tiene happy hour de 16.00 a 19.00 h.

DEKKO´S. 46 N. Orange Ave. Orlando. ☎ 648 87 27. Cierra los lunes. Entre semana está abierto hasta las 3.00 h y los fines de semana hasta las 4.00 h. Se encuentra en el centro de Orlando. Discoteca con ambiente joven, tiene mangnífico sonido y buena música de Rock.

CLUB JUANA. 6150 S. Highway 17-92. Casselberry. ☎ 831 77 17. Abre todos los días hasta las 2.00 h. Es frecuentada por gente mayor.

COCODRILE CLUB. 118 W. Fairbanks Ave Winter Parks. ☎ 647 85 01. Frecuentado por profesionales y yupis.

THE LAUGHING KOOKABURRA GOOD TIME BAR. Buena Vista Palace. 1900 Buena Vista Dr. Lake Buena Vista. ☎ 827 27 27. Abre todos los días hasta las 2 h 30. Es una discoteca con ambiente, todas las noches tiene actuaciones en vivo. De 16.00 a 20.00 h tiene todos los días happy hour.

KIMONOS. Walt Disney World Swan. 1200 Epcot Resort Blvd. Lake Buena Vista. ☎ 934 30 00. Abre todos los días hasta la 1.00 h. Su decoración es japonesa, Algunas noches tiene música en vivo y actuaciones.

BEACHAM´S JAZZ & BLUES CLUB. 54 N. Orange Ave. Orlando. ☎ 843 30 78. Abre todos los días. Lugar tranquilo para escuchar buena música de jazz y blues.

BLOOPERS SPORTS BAR. Delta Orlando Resort. 5715 Major Blvd. Orlando. ☎ 351 33 40. Abre todos los días hasta las 2.00 h. La gente se reune en estos lugares para tomar una copa y seguir alguna actuación deportiva, tiene mucho éxito, sobre todo cuando compiten dos equipos de fútbol americano rivales.

J.J. WHISPERS. 5100 Adamson St. Orlando. ☎ 629 47 79. Abre todos los días hasta las 2 h. Es una discoteca grande muy frecuentada en Orlando, tiene un salón para Comedy Club con actuaciones de martes a domingos.

TOP OF THE PALACE LOUNGE. Buena Vista Palace. Walt Disney World Village. Lake Buena Vista. ☎ 827 27 27. Abre todos los días hasta la 1 h. Es necesario hacer reserva. Es obligatorio el uso de americana. Se encuentra en el piso 27 del hotel. Por las noches tiene magníficas vistas a Walt Disney

World. Los fines de semana tiene música de jazz en vivo.

PURE PLATINUM. 5581 S. Orange Blossom Trail. Orlando. ☎ 851 81 15. Abre todos los días hasta las 2 h. Es un night club con un espectáculo de baile al estilo las Vegas, con chicas jóvenes y lentejuelas.

CRICKETERS ARMS. 8445 International Dr. Orlando. ☎ 354 06 86. Abre todos los días hasta las 2.00 h. Decorado al estilo inglés, tiene actuaciones en vivo todas las noches.

HOW AT THE MOON SALÓN. 55 W. Church St. Orlando. ☎ 841 91 18. Abre todos los días hasta las 2.00 h. Con música de Rock y Top 40. Los fines de semana tiene actuaciones en vivo.

DESPERADOES SALÓN. Hofner Center. 5575 S. Semoran Blvd. Orlando. ☎ 381 39 31. Tiene actuaciones de grupos los fines de semana.

FAT TUESDAY. 8445 International Dr. Orlando. Tel.351 53 11. 41 W. Church Street. Orlando. ☎ 843 61 04. Están abiertos todos los días hasta las 2.00 h. Es un lugar divertido para tomar una copa, su especialidad son las bebidas tropicales granizadas, tienen una selección de 25 para elegir.

STAR SEARCH LOUNGE. Howard Johnson Universal Tower Hotel. 5905 International Dr. Orlando. ☎ 351 21 00. Abre todos los días. Los fines de semana tiene actuaciones en vivo y por las tarde de 17.00 a 19.00 happy hour.

ILUSION´S LOUNGE. Orlando Marriott. 8001 International Dr. Orlando. ☎ 351 24 20. Abre todos los días hasta las 2.00 h. Discoteca con buena música y tremendo ambiente.

LANGFORD HOTEL. New England ve y Interlachen. Winter Park. ☎ 644 34 00. Es una discoteca elegante y selecta. Es obligatorio llevar americana.

BIG BANG. 102 N. Orangr Ave. Orlando. ☎ 425 92 77. Abre todos los días, entre semana hasta las 3.00 h y los fines de semana hasta las 4.00 h. Es un local moderno sólo para gente joven con mucho ritmo, y amantes de la música rap.

COMEDY CLUBS

COMEDY ZONE. Holiday Inn International. 6515 International Dr. Orlando. ☎ 351 35 00. Holiday Inn. 626 Lee Rd. Orlando. ☎ 645 56 00. Con actuaciones de martes a domingos, tiene dos presentaciones cada noche.

COCONUT CLUB. Comfort Inn. 8421 S. Orange Blossom Trail. Orlando. ☎ 857 58 51. Tiene actuaciones de martes a sábados.

OCIO, ACTIVIDADES Y ESPECTÁCULOS

CIVIC THEATRE OF CENTRAL FLORIDA. 1001 Princeton St. Orlando. ☎ 896 73 65. Tiene una compañía de actores semiprofesionales que llevan actuando en este teatro desde hace muchos años.

BOB CARR PERFORMING ARTS CENTERS. 401 Livingston Street. Orlando. ☎ 849 20 20. Tiene una capacidad de 2.500 asientos, organizan actuaciones musicales y festivales de baile.

ORLANDO OPERA COMPANY. 1900 North Mills Ave. Orlando. ☎ 896 75 75. La temporada dura de octubre a mayo.

THE FLORIDA SYMPHONY ORCHESTRA. 1900 North Mills Ave. Orlando. ☎ 896 03 31. Actúa desde septiembre a junio.

ANNIE RUSSELL THEATRE. 1000 Holt Ave. Winter Park. ☎ 646 25 01. La temporada dura de octubre a mayo.

COMPRAS

CENTROS COMERCIALES

ALTAMONTE MALL. 451 Altamonte Ave. Altamonte Springs. ☎ 830 44 00. Abre de lunes a sábados de 10.00 a 21.00 h y los domingos de 12.00 a 17.30. Con grandes almacenes como Burdines, JCPenney, Sears y Gayfers. Más de 175 tiendas y restaurantes.

BELZ FACTORY OUTLET WORLD. 5401 W. Oakridge Rd. Orlando. ☎ 352 96 11. Abre de lunes a sábados de 10.00 a 21.00 h y los domingos de de 10.00 a 18.00 h. Tiene más de 150 tiendas, algunas de firma tan conocidas como Calvin Klein, Guess, Anne Klein, Bugle Boy, Field Crest Canon o Oshkosh,

CHURCH STREET STATION EXCHANGE. 124 W. Pine Street. Orlando. ☎ 422 24 34. Abre todos los días de 11.00 a 23 h. Con arquitectura de estilo victoriano, es uno de los centros comerciales más lujosos y sofisticados de Orlando.

CROSSROADS OF LAKE BUENA VISTA. I-4 y S.R. 535, Exit 27. Lake Buena Vista. ☎ 827 73 00. Abre todos los días. Tiene 25 tiendas, oficinas de correos, restaurantes y un supermercado abierto las 24 horas.

DISNEY VILLAGE MARKETPLACE. Walt Disney World Resort. P.O.Box 10.000. Lake Buena Vista. ☎ 824 43 21. Abre todos los días de 10.00 a 20.00 h. Es una zona con cuidados y bonitos jardines rodeado por tiendas de artesanía y artículos de regalo de las mejores marcas del mundo. En este centro se encuentra la tienda con la más grande colección de recuerdos de Disney, también tiene restaurantes y actuaciones.

FLEA WORLD. Hwy. 17-92. Sanford. ☎ 647 39 76. Abre los viernes, sábados y domingos de 8.00 a 17.00 h. Es un pulguero o rastro, solo abre los fines de semana, tiene alrededor de 1.600 tenderetes con la más variada mercancía.

GOODING´S INTERNATIONAL PLAZA. 8255 International Dr. Orlando. Abre todos los días de 10.00 a 22.00 h. Tiene tiendas, 4 restaurantes, el supermercado Gooding´s abierto las 24 horas y la atracción de "Ripley´s Believe it or not".

IVANHOE ROW. 1231 N. Orange Ave. Orlando. ☎ 896 92 30. Es uno de los centros comerciales más antiguos, está situado en el centro de Orlando.

KISSIMMEE MANUFACTURERS OUTLET MALL. Highway 192, 1 milla al este de S.R. 535, Kissimmee. ☎ 396 89 00. Abre de lunes a sábados de 10.00 a 21.00 h y los domingos de 11.00 a 17.00 h. Es un centro comercial con alrededor de 30 tiendas de descuento.

MERCADO MEDITERRANEAN VILLAGE. 8445 International Dr. Orlando. ☎ 345 93 37. Abre todos los días de 10.00 a 20.00 h. Es un centro comercial muy cuidado con más de 60 tiendas y 5 restaurantes. Todas las noches en el centro actúa una banda de música.

OLD TOWN. 5770 W. Irlo Bronson Mem. Hwy. Kissimmee. ☎ 396 48 88. Abre todos los días de 10.00 a 22.00 h. Con diversas tiendas y restaurantes.

ORLANDO FASHION SQUARE MALL. 3201 E. Colonial Dr. Orlando. ☎ 896 11 31. Abre de lunes a sábados de 10.00 a 21.00 h y los domingos de 12.00 a 18.00 h. Tiene restaurantes, más de 150 tiendas y grandes almacenes como Burdines, JCPenney, Sears o Gayfers.

PARK AVENUE AREA ASSOCIATION. 150 New York Ave. North. Winter Park. ☎ 644 82 81.

QUALITY OUTLET CENTER. 5527 International Dr. Orlando. ☎ 423 58 85. Abre de lunes a sábados de 9.30 a 21.00 h y los domingos de 11.00 a 19.00 h. Es un centro comercial de descuento donde se puede conseguir mercancía con un descuento entre el 25% hasta el 70%.

THE FLORIDA MALL. 8001 S. Orange Blossom Trail. Orlando. ☎ 851 62 25. Abre de lunes a sábados de 10.00 a 21.30 hy los domingos de 11.00 a 18.00 h. Tiene restaurantes, más de 200 tiendas y grandes almacenes como JCPenney, Dillard´s, East and South, Belk Lindsey o Sears.

WINTER PARK MALL. 400 N. Orlando Ave. Winter Park. ☎ 647 24 02. Abre de lunes a sábados de 10.00 a 21.00 y los domingos de 12.00 a 17.30 h. Tiene alrededor de 50 tiendas y restaurantes.

COMERCIOS DE INTERÉS

ANNE KLEIN FACTORY STORES. 5401 W. Oak Ridge Rd. Orlando. ☎ 345 56 22. Se pueden conseguir joyas, perfumes, gafas y accesorios de Anne Klein con un descuento de hasta el 50%.

AMERICAN TOURISTER FACTORY OUTLET STORE. 5431 International Dr. Orlando. ☎ 352 72 07. Abre de lunes a sábados de 9.30 a 21.00 h y los domingos de 11.00 a 18.00 h. Tiene bolsos maletas y artículos de piel a muy buenos precios.

DANKS FACTORY OUTLET. 7024 International Dr. Orlando. ☎ 351 24 25. Abre todos los días. Tiene artículos para la casa y cocina algunos con un descuento de hasta un 60%.

FITZ AND FLOYD. Belz Mall. Orlando. ☎ 351 34 87. Abre de lunes a sábados de 10.00 a 21.00 h y los domingos de 10.00 a 18.00 h. Tiene artículos para la casa, vajillas, cristalería, accesorios y regalos de marcas con un descuentos de entre el 25% y el 80%.

GIFT MANIA, INC. 8338 International Dr. Orlando. ☎ 352 00 06. Abre todos los días de 8.00 a 24 h. Tiene artículos de regalo y de vestir con todos los muñecos de Disney, además de artículos de deportes de marcas como Nike, Reebok o L.A. Gear.

SERVICE MERCHANDISE CO. 730 Sand Lake Rd. Orlando. ☎ 240 95 75. Abre de lunes a sábados de 10.00 a 21.00 h y los domingos de 12.00 a 18.00 h. Tiene artículos para la casa, joyería, armas, artículos para bebé y todas las novedades en electrodomésticos grandes y pequeños.

YES BRASIL. 5571 International Dr. Orlando. ☎ 351 36 84. Abre de lunes a sábados de 9.30 a 21.00 h y los domingos de 11.00 a 18.00 h. Tiene perfumes de todos el mundo, cámaras de fotos, videos, audios, teléfonos y toda clase de electrodomésticos pequeños.

THE SPORT AUTHORITY. 881 Sand Lake Rd. Orlando. ☎ 857 16 11. Abre de lunes a sábados de 10.00 a 21.00 h y los domingos de 11.00 a 18.00 h. Es una de las tiendas más grandes de artículos de deportes.

PRICE JEWELERS. Belz Factory Outlet. Orlando. ☎ 352 87 87. Abre de lunes a sábados de 10.00 a 21.00 h y los domingos de 11.00 a 18.00 h. Aquí se pueden comprar joyas, piedras preciosas o relojes directamente a las fábricas con un descuento entre el 25% y el 70%.

ORLANDO MAGIC FANATTIC. 715 N. Garland Ave. Orlando. ☎ 649 22 22. Abre de lunes a sábados de 10.00 a 17.30 hy los domingos de 12.00 a 17.00 h 30. Operada por los Orlando Magic, tiene camisetas, gorras y toda clase de artículos de deportes de marcas como Reebok o Nike.

OTROS PARQUES DE ATRACCIONES EN ORLANDO

SEA WORLD. 7007 Sea World Dr. Orlando. ☎ (407) 351 36 00. Abre los 365 días del año a las 9.00 h la hora del cierre depende de las estaciones. Es un espectáculo dedicado al mundo marino. Además de divertido resulta muy educativo para los niños. Es aconsejable en la entrada preguntar por los horarios de los espectáculos y no perderos ninguno que merecen la pena.

SHAMU STADIUM: Aquí trabaja la artista de Sea World **Shamu,** la gigantesca ballena actua en una gran aquarium de más de veinte millones de litros de agua.

WHALE AND DOLPHIN STADIUM: Es el lugar donde actuan las ballenas y los delfines, en un espectáculo atrevido y cómico.

TERRORS OF THE DEEP: Aquí se encuentra la colección más grande de animales marinos peligrosos como las morenas, barracudas, peces venenosos o los temidos tiburones. A estos últimos se les puede ver en su habitat natural através de un vidrio blindado. En la sala contigua proyectan una película sobre las costumbres de estos animales.

SEA WORLD THEATRE: Se puede ver **Window to the Sea,** un espectáculo sobre animales y flora acuática.

PENGUIN ENCOUNTER: En esta atracción han creado un habitat para los pinguinos igual que la Antártica de donde proceden. Es todo un espectáculo ver a alrededor de 200 pinguinos.

MANATEES THE LAST GENERATION: Poca gente conoce los esfuerzos del parque para salvar a los casi desaparecidos manatís que quedan por los alrededores de la Florida. Desde 1976 Sea World ha rescatado y curado a más de 110 manatís. Otro de los datos interesantes sobre estos animales es que su velocidad máxima en el agua es de solo 15 millas por hora.

SEA LION & OTTER STADIUM: En este lugar actuan los leones marinos, morsas y las nutrias en su nuevo espectáculo llamado **Hotel Clyde and Seamore**,

NAUTILUS SHOWPLACE: Situado al norte del parque, es un anfiteatro para ver un espectáculo de skí acuático y demás acrobácias que se realizan sobre el agua.

ALOHA POLYNESIAM LUAU: Es un espectáculo con cena dentro del parque. Se pueden comer platos de la cocina tradicional Hawaiana y ver un show con música y bailes típicos.

UNIVERSAL STUDIOS FLORIDA. 1000 Universal Studios Plaza. Orlando. ☎ (407) 363 80 00. Abre todos los días del año. Es el estudio de filmación de películas más grande en Estados Unidos después de los de Hollywood. Fué inaugurado en 1990. Las atracciones muestran, los estudios y los efectos especiales de películas famosas como:

BACK TO THE FUTURE: Atracción sobre la película "Vuelta al Futuro", con sus cambios entre los años 50 y los 2015.

JAWS: Esta atracción trata sobre la famosa película "tiburón".

KING KONGFRONTATION: Un espectáculo donde un King Kong furioso, de más de 30 pies de altura aterroriza a los espectadores. En esta atracción cámaras indiscretas ruedan escenas para luego mostrarlas y explicar cómo se gravó la película original.

E.T.: Escenarios y efectos especiales, con los que se gravó la famosa película.

EARTHQUAKE: Esta atracción se ve através de un tren. Un terremoto de 8.3 en la escala de Richter, invade los estudios, cede la tierra y se incendia e inunda el escenario.

GHOSTBUSTERS: Aquí se puede ver cómo se rodó, los trucos y efectos especiales de la película Caza Fantasmas.

Además de todos estas atracciones, se pueden ver más de 40 set de calles que se han utilizado en diferentes películas. En sus estudios se ruedan los programas de la cadena Nickelodeon. Por sus calles hay distintas tiendas para comprar recuerdos y varios restaurantes como el **Hard Rock Café**, con platos de la cocina rápida americana, el **The Beverly Hills Boulangerie,** con cocina continental y el **San Francisco´s Fisherman´s Wharf**, para los amantes del buen pescado.

CYPRESS GARDENS. P.O.Box 1. Cypress Gardens 33884. ☎ (813) 324 21 11. Abre todos los días de 9.00 a 18.00 h. Está situado a 40 minutos al suroeste de Walt Disney World por la U.S. 27 cerca de Winter Haven. Es la atracción más antigua de la zona, se inauguró en el 1936. Se creó durante la época de la gran depresión como un lugar de recreo y paseo. Hoy en día es un inmenso parque con distintas atracciónes. Lo que más llama la atención es su exhuberante vegetación. Tiene más de 8.000 variedades de plantas y flores, en su mantenimiento trabajan alrededor de 50 personas. Mantiene su habitat natural con todos los animales y reptiles típicos del centro de la Florida. En el zoológico del parque hay un show donde actuan cocodrilos y cotorras. Tiene un **Palacio de Cristal**, donde se puede patinar sobre hielo. Cuenta con un espectáculo de esquí acuático que dura aproximádamente 30 minutos y se realiza en el Lago Eloisa. Todos los años en el mes de junio se reunen en este lugar los mejores esquiadores del mundo, para celebrar una competición mundial. Durante la noche celebran un espectáculo con rayos laser y fuegos fuegos artificiales.

WET AND WILD. 6200 International Dr. Orlando. ☎ (407) 351 18 00. El horario varía dependiendo de las estaciones, en verano abre de 9.00 a 18.00 h, en primavera y otoño de 10.00 a 17.00 h. Cierra el mes de enero y mitad de febrero. Es un inmenso parque acuático con con piscinas, toboganes, corrientes y todo lo que tenga que ver con las diversiones de agua para niños.

GATORLAND ZOO. 14501 S. Orange Blossom Trail. Orlando. ☎ (407) 855 54 96. Abre todos los días de 8.00 a 18.00 h. Es un parque con más de 5.000 cocodrilos y aligators. Durante el espectáculo **Gator Jumparoo Show**, los cocodrilos y sus entrenadores muestran las destrezas y la fuerza de estos animales. En el bosque de cipreses tiene tortugas, pájaros y anacondas. El restaurante del parque sirve platos de aligator, se pueden comprar latas de carne de cocodrilo, y en la boutique venden zapatos, bolsos, cinturones y demás artículos de piel de cocodrilo.

WATER MANIA. 6073 W. Irlo Bronson Mem Hwy. Kissimmee. ☎ (407) 396 26 26. El horario es en primavera de 10.00 a 17.00 h, en verano de 9.30 a 20.00 h, en otoño de 10.00 a 17.00 h, y en invierno de 11.00 a 17.00 h. Es un parque de agua de 38 acres de terreno y piscinas. Tiene toboganes de agua, olas para practicar el surf y divertidos juegos de agua para niños.

FUN'N WHEELS. International Dr. y Sand Lake Rd. Orlando. ☎ (407) 351 56 51. Osceola

Square Mall. Kissimmee. ☎ (407) 870 22 22. Abre de lunes a jueves de 16.00 a 23.00 h, los viernes de 16.00 a 24.00 h, los sábados de 10.00 a 24.00 h y los domingos de 10.00 a 23.00 h. Es un parque con tres pistas de Go-Carts, minigolf, tiendas y restaurante de comida rápida.

KENNEDY SPACE CENTER SPACEPORT USA. State Road 405. Kennedy Space Center. ☎ (407) 452 21 21. Cierra el día de Chritsmas. Los demás días abre de 9.00 a 19.00 h. Está situado a una hora de coche al sureste de Orlando. Te muestran una película llamada "The Dream Is Alive", sobre la historia del centro, y los viajes espaciales realizados hasta este momento. Además se puede ver un museo con trajes y coches usados en las misiones espaciales.

EL SUR DE LA FLORIDA

Lo más destacable de esta zona es su inmensa riqueza natural, simbolizada por el parque nacional de los Everglades y los ya míticos Cayos (The Keys). Pero hay también lugar para las últimas tecnologías en lugares como Fort Lauderdale que, si bien al calor de la poderosa Miami, tienen la suficiente entidad como para merecer nuestro tiempo.

FORT LAUDERDALE

Está situada al norte de Miami, en el Condado de Broward, se llega por la Interstate 95 norte, más conocida por la I-95, que va através de la costa este del país desde Canada hasta Miami. Desde Miami Beach se llega por la A1A, que bordea la costa. Fort Lauderdale, conocida como "La Venecia de las Americas", con 480 Km de canales navegables, es la ciudad promedio con más barcos por habitantes del mundo, con más de 40.000, para una población de 150.000 habitantes. Su temperatura media anual es de 17º C, y tiene más de 3.000 horas de sol al año. Una de las fechas principales en la vida de esta ciudad es el "Spring Break" o vacaciones de Semana Santa. Ee reparte el éxito con Daytona Beach, situada también en la costa este de la Florida pero un poco más al norte. El "Spring Break", dura dos semanas, durante las cuales la ciudad se llena de estudiantes de todos los lugares de EE.UU. con ganas de divertirse y hacer locuras. Las playas, restaurantes, terrazas y discotecas se llenan de gente jóven. El resto del año la ciudad es algo más tranquila, con una población de clase media alta. Es un lugar elegido por muchos para pasar las vacaciones con un ambiente más americano que Miami. Tiene 37 Km de playas con arena fina de color oro, aguas limpias y de intenso color azul, que dan al Océano Atlántico. El nombre de Fort Lauderdale proviene del fuerte con el mismo nombre en homenaje William Lauderdale, Mayor que peleó contra los indios.

LA VISITA

Fort Lauderdale tiene cuatro cuadrantes, como Miami. El punto central del cuadrante es la intersección de Broward Blvd. y la avenida Andrews. Los cuadrantes se dividen en noroeste (northwest), noreste (northeast), Sreste (southeast) y suroeste (southwest). Las calles (Streets) y los bulevares (Boulevard) van de este a oeste, y las avenidas (Avenues) y carreteras (Roads) de norte a sur.

BONNET HOUSE. 900 N. Birch Rd. ☎ (305) 563 53 93. Abre de martes a jueves de abril a noviembre. Se llega por Sunrise Blvd. hasta N. Birch Rd. Es una preciosa mansión de 30 habitaciones, rodeada por un maravilloso jardín con una vegetación tropical. Valorada en más de $35 millones de dólares, recientemente ha sido donada al Patrimonio Histórico Estatal. fue diseñada y construida por el artista Frederic Bartlett, su viuda con 105 años de edad sigue pasando los inviernos en esta casa. Se puede admirar una variada muestra de objetos de arte, pinturas, esculturas, antigüedades y una gran colección de conchas de mar.

KING CROMARTIE HOUSE. 231 S.W. 2Ave. ☎ (305) 462 41 16. Abre de lunes a viernes y los domingos de 12.00 a 17.00 h, los sábados de 10.00 a 17.00 h. Se llega a través de Broward Blvd. a la salida de la I-95, al este hasta la 2 Avenida. Esta casa se ha conservado como si el tiempo no hubiera pasado. Se aprecian todas las antigüedades tal cual aparecieron en su época, desde la ropa hasta la decoración de Navidad.

MUSEO HISTÓRICO DE FORT LAUDERDALE. 231 S.W. 2 Ave. ☎ (305) 463 44 31. Abre de martes a sábados de 10.00 a 16.00 h. y los domingos de 13.00 a 16.00 h. Se llega a través de Broward Blvd. en dirección este, hasta la 2 Avenida. Es un pequeño museo donde se puede ver la historia de Fort Lauderdale desde los tiempos que estuvo habitada por los Indios Seminoles. Está situada cerca del Centro de Descubrimientos y de la casa de King Cromartie.

MUSEO ARQUEOLÓGICO. 203 S.W. 1st St. ☎ (305) 525 87 78. Abre de martes a sábados de 10.00 a 16.00 h, y los domingos de 13.00 a 16.00 h. Para los amantes de la arqueología, este museo conserva interesantes fósiles encontrados por los alrededores, así como el cuerpo de una niña momificada perteneciente a los Indios Tequesta. Algunos de estos objetos tiene una antiguedad de más de 2.000 años.

PLAYAS Y PARQUES

El condado de Broward tiene un total de 37 Km. de playas, de los cuales Fort Lauderdale disfruta de 10. En la mayoría de estas playas podrán encontrar baños públicos con duchas, mesas para picnic, barbacoas, salvavidas en las horas en que la playa esté abierta, y también alguna tienda donde se pueden comprar refrescos o algo de comer. Recuerden que en la mayoría de playas necesitarán monedas de 25 centavos para meter en los parquímetros.

FORT LAUDERDALE BEACH. Esta playa es la más famosa y marchosa de Fort Lauderdale. Está dividida en dos diferente ambientes, **The Strip** que es donde esta la animación nocturna y la afluencia de gente, bares, discotecas, etc., y la zona mas al norte que es mas familiar y tranquila. Podrán coger desde la I-95 Broward Blvd., que les dejará en Las Olas Blvd, y seguir Las Olas hasta la playa, o bajar en Sunrise Blvd. e ir hacia el este hasta la playa.

DANIA BEACH. Queda entre Sheridan street y Port Everglades. Esta playa tiene una interesante apariencia ya que ha sido menos explotada que las otras playas. Encontrarán un edificio con tiendas, bares y restaurantes.

LAUDERDALE BY THE SEA. Ocean Blvd. entre Commercial Blvd. y Okland Park. Aquí disponen de un muelle desde el cual podrán pescar la cena.

POMPANO BEACH, DEERFIELD BEACH Y BOCA RATON. A unos 20 km al norte de Fort Lauderdale. Son playas muy limpias y con menos gente que las anteriores.

DATOS PRÁCTICOS

ALQUILER DE COCHES

ALAMO. 110 SE Sixth St. ☎ (305) 525 25 01 y (800) 327 96 33.

AVIS. ☎ (305) 359 47 00,

DOLLAR. ☎ (305) 359 32 55

HERTZ. ☎ (305) 359 52 81

NATIONAL. ☎ (305) 359 83 03.

INFORMACIÓN TURÍSTICA

GREATER FT. LAUDERDALE CONVENTION AND VISITORS BUREAU. 1850 Eller Drive. ☎ (305) 765 44 66 y (800) 356 16 62.

GREATER FT. LAUDERDALE CHAMBER OF COMMERCE. 512 EN 3rd Avenue. ☎ (305) 462 60 00.

OFICINA DE CORREOS

POST OFFICE. 1900 W. Oakland Park Boulevard. ☎ (305) 527 20 28. Abierta de lunes a viernes de 7.30 a 19.00 h, los sábados de 8.30 a 14.00 h.

TRANSPORTES

AUTOBÚS

GREYHOUND. 515 NE 3rd St. ☎ (305) 764 65 51 y (800) 231 22 22. Abierta las 24 h. La compañía conecta la ciudad con Orlando, Daytona Beach y Miami, con paradas intermedias en los trayectos. Les avisamos que la zona que rodea la estación es de las más inseguras de la ciudad, sobre todo de noche.

AEROPUERTO

FORT LAUDERDALE/HOLLYWOOD INTERNATIONAL AIRPORT. 1400 Lee Wagner Boulevard. ☎ (305) 359 61 00. Se encuentra a unos 5 km al sur del centro por la US 1, o bien tomando la salida 12B de la Interestatal 95. Hay un autobús público hacia el centro, el #1.

TREN

AMTRAK. 200 SW 21st Terrace. ☎ (305) 587 66 92 y (800) 872 72 45. Abierta toda la semana de 7.15 a 21.15. Conectada con el centro de la ciudad por el autobús #22. Dos servicios diarios a Orlando.

TAXIS

Las tarifas son 2$45 por la primera milla, y 1$75 por cada milla adicional.

PUBLIC SERVICE TAXI: ☎ (305) 587 90 90.

YELLOW CAB: ☎ (315) 565 54 00.

TRANSPORTE PÚBLICO

Es prestado por la **Broward County Transit** (**BCT**). La estación está en 1st St NW & 1st Ave NW. ☎ (305) 357 84 00. Operativo toda la semana de 6.00 a 21.00 h. Precio del billete: 1$, abono semanal por 8$. El **TriRail** conecta West Palm Beach, Fort Lauderdale y la ciudad de Miami. El servicio opera de lunes a sábado de 5.00 a 21.00 h; los domingos, las frecuencias cambian. El precio del billete es de 2$50. Los teléfonos de información: (305) 728 84 45 y (800) 874 72 45.

ALOJAMIENTOS

Ⓜ **ADEMIRAL'S COURT MOTEL.** 21.00 hendricks Isle. ☎ (305) 462 50 72, (800) 248 66 69. Fax (305) 763 88 63. Este motel tiene 37.00 habitaciones. Se encuentra cerca de la playa, con tiendas, restaurantes, en otras palabras muy bien localizado. Parada de bus en la esquina del hotel, llamado Beach Buggy Bus.

Ⓜ **BAHIA HARBOR BEACH INN.** 3019.00 harbor Drive. ☎ (305) 522 00 11, (800) 365 22 44.Con

19.00 habitaciones. Frente a la playa, estilo Art Deco. Piscina climatizada. Muy cerca de Ocean World.

Ⓜ **SEA VIEW RESORT MOTEL.** 550 North Birch Road. ☎ (305) 564 31 51, (800) 356 23 26. Fax. (305) 561 91 47. Con 22.00 habitaciones muy cerca de la playa, y de la vida nocturna.

Ⓜ **SURF AND SUN HOTEL AND APARTMENTS.** 521 North Atlantic Blvd. ☎ (305) 564 43 41, (800) 248 04 63. Fax: (305) 522 51 74. Con 20.00 habitaciones. Vista de la nueva playa en Fort Lauderdale. Muy cerca del centro comercial, restaurantes, bares.

Ⓜ **BEST WESTERN OCEANSIDE INN.** 1180 Seabreeze Blvd. ☎ (800) 367 10 07.Este hotel esta muy bien localizado. Frente a la playa y muy céntrico.

COMPRAS

BROWARD MALL. 8000 West Broward Blvd., Plantation. ☎ (305) 473 81 00. Abierto de lunes a sábado de 10.00 a 21.00 h. Domingo de 12.00 a 17.00 h.

SAWGRASS MALL. 12801 West Sunrise Blvd., entre Flamingo road y Sunrise Blvd. Tiendas de deportes

GALLERIA MALL. Sunrise Blvd. Tiene los mejores almacenes como Saks Fifth Avenue, Neiman Marcus. Horario: de 10.00 a 21.00 h. de lunes a sábado. Domingo de 12.00 a 17.00 h.

ATLANTIC COAST KAYAK. 1 NE 39 St. Tel.(305) 568 02 80.

BAIT BUSTERS TACKLE. 2301 NE 5 Ave. ☎ (305) 942 34 74.

GREEN'S DIVE SHOP. 1739 E. Sunrise Blvd. ☎ (305) 462 56 26.

WINDSURFING MADNESS. 1804 East Sunrise Blvd. ☎ (305) 525 94 63.

CULTURA, OCIO Y ESPECTÁCULOS

PARQUES DE ATRACCIONES Y EXCURSIONES GUIADAS

ATLANTIS. 2700 Stirling Road. Hollywood. ☎ (305) 926 10 00. Durante los meses del verano abre todos los días de 10.00 a 22.00 h. Es un parque acuático con 45 piscinas, toboganes de siete alturas, y otros de alta velocidad. Es un paraíso para los niños.

OCEAN WORLD. 1701 S.E. 17 St. Causeway. ☎ (305) 525 66 11. Abre todos los días de 10.00 a 18.00 h. Tiene seis actuaciones díarias, la última a las 16.15. Se llega por la I-95, hasta la salida 28 que es Davie Blvd. Bajarse allí e ir hacia el este hasta la US 1, torcer hacia el sur hasta la 17 calle del S.E. Es un parque acuático, con actuaciones de delfines y focas. También se pueden ver tiburones, tortugas y muchos animales del mundo marino.

JUNGLE QUEEN. 801 Seabreeze Blvd. ☎ (305) 462 55 96. Para apreciar mejor la belleza de Fort Lauderdale, este barco hace un recorrido por el mar. Durante el trayecto de la tarde se ofrece una cena al estilo americano.

PASEO EN COCHE DE CABALLOS. 610 E. Las Olas Blvd. ☎ (305) 763 73 93. Tiene varios recorridos por las partes más interesantes de la ciudad. Alguno de los más solicitados es através del Nuevo Río con una duración de 20 minutos, o el Colee-Hammock, que se visita toda la parte antigua de Fort Lauderdale.

SOUTH FLORIDA TROLLEY TOURS. ☎ (305) 522 77 01. Es un paseo en tranvía por las zonas históricas de la ciudad. La duración del viaje es de 90 minutos, y se para a recoger clientes en los hoteles de la A1A y Sunrise Blvd.

PASEO EN GLOBO, ROHR BALLOONS. 6000 N.W. 28 Way, Hangar A 1. Fort Lauderdale. ☎ (305) 491 17 74. Viaje de tres horas de duración, sobrevolando el Condado de Broward. Desde el aire se puede ver la belleza y la cantidad de canales navegables que tiene la ciudad de Fort Lauderdale.

PESCA

T'S CHARTER BOAT. Bahia Mar, 4209 NE 22 Ave. ☎ (305) 462 58 20.

DRAGÓN II FISHING. 446 Seabreeze Blvd. ☎ (305)522 34 74.

ATLANTIC BOAT RENTAL AT BAHIA MAR YACHTING CENTER. 801 Seabreeze Blvd. ☎ (305) 764 22 33. Este negocio se especializa en alquiler de barcos de pesca. Se pueden alquilar con capitan o sin él.

FISH CITY MARINA. State Road A1A con Hillsboro Inlet, Pompano. ☎ (305) 781 12 11. Salidas de barcos para pescar. Hacen hasta tres viajes diarios.

SUSIS' WATERSPORTS. 2000 E. Sunrise Blvd. ☎ (305) 463 78 74. Está muy céntrico, cerca del centro comercial Galería, que es el más famoso de Fort Lauderdale. Aquí podrán encontrar motos de agua y barcos para alquilar.

WATERSPORTS UNLIMITED. 2025 E. Sunrise Blvd. ☎ (305) 462 89 62. Alquilan motos de agua y barcos de diversos tipos. También podrán hacer "parasailing" (les ponen un paracaidas y les arrastran con una motora) y esqui acuático.

CLUB NAUTICO. 854 S. Federal Highway. ☎ (305) 942 32

70. Este lugar es ideal para alquiler de barcos de todos los tamaños. Llamen con antelación para reservar y pregunten precios, durante la semana tienen mejores tarifas que durante el fin de semana.

WINDSURFING

La mayoría de lugares donde alquilan las tablas ofrecen clases en las que aprendes en 2 hrs. Para alquilarlas podéis ir a varios sitios, pero si queréis que todo el mundo os vea, debéis ir a la playa al sur de Las Olas Blvd. Alquiler y clases en **Windsurfing Madness**, 1804 East Sunrise Blvd., ☎ (305) 525 94 63. También en **Lighthouse Dive Center**, 2507 North Ocean Blvd. (State Rd. A1A), Pompano Beach, ☎ (305) 782 11 00.

ESQUÍ ACUÁTICO

SKI RIXEN. 6601 N.Powerline Road. ☎ (305) 429 02 15.

LYLE LEE'S SKI COLLEGE AND BOAT RENTAL. 3701 NW 9th. Ave. ☎ (305) 943 77 66.

QUIET WATERS PARK. 6601 Powerline Road. ☎ (305) 429 02 15.

MOTOS DE AGUA

POWERBOAT RIDES. 440 Seabreeze Blvd. ☎ (305) 922 35 05.

SOUTHCOAST WATERSPORT RENTALS. 5400 North Ocean Blvd., Hollywood. ☎ (305) 920 25 74.

HOLLYWOOD JET SKI RENTALS. 4510 N. Ocean Drive en State Road A1A. Al norte de Sheridan Street. ☎ (305) 921 83 43.

CAMPOS DE GOLF

AMERICAN GOLFERS CLUB. 3850 North Federal Hwy. ☎ (305) 564 87 60.

ARROWHEAD COUNTRY CLUB. 8201 SW 24 St. Davie. ☎ (305) 475 82 00.

CAROLINA COUNTRY CLUB. 3011 Rock Island Rd., Margate. ☎ (305) 753 40 00.

COLONY WEST COUNTRY CLUB. 6800 North Pine Island Road, Tamarac. ☎ (305) 726 84 30.

GRAND PALM COUNTRY CLUB. 110 Grand Palms Drive., Pembroke Pines. ☎ (305) 437 33 34.

HOLLYBROOK. 900 Hollybrook Drive., Pembroke Pines. ☎ (305) 431 45 45.

TEATROS

BROWARD CENTER FOR THE PERFORMING ARTS. 201 SW 5 Ave. ☎ (305) 522 53 34, 462 02 22. Este imponente edificio se terminó en 1991, con su maravillosa vista del New River, les gustará. Tiene un lugar para hacer los conciertos al aire libre y 2.700 asientos. Con mas de 500 presentaciones de obras variadas.

PARKER PLAYHOUSE. 808 NE 8 St. ☎ (305) 764 07 00.

SUNRISE MUSICAL THEATRE. 5555 NW 95 Ave., Sunrise. ☎ (305) 741 73 00 o al 523 33 09.

THE FLORIDA PHILARMONIC ORCHESTRA. 1430 North Federal Hwy. ☎ (305) 561 29 97.

CRUCEROS ORGANIZADOS

Hay varias compañías dedicadas a ofertar cruceros, cuyos destinos son las Bahamas y demás islas del Caribe. Estas compañías son:

CRYSTAL CRUISES. ☎ (800) 446 66 12.

DIAMOND CRUISES. ☎ (800) 333 33 33.

DISCOVERY CRUISES. ☎ (315) 525 78 00.

HOLLAND AMERICAN LINE. ☎ (800) 426 03 27.

P&O CRUISES. ☎ (415) 382 90 86.

PRINCESS CRUISSES. ☎ (800) 421 05 22.

SEABOURN CRUISES LINES. ☎ (800) 351 95 95.

SEAESCAPE. ☎ (800) 432 09 00.

SUN LINE. ☎ (800) 468 64 00.

COPAS

BOOTLEGGER. 3003 NE 32 Ave. ☎ (305) 563 43 37.

BUTTON SOUTH. 100 Ansin Way Blvd. ☎ (305) 454 48 80.

CAFE 66. 2001 SE 17 st. Causeway. ☎ (305) 728 35 00.

CANDY STORE. 1 North Atlantic Blvd. ☎ (305) 761 18 81.

CHEERS. 941 E. Cypress Creek Road. Tel.(305) 771 63 37.

CITY LIMITS. 2520 S. Miami Road. ☎ (305) 524 78 27.

COCONUTS. 429 Seabreese Blvd. ☎ (305) 467 67 88.

CONFETTI'S. 2660 East Commercial Blvd. ☎ (305) 776 40 80.

CROCCO'S. 3339 N. Federal Hwy., Okland Park. ☎ (305) 566 24 06.

ELBO ROOM. 241 South Atlantic Blvd. ☎ (305) 463 46 15.

MUSICIAN'S EXCHANGE. 729 W. Sunrise Blvd. ☎ (305) 764 19 12.

PARROT LOUNGE. 911 Sunrise Lane. ☎ (305) 563 14 93.

SHIRTTIL CHARLIE'S DOWNSTAIRS BAR. 400 SW 3 Ave. ☎ (305) 463 34 74.

STUDIO 51. 1421 E. Oaklan Park Blvd. ☎ (305) 565 51 51.

SUMMERS ON THE BEACH. 219 S. Atlantic Blvd. ☎ (305) 462 89 78.

YESTERSDAY'S. 3001 E. Oklan Park Blvd. ☎ (305) 561 44 01.

FORT MYERS

La ciudad de las Palmas, con sus 300.000 habitantes, se está convirtiendo en una de las principales metrópolis de la costa del Golfo de México. El sobrenombre le viene de los más de dos millones de palmeras que hay plantadas en el trazado urbano, remontándose tan curiosa y bella tradición a finales del siglo XIX, cuando el ínclito Thomas Edison comenzó a plantarlas, para disfrutar de esta manera una mejor vista desde su estudio. Otro magnate que discurrió por aquí fue Henry Ford, que también buscara el cálido y apacible clima del Golfo. En la zona de Lee Island Coast es donde se encuentran Sanibel, Captiva islands, Fort Myers y Bonita Springs cuyos moradores se precian de tener las mejores playas del mundo, con la mayor variedad de conchas encontradas en Norteamérica.

LA VISITA

EDISON ESTATE & LABORATORY. ☎ (941) 334 74 19. Abierto de lunes a sábados de 9.00 a 16.00 h, los domingos no abre hasta las 12.30. Entradas: 15$. Los cuarteles de invierno de uno de los

mayores inventores de la historia de la Humanidad, Thomas Alba Edison. El genio gustaba de buscar la inspiración cultivando el jardín espléndido que rodea la vivienda: así, no es de extrañar que hoy podamos apreciar más de seiscientas especies odoríferas. En la edificación se encuentran el restaurado Edison's Laboratory y el pequeño pero igualmente destacable Edison Museum.

FORT MYERS HISTORICAL MUSEUM. 2300 Peck St. ☎ (941) 332 59 55. Abierto de martes a viernes de 9.00 a 16.00 h, sábados abre a las 10.00 h. Cerrado domingos y lunes. Entradas: 2$50 adultos, 1$ niños. Institución que no podía faltar, consagrada a preservar y explicar la historia de la ciudad. En este caso, restos de las poblaciones nativas, artefactos militares o un cañón que lo fue de los españoles.

HENRY FORD-BIGGAR HOME. 2400 McGregor Blvd. Fort Myers. Otro de los personajes que eligió Fort Myers como vivienda fue Henry Ford. Él y Edison fueron grandes amigos y vecinos. La ciudad de Fort Myers compró su casa en el verano de 1988. Se ha renovado la misma y el jardín respetando los detalles de la época en que vivió Ford. Actualmente está abierta al público y se puede visitar cualquier día.

LAKES PARK. 7330 Gladiolus Dr., South Fort Myers. ☎ (941) 432 20 04. Abierto toda la semana de 8.00 a 18.00 h. No se cobra entrada. Más de la mitad de la extensión que ocupa este parque regional se encuentra sumergido. Así, no es de extrañar que sea parada obligatoria para multitud de especies de muy alto valor, tal que flamencos o caimanes, a modo de ejemplo. Un curioso ferrocarril turístico nos muestra la diferencia entre los tipos de fauna en un trayecto de un par de kilómetros: les advertimos de que el lunes no está operativo, y de que el precio del billete es de 2$50. El Fragrace Garden, un jardín que fue pensado para acercar las plantas a personas con minusvalías, es asímismo una visita obligada una vez en el parque.

MANATEE PARK. ☎ (941) 432 20 04. Abierto de noviembre a marzo de 8.00 a 17.00 h; de abril a octubre, no cierra hasta las 20.00 h. Uno de los pocos lugares en el mundo donde se puede contemplar al extraño manatí en un hábitat no alterado. Este mamífero que mora en aguas templadas, en tiempo manjar para jefes mafiosos, se acerca todos los inviernos a esta reserva de apenas 10.00 ha. Se puede contemplarlos en las excursiones organizadas. En el parque tenemos también zonas para picnic, así como diversas áreas recreativas, senderos.

MATANZAS PASS PRESERVE. Bay Road, cerca de la Fort Myers Beach Library. ☎ (941) 338 33 00. Con más de 30 ha que protegen una parte de la Estero Bay donde no hay más que robles y bosques de manglares. Muy frágil ecosistema, que precisa de toda ayuda institucional cuanta sea posible, amén de la conciencia conservacionista de sus visitantes. En la entrada se encuentra Historic Cottage and Nature Center (abierto únicamente miércoles y sábados. ☎ 941/463 04 35), que sirve como centro de interpretación así como muestra el desarrollo de Fort Myers Beach.

SANIBEL LIHGTHOUSE. El faro de Sanibel, construido en 1884, es uno de los recuerdos que quedan de cuando estas islas eran refugios de piratas.

THE VERANDA. Un edificio histórico que se encuentra en medio de la ciudad, convertido en un popular restaurante, decorado con fotografías y toda la historia de Fort Myers.

USEPPA ISLAND. Isla donde el pirata español José Gaspar tuvo cautiva a la princesa mejicana Josefa. Asimismo vivían allí los indios calusa, hasta que los piratas los echaron. Para dorrmir tenéis un elegante hotel.

DATOS PRÁCTICOS

INFORMACIÓN TURÍSTICA

LEE COUNTY VISITORS AND INFORMATION BUREAU. 2180 W. 1st St., suite 100. ☎ (941) 338 35 00 y (800) 533 47 53.

GREATER FORT MYERS CHAMBER OF COMMERCE. Lee St. & Edwards Dr. ☎ (941) 332 36 24.

ALOJAMIENTOS

Ⓑ **CAPE CORAL INN AND COUNTRY CLUB.** 4003 Palm Tree Blvd, Cape Coral ☎ 648 14 75. Habitaciones espaciosas y campo de golf con 18 hoyos, 5 canchas de tenis, 2 restaurantes y piscina climatizada.

Ⓑ **LANI KAI.** 1400 Estero Blvd. Fort Myers Beach. ☎ 237 61 33. Enfrente de la playa. Con muebles de bambú, plantas y ambiente tropical.

Ⓑ **RAMADA INN ON THE RIVER.** 2220 W. 1st St. Fort Myers. ☎ 332 48 88. Localizado en la desembocadura del río Caloosahatchee. Las habitaciones son amplias, confortables y por si fuera poco también se ve el río.

Ⓒ **RADISSON FORT MYERS.** 12635 Cleveland Ave. ☎ (941)

936 43 00. El establecimiento de la cadena no se diferencia de sus hermanos repartidos a lo largo del país. Este tiene muy buena ubicación si se dispone de vehículo propio, y en temporada baja las tarifas descienden sensiblemente. Con restaurante, aparcamiento, piscina y gimnasio.

Ⓒ **SANIBEL HARBOR RESORT & SPA.** 17260 Harbour Pointe Dr., Sanibel Harbour. ☎ (941) 466 40 00. Complejo turístico de muy reciente construcción que pasa por ser la mejor elección de alojamiento de la zona. Las habitaciones, grandes y bien decoradas; las instalaciones, estupendas: bares y restaurantes, pistas deportivas, gimnasio y sauna, incluso un yate privado al bordo del cual se sirven comidas, además de los partinentes paseos.

RESTAURANTES

Ⓒ **MUCKY DUCK.** 2500 Estero Blvd. Fort Myers Beach. ☎ 463 55 19. Abierto toda la semana. Aceptan tarjetas de crédito. Restaurante que se encuentra al lado de la playa y fue construido en 1919. Por él han pasado figuras notables como Mario Puzzo (autor de el Padrino) o el actor Vincent Price (el malo de la película). Además de un ambiente muy agradable disfruta de unas vistas preciosas. Podréis saborear una deliciosa comida.

Ⓒ **ROOFTOP.** Casa Bonita Plaza, Bonita Spring. ☎ 597 44 45. Cierra los domingos. Aceptan tarjetas de crédito. Se recomienda reservar. Ha pertenecido por cuatro generaciones a la familia Mcully. Su especialidad son las ensaladas frescas, aunque no hay que olvidarse de los pescados marinados...

Ⓜ **OPUS.** 2278 First St. ☎ (941) 337 35 56. Abierto toda la semana. Aceptan tarjetas de crédito. Restaurante muy popular, especialmente por las estupendas actuaciones de jazz que tienen lugar. Su cocina, la típica del Delta (buena jambolaya) con esos toques cajún y especiados que no pueden faltar, así como un somero vistazo desde la ajustada carta a la cocina de los hermanos caribeños.

Ⓜ **SMITTY'S.** 3583 McGregor blvd., en Fort Myers Golf Course. ☎ (941) 939 73 00. Aceptan tarjetas de crédito. Abierto toda la semana. Se recomienda reservar. Aunque de localización algo confusa para el recién llegado a la ciudad, el paseo bien que merece la pena. Frecuentado por la clase política más algún famoso, si bien la decoración se ha quedado anclada en el pasado, no hay nada que reprochar (antes al contrario) a la calidad de la cocina. Ingredientes de primera y recetas sencillas, así se preparan el marisco y las carnes, sobresaliendo en Prime Rib US 1, cómo no. La carta de vinos, de precios algo desproporcionados, tomada casi en su totalidad por los caldos californianos.

Ⓜ **THE VERANDA.** Second & Broadway Sts. ☎ (941) 332 20 65. Cierra los domingos. Se recomienda reservar. Se aceptan tarjetas de crédito. Uno de los restaurantes de mayor renombre de la ciudad, estupendamente situado en el corazón del casco urbano, tiene a gala ser el más refinado. La decoración bien cierto que es sobresaliente, aunque puede resultar empalagosa para algunos. En la carta, recetas más o menos sofisticadas que se nutren de la tradición nacional y los imprescindibles ya a estas alturas toques galos.

Ⓑ **CASA DE GUERRERA.** 2225 First St. ☎ (941) 332 46 74. Cierra los domingos. Aceptan tarjetas de crédito. Local que propone una honrada y acertada selección de gastronomía mexicana. Destacan por derecho propio las fajitas (tanto de pollo como de ternera) y las chimichangas. Es, además, especialmente animado por lo acertado de su hora feliz, todas las tardes, con alcóhol a precios buenísimos.

Ⓑ **FRENCH CONNECTION CAFÉ.** 2282 First St. ☎ (941) 332 44 43. Abierto toda la semana hasta las 1 h 30. Aceptan tarjetas de crédito. Con mucho encanto, sirven buena comida casera tradicional con toques de bistrot. Muy frecuentado por profesionales jóvenes.

WEST PALM BEACH

Está situada al norte de Fort Lauderdale, cruzando Pompano Beach y Boca Ratón. Desde Miami se puede llegar por la I-95 norte, hasta Belvedere Road o Ockeechobee Boulevard. O por la A1A desde Miami Beach, bordeando la playa. Se pasa por Hallandale, Hollywood y Dania, donde se sale a la US1, para bordear el puerto de Fort Lauderdale, hasta la 17 calle del S.W. que os llevará otra vez a la A1A dirección norte, donde se cruza Pompano Beach, Hillsboro, Deerfield Beach, Boca Ratón y Boyton Beach, hasta llegar a West Palm Beach. El Condado de Palm Beach, es uno de los más ricos de la Florida. El nombre le viene de las palmeras que tiene a lo largo de la playa. Tiene una población de 860.000 habitantes. Todas las familias acaudaladas o personajes importantes del mundo artístico o financiero, tiene en West Palm Beach su casa de invierno. Algunas de estas familias son Vanderbilt, Kennedy, Post, Trump o Lenon. Por ejemplo en el caso de Donald Trump, su residencia "Mar A Lago" está valorada en $23 millones de dólares y tiene 117.00 habitaciones. La mayoría de estas espectaculares mansiones se encuentran en South Ocean Boulevard, en el último tramo de North Country Road. Como pasó con otras ciudades de la costa este de la Florida, el millonaro Henry Flagler fue su promotor, cuando trajó el ferrocaril. Desde el comienzo, esta ciudad se concibió con la idea de que fuera el centro de vacaciones de invierno de todas las familias famosas y ricas del país. Desde entonces se le conoce como "Glod Coast", o Costa de Oro. En West Palm Beach todo gira alrededor de sus famosos pobladores, su ambiente elegante y *snob.* Sus restaurantes, discotecas, clubs, cafés o su famoso comercio en Worth Avenue, y tiendas tan famosas como Hermess, Gucci o Cartier entre otros.

LA VISITA

SAFARI. 4000 Morikami Park Road. ☎ (407) 499 06 31. Está situado a 28 km al oeste de la I-95. Es un enorme parque donde se puede realizar un safari fotográfico. Está prohibido salir del coche.

DREHER PARK ZOO. 1301 Summit Blvd. ☎ (407) 533 08 87. Abre todos los días de 9.00 a 17.00 h. Una de las joyas de este zoológico es la pantera de la Florida que habita en los Everglades y está en peligro de extinción.

INTERCOSTAL WATERWAY CRUISE. ☎ (407) 842 08 82. Abre todos los días de 11.00 a 19.00 h. Este barco es como los que se usaban en el río Misisipi en el siglo pasado para transportar las balas de algodón. Hace un recorrido por las casas de los millonarios, el barco cuenta con restaurante.

EVERGLADES NATIONAL PARK

Es un Parque Nacional, situado al suroeste de la península de la Florida, entre los Condados de Monroe y Dade. Tiene una extensión de 1.400.000 acres. Se puede llegar por la calle 8 o Tamiami Trail, cruzando el Turnpike y Krome Avenue. Está abierto al público desde 1947. Cuando los exploradores españoles llegaron a la Florida, los indios Tequestas y Calusas dominaban el suroeste de la península. Eran tribus pacíficas y no practicaban la agricultura, viviendo de la pesca, las frutas y demás productos que les ofrecía la naturaleza. Con la llegada de la civilización estas tribus desaparecierón. Otras tribus como los Seminoles fueron trasladándose hacia el sur. Después que España cediera la Florida a los Estados Unidos, el primer gobernador Andrew Jackson, declaró la guerra contra los indios Seminoles en 1835. Los indios, huyendo, se internaron en los Everglades. La mayoría murieron y los que sobrevivieron se adaptaron a la zona. Actualmente sus descendientes continúan viviendo en los Everglades en dos reservas, los Seminoles en Alligator Alley y los Miccosukee en Tamiami Trail.

Los Everglades es un parque con aguas pantanosas donde tienen su habitat natural especies de animales que sólo viven en ese medio, como es el caso de la pantera de la Florida, que actualmente se encuentra en peligro de extinción. Los animales más característicos de la zona son el aligator, cocodrilo, zorros, conejos, raccons, serpientes, los manatís al sur en la costa, las tortugas, los flamingos y más de 300 especies de pájaros que anidan todos los años.

No es recomendable visitarlo en verano, por que los mosquitos vuelan como nubes y son capaces de hacer pasar un mal rato. La mejor época para visitarlo es en invierno ya que las temperaturas son más bajas y no hay tanta humedad.

LA VISITA

EVERGLADES SAFARI PARK. nueve millas al este de Krome Ave, en Tamiami Trail, carretera 41. ☎ (305) 226 69 23. En este parque contemplarán una exhibición en la que los protagonistas son los aligátores (caimanes). También darán un paseo por la jungla y recorreréis en airboat la parte pantanosa. Además tiene tiendas de recuerdos, museo y restaurante. Horario: todos los días de 8.30 a 17.00 h.

FLAMINGO. Box 279, Homestead. ☎ (305) 247 62 11. Allí encontrarán un museo, marina, tiendas de recuerdos y restaurante. Abren todos los días de 8.00 a 17.00 h.

MAIN VISITOR CENTER. Route 9336, al este de Homestead. ☎ (305) 247 62 11. Ofrecen información de todo el parque con películas y libros. Abre de 8.00 a 17.00 h.

MICCOSUKEE INDIAN VILLAGE. "U.S. 41", Tamiami Trail, Box 44021. ☎ (305) 223 83 80. Los indios miccosukee mostrarán su forma de vida, costumbres, forma de cocinar, de vestir. También podrán ver una exhibición con aligátores y dar un paseo en airboats. Abre todos los días de 9.00 a 17.00 h.

SHARK VALLEY. Box 42. Ochopee. ☎ (305) 220 87 86. Preparan excursiones en airboat por los alrededores. Abre todos los días de 8.30 a 18.00 h. El precio es de 3 dólares por coche.

TRANSPORTES

POR CARRETERA

Desde Miami, carretera 41 por Tamiami Trail, hasta Everglades National Park.

Desde Miami a Biscayne National Park, cogiendo el Turnpike hacia Tallahassee Road que es hacia la altura de S.W. 137th Ave.

Por la carretera 1, por el Florida Turnpike, hacia Homestead y Florida City.

Desde Homestead a Everglades National Park Main Visitor Center y Flamingo, Coger "U.S.1" por la carretera 997 sur a Florida City.

Desde el norte por la "U.S.1", hacia Homestead y Florida City, hasta la Avenida Krome, carretera 997.

ALOJAMIENTOS

Ⓒ PORT OF THE ISLANDS. 25000 Tamiami Trail East, Route 41. Naples. ☎ (813) 394 31 01. Es un lugar fenomenal para pasar unas vacaciones puesto que es de lo más completo. Con piscina, gimnasio, masaje, centro de salud, etcétera. Organizan cruceros de pesca a la isla Ten Thousand y visitas a la desembocadura del río, que es por cierto uno de los lugares donde se encuentran más manatís.

Ⓜ ROD AND GUN LODGE. 200 Riverside Drive, Everglades City. ☎ (813) 695 21 01. Este hotel es un antiguo edificio de caza y pesca construido en 1920. Con piscina y buenos lugares para pescar.

Ⓜ HOLIDAY INN. 990 N. Homestead Blvd. Homestead. ☎ (305) 247 70 20. Las habitaciones son funcionales y prácticas. Tiene bar en la piscina y en el restaurante.

Ⓜ PARK ROYAL INN. 100 U.S.1, Florida City. ☎ (305) 247 32 00. Con piscina y frigorífico en cada habitación.

Ⓑ BUGET MOTOR INN. 1202 North Krome Ave. Florida City. ☎ (305) 245 03 11. Un hotel modesto y sin pretensiones.

Ⓑ IVEY HOUSE. 107 Camellia Street, Everglades City. ☎ (813) 695 32 99. El edificio fue construido a principio de 1900. Las habitaciones están decoradas en madera y son muy grandes.

Ⓑ GRANDMA NEWTON'S BED & BREAKFAST. 40 Northwest 5 Ave. Florida City. ☎ (305) 247 44 13. Establecimiento tranquilo y limpio, con un servicio esmerado y unas instalaciones suficientes para disfrutar confortablemente de la estancia, sea corta o larga.

RESTAURANTES

Ⓒ FLAMINGO. Flamingo Visitor Center en Everglades National Park, Flamingo. ☎ (305) 253 22 41. Abierto toda la semana. Aceptan tarjetas de crédito. Su menú es muy variado. Podrán llevar lo que hayan pescado; ellos lo limpian y cocinan.

Ⓒ LE KIR. 1532 Northeast 8th Street, Homestead. ☎ (305) 247 64 14. Abierto toda la semana. Aceptan tarjetas de crédito. Cocina francesa. Su mejor plato es el pato con salsa de grand marnier.

Ⓒ **RICHARD ACCURSIO'S CAPRI.** 935 N. Krome Ave. Florida City. ☎ (305) 247 15 42. Cierra los lunes al mediodía. Aceptan tarjetas de crédito. Su menú es variado. Entre los mejores platos están los mejillones en salsa de ajo y las pastas (todas caseras).

Ⓒ **ROD AND GUN CLUB.** 200 Riverside Drive, Everglades City. ☎ (813) 695 21 01. Abierto toda la semana. Aceptan tarjetas de crédito. Está decorado con artículos de pesca y caza. Sus mejores platos son los pescados de temporada.

Ⓒ **THE SEAFOOD FEAST.** 27835 S. Dixie Hway. Naranja. ☎ (305) 246 14 45. Abierto toda la semana. Aceptan tarjetas de crédito. Sus mejores platos son los pescados preparados estilo Cajun. También preparan ancas de rana tan abundantes por esas zonas.

Ⓑ **CAPTAIN BOB'S.** 326 S.E. 1st. Ave. Florida City. ☎ (305) 247 89 88. Abierto toda la semana. No aceptan tarjetas de crédito. Cocina griega, pescados y el pastel de lima.

Ⓑ **CASITA TEJAS.** 10 South Krome Ave. Homestead. ☎ (305) 248 82 24. Cerrado los domingos. Aceptan tarjetas de crédito. Cocina mejicana. Sirven fajitas, tacos y chimichangas.

Ⓑ **DONZANTI'S.** 255 Northeast 3rd Drive, Homestead. ☎ (305) 248 52 81. Cierra domingos. Aceptan tarjetas de crédito. Cocina casera italiana.

Ⓑ **EL TORO TACO.** 1 S. Krome Ave. Homestead. ☎ (305) 245 55 76. Abierto toda la semana. No aceptan tarjetas de crédito. Cocina mejicana. Es picante pero bien preparada.

Ⓑ **MICCOSUKEE.** Route 41, Miccosukee Indian Reservation, cerca de Shark Valley entrando por Everglades National Park. ☎ (305) 223 83 80. Abierto toda la semana. Aceptan tarjetas de crédito. Se recomienda reservar. Los mejores platos de los indios miccosukee son las ancas de rana fritas, las hamburguesas estilo indio y el pastel de calabaza.

Ⓑ **OYSTER HOUSE.** Route 29, Everglades City. ☎ (813) 695 20 73. Abierto toda la semana. No aceptan tarjetas de crédito. Decorado con motivos marineros. La especialidad la constituyen los mariscos y especialmente las ostras.

COMPRAS

MICCOSUKEE INDIAN VILLAGE GIFT SHOP. Route 41, al oeste del Florida Turnpike. ☎ (305) 223 83 88. Tiene joyas, ropa, souvenirs y demás artículos típicos de la artesanía indias.

ROBERT IS HERE. 19200 Palm Dr. 334th Street. Homestead. ☎ (305) 246 15 92. Allí se pueden comprar las frutas tropicales típicas de la zona, mangos, tamarindos, lima, etcétera.

CAULEY SQUARE. 22400 Old Dixie Hway. Homestead. ☎ (305) 258 35 43. Es un conjunto de casas históricas antiguas, donde se pueden adquirir antigüedades, recuerdos, ropa y artesanía.

THE REDLAND GOURMET & FRUIT STORE. 24801 Southwest 187th Ave. Homestead. ☎ (305) 247 57 27. Ofrece frutas tropicales, especias, jugos y mermeladas caseras.

OCIO, ACTIVIDADES Y ESPECTÁCULOS

EXCURSIONES ORGANIZADAS

FLORIDA BAY CRUISE. Flamingo Marina. Flamingo. ☎ (305) 253 22 41. Podrán hacer un crucero de una hora y media en el "Bald Eagle" con capacidad para 100 pasajeros. Les enseñarán los pájaros típicos de la "bahía de Florida". Los cruceros salen todos los días.

WILDERNESS TRAM TOUR. ☎ (305) 253 22 41. Es un tour que dura dos horas. Andarán por un bosque de mangrove contemplando la fauna y flora típica de los Everglades. Varias salidas diarias: a las 10.30, 13.30 y 15.30. Los niños pagan la mitad.

BUFFALO TIGER'S FLORIDA EVERGLADES AIRBOAT RIDE. carretera 997, 12 millas al este de Krome Ave. ☎ (305) 559 52 50. Es una excursión en airboat a través de los Everglades. Horario: todos los dias de 9.00 a 18.00 h.

BISCAYNE NATIONAL PARK TOUR BOATS. North Canal Drive. S.W. 328th St. Homestead. ☎ (305) 247 24 00. Paseo en barco por los alrededores de Biscayne National Park, visitando los arrecifes de la costa. Esta excursión sólo se hace en invierno cuando no hay casi mosquitos. En verano es imposible porque los mosquitos "se ponen las botas". Horario: todos los días de 8.30 a 18.00 h. El precio es de 17 dólares los mayores y 9 los niños.

BACK COUNTRY TOUR. Flamingo Marina, Flamingo. ☎ (305) 253 22 41. Organizan cruceros de 2 horas desde Flamingo Lodge Marine & Outpost Resort, los barcos recorren la zona del estuario y podrán ver los delfines, tiburones, manatís y aligátores. Salidas todos los días.

NORTH AMERICA CANOE TOURS AT GLADES HAVEN. 800 S.E. Copeland Ave. Everglades City. ☎ (813) 695 46 66. Alquilan canoas, remos y les proporcionarán guías de los mejores lugares para practicar este deporte. Abren todos los días de 7.00 a 21.00 h. El precio es de 20 dólares el primer dia y 10 los demás.

BISCAYNE NATIONAL PARK TOUR BOAT. Box 1270, Homestead. ☎ (305) 247 24 00. Buenos lugares para navegar en canoa. Horario: todos los días de 8.30 a 17.30.

SUBMARINISMO

BISCAYNE NATIONAL PARK TOUR BOATS. Box 1270 Homestead, ☎ (305) 274 24 00. Alquilan el equipo necesario. Organizan excursiones que duran unas cuatro horas por los arrecifes y dan clases si las necesitan. Horario: todos los días entre las 8.30 y las 18.00 h.

PIRATE'S COVE DIVE CENTER. 116 N. Homestead Blvd. Homestead. ☎ (305) 248 18 08. Alquilan o venden todo el equipo necesario. Les enseñarán a hacer películas y fotografías bajo el agua. Abre entre semana de 9.00 a 17.00 h, los sábados de 8.00 a 17.00 h, y los domingos de 8.00 a 15.00 h.

NATACIÓN

HOMESTEAD BAYFRONT PARK. N. Canal Dr. Homestead. ☎ (305) 247 15 43. Junto a la bahía de Biscayne, tiene piscina de agua salada. Abren todos los dias, desde las 7.00 h hasta el atardecer.

PESCA

PIRATE'S SPA MARINA. S.W. 248th St. y Coconut Palm Dr. Naranja. ☎ (305) 257 51 00. Alquilan los botes y enseñan los mejores lugares para pescar. Horario: todos los días desde las 7.00 h hasta el atardecer.

MARINE MANAGEMENT. Black Point Marina. ☎ (305) 258 35 00. Disponen de barcos de 15 a 20 pies de eslora para pescar. Horario: todos los días desde las 7.00 hasta las 19.00 h.

LOS CAYOS / THE KEYS

Los cayos son cientos de pequeñas islas rasas y arenosas que se encuentran al sur de Florida entre el océano Atlántico y el Golfo de México. Hasta hace pocos años a los cayos solo se podía ir en barco. A estas islas sólo llegaban aventureros o piratas. Hoy día todo esto ha cambiado gracias a los transportes y se han convertido en uno de los lugares más visitados por el turismo. La última ínsula es la más poblada se llama Cayo Hueso, y se encuentra a 90 millas de Cuba. Cuando llegó a Florida, Ponce de León en 1513, descubrió los cayos y los llamó "Los Mártires", porque desde la distancia del barco las islas le dieron la impresión de que eran hombres sufriendo. Actualmente ese nombre desapareció y se les conoce como "cayos" o "key" en inglés.

En 1912.00 henry Flagler hizo su sueño realidad y terminó el ferrocarril de Miami a Cayo Hueso. La construcción comenzó en 1905. A uno de los cayos se le conoce con el nombre de "Marathon" debido a que el proyecto de construcción del ferrocarril por las islas era una obra maratoniana. El tren unió 29 islas y uno de los puentes tiene siete millas de largo. Fue destruido por un huracán en 1935. La Depresión acabó por hundir la economía de Cayo Hueso... Con la intención de salvar la precaria economía del lugar y por su situación estratégica, en 1938 el gobierno federal construyó una base naval. Ese mismo año se terminó la autopista que hoy día une Miami con los cayos. Esta carretera tiene dos puentes, uno de ellos alcanza las siete millas y une treinta y dos islas de los cayos. Desde que esta carretera fue inaugurada la vida en estas islejas cambió drásticamente. Su belleza tropical, sus espectaculares playas, sus islas salvajes, y su buen tiempo han hecho de los cayos el lugar perfecto para los amantes de los deportes náuticos o de unas simples vacaciones en la playa. Los cayos son uno de los lugares más solicitados para practicar pesca submarina. Se pueden ver en el mar delfines o peces espada en las aguas profundas. Alrededor de las islas, hay más de 500 clases de peces subtropicales. Algunas de estas especies están protegidas y no se pueden enganchar. Para los "muy pescadores", los bichos que mas abundan son la barracuda, bonefish, el snaper, grooper, etc... Los animales más comunes son las ardillas, los racoones e infinidad de pájaros que viven en las zonas inhabitadas de la isla.

BREVE DESCRIPCIÓN DE LA ZONA

La isla más larga es Cayo Largo, donde se encuentran hoteles, restaurantes, y tiendas. Bordeando el mar hay infinidad de marinas para atracar los barcos. Veinte millas al sur está Isla Morada en Upper Matacumbe Key. Es conocida por este nombre ya que a los primeros exploradores les gustaron mucho los caracoles morados que abundan por esta zona. Esta isla es muy visitada por los aficionados a la pesca. Un poco más al sur se encuentra Marathon en Vaca Key. Sus hoteles y resort (complejo turístico) son muy visitados en invierno para pescar.

Muchas de las direcciones de los Cayos tienen como referente los mojones de la US1, en lugar de tomar la nomenclatura a la que estamos acostumbrados. Cruzando el puente de las siete millas, llegaréis a Lower Key con su centro en Big Pine Key. En estas islas se encuentran las playas con arena más fina y blanca. El agua es transparente y de color esmeralda.

En la última isla está Cayo Hueso (Key West). Es el enclave más poblado. Uno de los personajes que más fama dio a esta ciudad fue Ernest Hemingway. En 1931 se instaló en la ciudad, vivió en ella diez años y escribió en este enclave algunas de sus más famosas novelas. Carson McCullers y Tennessee Williams son otros de los grandes autores que se inspiraron en Cayo Hueso para escribir sus libros.

Por la temperatura suave y templada, la temporada ideal para visitar los cayos es el invierno. El verano es época de mosquitos. La humedad y las lluvias hacen que las excursiones a veces no sean tan placenteras como desearíamos.

Everglades City
Visitor Center
Ten Thousand Islands
GULF OF MEXICO
Summerland Key
Big Pine Key
Marquesas Keys
Key West
1

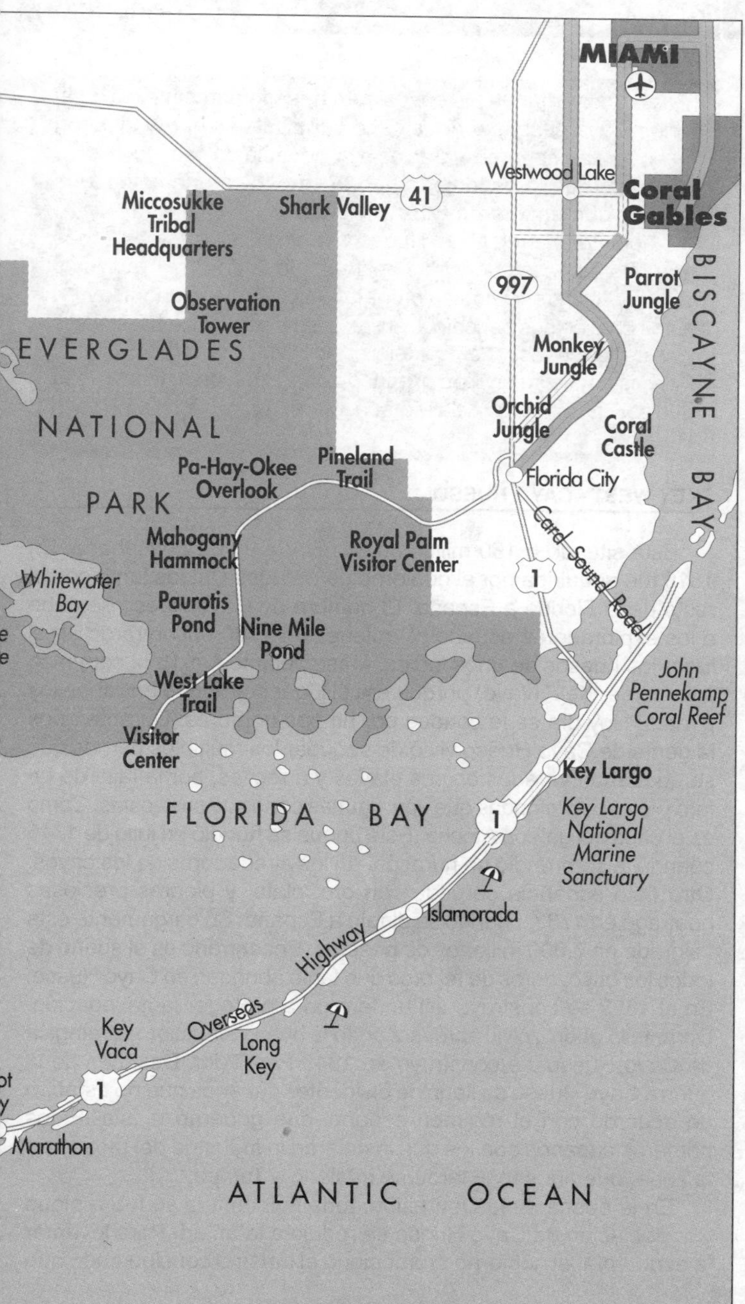

MIAMI
Westwood Lake
41
Coral Gables
Miccosukke Tribal Headquarters
Shark Valley
997
Parrot Jungle
BISCAYNE BAY
Observation Tower
EVERGLADES
NATIONAL
PARK
Monkey Jungle
Orchid Jungle
Coral Castle
Pa-Hay-Okee Overlook
Pineland Trail
Florida City
Card Sound Road
Mahogany Hammock
Royal Palm Visitor Center
1
Whitewater Bay
Paurotis Pond
Nine Mile Pond
West Lake Trail
John Pennekamp Coral Reef
Visitor Center
Key Largo
FLORIDA BAY
Key Largo National Marine Sanctuary
Islamorada
Overseas Highway
Key Vaca
Long Key
Marathon
ATLANTIC OCEAN

La economía de los cayos está basada actualmente en el turismo y la pesca. Aunque hace años estos lugares tuvieron su bonanza económica gracias a la industria del tabaco, la piña y la pesca de la esponja, a la que se dedica una colonia de griegos que emigraron a Cayo Hueso.

Actualmente en Cayo Hueso vive una de las colonias más grandes de gays conocidas después de la de San Francisco. Casi el 20% de la poblacion pertenece a este grupo. Hay en estos parajes dos periódicos en los que se publican los festivales locales, los chous, y demas detalles de la vida diaria en los cayos.

Los cayos se dividen en cinco zonas muy bien delimitadas que son: Cayo Largo, Isla Morada, Marathon, Lower Key y Cayo Hueso.

KEY WEST - CAYO HUESO

Está situado a 150 millas de Miami y a 90 de La Habana. En 1819 fue adquirida por el gobierno de Estados Unidos junto con el resto de la Florida a España. El nombre de Cayo Hueso se debe a los exploradores españoles quienes en 1500 encontraron en el lugar los huesos de unos indios. Más adelante, en 1822 comenzo a llamarse "Key" (llave) porque era el lugar por donde entraban los piratas. Hoy día se le conoce por ambos nombres. Durante años la gente de Cayo Hueso vivió de saquear los múltiples barcos que se quedaban varados en sus playas y arrecifes, por la falta de un faro y lo poco profundas que son algunas partes de sus costas. Como es el caso del galeón Atocha. Este buque se hundió en julio de 1715 cuando le sorprendió un huracán, en los alrededores de los cayos. Otra flota española cargada con oro, plata, y piedras preciosas naufragó en 1733, cuando se dirigía a España. Su cargamento está valorado en 7.000 millones de pesetas. Encontrarlo es el sueño de todos los buscadores de tesoros que tanto abundan en Cayo Hueso. En el 1852 se construyó allí un faro para proteger la navegación. Durante la guerra civil, aprovechando la buena situación estratégica de Cayo Hueso, se construyó en 1845 Fort Tylor. Después de la guerra Cayo Hueso se llenó de disidentes cubanos que no estaban de acuerdo con el régimen español que gobernó la isla. Estos primeros cubanos son los que instalaron la industria del tabaco en la zona, que años más tarde se trasladó a Tampa.

En la época de la Depresión, toda la industria se fue a pique y la población de Cayo Hueso se redujo a la mitad. Para levantar la economía, el gobierno promocionó el turismo consiguiendo que se pusiera de moda. Pero en el 1935 un huracán destruyó la zona, dejando el ferrocarril fuera de servicio y a Cayo Hueso incomunicado durante tres años. Solo se podía acceder al lugar por barco...

La suerte de Cayo Hueso cambió desde que se inauguró la autopista, siendo hoy día uno de los lugares más visitados por los turistas: paisaje tropical, clima templado, pesca y restauradas construcciones decimonónicas.

LA VISITA

KEY WEST WELCOME CENTER. 3840 North Roosevelt Blvd. Key West. ☎ (305) 296 44 44. Abre en horas de oficina. Aquí dan toda la información, horarios, actividades culturales y excursiones en Key West.

THE WRECKER`S MUSEUM. 322 Duval St. Key West. ☎ (305) 294 95 02. Cierra el día de Navidad. Abre todos los días de 10.00 a 16.00 h. Es una de las casas más antiguas de Key West. Se construyó en 1829. fue la residencia de Francis Watlington, Senador por el estado de la Florida y capitán de barco durante de Guerra Civil. La casa conserva en perfecto estado los muebles y utensilios usados en su época.

HEMINGWAY HOME AND MUSEUM. 907 Whitehead St. Key West. ☎ (305) 294 15 75. Abre todos los días de 9.00 a 17.00 h. Fue construida por Ernest Hemingway en 1850. Enamorado de esta isla y de todo el Caribe, vivió la mayor parte de su vida en Key West y en esta casa escribió una gran parte de sus obras.

MEL FISHER MARITIME HERITAGE. 200 Greene St. Key West. ☎ (305) 294 26 33. Abre todos los días de 10.00 a 17.00 h. Se puede ver parte del botín encontrado en los galeones Españoles Nuestra Sr. de Atocha y St. Margarita. Dicho naufragio ocurrió al oeste de Key West durante un huracán en 1622. Conserva joyas, monedas de oro y plata, siendo lo más valioso de la muestra una esmeralda de 77.76 quilates. Además proyectan una película sobre "La Busqueda del Oro", los pases de la película son cada dos horas.

THE CURRY MANSION. 500 Carolina St. Key West. ☎ (305) 294 53 49. Abre todos los días de 10.00 a 17.00 h. Es una mansión de estilo victoriano, muy característico de la isla. Fue construida en 1899 por uno de los primeros millonarios de la zona. La casa tiene 22.00 habitaciones y magníficas vistas de la islas.

AUDUBON HOUSE MUSEUM. 205 Whitehead Street. Key West. ☎ (305) 294 21 16. Abre todos los días de 9.30 a 17.00 h. Esta antigua casa restaurada, muestra una colección de muebles del siglo XVIII y XIX, junto a una gran parte de las obras de originales del gran ornitólogo John J. Audubon.

EAST MARTELLO TOWER MUSEUM. 3501 S. Roosevelt Blvd. Key West. ☎ (305) 296 39 13. Abre todos los días de 9.30 a 17.00 h. Edificado en un antiguo fuerte de la guerra civil. Tiene objetos históricos de la zona y presentas muestras de arte locales.

CONCH TOUR TRAIN. 3850 N.Roosevelt Blvd. Key West. ☎ (305) 294 51 61. Tiene un recorrido por la isla, explicando la historia, las costumbres y fiestas de la ciudad.

KEY WEST AQUARIUM. 1 Whitehead St. Key West. ☎ (305) 296 20 51. Abre todos los días de 10.00 a 18.00 h. Se construyó en 1934, fue la primera atracción de Key West. Tiene tiburones, tortugas, arrecifes de coral y toda clase de peces tropicales.

KEY WEST LIGHTHOUSE MUSEUM. 938 Whitehead St. Key West. ☎ (305) 294 00 12. Abre todos los días de 9.30 a 17.00 h. Se construyó en 1852, conserva en perfecto estado las habitaciones del farero y los utensilios de la época.

FORT ZACHARY TAYLOR. Box 289. Key West. ☎ (305) 292 67 13. Abre todos los días de 8.00 a 17.00 h. Este fuerte sirvió de base durante la Guerra Civil. Sus alrededores son uno de los mejores lugares para practicar el submarinismo.

THE CURRY MANSION. 500 Carolina St. Key West. ☎ 294 53 49. Casa construida el siglo pasado por un millonario. De estilo neoclásico y con veintitrés habitaciones. Ha sido considerada como una de las más lujosas de la zona. Tiene increíbles vistas de la isla y conserva los muebles del siglo XIX. Horario: desde las 10.00 h hasta las 17.00 h.

KIMBELL`S CARIBBEAN SHIPWRECK. US 1 en M.M. 102,5. Key Largo. ☎ (305) 451 64 41. Abre todos los días de 10.00 a 17.00 h. Es un edificio con apariencia de castillo, donde se pueden ver los restos de barcos naufragados en diferentes partes del mundo.

JOHN PENNEKAMP CORAL REEF STATE PARK. M.M. 102,5 Key Largo. ☎ (305) 451 12 01. Abre todos los días de 8.00 a 17.00 h 30. Es un parque marino con una extensión de 21 millas de largo que da al Océano Atlántico. Tiene un arrecife con gran variedad de corales y peces tropicales. Es un magnífico lugar para practicar el submarinismo. Además de zonas para camping, este parque tiene buenas playas.

SAN PEDRO UNDERWATER ARCHAEOLOGICAL PRESERVE. M.M. 79,5. Islamorada. ☎ (305) 664 22 11. Tiene excursiones de tres horas todos los días a las 9.00 h y a las 13.30 h. Es un parque submarino situado en el arrecife formado por los restos del galeón español San Pedro, hundido por un huracán en 1733.

KEY LARGO NATIONAL MARINE SANCTUARY. Box 1083, Key Largo. ☎ (305) 451 16 44. Es un parque marino, con 103 millas de arrecife de coral. Es uno de los más grandes y mejor conservados, está protegido por las autoridades. Aquí se encuentra "Chirst of the Deep", una reprodución en bronce del Cristo de los Abismos, que está en el Mediterraneo cerca de Génova.

ALOJAMIENTOS

Ⓑ **INN AT THE WHARF.** 2400 N. Roosvelt Blvd. Key West. ☎ 296 57 00. Está situado muy cerca del centro comercial. Tiene cien habitaciones muy agradables con mobiliario contemporáneo. Este hotel tiene piscina con bar.

Ⓑ **SOUTHERMOST MOTEL.** 1319 Duval St. Key West. ☎ 269 65 97. De ambiente puramente tropical. Las habitaciones están pintadas en tonos pasteles. Está situado en la zona antigua de la ciudad, muy cerca de las atracciones.

Ⓑ **SANTA MARÍA.** 1401 Siminton St. Key West. ☎ 296 56 78. Las habitaciones se encuentran alrededor de la terraza y la mayoría tienen el balcón sobre la piscina.

Ⓜ **DUVAL HOUSE.** 815 Duval St. Key West. ☎ 294 16 66. Bonito hotel de la zona y uno de los más populares. Se encuentra en Duval Street, la calle más famosa de Cayo Hueso. Rodeado de históricas casas, galerías, y boutiques. Las habitaciones son muy confortables y tienen unas pequeñas librerías. Sólo cuenta con 25 habitaciones. Tiene piscina y en este establecimiento no se admiten a niños menores de 16 años.

Ⓜ **BEST WESTERN KEY AMBASSADOR.** 3755 S. Roosvelt Blvd. Key West. ☎ 296 35 00. Con una piscina rodeada de árboles y maravillosas vistas al océano, es todo lo que se necesita para pasar unos días visitando Cayo Hueso. El servicio es muy bueno, y las habitaciones son muy amplias y espaciosas.

Ⓜ **EDEN HOUSE.** 1015 Flemming St. Key West. ☎ 296 68 68. Con 30 habitaciones decoradas cada una de forma individual. La entrada está decorada con muebles de bambú y plantas, todo muy tropical. Fuera en la piscina tiene el Rich's Restaurant en el que se puede comer o cenar íntimamente en el jardín que tiene en los alrededores. De ambiente muy tranquilo y relajado, no hay mejor sitio que este para pasar desapercibidos. Les avisamos, todas las habitaciones no tienen baño privado, es lo que allí se llama de estilo francés.

Ⓜ KEY LODGE. Truman Ave. y Duval St. Key West. ☎ 296 97 50. Es un pequeño hotel con 22 habitaciones. Limpio y cuidado.

Ⓜ EATON LODGE. 511 Eaton St. Key West. ☎ 294 38 00. Antigua casa de estilo inglés levantada hacia 1886. Tiene una "piscina de masajes" rodeada por un jardín de palmeras, limas, tamarindos, y buganvillas. Se pueden tomar para el desayuno los panes recién cocidos y toda clase de frutas y jugos tropicales. Los muebles de las habitaciones son antigüedades de estilo victoriano. El hotel es pequeño pero muy coqueto. Tiene cinco habitaciones, tres estudios y dos suites.

Ⓒ MARRIOTT'S CASA MARINA RESORT. 511 Reynolds St. Key West. ☎ 296 35 35. Se inauguró en 1921 cuando Cayo Hueso se puso de moda con la llegada del ferrocarril. Durante la época de la gran Depresión estuvo a punto de quebrar. Después, en los años de la Segunda Guerra Mundial lo utilizaron para alojar a las tropas. Hacia 1972, la gerencia de los Marriott invirtió una gran cantidad de dinero y le devolvió el esplendor de entonces. De estilo "neorrenacentista español" se encuentra justo enfrente del océano. Ha sido famoso por ser el lugar donde han pasado las vacaciones personalidades de las artes y de las letras. Tiene trescientas habitaciones espaciosas, la mayoría de ellas con terraza privada. Posee canchas de tenis, piscina, y gimnasio. Allí podrán conseguir cualquier material que necesitéis para pescar y navegar. También alquilan barcos.

Ⓒ PIER HOUSE. 1 Duval St. Key West. ☎ 294 95 41. En una de las pocas playas que tiene Cayo Hueso y centro de reunión para sus habitantes. Decorado con muebles de bambú y colores brillantes. El "Roof Top Bar" es un lugar ideal para tomar una copa "con panorámica incluida". En el Pier House Restaurante podrán comer casi junto a la orilla del mar. En el Wine Gallery tomarán el vino del país que más gusten, no en vano su bodega cuenta con más de 250 clases de vinos. Si apetece tomar un buen café, en la terraza del Harbour View Cafe. Aunque es un hotel caro, por su situación y su servicio merece la pena pagarlo.

Ⓒ HYATT KEY WEST. 601 Front St. Key West. ☎ 296 99 00. Establecimiento nuevo con todas las comodidades que se pueden encontrar en los Hyatts. Inaugurado en 1988. Tiene 120.00 habitaciones decoradas de estilo tropical. Con gimnasio, piscina, y jacuzzi.

Ⓒ RUSSELL HOUSE. 611 Truman Ave. Key West. ☎ 294 87 87. Este hotel está pensado para los que quieren disfrutar de unas vacaciones y al mismo tiempo salir con unos kilos de menos. Las habitaciones dan a una *piscina romana,* en la que podemos encontrar: sala de ejercicios, sauna, ducha de masajes y tratamientos de hierbas y barro para la belleza. Su fín es la relajación, la eliminación de los malos hábitos, la desintoxicación del cuerpo y la superación del stress. El yoga, las largas caminatas, los ejercicios y los zumos de frutas son las distracciones que os acompañarán todo el día. El precio incluye la comida, los ejercicios dirigidos por expertos, los masajes, los tratamientos faciales, utilizando siempre las últimas técnicas en tratamientos.

Ⓒ **SOUTH BEACH OCEANFRONT MOTEL.** 508 South St. Key West. ☎ 296 56 11. Este pequeño hotel se encuentra enfrente de la bahía. Las habitaciones son sencillas, agradables y limpias. Tiene piscina con cascadas.

COPAS

CAPTAIN TONY'S SALOON. 428 Greene St. Key West. ☎ 294 18 38. Este local es uno de los más concurridos y típicos de Cayo Hueso. Podrán escuchar rock y música de jazz todas las noches.

MARGARITEVILLE CAFE. 500 Duval St. Key West. ☎ 292 14 35. Ofrecen música de las islas y, ocasionalmente, rock n' roll.

THE TOP. 430 Duval St. Key West. ☎ 296 29 91. Uno de los mejores para divertiros, bailar y escuchar música todas las noches.

SLOPPY JOES'S. 201 Duval St. Key West. ☎ 294 57 17. Es el local más típico y de moda en Cayo Hueso. Durante años ha marcado la pauta de la moda en esta ciudad. Siempre está muy concurrido por personajes bohemios y curiosos. Era el lugar favorito de Ernest Hemingway y el que más frecuentaba. Se puede escuchar rock y blues hasta las 2 de la mañana.

QUAYS. 12 Duval St. Key West. ☎ 296 44 46. Para tomar unas copas y disfrutar de uno de los locales más de moda.

TWO FRIENDS PATIO RESTAURANT. 512 Front St. Key West. ☎ 296 92 12. Con música jazz, blues y calipsos. Suele estar bastante lleno y se puede escuchar la música desde la calle.

HAVANA DOCKS. 1 Duval St. Key West. ☎ 296 46 00. Música bailable todas las noches. Espectáculos en vivo de vez en cuando.

CAPTAIN HORNBLOWERS. 300 Front St. Key West. ☎ 294 49 22. Todas las noches ofrece conciertos de jazz.

FAT TUESDAY'S. 305 Duval St. Key West. ☎ 296 93 73. Actúan los artistas locales. Buena música.

FLAGER'S LOUNGE. Reynold St. Key West. ☎ 296 35 35. En el hotel Marriott Casa Marina. Hay conciertos de música pop, calipso, y jazz.

TRANSPORTES

AEROPUERTO

KEY WEST INTERNATIONAL AIRPORT: S. Roosevelt Blvd. Key West. ☎ 296 54 39. Desde Miami con las siguientes líneas: Continental Express, American Eagle, y USAir. Desde Orlando llegaréis con las compañía Delta ComAir.

AUTOBÚS

La compañía Greyhound (☎ 374 72 22) cubre el trayecto entre Miami-Cayo Hueso con paradas en los distintos puntos de la ruta.

ALQUILER DE COCHES

THRIFTY. Key Largo. ☎ 451 37 76. Cayo Hueso. ☎ 296 65 14. Marathon. ☎ 743 92 89.

ALAMO. ☎ 327 96 33.

BARCO

Para atracar en Cayo Hueso hay que ir a lo largo del Intracoastal Water Way hasta Florida Bay, siguiendo la costa atlántica.

THE LOWER KEY

The Lower Key comienza desde Cayo Hueso hasta el norte después de pasar el puente de las siete millas. La vegetación, formada en su mayor parte por pinares, de este cayo es distinta por la diferente composición de su suelo. Las playas están protegidas por arrecifes de coral en el Océano Atlántico. Una de las playas más bonitas y con arena más blanca esta en Bahía Honda Key. A esta isla se puede hacer una excursión en canoa con un guía que les enseñará el ecosistema de la zona. Solo por barco se puede llegar al Looe Key National Marine Sanctuary. Es uno de los lugares preferidos por los submarinistas. Con aguas transparentes y cinco millas de arrecifes de coral. Es en ese lugar donde se encuentra una fragata inglesa que naufragó en 1744. La flora y la fauna marina han creado uno de los lugares mas bellos para bucear. Más información para llegar en el ☎ 872 40 39.

LA VISITA

Para contemplar los **corales** (en barco) lo mejor es dirigirse a **CAPTAIN BUDDI'S FAMILY FUN TRIPS**; organizan excursiones por esos parajes. ☎ 872 35 72. Observarán en el National Key Deer Refuge las especies animales que están protegidas en la isla. Más información: ☎ 872 22 39.

En la isla de **CUDJOE KEY**, hay grandes radares desde donde la policía intercepta a los traficantes de drogas.

Podrán ver en el parque Silver Palm Trail un bosque con cedros, palmeras, y toda la vegetación que crece en esa zona subtropical. Para más información llamad al ☎ 872 23 53. Uno de los lugares donde mejor se puede observar la fauna y la flora en su estado salvaje es en No Name Key.

En Stock Island está el **TENNESSEE WILLIAMS FINE ARTS CENTER**. Florida Key Community College. 5901 Junior College Road, Lower Key. ☎ 294 62 32. Aquí se presentan programas de baile, conciertos y cursos sobre trabajos literarios de Tennessee Williams.

ALOJAMIENTOS

Ⓜ **CASA GRANDE.** Long Beach Drive. Lower Key. ☎ 872 28 72. Con una playa enfrente, este hotel de estilo español cuenta con unas habitaciones grandes y luminosas. En la terraza tienen mesas y barbacoa. Es económico y está muy limpio.

Ⓜ **CANAL COTTAGE.** Big Pine Key. ☎ 872 38 81. Con fachada de madera. Se trata de un establecimiento muy tranquilo y con precios muy asequibles.

Ⓜ **PARMER'S PLACE.** Box 455 H. Big Pine Key. ☎ 872 21 57. Es un complejo pequeño, pero muy acogedor. Tiene apartamentos con todas las comodidades. En el jardín dispone de mesas y barbacoa.

Ⓒ **LITTLE PALM ISLAND.** M M 28.5, Little Torch Key. ☎ 872 25 24. Es un paraíso para pasar las vacaciones. Isla con 14 cottages enfrente del mar. Organizan excursiones para hacer pesca o submarinismo.

Ⓒ **SUGAR LOAF LODGE.** Box 148 S, Sugar Loaf Key. ☎ 745 32 11. Este resort se encuentra en una isla y cuenta con un atracadero. Allí podrán ir al Pirate's Lodge, uno de los lugares donde mejor preparan el Daiquiri.

Ⓒ THE BARNACLE BED AND BREEAKFAST. una milla y media frente la M M 33. Long Beach Drive. ☎ 872 32 98. Este hotel es uno de los más elegantes de la zona. Construido enfrente del océano, ofrece todo tipo de equipos para practicar los deportes acuáticos.

RESTAURANTES

Ⓑ MONTES. M M 28.5, a las afueras de Little Torch Key. ☎ 872 25 24. Abierto toda la semana. No aceptan tarjetas de crédito. En el restaurante: mesas con manteles de plástico, pescados y patatas fritas además de ensaladas. Pueden degustar marisco del país y riquísima cerveza fría, todo a precios realmente económicos.

Ⓑ LIL' ITALIAN. M M 30.5, Winn Dixie Shipping Center. ☎ 872 89 75. Abierto toda la semana. Aceptan tarjetas de crédito. Bocadillos y pizzas son su especialidad. Aunque igualmente se pueden degustar algunos platos de pasta.

Ⓜ ISLAND REEF. M M 31.2 ☎ 872 21 70. Abierto toda la semana. Aceptan tarjetas de crédito. Con comida casera, sus mejores platos son el cordero y *dolfin.*

Ⓜ COUSIN JOE'S SUPPER CLUB. Drost Drive of Route 1 y la M M 21. Cudjoe Key. ☎ 745 16 46. Abierto toda la semana. Aceptan tarjetas de crédito. Especialidades caribeñas. Los pescados están adobados con jugos de frutas exóticas.

Ⓒ MANGOVE MAMA'S. M M 20. ☎ 745 30 30. abierto toda la semana. Aceptan tarjetas de crédito. Se recomienda reservar. Es el típico sitio que por su aspecto engaña a la concurrencia. Su cocina es caribeña y sus platos un poco picantes. La calidad de las materias primas empleadas, fuera de toda sospecha.

Ⓒ CEDAR INN. M M 31. ☎ 872 40 31. Cierra los domingos al mediodía. Aceptan tarjetas de crédito. Ostras, caviar, langostas y pescados frescos, adobado en su punto o frito. Todo delicioso.

Ⓒ LITTLE PALM ISLAND. Offshore of Little Torch Key. M M 28.5. ☎ 872 25 24. Abierto toda la semana. Aceptan tarjetas de crédito. Lo mejor de este restaurante son los pescados del día y las carnes marinadas al estilo continental. Para llegar a este establecimiento hay que hacerlo en barco.

COMPRAS

BIG PINE KEY SHOPPING PLAZA. Key Deer Blvd. A la salida de la Route 1 y la M M 30. En este centro comercial podrán adquirir cualquier artículo que necesiten en el ultimo momento (souvenirs inclusive).

EDIE'S HALLMARK SHOP. Big Pine Shopping Plaza. Big Pine Key. ☎ 872 39 33. Venden tarjetas y recuerdos de los Cayos.

COPAS

PIRATE'S LOUNGE AT SUGARLOAF LODGE. M M 17. ☎ 745 32 11. Se puede "mover el esqueleto" todas las noches. Se trata de un sitio muy de moda y en el que sirven bebidas tropicales.

COCONUT'S LODGE. M M 30.5. ☎ 872 37 95. Podéis escuchar conciertos de rock, country y musica pop.

NO NAME PUB. Punta Norte de Watson Blvd., Big Pine Key. ☎ 872 91 15. Ideal para gente joven y divertida que quiera disfrutar de una noche distinta. Algunas veces tocan grupos y otras ponen música enlatada.

TRANSPORTES

AUTOBÚS

La compañia Greyhound tiene servicio en: **Homestead.** 5 Norhteast 3rd Road. ☎ 247 20 40. **Cayo Largo.** MM 103.5. ☎ 451 60 82. **Marathon.** 6363 Overseas Highway. ☎ 743 34 88. **Bige Pine Key.** MM 30.2. ☎ 872 40 22.

ALQUILER DE COCHES

GENERAL RENT-A-CAR. ☎ 743 61 00.

AVIS RENT-A-CAR. ☎ 743 54 28.

MARATHON

El nombre viene de la maratoniana obra que supuso la construcción de una red ferroviaria para unir todas las islas. Pero sobre todo por la construcción del puente de las siete millas, que tiene aproximadamente 11,2 km de largo. Mientras duró la construcción, la población de Marathon creció y se multiplicaron los negocios, pero una vez terminadas las obras, la ciudad perdió importancia y siguió siendo una tranquila localidad de pescadores. Marathon incluye las islas que van de Conch Key a Pigeon Key.

La más grande es Vaca Key donde se encuentra Marathon. Su nombre se lo pusieron los exploradores españoles por la cantidad de manatees (vaca marina) que encontraron por la zona. La isla Duck Key estuvo abandonada por muchos años pero desde que se inauguró la autopista han prosperado en esta isla urbanizaciones de lujo. En Grassy Key esta el Dolphin Research Center. Se puede ver como cuidan y amaestran a los delfines en el Flipper's Sea School.

ALOJAMIENTOS

Ⓑ **CONCH KEY COTTAGES.** Route 1 entre la M M 62 y la 63. ☎ 289 13 77. Son casitas rústicas construidas en la misma playa.

Ⓑ **KNIGHT'S KEY PARK.** M M 47, Marathon. ☎ 743 99 63. Las habitaciones están decoradas con temas marineros. Tiene unas magníficas vistas del puente de las siete millas. En el jardín dispone de unas cuantas mesas para montar un picnic.

Ⓜ **VALHALLA BEACH RESORT.** M M 56.5, Crawl Key. ☎ 289 06 16. Se encuentra rodeado por agua en tres de sus lados. Tiene embarcadero y playa privada. Es muy romántico, merece la pena.

Ⓜ **THE KEY COLONY BEACH.** 441 East Ocean Drive. ☎ 289 04 11. Las habitaciones son pequeñas pero limpias. Cuentan con piscina de agua caliente.

Ⓒ **HAWK'S CAY RESORT.** M M 61. ☎ 743 70 00. Es uno de los resorts más lujosos de la zona. Políticos, artistas y demás personajes de la farándula han pasado sus vacaciones en este establecimiento. Piscina de agua caliente, dos de masaje, ocho canchas de tenis, embarcadero de capacidad para setenta barcos, club naútico, cuatro restaurantes y demás lujos impensables. Es caro pero fabuloso.

Ⓒ **FARO BLANCO MARINE RESORT.** M M 48 Overseas Highway. ☎ 743 90 18. Piscina olímpica, embarcadero con capacidad para cien barcos, restaurante, servicio de excursiones por la zona y alquiler de barcos. 120 cotages con jardín, apartamentos y treinta suites que son casas flotantes. Este hotel es una maravilla.

RESTAURANTES

Ⓜ **PORTO CAYO AT HAWK'S CAY.** M M 61, Duck Key. ☎ 432 22 42. Abierto toda la semana. Aceptan tarjetas de crédito. Cocina italiana, sus mejores platos son los pescados.

Ⓜ **BEACH HOUSE.** 401 East Ocean Drive, Key Colony Beach. ☎ 743 39 39. Abierto toda la semana. Aceptan tarjetas de crédito. Ambiente muy elegante. Sus platos principales están hechos a base de almejas, camarones, y langostas.

Ⓜ **BRIAN'S IN PARADISE.** M M 52. ☎ 743 31 83. Cierra los domingos al mediodía. Aceptan tarjetas de crédito. Como en la mayoría de los restaurantes de los cayos, su especialidad son los pescados frescos y los mariscos.

Ⓜ **BACCHUS BY THE SEA.** 725 11th St. Marathon. ☎ 743 61 06. Abierto toda la semana. Aceptan tarjetas de crédito. Su decoracion es sencilla, pero resulta un restaurante muy acogedor. Prepara un delicioso *prime rib* y langosta.

Ⓜ **DON PEDRO.** M M 53.5. ☎ 743 52 47. Abierto toda la semana. Aceptan tarjetas de crédito. Comida cubana, sus mejores y más famosos platos son picadillo, lechón y boliche asado. Todo servido con fríjoles y plátano frito.

COPAS

THE QUAY. M M 54, Marathon. ☎ 289 18 10. Es uno de los lugares que está de moda. Con ambiente tropical en la decoración y bebidas típicas de la zona, como el daiquiri o la piña colada.

THE SHIP'S PUB. M M 61, Duck Key. ☎ 743 70 00. Para los románticos que les guste bailar a la orilla del mar.

THE SIDE DOOR. M M 50. ☎ 743 46 22. Está pensado para gente joven a la que le guste bailar toda la noche.

ISLA MORADA

En la isla Upper Matacumbe Key se encuentra Islamorada. Su economía está basada en el turismo y la pesca y se pueden ver granjas de vegetales y frutas tropicales.

ALOJAMIENTOS

Ⓑ **KINGSAIL RESORT MOTEL.** 7050 Overseas Highway, Marathon. ☎ 743 52 46. Pequeño hotel con sólo cuarenta habitaciones. Cuenta con piscina, botes para salir a pescar, supermercado, lavandería y embarcadero.

Ⓑ **HARBOR LIGHTS RESORT.** 84951 Overseas High, Islamorada. ☎ 664 36 11. Con habitaciones limpias y sencillas. La terraza tiene piscina y está rodeada de palmerales. Hotel muy económico y situado en un paraje magnífco para hacer submarinismo.

Ⓜ **CHESAPEAKE OF WHALE HARBOR.** M M 83.5, Islamorada. ☎ 664 20 31. Ambiente de estilo tropical con barbacoa, mesas para picnic y tumbonas en la terraza. Tiene piscina y un lago. Por su precio merece la pena.

Ⓜ **BUD N' MARY'S FISHING MARINA.** M M 79.5. ☎ 664 24 61. Está pensado para disfrutar los deportes marinos.

Ⓜ **GAMEFISH RESORT.** M M 75.5. ☎ 664 55 68. Con habitaciones y apartamentos. En el jardín disponen de una piscina de agua salada. Este hotel es muy popular para los viajeros jubilados o para las familias.

Ⓒ **HOLIDAY ISLE RESORT AND MARINA.** 84001 Overseas Highway, Islamorada. ☎ 664 23 21. Uno de los hoteles más concurridos, con más de cien habitaciones y muchas facilidades para las familias. Tienen cinco restaurantes, dos piscinas, tiendas y embarcadero. Desde allí se organizan excursiones por las cercanías (en barco y con guía).

Ⓒ **PELICAN COVE RESORT.** 84457 Overseas Highway, M M 84.5, Islamorada. ☎ 664 44 35. Se encuentra muy cerca del Theatre of the Sea, una de las mejores atracciones de los cayos. Tiene piscina, jacuzzi, tenis, lago de agua salada, cabaña con varios restaurantes. Se pueden practicar algunos deportes acuáticos y cuenta además con embarcadero.

RESTAURANTES

Ⓜ **MARKER 88 RESTAURANT.** Overseas Hihhway, M M 88, Islamorada. ☎ 852 93 15. Abierto toda la semana. Aceptan tarjetas de crédito. De estilo europeo, combina muy bien la cocina internacional y la caribeña. La especialidad son los pescados aunque también podrán pedir ancas de rana o un poco de cocodrilo (que por otra parte está muy bueno)...

Ⓜ **CHECA LODGE.** U.S.1, M M 82, Islamorada. ☎ 664 46 51. Abierto toda la semana. Aceptan tarjetas de crédito. Se recomienda reservar. Conocido por lo bien que prepara el cordero y el pescado. Amplia bodega con vinos seleccionados.

Ⓜ **MANNY AND ISA'S CHICKEN.** M M 81.6, Islamorada. ☎ 664 50 19. Cerrado los domingos. No aceptan tarjetas de crédito. Tiene todos los platos típicos de la cocina cubana y preparan también paella.

COPAS

PLANTATION YACHT HARBOR RESORT. M M 87, Islamorada. ☎ 852 23 81. Escuchando música de rock y country podrán pasar una buena noche disfrutando de un ambiente extraordinario.

CABAÑA BAR. M M 82, Islamorada. ☎ 664 43 38. Un lugar bellísimo para pasar la noche escuchando música reggae y rock.

KEY LARGO

Los exploradores le pusieron el nombre de "isla larga" por ser la más grande de todas (tiene 29 millas de largo).

LA VISITA

JOHN PENNEKAMP CORAL REEF STATE PARK es uno de los lugares más bonitos para hacer submarinismo. En él se encuentra el "Christ of the Deep". Es una reproducción en bronce del "Cristo de los Abismos", que está en el Mediterráneo cerca de Génova. Los peces de colores y los corales han creado un magnífico escenario para las excursiones submarinas. En este parque hay zonas de cámping con unas excelentes playas. Más informacion: ☎ 451 12 02.

ALOJAMIENTOS

Ⓑ **SEA TRAIL.** Route 5, Box-91. ☎ 852 80 01. Las habitaciones están limpias y están provistas de frigorífico. Bien y super económico.

Ⓑ **PARADISE RAW.** 97770 U.S. 1 Highway. ☎ 852 16 25. Con playa, zona de pesca, y barbacoa.

Ⓑ **DIVERS COVE.** P.O. Box 503, Tavernier. ☎ 852 53 12. Muy económico y habitaciones limpias.

Ⓒ **SHERATON BEACH RESORT KEY LARGO.** 97000 South Overseas Highway. Teléfono: (305) 852-5553. Fax: (305) 852-86 69. www.keylargoresort.com. Este encantador hotel tiene cuatro plantas en las que se reparten un total de 190 habitaciones, 10 de ellas elegantes suites. Cuenta con un bonito hall de entrada y un área de recepción abierta las 24 horas del día, que le ofrece servicio de caja fuerte. Además, el hotel también dispone de una peluquería y conexión a Internet. En cuanto al aspecto gastronómico, le ofrece un acogedor bar y un restaurante, en el que se sirven platos deliciosos. Los servicios de habitaciones y de lavandería completan todas estas prestaciones. En el exterior del hotel hay plazas de aparcamiento y un garaje.

Ⓒ **HOLIDAY INN KEY LARGO RESORT MARINA.** M M 100 Overseas Highway. ☎ 451 21 21. Tiene 132 habitaciones, jacuzzi, dos piscinas, tiendas, alquiler de barcos, excursiones para submarinistas y embarcadero con capacidad para treinta y cinco navíos.

Ⓒ **MARINA DEL MAR RESORT AND MARINA.** M M 100 Box 1050. ☎ 451 41 07. El establecimiento tiene piscina, dos canchas de tenis, gimnasio, mesas para picnic, restaurante, bar, zona para pesca, embarcadero y prepara excursiones de pesca o submarinismo.

RESTAURANTES

Ⓜ **HOWARD JOHNSON RESORT.** U.S. 1 M M 102. Key Largo. ☎ 451 14 00. abierto toda la semana. Aceptan tarjetas de crédito. Ofrece a sus clientes un bufé de calidad a un buen precio. En el Tiki Bar se puede papear algo más ligero como sándwiches, ensaladas y frutas tropicales.

Ⓜ **COCONUTS.** U.S. 1 M M 100. Key Largo. ☎ 451 41 07. Abierto toda la semana. Aceptan tarjetas de crédito. El plato fuerte son los pescados de la zona. Pero también sirve deliciosas especialidades de carne y pollo.

Ⓜ **CAFE KEY LARGO.** 97000 S. Overseas Highway, Key Largo. ☎ 852 55 53. Abierto toda la semana. Aceptan tarjetas de crédito. Cocina continental. El ambiente de este restaurante es informal y sencillo.

Ⓜ **FISH HOUSE RESTAURANT & SEAFOOD MARKET.** M M 102.4 Oceanside, Key Largo. ☎ 451 46 65. Cerrado sábados y domingos al mediodía. Aceptan tarjetas de crédito. Se recomienda reservar. Almejas, langosta, pescado y el pastel de lima son las especialidades de esta casa. Todo preparado al estilo casero.

COPAS

GILBERT'S. M M 107.5 Key Largo. ☎ 451 11 33. Tiene música muy variada todas las noches.

CARIBBEN CLUB. M M 104 Key Largo. ☎ 451 99 70. Música rock.

ÍNDICE

INTRODUCCIÓN

ANTES DEL VIAJE

INFORMACIÓN GENERAL

FLORIDA IMPRESCINDIBLE

MIAMI

EL NORTE DE LA FLORIDA

FLORIDA CENTRAL

WALT DISNEY WORLD

EL SUR DE LA FLORIDA

ÍNDICE CARTOGRÁFICO

ÍNDICE DE LUGARES DE INTERÉS

A

B

C

D

E

F

G

I

J

K

L

M

N

O

P

S

T

U

W